페미니즘의 역사

La plus belle histoire des femmes

페미니즘의 역사

니콜 바샤랑 · 프랑수아즈 에리티에 · 실비안 아가생스키 · 미셸 페로

이숲

"내 딸들이 성년에 이르렀을 때 나는 한편으로 과거 한 세대가 걸어온 길을 돌아보고, 다른 한편으로 우리가 당연히 획득한 것으로 착각하고 있던 권리와 자유를 위협하는 새로운 위험을 새롭게 의식했다. 그리고 우리 어머니와 할머니 세대가 치러온 싸움, 유명인이든 무명인이든 우리에게 길을 열어준 수백만 여성 영웅이 치러야 했던 기나긴 투쟁의 이야기를 그들에게 들려줘야 할 필요를 느꼈다.

이처럼 원시 시대부터 오늘날에 이르기까지 여성에게 강요된 억압의 역사를 마치 하나의 이야기처럼 추적해보는 것이 이 책의 목적이다. 다시 말해 인간의 정신이 어떻게 진화했는지를 돌아보면서 인류가 여성을 바라보는 시선이 어떻게 변했는지, 시대에 따라 여성의 일상적인 삶이 어떻게 달라졌는지, 사회가 여성을 나이에 따라 어떻게 간주했는지, 그 변화도 꼼꼼하게 살펴볼 작정이다."

니콜 바샤랑(Nicole Bacharan)
정치학자·역사가이며 프랑스·미국 관계 전문가이다. 현재 프랑스 국립 정치학 재단 연구원이며 미국 사회 문제를 다룬 다양한 저서를 출간했다. 특히, 『우리는 미국을 두려워해야 할 것인가?』의 저자로 유명하다.

여성이여, 당신은 진정 자유로운가

나는 자유로운 여자가 아니었다.

스무 살 나는 순진한 여자들이 흔히 그러듯이 환상의 함정에 빠져 있었다. '여성은 자유롭다.'는 오늘날 사회의 조작된 담론을 기정사실로 믿었던 것이다. 남녀평등? 이것도 우리 어머니 세대에서 이미 해결한 문제라고 생각했다. 우리 어머니는 열여덟 살에 레지스탕스가 되었고, 성년이 되자 투표권을 얻었으며 직장에서 평생 일했다. 어머니는 밖에서 일을 마치고 집에 돌아와서도 모든 일을 도맡아서 했는데 그런 점에서 집안일을 당연히 여자의 몫으로 여겼던 아버지는 비난받아 마땅하다. 학업과 직업의 평등한 기회? 이것도 당연한 사실로 믿었다. 법은 남녀 차별 없이 '동일한 노동에 동일한 임금'을 지급하라고 명시하고 있다. 자녀 문제 역시 각자의 도덕적, 종교적 신념에 따라 아이를 낳거나 낳지 않을 권리가 있다는 것을 당연하게 여겼다. 이 모든 것이 너무도 명백하게 정해져 있어서 어떠한 논란의 여지도 있을 수 없다고 믿었다. 나는 당시 내 또래 거의 모든 젊은이처럼 이런 것들을 상식적인 것으로 받아들였던 것이다.

지금, 젊은 시절의 내가 살아온 삶을 돌아보면 나 자신을 보호할 아무런 장치도 없이, 세상 물정 모르는 풋내기처럼 지뢰밭 같은 험한 세상을 가로질러 왔다는 생각이 든다. 나는 가정을 지배하는 양면적인 가치 체계에도, 학교에 펴져 있는 은밀한 관행에도, 여전히 사라지지 않는 남녀 간 위계질서에도, 여성의 희생을 강요하는 종교의 이념에도, 늘 재생되는 남성 우위의 관습에도 눈먼 상태로 살아왔다.

물론 나는 명문화된 공식적 규칙을 잘 알고 있었다. 그러나 실제로 여성이 남성과 달리 권리의 잔을 어디까지 채울 수 있는지, 소위 양식 있다는 자들이 어떤 함정을 파놓았는지, 때로 허상에 불과한 '여성해방운동'이라는 것이 한번 빠지면 얼마나 헤어나기 어려운 늪인지를 전혀 모르고 있었다. 나는 여자아이의 육체가 여성의 형태를 갖추자마자 남성 사이에서 치열하게 경쟁을 벌여 획득하는 우승컵이 되거나, 될 수 있다는 사실을 몰랐으며 심지어 가정과 교회와 국가와 학교에서, 그리고 상업과 의술에서까지 서로 대치하며 벌이는 가차 없는 논쟁의 핵심이 될 수 있다는 사실도 전혀 모르고 있었다.

내 딸들이 성년에 이르렀을 때 나는 한편으로 과거 한 세대가 걸어온 길을 돌아보고, 다른 한편으로 우리가 당연히 획득한 것으로 착각하고 있던 권리와 자유를 위협하는 새로운 위험을 새롭게 의식했다. 그리고 우리 어머니와 할머니 세대가 치러온 싸움, 유명인이든 무명인이든 우리에게 길을 열어준 수백만 여성 영웅이 치러야 했던 기나긴 투쟁의 이야기를 그들에게 들려줘야 할 필요를 느꼈다.

이처럼 원시 시대부터 오늘날에 이르기까지 여성에게 강요된 억압의 역사를 마치 하나의 이야기처럼 추적해보는 것이 이 책의 목적이다. 다시 말해 인간의 정신이 어떻게 진화했는지를 돌아보면서 인류가 여성을 바라보는 시선이 어떻게 변했는지, 시대에 따라 여성의 일상적인 삶이 어떻게 달라졌는지, 사회가 여성을 나이에 따라 어떻게 간주했는지, 그 변화를 꼼꼼히 살펴볼 작정이다. 물론 수 세기 전부터 군주와 성직자와 남편이 강제했던 족쇄에서 벗어나기 위해 여성이 얼마나 길고 험한 투쟁의 길을 걷게 되었는지 그 기원 역시 더듬어볼 것이다. 독자들은 이 이야기가 오늘날 세계를 이해하는 가장 중요한 열쇠이며 21세기 우리 사회의 핵심적인 논쟁을 강력하게 조명하리라는 사실을 알게 될 것이다.

이 놀라운 모험에 나는 세 명의 위대한 전문가를 초대하여 차례로 대담을 진행했다. 그들은 바로 프랑수아즈 에리티에, 실비안 아가생스키, 그리고 미셸 페로이다. 그들은 열정과 관대함과 인내심으로 내가 던지는 질문에 성실하게 대답해주었고, 해박한 지식과 명철함은 물론이고 때로 회의조차도 아낌없이 나와 함께 나누었다. 실제로 그들은 각기 자기 분야에서, 특히 과학과 사상 분야에서 미개척지를 발굴한 전문가들이다. 그들은 수많은 책과 작업 중인 원고로 가득 찬 작업실에서 나를 다정하게 맞아주었고, 우리는 함께 과거에 이 땅에 살았던 여성들과 우리를 연결해주는 아리아드네의 실[1]을 따라갔다. 나는 지적이고 인간적인 유대감과 아름다웠던 감동과 때로 웃음을 터뜨리게 했던 그들과의 긴 대담을 소중한 기억으로 간직하고 있다. 왜냐면 우리가 나눈 이야기 역시 험난하고, 비극적이고, 때로 기상천외한 여자들의 이야기였기 때문이다.

카이사르의 것은 카이사르에게 돌려주라고 했던가. 솔직히 말하면 내가 이 책을 구상하게 된 것은 여성이 아니라 어느 남성 덕분이다. 도미니크 시모네는

---

1) 아리아드네는 그리스 신화 미노스의 딸로 미노타우로스를 해치러 온 테세우스를 연모했다. 테세우스는 그가 준 칼과 실타래로 미노타우로스를 해치고, 들어갈 때 풀어놓은 실을 따라 미로를 무사히 빠져나올 수 있었다.

여성의 역사를 사람들에게 전하고 싶어 하는 내 소망이 '책'이라는 형태로 실현되도록 기획하고, 이 책이 쇠유 출판사의 「세상에서 가장 아름다운 이야기」 시리즈의 하나로 탄생할 수 있게 해준 사람이다. 이 자리를 빌려 그가 내게 제공한 출간의 기회뿐 아니라, 변함없이 여성의 존엄성을 위해 싸우는 그의 열정에 감사와 경의를 표하고 싶다.

나는 이 대담을 준비하면서 미국 독립전쟁의 영웅적인 어머니들의 후손인 미국 여성해방운동가들의 투쟁에 대해, 특히 애비게일 애덤스에 대해 자주 생각했다.

1776년, 그녀는 영국 왕권의 압제에 대항하여 싸우는 남편, 후일 대통령이 된 존 애덤스에게 전쟁터에서 남자들과 똑같이 투쟁하는 여자들을 "잊지 말아 달라"고 간청했다. 여자들이 자발적으로 의견을 표출하지도 못하고, 그들의 대표자가 참여하지도 못한 채 제정된 법에 복종할 수는 없었기 때문이다. 현명한 애비게일은 "남자들의 손에 무제한의 권력을 쥐여줘서는 안 돼요. 왜냐면 남자들의 본성이 폭압적이라는 것은 이론의 여지가 없는 진실이니까요."라고 남편에게 말했다. 그러나 존경하는 남편 존 애덤스는 그녀의 간청을 허튼소리로 여겼을 뿐이다……

전쟁이 끝나고 집으로 돌아간 여자들은 곧 그들 몫의 '미국의 꿈'을 요구했다. 그들은 남자들과 똑같이 '시민'이 되기를 원했고 '생존과 자유와 행복을 추구할' 권리를 주장했다. 온전한 미국인이 된다는 것은 또한 흑인 노예들의 '반체제적인' 꿈이기도 했다. 하지만 당시에 남자들은 여성도 흑인과 마찬가지로 '본성적으로' 국가의 일에 책임 있는 역할을 맡을 능력이 없다고 여겼다. 여자들이 '천성적으로' 순종적이고, 비이성적이고, 너무 순진하게 보였던 탓일까?

남북전쟁이 일어나기 훨씬 전에 노예 제도 폐지를 주장했던 사람 중에서 여성 해방운동가가 많았다는 사실이나, 그들이 이를 계기로 '여성의 노예화'를 규탄하고, '종속의 종식'과 '여성의 육체에 대한 침해할 수 없는 권리'를 주장했다는 사실은 놀라운 일이 아니다.

노예해방 이후 미국의 여성해방운동가들은 평등을 요구하는 자신의 투쟁을 흑인들의 투쟁과 동일시했으며 숫자가 아니라 사회적 신분의 차원에서 자신을 억압받는 '소수'로 간주했다. 그들은 '여성 참정권을 주장하는 싸움닭들', '산아제한운동가들', '브래지어와 가터벨트를 불태운 인간들'과 같은 모욕적인 이름으로 불리며 야유와 혐오의 대상이 되었다. 그들은 남자들, '여자다운' 귀부인들, 남자들이 바라는 유형의 인간이 되려고 열성적으로 애쓰거나, 당시의 사회 분위기가 강제한 규범을 충실하게 따르는 '진짜 여자들'의 웃음거리가 되었다. 그들은 '다른' 여자들이었으며 '온전한' 여자들이 아니었다. 그렇다면 미국의 여성해방운동가들은 극단적인가? 대부분 그렇다. 그들은 강성이고 공격적인가? 분명히 그렇다. 하지만 열정적인 개척자들만이 부당한 현실과의 싸움에서 이길 수 있다!

여자들의 이야기를 시작하면서 나는 미국이나 영국, 프랑스의 여성해방운동가들이 출현하기 훨씬 이전, 즉 인류의 출발점으로 거슬러 올라가서 여자들이 지금도 여전히 계속되는 종속적인 상태에 놓이게 된 원초적인 시점을 확인하고자 했다. 새로운 생명을 잉태하고 세상에 내놓는 여자들은 정말 '제2의 성'인가, 아니면 '제1의 성'인가? 선사 시대 우리의 먼 선조 할머니들은 어떻게 사랑하고, 아이를 낳았을까? 그들이 속한 공동체의 생존을 위해 그들은 어떤 역할을 했을까? 그리고 남자들은? 당시에도 남자들은 자신의 후손을 생산하고

대를 잇는 데 결정적인 조건이 되었던 여성의 '배腹'를 조종하려고 했을까? 거기서 우리는 무엇을 알 수 있을까? 여성의 '본성'이 온전하고 자유롭게 표출되었던 축복받은 시대가 있었던가? 그런 '본성'이라는 것이 존재할까? 간단히 말해서 여자란 과연 무엇인가? 자연은 어느 지점에서 멈추고, 문화는 어느 지점에서 시작하는 걸까?

물론 나는 프랑수아즈 에리티에에게 이런 본질적인 질문을 던졌다. 인류학자이며 아프리카 사회, 특히 친족과 혼인 제도 분야의 가장 권위 있는 전문가인 그는 클로드 레비스트로스의 제자였으며 현재 CNRS(국립 과학연구소) 연구원, EHESS(사회과학 고등연구원) 연구부장, 콜레주 드 프랑스 교수로 재직하고 있다. 엄격한 과학자이자 초창기 여성해방운동가인 그녀는 무엇보다 모든 형태의 불의에 대항하는 인본주의자다.

그녀는 남자들이 어떻게 자기 아내의 놀라운 재능, 즉 '아이를 생산하는 특권'을 수탈해왔는지를 말해줄 것이다. 또한, 모계사회 체제가 결코 환상에 불과한 것이 아니었으며, 어느 시대 어느 장소에서나 '각각의 성이 내포한 차별적 가치'가 요구되었다는 사실을 말해줄 것이다. 즉, 추하고, 어리석고, 불쾌한 남자도 아름답고, 지적이고, 관대하고, 성실하고, 교양 있는 여자보다는 언제나 더 가치 있는 존재로 여겨져왔다는 사실을 지적할 것이다. 게다가 매춘은 직업이었던 적도 없었으며 '가장 오랜 직업'이라는 주장도 사실이 아님을, 그리고 여자들에 대한 차별 역시 절대로 주변적인 사실이 아니었음을 잊지 않고 상기시켜줄 것이다. 실제로 여성에 대한 차별은 전 세계적으로, 그리고 역사적으로 여성의 육체와 영혼을 심각하게 훼손해왔고, 때로는 목숨을 앗아가기도 했다.

또한, 철학자 실비안 아가생스키는 여성의 현재와 미래에 주목할 것이다.

철학은 그녀의 삶에서 결정적인 만남이었고, 이 세계를 해독하고 싶다는 끝없는 호기심을 충족해주는 소재이자 소명이었다. 그러나 그녀가 그토록 존경했던 위대한 철학자들, 현자들, 사상가들이 모두 남자들이었고, 그들이 활동하는 우월한 세계에서 하나같이 여성을 배제했다는 사실을 깨달았을 때 그녀는 큰 충격을 받았다. 그리고 소위 '객관적'이라는 철학서들이 어떤 편견이 개입된 남성적 관점의 산물이라는 사실을 확인했을 때 그녀는 몹시 실망했다. 따라서 그녀는 비판적인 시선으로 철학자들의 가장 기본적인 도구인 언어를 점검하고 남성과 여성의 관계를 개념적으로 다시 생각해볼 필요를 느꼈다. 그렇다면, 오늘날 남성과 여성의 차이를 어떻게 생각해야 할까? 아가생스키는 남녀의 차이가 정의될 수도, 사라질 수도 없다고 말하면서 우리 각자에게 자유로운 해석을 촉구한다. 그녀는 특히 여자들이 공적인 삶에서 자신의 공정한 위치와 남녀평등을 확보하기 위해 어떻게 투쟁해왔는지를 들려줄 것이다.

성의 차이는 보편적이다. 따라서 우리는 '중성(中性)'이 아니라 '혼성(混性)'의 세계를 구상해야 할 필요가 있다. 오늘날 우리는 많은 문제에 직면하고 있다. 부부 관계, 가족 관계는 어떠한가? 사적 공간에서 가족 구성원들이 집안일을 이상적으로 배분하는 '동수(同數) 문화'를 어떻게 창출할 것인가? 과학의 눈부신 발전이 낳은 전례 없는 현상들(인공수정, 동성 부모, 정자와 난모세포 기증, 익명 출산, 대리모 등)과 그것이 전통적인 부모의 역할에 끼친 혼란을 어떻게 해결할 것인가? 어떻게 윤리적으로 합당한 친자 관계를 성립할 것인가? 특히, 인간의 존엄성이라든가 욕망하고 사랑할 자유와 같은 가장 본질적인 문제에 어떻게 대처해야 할 것인가?

실비안 아가생스키에 이어 우리는 미셸 페로와 함께 여성의 일생을 추적해볼 것이다. 그 과정에서 어린아이로서, 소녀로서, 결혼 적령기의 처녀로서, 젊은 아내로서, 잦은 임신이나 자녀 양육으로 지친 어머니로서, 혼자되거나 나약한 할머니로서 살아갔던 여성의 일상을 꼼꼼히 들여다볼 것이다.

뛰어난 대학교수이자 노동운동 전문가였던 미셸 페로는 문헌도, 증언도, 직간접으로 채록한 자료도 거의 찾아볼 수 없는 '여성의 역사'라는 불모지에 가까운 분야에 뛰어들었다. 가정의 울타리에 갇힌 채 침묵을 강요당했던 여자들이 남긴 흔적에 주목한 그녀는 수년 전부터 여성에게 자기 목소리를 돌려주고, 역사에서 그들의 정당한 위치를 찾아주는 일에 전념하고 있다. 열정, 호기심, 유머, 지적·도덕적 명철함, 우아함 등 그녀의 매력은 일일이 열거할 수 없을 만큼 많다. 이 책을 준비한 덕분에 우리는 긴 이야기를 나누었고 나는 그녀와 함께 오랜 시간을 보내는 행운을 누릴 수 있었다.

미셸 페로는 여자의 일생이 태어날 때부터 잘못되어 있다고 말한다. 여성은 '이류(二流)의 성'으로 여아가 태어나면 부모는 실망하고, 어머니는 죄의식을 느낀다. 그녀는 젊은 여자들이 어떻게 교육의 기회에서 소외되었고, 기껏해야 장래에 한 남자의 아내, 아이들의 어머니가 되는 데 필요한 교육밖에는 그들에게 허락되지 않았는지를 이야기할 것이다.

또한, 결혼을 거부한 여자들, 수도원에 버려진 여자들, 한 남자가 아니라 여러 남자에게 속했던 여자들, 소위 '타락한 여자들'이라고 부르는 '바람직하지 못한' 반항적인 여자들이 어떤 운명에 놓였는지도 말해줄 것이다. 그녀는 여성이 '활동 인구'에 편입되기 훨씬 전에 밭에서, 가정에서, 작업장에서, 상점에서 얼마나 과도한 노동에 시달려왔는지도 살펴볼 것이다. 미셸 페로는 이처럼 교육받고, 스스로 직업을 선택하고, 자신의 능력을 발휘하고, 대중 앞에서 발언하고, 선거에서 투표하거나 선출될 권리를 획득하기 위해 결정적으로 출산을 스스로 결정할 권리, —어떤 여자들이 어떤 나라에서 얼마 동안이나 그런 권리를 누릴 수 있었는지는 의문이지만— 수천 년 동안 계속되었던 원하지 않는 임신의 고통에서 벗어날 전례 없는 권리를 확보하기 위해 여자들이 치러야 했던 길고 긴 투쟁의 역사를 다시 한 번 돌아볼 것이다.

우리가 여기서 살펴보는 여자들의 이야기는 알다시피 아직도 끝나지 않은 투쟁의 역사다. 오늘날 우리는 모두 인류의 운명에 갑자기 들이닥친 가장 큰 혁명의 상속자들이다. 여성의 배는 피임 수단 덕분에 남자들의 통제를 벗어났고, 여성의 육체는 여성 자신의 소유가 되었으며, 그것을 누구에겐가 주거나 주지 않을 권리도 여성의 몫이 되었다. 그러나 이런 자유도 무색하게 여자들 운신의 폭은 여전히 좁기만 하다. 세계 곳곳에서, 우리 가까운 곳에서, 우리 사이에서, 남자들은 '아이를 생산하는 놀라운 특권'을 여전히 그리고 영원히 통제하기 위해 끊임없이 여자들을 무지와 복종 상태에 가둬두려고 한다. 심지어 오늘날에도 남자들은 자신의 딸과 누이와 아내의 육체를 통해 자신의 명예를 지키려 하기에 여자들은 구타당하고, 살해당하기도 한다. 그리고 선진국이라고 해서 이런 상황으로 되돌아가지 말라는 법은 없다.

우리는 '여성의 자유'라는 것이 비교적 최근의 일이고 아직 허약하다는 사실을 절대 잊어서는 안 된다. 그리고 여성이 스스로 자신의 운명을 결정하고, 자신의 권리를 보호하고, 남성과 여성이 어우러져 함께 살아가는 혼성의 사회에서 여성이 온전한 '인간'으로서 존재하는 세상을 만들어가는 것도 오로지 여성 자신의 손에 달렸음을 절대 잊어서는 안 된다.

니콜 바샤랑

3부 2천 년 여자의 일생

Nicole Bacharan
Michelle Perrot

1부. 여성의 근원

| 프랑수아즈 에리티에 · 니콜 바샤랑 |

"저는 성의 차별적 가치를 정당화하는 원시 사회 전체를 '시원적 지배의 원형'이라고 부릅니다. 우리는 지금도 여전히 이 원형을 경험하고 있습니다. 오늘날 아이들에게 아기가 어떻게 태어나는지를 알려주는 방법을 생각해보세요. 제가 어렸을 때 어머니는 황새가 저를 물어다 줬다고 하셨습니다. 아기가 양배추나 장미에서 태어났다고 하는 부모도 있죠. 그러나 요즘은 생물학적 사실을 존중하는 경향이 있습니다. 그래서 이렇게 이야기합니다. "아빠가 작은 씨를 엄마 배에 심었어. 그래서 그 작은 씨가 자라서 어느 날 아가가 엄마 배에서 나오는 거란다." 이런 설명은 대수롭지 않은 것 같지만, 시원적 지배 원형을 그대로 재현한 것입니다. 원시 사회에서 그랬듯이 여자는 '냄비'에 불과합니다! 이것은 정치적·종교적인 정체성까지도 포함하는 개인의 모든 정체성이 아버지의 정액에 포함되어 있음을 의미합니다. 우리 조상의 사고방식과 표현 방식, 즉 시원적 지배 원형은 여전히 우리에게도 살아 있습니다."

프랑수아즈 에리티에(Françoise Héritier)
1933년생. 프랑스의 대표적인 인류학자이자 민속학자이다. 레비스트로스의 수제자로 콜레주 드 프랑스에서 '아프리카 사회들의 비교 연구'라는 제목으로 강의를 개설하면서 그의 자리를 물려받았다.

본성의 문제인가?

바샤랑 인류학자, 민속학자로서 에리티에 선생님은 사회 체제에서 관찰할 수 있는 인간의 행동에 관심을 보이고 계십니다. 선생님은 소위 '원시' 종족과 일상을 함께하셨고, 그 경험을 통해 시선을 인류의 기원으로 돌리기도 하셨습니다. 그러나 아프리카, 아시아, 오스트레일리아 등지에서 지금도 볼 수 있는 원시적인 사회가 실제로 인류의 조상이 이루고 살았던 사회와 유사하다는 것을 어떻게 알 수 있을까요?

에리티에 중요한 기준은 생활양식입니다. 농작물을 경작하지도 않고, 가축을 기르지도 않고, 야금술도 모르는 수렵·채집자들은 구석기 시대 생활양식을 그대로 답습하고 있어요. 이들은 식량이 필요할 때 자연에서 채취한 것을 먹으며 살아갑니다. 동물을 사냥하고 물고기를 잡고, 식물을 채취하면서 생존하는 거죠. 이들은 살아남기 위해 때로 넓은 지역을 돌아다녀야 하는 유랑민입니다. 아프리카의 피그미족이나 부시맨족의 주거는 상대적으로 안정되었지만, 토양이 농사를 짓기에 너무 척박해져서 다른 곳에서 식량을 구해야 한다면 언제라도 이동하여 주거를 옮깁니다. 그런 점에서 이들의 생활양식은 신석기 시대 이전의 우리 조상의 생활양식과 매우 흡사합니다. 그러나 이들은 진화했고, 이들만의 고유한 역사가 있죠. 따라서 이들과 석기 시대 원시인들의 생활양식이 비슷하다고 말할 수는 있지만, 똑같다고 단정할 수는 없겠죠.

바사랑 그렇다면, 선생님은 오늘날의 원시적인 사회를 통해 초기 인류 사회의 남성과 여성의 관계를 유추해볼 수 있었나요?

에리티에 인간 사회에서 남성과 여성의 관계가 언제나 변함없는 모습을 보여줄 수는 없습니다. 다양하고 모순된 양상을 띠게 마련이죠. 하지만 근본적으로는 아주 명백한 동질성이 있습니다. 어떤 사회에나 '모든 것이 어떻게 시작되었는지'를 설명해주는 창조 신화가 있습니다. 모든 문화권에서 공통으로 발견할 수 있는 창조 신화를 검토하고, 분석하고, 비교해보면, 원시 인류가 어땠는지를 연역적으로 재구성해볼 수 있습니다. 물론 이것은 가정일 뿐이죠. 증거가 없으니까요. 정신은 물질적 흔적을 남기지 않습니다. 그러나 까마득한 과거의 인류는 어땠는지, 이후 인간들에게 전형적 규범이 되었던 과거의 여성과 남성의 관계가 어떤 것이었는지를 가늠해볼 수는 있습니다.

바사랑 선생님은 해부학적 특성을 제외하고 무엇이 여성을 여성이게 하느냐는 그 영원한 질문에 대한 답을 찾으셨나요? 인류의 기원으로 거슬러 올라가면,

'여성성'이라는 것이 존재하는지 아닌지 확인할 수 있을까요?

에리티에 이것은 늘 되풀이되는 질문입니다. 보편적으로 어느 사회에서나 남성성이 분명히 존재하듯이 여성성도 존재한다고 확신합니다. 해부학적·심리학적 특성 외에도 남성이든 여성이든 한 가지 성에 속하는 모든 사회 구성원에게는 그 성의 고유한 적성, 태도, 장점, 단점 등이 있습니다.

바샤랑 그렇다면, 여성 고유의 특성은 어떤 것인가요?

에리티에 여성은 약하고, 어리석고, 호기심 많고, 신뢰할 수 없고, 수다스럽고, 질투 많고, 경박하고, 비이성적이고, 신경질적이죠! 조금 덜 부정적으로 말하자면, 상처받기 쉽고, 다정하고, 헌신적이고, 순진하고, 정숙하죠…… 이 모든 것이 여자들의 '본성'이라는 겁니다. 반면에 남성은 '본성적으로' 강하고, 이성적이고, 자발적이고, 용감하다고 믿지요. 그래서 남성이 여성 본성의 부정적인 요소들을 통제하는 지배적인 위치에 있어야 한다고 생각하는 겁니다. 물론 여성성과 남성성이 존재한다는 믿음은 문화적 신념일 뿐입니다. 그리고 문화적으로 달리 해석되기도 하지요. 저는 질투하거나, 낭비하거나, 경박하거나, 혹은 그와 반대로 관대하거나, 알뜰하거나, 진지하다는 등의 성향이 각각의 성에 따른 특징은 아니라고 생각합니다. 적성이나 태도가 유전한다든가, 하나의 성이 다른 성을 지배하는 것을 정당화하는 본성 같은 것은 생물학적으로 존재하지 않습니다. 이런 차이는 각 개인에게 달린 문제입니다. 각각의 성에 따라 유형화된 차이는 명백히 문화적 유산에서 비롯되었다고 봐야겠지요.

네 어머니도, 네 누이도 아닌

바샤랑 물론 본성적으로 남성적 혹은 여성적이라고 판단하는 여러 특성은 사회에 따라 달라지겠지요?

에리티에 사회에 따라 다릅니다만, 저는 어느 시대 어느 지역에서나 남성을 여성보다 우월한 성으로 여겼다는 결론에 도달했습니다. 제가 '성의 차별적 유의성(誘意性)'이라고 부르는 것이 인류의 시초부터 자리 잡았습니다. 다시 말해 두 성의 가치가 동등한 것이 아니라, 남성을 여성보다 더 가치 있는 것으로 간주하는 것이죠.

바샤랑 어떻게 그런 결론에 도달하셨죠?

에리티에 클로드 레비스트로스와 제가 공동으로 진행한 연구를 통해서였습니다. 우리는 근친상간에 대한 금기가 인간 사회 구성에 필수적인 조건이라는 사실을 확인했습니다. 원시 시대 인류는 호모 사피엔스 사피엔스로 진화한 부류와 네안데르탈인으로 진화한 부류의 두 갈래로 갈라집니다. 이 두 종족은 '인간화'에 성공한 사례입니다. 그리고 최종적으로 현재의 우리 조상인 호모 사피엔스 사피엔스만 살아남았습니다. 초기 인간 집단에서 사회가 존속하기 위해서는 아버지가 딸과 성관계를 맺거나 남자 형제들이 누이들과 성관계하는 것을 금지해야 했습니다.

바샤랑 왜 그런 금기가 사회 구성에 필수적이었나요?

에리티에 모든 개인이 서로 친족 관계로 연결되어 있고, 그들끼리 살아가면서 족내혼으로 자식을 낳으며 외부인과 섞이기를 거부하는 호모 사피엔스 사피엔스의 어느 작은 집단이 있다고 상상해봅시다. 같은 혈통끼리 모여서 주변의 자연에서 수렵하고 채집하면서 살아가는 이들은 필연적으로 비슷한 규모의 다른 집단과 대치하게 되겠죠. 그러다가, 예기치 못하게 여자들이 모두 죽었다든지, 여자아이들의 수는 적은데 사내아이들만 지나치게 많다는 등 변고가 생겨서 후손을 낳을 수 없는 상황에 놓였다고 가정해봅시다. 그러면 다른 집단을 공격해서 여자들을 약탈해 오겠죠.

바샤랑 평화가 무너지는 순간이군요.

에리티에 그렇죠. 근친상간의 금기는 조정 장치입니다. 다시 말해 다른 종족끼리 서로 죽이기보다는 서로 협동하는 장치인 셈이죠. 레비스트로스는 인류가 출현한 곳에서는 어디에서나 이런 형태의 결정이 이루어졌다고 말합니다. 사람들은 교환 가치가 있는 자신의 딸이나 누이와 교접하지 않고 보호하기로 결정합니다. 그리고 다른 그룹 남자들의 딸, 누이와 교환합니다. 남자들은 그렇게 매형, 처남, 동서지간이 되는 거죠. 이들 사이에는 공격적인 관계도 있지만, 서로 돕는 관계가 형성될 수 있지요. 그렇게 그룹 사이에 생식 능력이 배분되고, 외부인과 관계를 맺는 거죠.

바샤랑 그것은 어떤 양상을 따나요?

에리티에 한 쌍의 남녀가 공식적으로 관계를 맺는 것이 바로 결혼입니다. 두 혈족을 이어주는 사회적 계약에 포함되는 결혼은 한 지역에서 공동의 평화를 이루게 하고, 여자들의 성적 종속 관계를 유지합니다. 두 혈족의 결혼과 계약이 성립하려면 남자와 여자가 서로 상대에게 속해 있다고 느껴야 합니다. 그리고 그들에게는 반드시 상호보완적인 의무가 부과됩니다. 일반적으로 한 사람은 사냥하고 다른 한 사람은 채취하는 일을 맡죠. 남자들은 큰 동물을 사냥하고, 맹수로부터 무리를 보호하는 임무를 맡습니다. 여자들은 젖을 떼지 못한 어린 것들을 돌보느라고 가정에 더 가까운 곳에 남아 있습니다. 이렇게 역할이 분배되는 이유는 임신한 여자나 수유하는 여자가 거주지에서 먼 곳까지 그리고 자주 이동할 수 없다는 실질적인 제약이 있기 때문이지, 신체적·정신적으로 열등하기 때문이 아닙니다. 다시 말해 진정한 제약은 현실보다는 관념적 차원에서 발생합니다. 그뿐 아니라 의무의 분배는 문화에 따라서도 달라집니다. 서아프리카에서는 최근까지도 바느질이나 천 짜기가 남자들의 주요 임무였습니다.

바사랑 결혼, 혈족, 노동의 분배, 이 모든 것이 성적 불평등과 상관없이 전체 사회 구성원의 이익에 따라 결정되었다는 말이군요?

에리티에 그렇습니다. 저는 이 구조가 무언가 부족하다는 생각이 들었습니다. 남자가 자기 딸이나 누이를 다른 남자에게 줄 수 있으려면 먼저 자신이 그들에 대해 권리가 있다고 생각하고 있어야 합니다. 남자들 사이의 이러한 형태의 계약, 민속학적인 관습은 세계 곳곳에서 발견할 수 있습니다. 전 세계의 수많은 공동체에서 여자를 교환하는 남자들은 있지만, 그 반대의 경우는 찾아볼 수 없습니다. 여자가 남자를 교환한 사례도 없고, 남자와 여자로 이루어진 혼성 그룹에서 남자와 여자가 서로 교환되는 경우도 확인된 적이 없습니다. 그렇습니다. 오직 남자들만이 그런 권리를 가지고 있고, 권리를 가진 남자들은 어디에나 있습니다. 성의 차별적 가치가 이미 구석기 시대부터, 인류의 시초부터 존재했다고 말할 수밖에 없는 대목입니다.

바샤랑 성의 이런 차별적 가치가 근친상간의 금기보다 먼저라는 말씀인가요?

에리티에 성의 차별적 가치가 우선한다고 말할 수는 없지만, 적어도 근친상간의 금기와 공존했던 것은 확실합니다. 이것은 혈족 간의 계약, 개인 간의 결혼 그리고 일의 분배와 같은 사회적 구성에 필수불가결한 요소들을 서로 연결하는 역할을 합니다. 이 모든 것은 성의 차별적 가치에 따라 작동합니다.

남성이 여성보다 우월하다?

바샤랑 이유가 뭐죠? 이웃과 평화롭게, 아니 적어도 함께 살아가기 위해 근친상간을 금지하는 것은 남자들 못지않게 여자들도 내릴 수 있는 결정입니다. 그렇다고 해서 남자들에게만 여자들을 교환할 권리가 있다는 의미는 아니잖습니까? 그런데 왜 여자들은 이런 불평등한 결정을 인정했을까요?

에리티에 그 이유를 이해하려면 우리 조상이 살았던 세계를 재구성해봐야 합니다. 그들도 우리처럼 자신이 속한 환경을 벗어나지 못한 상태로 결론을 도출하려고 했을 겁니다. 그들도 자연, 계절, 낮과 밤, 그들의 육체, 탄생과 죽음 등의 문제를 그들 나름대로 생각했겠죠. 그리고 자신의 힘으로는 바꿀 수 없는 이 변함없는 것들을 이해하려고 노력했겠죠. 이것을 '세상에 의미를 부여하는 과정'이라고 부르기도 합니다. 그들은 현미경도, 적외선도, 다른 첨단 기구도 없이 자신이 가진 도구, 즉 오감만으로 이 문제를 명료하게 해결할 수 없었을 겁니다. 그들이 알아낼 수 있었던 것은 과연 무엇이었을까요? 이런 항구적인 것 중에서 가장 중요한 것은 인간을 포함한 모든 동물의 세계에서 분명히 확인할 수 있었던 '성적 차이'입니다. 사람들은 여러 종 사이, 개인 사이의 차이뿐 아니라, 늘 되풀이되는 성적 차이를 깨달을 수밖에 없습니다. 세상에는 언제나 수컷과 암컷이 있습니다. 수컷에게는 '음경', 암컷에게는 '음문'이라는 각자 특징적인 생식 기관이 있고, 이 기관은 지구에 존재하는 모든 종에게 공통으로 있습니다. 물론 여기서 종이란 우리가 직접 눈으로 관찰할 수 있는 동물, 특히 포유동물을 말합니다.

바샤랑 수컷과 암컷의 확실하고 명백한 차이가 과연 여성과 남성의 생식 기관뿐일까요?

에리티에 해부학적이고 생리학적인 차이는 그렇습니다. 수컷의 기관은 정액을 만들고, 암컷의 기관은 규칙적으로 생리를 하고 젖을 분비하는, 지극히 정형화된 작용을 합니다. 이러한 명백한 차이는 우리 선조에게도 예외일 수 없었죠. 바로 이것이 가장 중요한 관찰의 출발점입니다.

바샤랑 그다음엔 어떻게 되나요?

에리티에 저는 인간의 사고가 '같은 것'과 '다른 것'이 존재한다는 객관적인 사실에서부터 체계화되었다고 생각합니다. 첫째, 같은 것 그리고 둘째, 같지만 먼저 것과 다른 것, 이 두 항목으로 모든 것을 분류하고 분석할 수 있습니다. 이것이 인류가 생각하는 방식입니다. 이 규칙을 따르지 않는 사회는 없습니다. 모든 언어에는 온랭, 건습, 경연(硬軟), 명암, 고저, 능동과 수동, 강약 등 서로 대립하는 두 가지 범주가 있습니다. 마찬가지로 추상과 구상, 원칙과 경험, 문화와 자연처럼 우리가 사고할 때 사용하는, 같은 것과 다른 것의 대립을 구성하는 추상적 범주도 있습니다. 이 모든 범주는 남성과 여성으로 대립하는 명확한 대분류에서 유래한다고도 말할 수 있습니다.

바샤랑 그렇다면 크게 두 범주로 구분하는 이런 분류법이 언제 성의 차별적 가치로 귀착되었습니까?

에리티에 모든 언어에서 이처럼 두 가지 요소로 이루어진 범주들은 남성 혹은 여성적인 특징을 내포하고 있습니다. 예를 들면 고대 그리스나 중국의 상상 체계에서 뜨거운 것과 마른 것은 남성적이고, 차가운 것과 축축한 것은 여성적입니다. 이런 분류법은 다른 여러 전통 사회에서도 공통으로 발견됩니다. 이것은 실제로 구체적인 관찰에서 비롯된 신념입니다. 예를 들어 짐승을 도살하면 피를 쏟고, 피를 모두 쏟아내면 죽어서 몸이 차갑게 식으면서 움직이지 못하고 굳어버립니다. 따라서 생명은 운동성과 열기이며, 죽음은 부동성과 냉기라고 믿는 거죠. 그렇다면 남자는 왜 뜨겁고 말랐다고 할까요? 남자는 피를 흘리지 않기 때문입니다. 여자가 차갑고 축축한 이유는 어쩔 수 없이 매월 생리를 하기 때문이죠.

바사랑 '따뜻하고 마른' 남성적 특징이 '차갑고 축축한' 여성적 특성보다 우월하다는 건가요?

에리티에 두 가지 대립하는 개념이 존재한다는 객관적인 사실에서 계급이 발생합니다. 거기에는 항상 긍정적인 범주와 부정적인 범주가 있고, 상급과 하급이 있습니다. 민속학에서는 주로 긍정적인 것을 남성적인 면, 부정적인 것을 여성적인 면으로 간주하는 현상을 확인하곤 합니다. 이것은 범주 자체와는 아무 상관 없습니다. 같은 특성이 전 세계에서 같은 방식으로 평가되는 것은 아닙니다. 그렇습니다. 그것은 남성에 편입할지 혹은 여성에 편입할지에 달린 문제입니다.

바사랑 이를테면 어떤 현상을 말하는 건가요?

에리티에 예를 들어 서양에서는 물질에 어떤 힘이 작용하는 것을 뜻하는 '능동성'을 남성적인 것과 관련하여 긍정적으로 평가하는 반면, 부정적으로 평가하는 '수동성'은 여성적인 것과 연관 짓습니다. 하지만 인도에서는 반대로 수동성이 일련의 고행 끝에 도달하는 평정의 표시입니다. 여기서 수동성은 남성적이고, 긍정적으로 평가됩니다. 반면에 늘 무질서한 것으로 여겨지는 능동성은 여성적이며 부정적인 것으로 평가됩니다. 장소와 시대에 따라 이처럼 관점이 변할 수는 있지만, 보편적으로 남성적인 것에 더 우월한 가치를 부여한다는 사실에는 변함없습니다.

바사랑 남성과 여성을 우열 관계가 아니라 단순히 보완적인 관계로 여겼던 적은 한 번도 없었나요?

에리티에 이런저런 지엽적 이론이 그런 예를 보여준다고 해도, 현실적으로는 언제나 강한 성과 약한 성, 주도적인 성과 보조적인 성이 존재합니다. 예를 하나 들어볼까요? 수렵·채집 사회에서 남자들은 활과 창으로 사냥해서 고기를 가져옵니다. 고기는 공동체 전체 식량의 20퍼센트에 불과하지만, 아주 높이 평가됩니다. 여자들은 열매를 채집합니다. 이것은 고기보다 낮게 평가되지만, 그들 식량의 80퍼센트를 차지합니다. 이런 여러 집단을 연구한 민속학자들은 한결같이 이 비율이 집단마다 똑같다고 말합니다. 그러니까 여자들은 공동체의 생존에 아주 중요한 역할을 했지만, 어디서나 사냥이 채취보다 훨씬 더 높이 평가되었습니다. 어디서나 성적인 역할 분담은 남자의 노동으로 생산된 것에 더 높은 가치를 부여하면서 남성에게 특혜를 주었던 거죠.

아이를 생산하는 놀라운 특권

바사랑 그러니까 성의 차별적 가치는 단순한 해부학적 차이나 우연한 역할 분배와는 다른 곳에서 발생하는 거군요.

에리티에 그렇습니다. 그것은 아이를 낳는 여성을 관찰해보면 알 수 있습니다. 이것을 저는 '아이를 생산하는 놀라운 특권'이라고 부릅니다. 거기에는 남자들이 결코 이해할 수 없는, 뭔가 특별하고 놀라운 것이 있죠.

바사랑 조금 자세히 설명해주시죠.

에리티에 우리 조상이 스스로 자신의 통찰력을 이용해서 해결해야 했던 문제 하나를 상상해봅시다. 여자가 다른 형태의 인간을 만드는 것이 어떻게 가능할까요? 여성이 자신과 같은 형태를 생산하는 것은 이해할 수 있습니다. 그러니까 여자가 딸을 낳는 것은 당연해 보였겠죠. 하지만 여자가 자신과 다른 인간, 즉 아들을 어떻게 생산할 수 있을까요? 그리고 남자는 왜 자신과 똑같은 인간을 생산하지 못할까요? 그들은 왜 아들을 낳을 수 없을까요?

바사랑 사실 이것은 지금도 이해하기 어려운 문제입니다. 고대 사회는 이런 불가사의를 어떻게 해결했습니까?

에리티에 대답은 어디에서나 똑같습니다. 여자들은 자신과 '다른 것'을 생산하지만, 이것은 그들에게 속한 힘, 즉, 그들 자신의 능력이 아니라는 거죠. 그렇습니다. 이 '다른 것'은 외부에서 그들의 몸에 삽입된 겁니다. 여자의 육체에 아이를 집어넣는 것은 바로 남자입니다. 때로 여성이 성관계를 주도하고, 여자아이가 태어나기도 하지만, 그 아이는 언젠가 어머니가 될 테니까 전혀 쓸모없는 존재는 아닙니다. 하지만 여자의 육체에 아들을 심는 것은 바로 남자입니다. 여자는 자궁, 매개 수단, 혹은 아프리카 사람들이 말하듯이 '냄비'에 불과합니다!

바사랑 하지만 여자는 아들을 생산합니다. 역설적으로 아들을 생산하는 냄비로서 여자가 존경받았다고 상상할 수도 있지 않을까요?

에리티에 여자들이 존경받기도 했습니다만, 그렇다고 해서 과소평가되는 처지가 달라지지는 않았죠. 남자들은 실질적인 문제를 해결해야 했습니다. 즉, 그들에게 '아이를 생산하는 놀라운 특권'이 없는데, 어떻게 그 아들을 자기 혈육으로 확신할 수 있겠습니까? 따라서 여자를 자기 것으로 만들 필요가 있었습니다. 임신, 때로는 5년이나 걸리는 수유 등 아이를 낳고 기르는 데에는 시간이 필요합니다. 아이는 다섯 살이 되어도 자신을 길러준 어머니에게 의존합니다. 따라서 남자는 자기 아들을 낳은 여자를 잡아두고 자기 것으로 삼아야 했겠죠.

바샤랑 어떻게, 힘으로요?

에리티에 때로 힘을 이용하기도 하고, 협박하기도 했지만, 꼭 그럴 필요는 없습니다. 왜냐면 어린 시절부터 여자들의 자유를 빼앗아버렸기 때문이죠. 그들은 인간이 될 권리, 즉 자기 의지대로 살아갈 권리를 빼앗겼습니다. 그들은 자신의 운명을 결정하지 못하고, 남자들에게 필요한 아들을 낳아주는 단순한 번식용 기구로 전락했던 거죠. 그뿐 아니라 교육의 기회도 빼앗겼습니다. 만약 남자들이 여자들에게 배움의 길을 열어준다면, 그것은 잠재적으로 여자들에게 해방의 방법을 제공하는 셈이 될 테니까요.

바샤랑 모든 문화권에서 지식이 해방의 방법이라는 의식이 있었습니까?

에리티에 그렇습니다. 문자나 책, 입증된 과학적 지식이 없는 문화권에도 지식을 갖추고 사람들의 존경을 받는 사람들이 늘 있습니다. 그들은 신화, 동식물, 신비로운 현상에 대한 지식을 갖추고 있죠. 그래서 그 나름대로 문제에 해답을

줄 수 있습니다. 저는 그런 현상을 서아프리카 가나의 북쪽 내륙에 있는 부르키나파소의 사모 마을 현지에서 확인한 적이 있습니다. 여자들은 어떤 것을 먹어도 되는지, 어떤 식물을 채취해도 되는지를 물어보려고 비의 지배자 혹은 땅의 지배자를 찾아갑니다. 그러면 지식을 갖춘 자가 답을 주죠. 물론 살아가면서 여자들도 저절로 알게 되지만, 어떤 문제는 여전히 지식을 갖춘 자를 찾아가 상담해야 합니다. 그러나 문자와 지식을 담은 책이 출현하면서부터 필연적으로 여자들에게 지식으로 향하는 길은 더욱 엄격하게 차단되었습니다. 여성이 자신을 스스로 해방하는 발판이 된 지식에 접근하는 것은 서양 사회에서도 오랫동안 금지되었고, 모든 여자에게 지식이 개방된 시기는 불과 100년이 조금 지났을 뿐입니다.

바샤랑 하지만 여자들에게도 어떤 특별한 지식이 있지 않았나요?

에리티에 그럼요, 샤먼도 있고, 산파도 있었습니다. 하지만 그것은 제한된 지식입니다. 일반적인 지식은 남자들만이 독점하고 있었죠. 가정에 갇힌 여자들을 해방할 지식은 허락되지 않았습니다. 남자들은 여자들에게 부과된 운명을 수용하라고 강요하면서 여자들을 무지에 묶어두고 감시했죠. 여자들은 운명적으로 아이, 특히 아들을 생산하고, 젖을 먹이고, 성인이 될 때까지 보살피며 길러야 했습니다.

바샤랑 그러니까 자유와 지식을 박탈하고 가정에 감금하는 것이 여성을 종속시키는 장치였군요.

에리티에 게다가 여성은 그 영향으로 힘과 권력도 빼앗겼죠. 그리고 이 모든 장치는 여자들을 비방하는 쪽으로 몰아갔죠.

바사랑 왜 여성을 비방까지 하게 되었죠?

에리티에 그것은 꼭 필요한 조처였습니다! 비방하지 않고 어떻게 여성에게서 자유, 지식, 힘을 박탈하는 행위를 정당화할 수 있겠습니까? 그럴 수 없죠. 남자들은 여자들에게 그들이 열등하다는 사실을 주입했고, 여자들이 자유롭지 못한 것은 그들이 자유를 남용할 우려가 있기 때문이라고 설득했으며, 지식을 차단하는 것은 그들의 지능과 판단력이 부족하기 때문이라고 가르쳤죠. 그리고 여자들이 권력을 행사할 수 없는 이유는 경박하고 쉽게 흥분하기 때문이라는 사실을 늘 상기시켰습니다.

바사랑 결국, 여자들이 자신의 예속 상태를 자연스럽고 당연한 것으로 받아들이게 하려면 그들을 부정적인 존재로 규정해야 했던 거군요.

에리티에 그렇죠. 저는 성의 차별적 가치를 정당화하는 원시 사회 전체를 '시원적 지배의 원형'이라고 부릅니다. 우리는 지금도 여전히 이 원형을 경험하고 있습니다. 오늘날 아이들에게 아기가 어떻게 태어나는지를 알려주는 방법을 생각해보세요. 제가 어렸을 때 어머니는 황새가 저를 물어다 줬다고 하셨습니다. 아기가 양배추나 장미에서 태어났다고 하는 부모도 있죠. 그러나 요즘은 생물학적 사실을 존중하는 경향이 있습니다. 그래서 이렇게 이야기합니다. "아빠가 작은 씨를 엄마 배에 심었어. 그래서 그 작은 씨가 자라서 어느 날 아가가 엄마 배에서 나오는 거란다." 이런 설명은 대수롭지 않은 것 같지만, 시원적 지배 원형을 그대로 재현한 것입니다. 원시 사회에서 그랬듯이 여자는 '냄비'에 불과합니다! 저는 여기서 평시의 일례를 소개했습니다만, 이 시원적 지배 원형은 전쟁 시기에 '원치 않는 임신'이라는 또 다른 형태의 범죄를 저지르게 합니다. 스페인내전 때 프랑코파는 공화파 여자들을 강간하고 "넌 프랑코파를 낳게 될 거야!"라고 말했답니다. 그리고 유감스럽게도 유고슬라비아에서도 같은 비극이 반복되었죠. 이슬람교도들은 그리스도교 여자들을 강간하고 "넌 이슬람교도를 낳게 될 거야!"라고 말했답니다. 이런 상황은 그리스도교도들도 마찬가지였습니다. 이것은 정치적·종교적인 정체성까지도 포함하는 개인의 모든 정체성이 아버지의 정액에 포함되어 있음을 의미합니다. 이런 범죄 행위는 우리 조상의 사고방식과 표현 방식, 즉 시원적 지배 원형이 여전히 우리에게도 살아 있다는 증거입니다.

남자들 사이의 경쟁

바샤랑 그런데 평소에도 여자들을 비방하고, 전쟁 중에도 어떻게든 여자들을 '점령하려는' 남성의 의지는 어디에서 유래하는 걸까요? '아이를 생산하는 놀라운 특권'을 빼앗긴 것을 보복하려는 남녀 사이 경쟁의 결과인가요, 아니면 적군 남자들을 정복하고 모욕하려는 의도를 품은 남자들 사이의 대결인가요?

에리티에 분명히 남자들 사이의 경쟁입니다. 평등하지 않은 여자들의 분배에서 이미 이러한 경쟁적 상황이 벌어집니다. 일부다처 사회에서 어떤 남자는 배우자를 얻기 위해 오랫동안 기다려야 합니다. 왜냐면 더 힘세고 더 부유한 다른 남자에게 여러 명의 배우자를 얻을 특권이 있기 때문이죠. 더 나아가 수태와 관련된 신앙은 논외로 하더라도 남자들은 다른 남자들의 성을 공격적이고 해로운 것으로 여겼습니다. 그래서 적군에 의해 강간당하고 원하지 않게 임신한 여성 희생자들은 대부분 그들이 속한 공동체에서 축출됩니다. 사람들은 그런 여자들을 원치 않습니다. 모든 남자에게 다른 남자의 성은 위험을 의미하기에 남자들은 살인을 저질러서라도 '오직 자기만의' 여자를 소유하려는 극단적인 의지를 드러냅니다.

바샤랑 그런 배타적인 반응은 다른 남성의 성과 직면할 때 느끼는 혐오감이나 공포심 같은 정서에서 비롯한 것이 아닐까요? 그래서 '다른 남자가 내 아내, 내 딸, 내 누이와 성관계를 했다면 그 여자는 더럽혀졌기 때문에 공동체를 떠나야 하고 극단적으로는 그 여자를 죽여야 한다.'고 생각하는 건가요?

에리티에 더럽혀진 여자만큼은 아니지만, 그 여자를 통해 자신도 더러워지고 위협받는다고 느끼는 겁니다. 저는 이런 현상을 인류학적으로 분석해보았습니다. 언뜻 보기에 이런 현상은 이상하게 보이지만, 사실 이것은 그리 복잡할 것도 없습니다. 고대 사회에서 아내에게 정부(情夫)가 있다면 남편은 더럽혀지기만 하는 것이 아니라 위험에 노출됩니다. 하나의 질에서 두 힘이 만나는 셈이니까요. 두 남자 중 한 명은 경쟁자의 존재를 모르기 때문에 이 두 힘은 동등하지 않습니다. 배신당한 남편은 자신이 배신당한다는 사실을 모르고, 다른 남자는 남편이 넣는 것과 같은 물질을 여자의 육체에 집어넣습니다. 몇몇 아프리카 사회에서는 이런 만남을 매우 위험하게 여깁니다. 두 인물 중 약한 자는 그것 때문에 죽을 수도 있습니다.

바샤랑 왜 그렇지요?

에리티에 자신의 물질이 정상적으로 흐를 수 없기 때문이죠. 체액이 자기 생식기 쪽으로 역류하여 고환 상피병과 같은 특이한 질병에 걸린다든지, 순환하는 혈액에 들어가서 각혈을 일으키기도 합니다. 몇 가지 종류의 결핵은 아내의 부정이 직접적인 원인이 되기도 합니다. 부정한 아내의 질 속에 남자를 병들게 하는 물질이 들어 있는 거죠. 두 힘, 두 남자 사이의 정면충돌을 상상해보세요. 둘 중에서 약한 쪽은 이런 사실을 모르는 남자입니다. 정부나 강간범은 알고 있죠. 이럴 때 남편은 약자입니다.

바샤랑 간통의 위험에 대한 원초적인 반응은 어떤 형태로 나타났죠?

에리티에 강간당한 여자와 성관계를 지속해야 하는 남자들이 느끼는 반감을 보면 알 수 있습니다. 여자에게는 전혀 잘못이 없지만, 그녀는 위험한 존재가 되어버립니다. 어떤 사회에서는 남편이 그런 여자를 거부하고 일방적으로 이혼할 수도 있고, 심지어 죽일 수도 있습니다.

바샤랑 이것은 오랫동안 통용되었던 권리, 즉 남편에게 정부를 죽일 권리가 있다는 생각과 같은 맥락에 있나요?

에리티에 그렇죠. 둘 중 한 명은 죽어야 합니다. 남편은 '명예'라는 자신의 영역을 지키고, 또 실제로 자기 존재를 지켜야 합니다. 그가 정부를 죽이면 경쟁은 사라집니다. 사람들은 이를 두고 '피로 치욕을 씻었다'고 말합니다. 하지만 피는 씻는 것이 아니라 얼룩지게 하는 것이니, 놀라운 표현이라고 아니할 수 없습니다! 그런데 고대 신앙에서 정액은 피라는 사실을 잊지 말아야 합니다. '피로 씻음'으로써 남자는 다른 남자의 정액과 자신의 정액이 만나는 '내재적인' 위험을 제거합니다. 결국, 그는 경쟁자의 정액을 경쟁자의 육체 밖으로, 그리고 아내의 육체 밖으로 씻어내야 합니다.

바사랑 결국, 같은 목장에 두 마리의 종마를 둘 수 없다거나, 한울타리 안에 두 마리의 황소를 둘 수 없다는 평범한 사실을 다시 확인시켜주는군요! 남자들의 행동이 동물의 행동과 그렇게 유사하다는 것은, 본성, 다시 말해 여성적 본성이 완전히 배제된 남성만의 본성이 있다는 뜻인가요?

에리티에 저는 물질주의자들의 주장을 부정하지 않습니다. 남성 호르몬 테스토스테론이 존재한다는 사실을 부인할 수 없습니다! 하지만 저는 한울타리 안에 두 마리의 황소가 있는 광경을 본 적이 있는데 두 황소가 서로 친밀하다면, 혹은 암소가 보이지 않는다면 충분히 공존할 수 있습니다. 서로 적의를 느낄 필요가 없으니까요. 그리고 호르몬의 역할이 전혀 조절할 수 없는 결과를 낳지는 않습니다. 왜냐면 인간은 동물과 다르기 때문입니다. 문화와 이성은 인간이 스스로 자신의 충동을 조절하게 합니다. 남자들은 발정기 때 울어대며 서로 뿔을 부딪치는 사슴이 아닙니다.

남자의 심장을 가진 여자

바샤랑 어쨌든 남자들은 여자들의 '아이를 생산하는 놀라운 특권'을 자기 것이라고 주장하기 위해 온갖 수단을 동원한다는 거군요.

에리티에 여자들의 생식 능력과 남성의 지배 사이에는 밀접한 관계가 있습니다. 생식 능력이 없는 여자는 가치가 달라집니다. 거의 모든 사회에서 폐경기를 맞이한 여자들의 지위가 급격히 변하는 현상을 볼 수 있는데, 이때 남성의 지위와 비슷해지기까지 합니다. 물론 그들에 대한 평가는 주변의 남자들에게 달려 있습니다. 미국의 문화인류학자 오스카 루이스의 연구에 의하면, 캐나다 원주민 피간족의 경우 영향력 있는 아버지의 총애를 받는 딸이 부유한 남편과 결혼하여 아들을 낳으면, 이 여자는 폐경기에 '남자의 심장을 가진 여자'가 될 수 있습니다. 그래서 비로소 남성과 같은 자유를 얻고, 뭔가를 맹세한다든지, 대중 앞에서 자기 의견을 말한다든지, 술을 마신다든지, 축제를 개최한다든지, 제물을 바친다든지, 심지어 서서 소변을 보는 것처럼 다른 여자들에게 금지된 행동을 할 수 있는 권리를 갖게 됩니다!

바샤랑 그나마 다행이군요. 하지만 그 여자는 남자 흉내를 냄으로써 높이 평가되는 셈인데, 여전히 남성이 여성보다 우월하다는 평가 기준을 벗어나지는 못하는군요.

에리티에 그렇습니다. 그리고 세계 어디에서나 폐경기의 여자가 자유를 얻거나 남성의 지위에 가까워지는 것은 아닙니다. 알려진 바와 같이 대부분 원시 사회에서 폐경은 여자의 종말을 의미합니다. 여자가 늙고, 가난하고, 그를 보호해줄 아들도 남편도 없다면 그 여자는 배척당합니다. 사람들이 경계하고 '마녀'라고 의심하기도 하죠. 위험인물이 되는 거예요.

바샤랑 그러니까, 남자들은 아들을 임신할 수 있는 나이가 지난 여자를 차지하려고 싸우지 않는다는 거군요. 그렇다면 젊지만 임신할 수 없는 여자는 어떤가요? 영원히 위험에서 벗어난 운명인가요?

에리티에 전 세계적으로 불임은 철저하게 여성의 문제로 간주합니다. 고대 사회에서 불임의 원인으로 믿고 있던 것들은 최근 알려진 과학적 지식과는 거리가 멀었죠. 불임의 책임이 남자에게 돌아가는 유일한 경우는 남자가 성적으로 불구일 때였습니다. 사실, 아무리 원시적인 사회라도 성관계를 하지 않으면 여자 혼자 아이를 만들 수 없다는 사실을 모르지는 않았습니다.

바샤랑 구석기 시대에도 사람들이 그 점을 이해했을까요?

에리티에 틀림없습니다. 수많은 민속학 연구가 그 사실을 확인했죠. 어쩌면 우리 선조는 혼령이 여자의 몸 안으로 들어가고, 성관계로 여자가 열리고, 혼령이 '젖어야만' 세상으로 나올 수 있다고 믿었는지도 모릅니다. 그러나 이런 믿음이 그리 이상할 것도 없습니다. 오늘날 사회에서도 동정녀 마리아나 신통한 신령에게 기도한 덕분에 아이가 생겼다고 믿는 사람이 많이 있으니까요. 그러나 신성이 점지해준 아이를 실제로 잉태하기 위해서는 어쨌거나 성관계를 해야 합니다! 성불구가 아닌 남자와 성관계를 맺었는데도 아이가 생기지 않는다면 그

책임은 늘 여자에게로 돌아갑니다. 임신하지 못하는 여자는 불완전한 미완성의 존재로서, 여자로 간주하지도 않습니다. 때로는 여자가 원하든 원하지 않았든 간에 저지른 어떤 위반 행위의 결과로 불임의 죄를 지었다고 믿기도 합니다. 따라서 여자는 내쫓기고, 다른 여자에게 아내의 자리를 내줘야 합니다.

바샤랑 딸만 낳는 여자도 불완전한 여자로 간주했나요?

에리티에 그런 경우는 불임보다 형편이 낫다고 할 수도 없습니다. 세계 여러 지역의 많은 사회는 아들만을 유일하게 자식으로 여깁니다. 딸만 있는 남자는 대체로 아이가 없는 것으로 간주합니다. 그리고 그런 남자는 아내가 심술궂게도 자신이 기다리는 아들을 낳아주지 않는다고 비난하죠. 여자는 자기 역할을 해내지 못했기에 내쫓기고, 이혼당하고, 교체됩니다.

바샤랑 원시 사회에서 불임인 여자를 배척하는 것은 보편적인 현상이었나요?

에리티에 그것이 일반적인 사례였지만, 반드시 그랬던 것은 아닙니다. 영국의 인류학자 에반스 프리차드에 따르면 서부 아프리카의 누엘족의 경우 불임으로 확인된 기혼녀는 아들이나 남자 형제의 자격으로 친정으로 돌아간다고 합니다. 사람들은 그런 여자를 남자로 간주하기 때문에 그녀는 오로지 자신만을 위해 가축을 기를 수도 있고, 이 가축으로 한 명 혹은 여러 명의 아내를 얻을 수도 있습니다. 그리고 남편으로서의 모든 특권을 누립니다. 그녀가 얻은 아내들은 그녀를 섬기고 공경합니다. 그리고 자기 아내들을 임신하게 할 하인을 다른 부족에서 데려다가 고용할 수도 있습니다. 하지만 이 하인에게 아버지의 지위는 없죠. 아버지는 바로 그 여자이고, 아이들도 그녀를 '아버지'라고 부릅니다.

바샤랑 비록 그런 여성의 운명이 다른 사회의 여성들보다 훨씬 바람직하긴 하지만, 그래도 역시 여자로서의 정체성을 상실한 채 살아가야 하는군요.

에리티에 그렇습니다. 여자를 여자이게 하는 것은 바로 생식 능력입니다. 남성 지배는 가임기 여자들의 생식 능력을 차지하려는 의지로 표출되죠.

남자들을 위하여

바샤랑 여자가 남자에게 주는 것이 아이만은 아니죠. 여자는 남자에게 즐거움의 근원이기도 하죠……. 그것이 여자를 자기 것으로 만들려고 하고, 다른 남자들의 접근을 차단하는 이유가 아닐까요?

에리티에 네, 여자는 남자를 섬기고 그에게 아들을 낳아주기 위해 존재합니다. 남자에게 딸이 있다면, 그 역시 다른 남자에게 아들을 낳아주는 데 필요한 존재죠. 그뿐 아니라 여자는 남자에게 쾌락을 줍니다. 고대 그리스, 일본, 인도, 유대인 집단 같은 몇몇 사회에서는 이런 임무가 여러 여자의 육체에 나누어 부과됩니다. 다시 말해 부부 관계는 단지 아이를 낳기 위한 것이고, 남자에게 쾌락을 주는 일은 다른 여자들도 담당합니다. 그렇게 남자의 쾌락을 담당한 여자가 낳은 아이들은 적자(嫡子)가 아닙니다. 고대 그리스 시민에게는 여러 명의 여성이 있었습니다. 우선, 규방을 차지한 부인이 있었는데 그녀는 존중받으며 단지 아들을 잉태하기 위해서만 남편과 성관계를 합니다. 그리고 집에 함께 살면서 집 안을 안락하게 하고, 일상생활, 음식, 세탁을 책임지는 첩이 있습니다. 또한, 남자에게 성적·지적으로 품격 높은 쾌락을 제공하는 고급 창녀도 있었습니다. 그런 여성은 집안일은 하지 않고, 남자들과 함께 연회, 철학 토론에 참여하며 경우에 따라 그들과 잠자리를 함께하기도 합니다. 이런 고급 창녀 곁에는 지적인 대화는 하지 않고 오로지 남자의 성적 쾌락만을 담당한, 문자 그대로의 창녀도 있었습니다.

바샤랑 단 한 사람의 남자를 위해 많은 여자가 봉사했군요. 선생님이 연구하신 원시 사회에서는 여자들에게 부과된 이런 역할들이 각각 분리되어 있었나요?

에리티에 아닙니다. 대부분 사회에서 이런 역할들은 분리되어 있지 않습니다. 남자는 자기 아내를 아들의 어머니로, 안락함의 제공자로, 가사 노동자로, 그리고 성적 쾌락의 근원으로 간주하죠!

바샤랑 고대 사회에서 여성의 육체는 남자의 소유물로서 그의 다양한 욕구를 충족시키는 역할 외에 다른 기능은 없었나요?

에리티에 근친상간의 금지와 성관계를 통해 아들과 쾌락을 동시에 얻는 것이 매우 밀접한 관련이 있다는 사실을 잘 이해해야 합니다. 이것은 이론적으로 남자는 어떤 여자든 가질 권리가 있고, 이미 다른 남자의 소유가 되어 보호받고 있는 여자를 제외한 모든 여자는 그에게 몸을 바쳐야 한다는 것을 의미합니다. 보호받지 않는 여자는 누구나 가질 수 있습니다. 남성의 충동은 늘 허용되고 정당하게 여겨졌으며, 남성은 그런 충동을 실현할 권리가 있었죠. 저는 이것을 "남성 충동의 절대적 합법성"이라고 부릅니다.

바샤랑 이 충동은 오늘날에도 여전히 합법적이고 억제할 수 없는 것으로 간주하나요?

에리티에 그렇습니다. 이것이 우리 선조에게서 물려받은, 벗어날 수 없는 시원적 지배 원형입니다. 역사적으로 남성 충동의 합법성이 문제시된 적은 없었습니다. 충동은 자연스러운 것이지만, 남성에게만 허용된 것으로 여겨졌습니다. 그것을 충족하기 위해 남자에게는 지속적으로 여자가 필요했죠. 반대로 여성의 리비도는 엄격하게 통제되었습니다. 대부분 사회에서 여자아이는 결혼할 때까지 순결을 지켜야 하고, 이후에는 남편을 배신하지 말아야 하며, 간통은 엄하게 처벌받았습니다. 결혼은 이렇게 일방적인 성적 독점 계약입니다.

바샤랑 백번 양보해서 남성의 충동을 억제할 수 없는 것으로 인정하더라도 이런 충동을 여자의 육체를 통해 해결하는 것이 합법적으로 허용된 이유는 무엇일까요?

에리티에 저도 그 점이 정말 궁금합니다. 제가 생각하기에 이런 생리적 욕구를 억제하는 것은 충분히 가능한 일입니다. 순결을 지키며 살거나 금욕 생활을 하는 많은 남자가 충동을 억제하고 조절하며 잘 지내고 있습니다. 그리고 넘치는 에너지를 소모하는 다른 방법도 얼마든지 있습니다! 하지만 여러 사회에서 남성의 성적 충동을 해결하는 데 여자의 육체가 필요하다는 것을 인정하고 있는 것 같습니다. 끔찍한 일이지만, 심지어 어떤 사회에서는 어린아이의 육체가 남성의 성적 충동을 해결하는 데 '적합하다'는 주장에 동의하기도 합니다.

바샹 남성이 추구하는 것은 쾌락인가요, 지배인가요? 수컷의 쾌락은 여성의 육체나 약한 자의 육체를 상대로 행사하는 폭력과 관계가 있나요?

에리티에 관통하는/관통된 관계에는 분명히 폭력 차원의 어떤 것이 있습니다. 남자의 수동성을 높이 평가하는 인도에서조차 '관통하는 자'는 남자이지만, 그렇다고 남자가 폭력에 복종하지는 않습니다. 게다가 프로이트와 간디는 폭력의 최초 원형을 '성적 관통'에서 찾지 않았습니까? 이것은 남자 사이에서도 이루어질 수 있습니다. 고대 로마사 전문가 폴 벤에 따르면 동성애와 소년애가 허용된 고대 로마에서 '관통된 자'는 극단적인 경멸을 받았습니다. 만약 자유민이 노예에게 관통당했다면, 그것은 씻을 수 없는 치욕이었으며 그의 사회적 지위는 끝장났습니다! 그러나 관통한 경우는 아무 문제 없었습니다. 로마 시민은 성적 만족을 얻기 위해 여성의 육체보다 어린 소년의 육체를 이용했지만, 그렇다고 해서 그를 '동성애자'라고 부르지는 않았습니다.

2장
—
폭력에서
권력으로

환상적인 모권제

바샤랑 그러니까 중요한 것은 선택하는 사람, 조절하는 사람 등 남자의 역할이
었군요. 그런데 고대 사회에서 여자들이 지배적인 위치에 있었던 적은 없습니
까? '원시적 모계사회'라는 말을 흔히 듣지 않습니까?

에리티에 흔히 고대 모계 체계가 마치 역사적 사실인 것처럼 소개되는데 이것
은 한때 유명했던 저자들이 논문에서 주장한 내용일 뿐, 오늘날에는 신빙성이
없는 가설로 간주합니다. 그런 저자 중에서 특히 19세기 인류학자 요한 야코프
바흐오펜을 들 수 있는데, 그는 고대에 어머니들에게 권력이 집중되었던 시기
가 있었는데 나중에 그 권력을 잃었다고 주장합니다. 권력을 유지할 능력이 없
어서 그랬겠지요. 그래서 아버지들이 권력을 쥐고, 부권제가 모권제를 대신하
게 되었다는 겁니다. 어쨌든 이런 현상은 전 세계적으로 확인할 수 있습니다.

바사랑 바흐오펜은 어떤 근거로 이런 이론을 주장했습니까?

에리티에 역사적인 증거는 전혀 없습니다. 다만 그는 그리스인들 사이에 떠도
는 미개 사회에 관한 고대 신화를 근거로 내세웠습니다. 그리스인들은 그리스
인이 아닌 모든 이방인을 미개인으로 간주했습니다. 이런 신화들은 여성이 지
배하는 사회를 묘사하고 있습니다. 이것이 현실과 완벽하게 동떨어진 전설이
아니라면, 바흐오펜의 주장은 사실일 수도 있겠죠. 그러나 그가 주목했던 점은
여성 지배 자체가 아니라 그리스인들이 이웃을 바라보는 시각이었습니다. 이
시각은 분명히 경멸적이었죠. 그리스인들은 이방인들에게서 기이하고도 한심
하기 짝이 없는 독특한 풍습들을 보았습니다. 그중에서도 가장 야만적으로 보
인 것은 희미하게 흔적만 남은, 여성 권력이 지배하는 사회였습니다!

바사랑 하지만 때로 신화를 통해 과거 세계의 상황을 추측할 수 있지 않나요?

에리티에 신화는 본질적으로 두 종류가 있습니다. 우선, 레비스트로스가 소개
하는 동물 신화들은 어쩌면 인류의 토대가 되는 행위를 묘사합니다. 이 신화들
은 인간과 동물이 비슷한 상태에 있던 시대에 점차 인간 언어가 생기면서 인간
과 동물이 분리되는 상황을 이야기합니다. 그렇게 인간은 언어를 통해 동물 세
계와 완전히 단절되었죠. 두 번째 유형의 신화들은 현존하는 사회 체제를 정당
화하는 데 목적이 있습니다. 공통적으로 이런 신화들은 더 나은 세계를 건설하
기 위해 극복해야 했던 이전 세계, 제대로 기능하지 못했던 부정적인 세계를 전
제하죠.

바샤랑 이 신화들이 잃어버린 낙원을 암시하는 것은 아닐까요?

에리티에 아니요, 그 반대입니다. 이들 신화는 이전의 '나쁜 세계'에 대해 말하고 있습니다. 이런 종류의 신화는 아주 많고, 전 세계 곳곳에서 발견할 수 있습니다. 예를 들어 독일의 민속학자 마르틴 구신데라든가 남아메리카 원주민 연구로 유명한 민속학자 앤 채프먼의 연구를 보면 남아메리카 대륙 최남단에 있는 군도 '불의 땅'에서는 태초에 남자들이 비천한 굴종 상태에서 살았다고 합니다. 여자들은 천국 같은 자기 집에 살면서 모든 물질적 근심에서 벗어나 안락하게 지냈습니다. 남자들은 굽실거리며 여자들에게 음식을 바쳤지만, 그들의 초자연적인 힘이 두려워서 절대로 집 안으로 들어가지는 않았습니다. 여자들은 남자들에게 집 주위를 돌며 '롱브'라는 원시적인 형태의 관악기를 연주하게 했고, 남자들은 천사가 동물 울음소리 같은 이 악기 소리를 들으며 여자들 곁에 머물면서 그들에게 힘을 준다고 믿었습니다. 그러던 어느 날 담대한 남자 하나가 여자들에게 가까이 다가가서 그들이 나누는 이야기를 엿들었습니다. 여자들은 남자들의 공포심을 이용해서 편히 살고 있다며 남자들의 어리석음과 고지식함을 비웃고 있었습니다. 그가 이런 내막을 다른 남자들에게 알리자 그들은 여자들이 지배하는 체제를 전복하기로 작정합니다. 그들은 여자들의 집을 공격하여 여자아이들만 남겨놓고 모조리 살육합니다. 살아남은 여자아이들은 자신이 열등하고, 남자들의 충직하고 순종적인 소유물이 되어야 할 운명이라고 생각하면서 남자들의 보호를 받으며 자랍니다. 남자들은 여자아이들에게 일찍부터 이런 열등의식을 심어줘야 한다는 것을 잘 알고 있었습니다. 이처럼 권력을 거머쥔 남자들은 '새롭고 행복한' 인류를 건설했고, 여자들은 남자들을 섬겨야 했죠.

바사랑 결국, 이런 신화는 현실의 권력 관계를 더욱 공고히 하는 데 필요한 수단이군요.

에리티에 그렇습니다. 이처럼 남성과 여성의 역할 분담을 정당화하는 또 다른 신화의 예를 들어보겠습니다. 인류학자 모리스 고들리에가 채록한 뉴기니 창조 신화에 따르면 최초의 세계가 제대로 기능하지 못해 매우 혼란스러웠다고 합니다. 왕성한 창조적 권능이 있었던 여자들은 세상 만물을 만들어냈지만, 이 능력을 잘못 사용했습니다. 그들이 사냥에 사용하고자 발명한 활을 쏘면 화살이 앞으로 나가는 것이 아니라 뒤로 나가서 그들을 따르는 남자들을 죽였습니다. 남자들은 활을 어떻게 사용해야 하는지를 알고 있었지만, 여자들에게 가르쳐주지 않고 그들에게서 활과 화살을 빼앗았습니다. 서아프리카 말리에 거주하는 도곤족 사회에도 이와 비슷한 유형의 신화가 있는데, 여자들은 영(靈)과 소통하게 해주는 의례용 피리나 신에게 봉헌할 때 입는 의례용 복장 같은 일련의 발명품들을 사용하는 데 거듭 실패합니다. 여기서도 남자들만이 여자들이 발명한 물건들의 올바른 사용법을 알고 있습니다. 이런 신화에서 여자들은 아이를 낳을 때와 마찬가지로 상황을 이해하지도 못하고, 생각도 없이 이것저것 발명하지만, '다행히' 남자들이 있어 이처럼 혼란스러운 여성의 능력을 제어합니다.

바사랑 그렇다면 남성의 통제에서 완전히 벗어난 여성 공동체는 전혀 없었나요? 유명한 아마조네스는 어떻습니까? 활을 잘 쏘기 위해 한쪽 가슴을 도려낸 이 여성 전사들의 이야기는 생각만 해도 끔찍하잖습니까?

에리티에 아마조네스는 스스로 가슴을 베어냈다고도 하고, 서로 상대의 가슴을 베어줬다고도 하죠. 이런 행동을 상상해보면, 아니 그런 행동 뒤에 남았을 상처를 생각하는 것만으로도 몸서리를 치게 됩니다. 그러나 이것은 분명히 사실과 거리가 먼 신화입니다. 저는 이런 신화가 유포된 데에는 일종의 환상이 작용했다고 생각합니다. 그리스인들은 자신들과 거리가 먼 어느 나라의 여자들 사이에서 전승된다는 해괴한 관습에 대단한 매력을 느꼈을 겁니다! 사실 아마조네스는 종축용(種畜用)으로 남자들을 선택하여 아이를 낳습니다. 즉, 그들은 자신의 유방을 절단하며 여자다운 모습조차 부정할 정도로 남성적으로 행동한 것으로 알려졌죠.

바샤랑 그렇다면, 어떤 사회에 진정한 의미의 '여전사'가 있었나요?

에리티에 예를 들어 켈트족에 여전사가 있었습니다. 서아프리카의 다호메이 왕국에도 그랬고요. 이들은 일반적으로 친위대나 호위군이었지만, 남성 전사들의 전범을 따랐죠.

바샤랑 이 여자들은 전투는 하지 않았습니까?

에리티에 전투도 했지만, 몇 가지 조건이 있었습니다. 여기서 매우 의미심장한 사실에 주목해야 합니다. 몇몇 아프리카 사회나 아메리카 원주민 사회도 마찬가지지만, 켈트족이 지휘하는 부대에서는 아직 동정이거나 2차 성징이 나타나지 않은 여자아이나 폐경기가 지난 나이 든 여자만이 전투에 참가할 수 있었습니다. 다시 말해 가임기 여성들은 남자와 나란히 싸울 수 없었다는 겁니다. 이들 사회에서 여자아이와 늙은 여자는 남성과 비슷한 존재로 여깁니다. 이것은 앞서 말했듯이 피와 열기에 관련된 고대의 정신적 특징입니다. 아직 생리를 경험하지 못했거나 더는 생리하지 않는 여자는 남자처럼 열기를 축적합니다. 가임기 여자는 생리로 피를 잃어 신선하고, 내부의 생명력과 남성성이 덜 강합니다. 그런 여자는 아이를 낳기 위해 존재할 뿐, 전투와는 무관합니다.

바샤랑 그래도 여전사의 존재는 여성 권력의 증거로 봐야 하지 않을까요?

에리티에 켈트족 사회는 모계사회가 아닙니다. 하지만 이 여전사들의 존재는 예외적인 것이 아니라, 오히려 널리 퍼져 있는, 견고하고 체계화된 사고방식을 보여줍니다. 여자들의 생식 능력을 탈취하려는 남자들의 의도는 어떤 경우에도 남성 지배를 정당화합니다. 따라서 임신할 수 없는 여자들은 가임 여성들과 똑같은 방식으로 통제되지 않는 거죠.

바샤랑 저는 여성이 가장 자유로웠던 시절의 결정적 흔적을 찾아보고 싶군요. 고고학자들이 발견한 유방이 풍만한 여자들의 소형 입상들은…… 우리의 선조 할머니들이 각별한 지위를 누렸다는 증거가 아닐까요?

에리티에 그런 소형 입상들은 모성을 표현합니다. 여성을 표현한 다른 형상들에서도 확인할 수 있지만, 이런 조각들은 매우 신비로운 생식 능력을 상징합니다. 그리고 그 능력에 대한 찬양, 불임에 대한 예방, 풍만한 아름다움에 대한 감탄 등을 표현하죠. 하지만 이 신비스럽고 이해할 수 없는 생식 능력에 대한 존경은 어머니 여신에 대한 숭배와는 다릅니다. 그뿐 아니라 이 소형 입상들은 여성과 어머니가 남자들에게 영향력을 행사했다는 증거로 볼 수도 없습니다.

남자 형제와 남편의 권위 아래서

바샤랑 사실, 모성이 넘치는 듯한 이런 형상은 단련된 근육질이었을 구석기 시대 실제 여성들과는 거리가 먼 것 같습니다. 하지만 오늘날에도 여자들이 혈통과 유산을 계승하는 아프리카와 인디언 사회에서 여성이 권력을 행사하는 실제 사례를 찾아볼 수 있지 않습니까?

에리티에 그렇습니다. 그것을 '모계사회'라고 부르죠. 코트디부아르의 석호에서 모계사회의 기원에 관한 신화가 채록된 적이 있습니다. 이 신화 역시 과거의 '나빴던 상황'을 말하면서 현재의 사회 질서를 정당화하는 기능을 수행합니다. 인류학자 마크 오제가 복원한 이 신화가 전하는 공동체에서는 태초에 어머니와 아버지가 자식들에 관한 권리를 나누어 가졌다고 합니다. 그런데 어느 날, 적이 침입하여 모든 주민이 어쩔 수 없이 도피하게 되었습니다. 이들은 적에게 쫓기다가 어느 강에 다다랐는데 강은 건너편으로 가는 대가로 아들과 딸을 제물로 내놓으라고 요구합니다. 족장은 아이들을 희생시켜 공동체를 살리기로 하고 아내에게 아들과 딸들을 내놓으라고 하지만, 아내는 거절합니다. 그러자 족장의 누이가 나서서 자신의 자녀를 데려가라고 합니다. 족장은 그녀의 제안을 따랐고, 그때부터 족장의 남자 후손이 아니라 누이의 남자 후손이 대를 잇게 되었다고 합니다.

바샤랑 다시 말하면 자식이 자기 아버지가 아니라 어머니의 남자 형제를 계승한다는 말씀인가요?

에리티에 그렇습니다. 이런 모계사회는 과거에도 존재했고, 지금도 존재합니다. 모계사회에서는 사회적 지위나 토지를 포함한 모든 재산이 아버지에게서 아들에게로 상속되는 것이 아니라 외삼촌에게서 조카에게로 넘어갑니다. 하지만 이런 형태의 사회에서도 여자들이 더 많은 권력을 누리는 것은 아닙니다. 남자는 자신이 낳은 자식에 대해 아버지로서의 권한이 없지만, 누이의 자식에 대해 아버지의 권한이 있다는 거죠.

바샤랑 그럼, 자기 누이에 대해서도 권한이 있나요?

에리티에 네. 그렇다고 해서 부부 관계에서 남편이 아내에 대해 권한이 없는 것은 아닙니다.

바샤랑 그렇다면, 누이와 아내를 모두 '자기편으로' 만들어야겠네요.

에리티에 고달픈 처지가 된 거죠! 남자 형제가 여자 형제에 대해 권한이 있다는 것은 남자들이 '결혼'이라는 형식으로 여자 형제들을 서로 교환할 수 있다는 의미입니다. 그리고 남자들은 자기 누이에게 자신이 원하는 것을 '명령'할 수도 있습니다. 예를 들어 전쟁이나 사냥을 하러 떠날 때 누이에게 식량을 준비하라고 명령할 수 있죠.

바샤랑 모든 모계사회가 '남자 형제'와 '남편'이라는 이중 권위로 이루어졌나요?

에리티에 여자들이 남자들에게 복종하는 형태와 정도는 조금씩 다를 수 있지만, 대부분 그렇습니다. 북아메리카의 이로쿼이 인디언 사회는 진정한 모계사회에 가장 가깝다고 할 수 있습니다. 미국 웨슬리언 대학 역사학과 주디스 브라운 교수의 연구에 따르면 이로쿼이 인디언들의 혈통은 여자들에 의해 이어지는데, 이들은 자신이 출생한 집안에서 남편, 아이들과 함께 삽니다. 이들 대가족은 여자들의 임무와 음식의 분배를 결정하고 전쟁 계획에 대해 발언권도 있는 중년 여자들이 통솔합니다. 이 여자들은 진정한 권력을 행사하지만, 이들이 폐경기를 지난 원숙한 나이라는 점에 주목해야 합니다. 따라서 이들의 권력은 남자들의 권력과 같은 성질의 것이 아닙니다. 남자들이 여성의 생식 능력을 조절한다는 원칙은 결코 어디에서도 위반된 적이 없습니다.

바샤랑 그러니까 '생식 능력의 점유'와 '성의 차별적 가치'는 모든 원시 사회에서 예외 없이 적용되었다는 말씀인가요?

에리티에 그렇습니다. 그리고 이런 기본적인 원칙을 수용한 수렵·채집자들, 유목민들, 농부들의 공동체는 최상의 상황에서 최악의 상황으로 바뀌게 됩니다. 예외적으로 부시맨족 여성의 지위는 남성의 지위와 거의 동등하지만, 역시 여성의 일상적인 임무는 남성보다 훨씬 더 과중합니다. 부시맨족과 같은 사례를 제외한다면 모든 원시 사회에서 남자들은 임의대로 여자들을 '사용'할 수 있고 여자들에 대한 모든 권리를 보유하고 있는 등 여성이 철저히 무시당했던 상황을 확인할 수 있습니다.

차별이 죽인다

바샤랑 앞으로 확인하게 되겠지만, 성의 차별적 가치는 살인까지 저지르는 결과를 낳습니다. 이런 현상은 여성의 삶에서 일찍부터 시작되는데, 최초의 폭력은 여자아이를 태어나자마자 살해하는 행동이겠죠. 아시아의 몇몇 지역에서는 아직도 남자아이를 얻을 때까지 갓난 여자아이를 죽여버리는 일이 벌어지곤 합니다. 원시 사회에서도 이처럼 갓난 여자아이를 버리거나 살인하는 사례가 있었나요?

에리티에 그런 사례는 분명히 그리고 언제나 있었지만, 매우 다행스럽게도 제가 연구한 사회에서는 이런 행위가 어디서나 자행되지는 않았다는 사실을 확인할 수 있었습니다. 그러나 남녀 쌍둥이가 태어나면 문제가 생기죠. 몇몇 문화권에서는 이들을 위험한 존재로 여깁니다. 따라서 그중 하나를, 특히 딸을 제거합니다. 이처럼 여자아이를 환영하는 사회에서조차 가혹한 차별이 자행됩니다. 거만하고, 포악하고, 아무것도 이루지 못한 남자도 뛰어난 여자보다는 낫다는 남성의 확신 등 이런 모든 것이 어린 시절부터 적어도 정신적인 차원에서 여자들을 파괴하고 때로는 죽음에 이르게 합니다. 이것은 사소한 문제가 아닙니다. 차별은 육체적 학대에서 그치지 않고 살인마저 저지르게 하니까요. 여성이 온전히 정당하지 않을 때 '권한이 있는' 남성이 여성에게 해를 끼치는 권력 남용을, 사람들은 관대한 시선으로 바라봅니다.

바샤랑 오늘날 존재하는 '원시적인' 사회에서도 그렇다는 말씀인가요?

에리티에 지금까지 살아남은 구석기 시대와 유사한 수렵·채집 사회에서도 상황은 마찬가지입니다. 제가 앞서 부시맨족을 언급했는데, 칼라하리 사막에 사는 그들은 남성과 여성의 관계가 원만합니다. 피그미족도 그렇고요. 하지만 특히 불의 땅에서 볼 수 있는 몇몇 사회나 물고기를 잡아먹고 사는 일부 인디언 사회 같은 공동체에서는 여성에 대한 남성의 지배가 매우 폭력적인 양상을 띠기도 합니다. 서양 문화권에서는 특수한 여성들이 예외적인 지위를 누리기도 하지만, 그렇다고 해서 이들 사회에서 성적 평등이 실현된 것은 아니었습니다. 다음 장에서 미셸 페로 선생은 아마도 서양 역사에서 스웨덴의 크리스티나 여왕,[1] 영국의 엘리자베스 1세[2] 혹은 러시아의 예카테리나 2세[3]와 같은 여성을 언급할 겁니다.

바샤랑 그들은 진정으로 '남자의 심장'을 가진 여자들이죠.

에리티에 하지만 그들이 여자로서 높이 평가받았던 것은 결코 아니었어요. 다만 그들의 출신과 재산 덕분에 남자의 자리를 차지한 것뿐이죠. 하지만 이처럼 예외적인 경우를 근거로 다른 여자들이 이런 지위에 도달하지 못한 것이 그들의 타고난 열등함 때문이라고 주장할 수는 없습니다.

바샤랑 전통적으로 여성이 겪은 폭력에 대해 조금 더 알아보죠. 선생님은 원시 사회를 연구하셨는데, 구석기 시대 우리 선조 할머니들도 일터에서 성희롱이나 성폭행의 위험에 노출되었다고 생각하시나요?

에리티에 언제 어디서나 남성의 보호를 받지 못하는 여성이 성희롱이나 성폭력

1) Drottning Kristina(1626~1689): 1632~1654년 재위한 스웨덴의 여왕. 본명은 마리아 크리스티나 알렉산드라이며 퇴위하고 나서는 '도나 여백작'이라고 불렸다. 자녀 중에서 유일하게 살아남은 그녀는 부왕 구스타브 2세가 사망하자 여섯 살 때 스웨덴 왕좌를 물려받았다. 처음에는 섭정인 악셀 옥센셰르나가 국정을 맡았으나 친정이 시작되면서 조숙함을 보였다. 23세 때에는 철학자 데카르트를 스웨덴으로 초청해 교육을 받았다. 그녀의 통치 기간에 스웨덴은 북아메리카 식민화에 착수했고 최초의 유럽인 정착지인 포트 크리스티나는 그녀의 이름을 따서 명명되었다. 그러나 그녀는 10년간 17명의 공작, 46명의 남작, 428명의 하급 귀족을 임명하고 새 귀족들에게 영지를 주기 위해 왕실 재산을 팔거나 저당 잡혔다. 치세 말기에는 자의적으로 국정을 결정하고 외교 정책에도 어리석음을 저질러 스페인과 동맹하여 포르투갈을 침공하기도 했다. 또한, 직무를 완전히 등한시하여 많은 비판을 받았다. 결국, 28세에 사촌 칼 10세 구스타브에게 왕위를 물려주고 프랑스와 이탈리아에서 머물면서 자신이 원하던 예술과 과학에 헌신할 수 있게 되었다.

2) Elizabeth I(1533~1603): 잉글랜드의 여왕(재위 1558~1603)으로 영국 절대주의의 전성기를 이루었다. 튜더 왕조의 헨리 8세와 앤 불린의 딸로 태어났다. 어머니가 간통과 반역죄로 참수된 뒤 복잡한 세력 다툼의 와중에서 왕위 계승권이 박탈되었고 다난한 소녀 시절을 보냈다. 인문주의자 R 어스컴에게 그리스·라틴 고전을 배우고, 외국어를 공부했으며 역사·음악·신학에 능통했다. 즉위하자, 수장령(首長令)과 통일령을 부활하여 국교의 확립을 꾀하고 종교적 통일을 추진했으며 의회를 강제와 양보의 양면 작전으로 조종하여 권한을 축소했고, 추밀원(樞密院) 중심의 정치를 폈다. W. 세실, 월싱엄 등을 중용하고 베이컨, T. 그레셤 등의 진언을 받아들였으며, 지방에서 명망 있는 사람을 치안판사로 임명하여 지방 행정을 담당하게 했다. 경제 정책으로는 그레셤의 제안을 받아들여 화폐를 개주(改鑄)하여 화폐 제도를 통일하고, 물가의 앙등을 막았다. 또 도제조례로 노동 시간·임금 등을 정했으며 인클로저 운동과 수도원 해산으로 토지를 잃은 농민들을 위해 빈민구제법을 적용했다. 각종 공업 분야에 독점권을 부여하여 이의 보호·육성을 도모하는 등 중상주의(重商主義) 정책을 채용하고 상인의 해외 진출을 촉진했으며 동인도회사를 설립했다. 또한, 스페인의 무적함대를 패퇴시켜 영국이 대해상국으로 성장할 기초를 닦았다. 문화 면에서도 영국 르네상스라고 불리는 국민 문학의 황금시대가 도래하여 셰익스피어·스펜서·베이컨 등의 학자·문인이 속출했다. 그녀의 오랜 치세는 영국의 절대주의 전성기를 이루었으므로 국민으로부터 '훌륭한 여왕 베스'라고 불리며 경애의 대상이 되었다. 평생 결혼하지 않아 처녀 여왕으로 죽었고, 처형된 메리 스튜어트의 아들인 제임스 1세가 후계자로 즉위했다.

3) Ekaterina II(1729~1796): 프로이센 슈테틴 출생. 독일의 작은 공가(公家)에서 태어났다. 1745년, 후에 제위에 오른 표트르 3세에게 출가하고, 남편의 평판이 나빠지자 남편을 폐위시키고 스스로 제위에 올라 대제(大帝)라 불렸다. 계몽주의 사상에 감명하여 볼테르 등과도 문학으로 교유했고, 학예와 교육에 큰 관심을 쏟았다. 특히, 1767년에 소집한 사회 각층의 대표로 이루어진 법전(法典)편찬위원회에 새로운 정치 원리를 해설하는 유명한 훈시를 함으로써 계몽군주로서의 평판을 얻었다. 그러나 그 법전의 편찬은 성과를 얻지 못하였고, 1773년에 일어난 푸가초프의 반란 이후 현실주의자가 되었다. 1775년의 지방 행정 개혁, 1785년의 귀족 특권 인가장 등으로 법치주의의 원칙을 도입함과 동시에 귀족들과의 협력 체제도 강화했다. 만년에 프랑스 대혁명 이후에 반동화하여 자유사상을 탄압하기도 했다. 외정(外政) 면에서는 두 차례의 튀르크와의 전쟁과 세 차례에 걸친 폴란드 분할 등으로 러시아의 영토를 남쪽과 서쪽으로 크게 확대했다. 아들 파페르와 불화가 심한 반면, 손자 알렉산드르를 편애하여 자유주의 교육을 시켰으며, 음탕하고 사치스러운 생활을 보냈다. 가까운 여러 총신에게 국유지와 농민을 덧붙여 하사함으로써 농노제(農奴制)를 확장했다.

의 대상이 됩니다. 전통적인 원칙에 따르면 남성의 보호를 받지 못하는 여성은 모든 남성의 소유물로 간주합니다. 그런데 고대 사회에서는 이런 상황이 매우 희귀했습니다. 남성의 보호는 집안의 모든 여성에게 미칩니다. 따라서 설령 여자아이에게 아버지가 없더라도 삼촌, 남자 형제, 사촌이 있습니다. 그 아이는 그 집안 소유이고, 장차 다른 집안 여자와 교환되어야 하므로 남자들이 그 아이를 감시하고 보호하죠. 그들이 다른 집안 여자를 아내로 맞으려면, 자기 여자 형제나 여자 사촌을 '결혼'이라는 명목으로 내줄 만한 가치가 있어야 합니다. 따라서 순결을 중시하는 사회에서 여자아이들은 철저하게 보호되었죠.

바사랑 여전히 남자의 보호가 장벽이군요.

에리티에 그러나 한 남자에게 속한 여자가 다른 남자에게 강간당하면, 그 여자의 보호자들은 오히려 그녀가 상대를 '도발했다'고 비난하면서 그녀를 벌할 수도 있습니다. 폭행의 희생자인 여성이 그녀의 아버지, 남자 형제 혹은 남편에 의해 심지어 죽임을 당할 수도 있다는 겁니다.

그리고 신체가 잘리다

바사랑 지금도 여성에 대한 언어폭력, 물리적 폭력은 다양한 형태로 나타나고 있죠. 예를 들어 여성 할례⁴는 어떻습니까? 지금도 이런 관습이 여전히 자행되고 있나요?

에리티에 오래전부터 수많은 사회에서 여성 할례가 이루어지고 있습니다. 하지만 이런 관습이 언제 나타났는지 타당한 주장을 제시한 사람은 아무도 없습니다.

바샤랑 어떤 유형의 절제가 이루어졌나요? 사람들은 음핵 절제나 음부 봉쇄 따위를 말하곤 합니다만, 이것은 같은 시술이 아니죠?

에리티에 그렇습니다. 음핵 절제는 음순에 깊이 상처를 내거나 절제하거나, 음핵을 완전히 제거하거나, 소음순까지 절제하는 등 다양한 형태가 있습니다. 음부 봉쇄는 음핵을 절제할 뿐 아니라, 소음순까지 절제하는 극단적인 시술입니다. 대음순을 잘라낸 다음, 소변과 생리혈이 흐를 통로만 남겨놓고 완전히 봉합해버리는 거죠. 결혼하면 남편이 그 봉합된 곳을 칼로 째서 벌리고 성관계를 합니다. 여성이 이미 아이를 출산했다든지, 남편이 오래 집을 비우게 될 때 성기를 다시 꿰매기도 합니다.

바샤랑 아마조네스 신화보다 더 끔찍하군요. 많은 소녀가 여성 할례 때 병균에 감염되어 사망한다고 하죠? 사람들은 이런 관습을 어떤 식으로 정당화합니까?

에리티에 저는 이런 관습이 지금도 유지되는 근거를 설명하면서 이를 정당화하고 싶은 생각은 추호도 없습니다. 더구나 이런 관습이 일반화되어 있는 사회

---

4) female genital mutilation: 여성 할례, 혹은 '여성 성기 절제'는 여성의 성년 의식 중 하나로 여성 성기의 음핵 표피만을 제거하는 시술에서부터 표피, 음핵, 소음순, 대음순 등을 모두 제거하는 시술에 이르기까지 방식은 매우 다양하다. 정확한 기원은 알려지지 않았으나 학자들은 대략 5천 년 전부터 시작되었다고 추정한다.

에서는 이것을 전혀 '가혹 행위'로 생각하지도 않습니다. 합리적인 추론을 근거로 이런 행위를 분석해보면 늘 같은 유형의 인과 관계가 작동하고 있음을 알 수 있습니다. 우선, 여성의 음핵 절제는 남성의 할례가 시술되는 사회에서 볼 수 있는 관습임을 염두에 두어야 합니다. 물론 이 둘은 전혀 다릅니다. 남성 할례는 외부 생식기 끝의 포피를 절제하는 시술입니다. 남성이 할례를 통해 받게 되는 육체적 고통과 심리적인 영향은 여성이 할례를 받으며 내면에 감춰진 어떤 것이 송두리째 잘려나가는 상황과는 전혀 관계없습니다. 그럼에도, 남성 할례와 음핵 절제를 모두 시행하는 사회에서는 마치 이 두 가지 관습이 서로 관련이 있는 듯이 그럴듯한 이유를 내세웁니다. 그중에서 가장 일반적인 설명은 남자와 여자의 성기에서 상대의 성과 가장 비슷한 부분을 제거한다는 주장입니다. 그러니까 여자아이의 음핵에서 남성 성기와 닮은, 돌출한 부위를 제거하고, 남자아이의 성기에서는 여성의 질처럼 보이는 음경의 포피를 제거한다는 거죠.

바사랑 그들은 남성 할례가 남성 생식기를 '돋보이게' 하는 것으로 간주하지 않습니까?

에리티에 때로 그렇기도 합니다. 하지만 반대로 음핵 절제는 절대로 돋보이기 위한 것이 아니죠.

바사랑 음부 봉쇄는 어떻습니까? 거기에도 어떤 '공식적인' 동기가 있나요?

에리티에 지역과 관계있는 설명 중 하나를 예로 든다면, 덥고 건조한 나라에서 여성이 임신할 수 있도록 여성의 육체 내부에 있는 습기가 빠져나가지 않게 하려는 조처라고 합니다. 이런 모든 관행은 각각의 성에 고유한 특성을 부여하는 남성과 여성의 표상과 관련된 이데올로기의 지배를 받습니다. 이런 표상 체계는 학술적인 분석의 대상이므로 꼭 일반인이 알아야 할 필요는 없습니다.

바사랑 이해하기 어려운 학술적 추론은 제쳐놓더라도, 아내의 육체에 대한 독점 사용권을 확보하려는 남자들의 의지가 반영된 것은 아닐까요? 성관계가 고통스럽다면, 여성이 다른 상대를 찾을 염려도 없을 테니까요.

에리티에 음부 봉쇄에는 남성의 그런 의도가 반영되었다고 볼 수 있습니다. 하지만 음핵 절제는 다릅니다. 저는 이것이 여성으로 하여금 쾌락을 느끼지 못하게 하려는 장치라고는 생각하지 않습니다. 부르키나파소의 사모 지방에서는 음핵 절제를 시술할 때 음순에도 가벼운 상처를 냅니다. 저는 그곳 여자들과 이야기하면서 성생활에서 가장 어려운 점이 무엇인지, 쾌락을 느낄 수 있는지 허심탄회하게 털어놓으라고 했습니다.

바사랑 음핵을 잃은 여자들이 온전히 쾌락을 느끼기는 어려울 것 같은데요.

에리티에 사실입니다. 하지만 이런 주제에 관해 신뢰할 만한 연구가 이루어진 적은 아직 없습니다.

바사랑 남자들이 생각하는 좋은 여자는 쾌락을 느끼지 않는 여자이거나, 남자들을 만족하게 하는 행동, 즉 삽입할 때만 쾌락을 느끼는 여자이기 때문이 아닐까요? 생식에는 아무 소용 없는 '음핵'이라는 보조 생식기가 남자들을 불편하게 하는 것은 아닐까요?

에리티에 네, 이 기관은 여성의 생식 기관이지만 남성 생식기의 형태를 띠고 있기에 남자들의 눈에는 거북하게 보일 수 있습니다. 하지만 여성 할례가 여성에게서 쾌락을 제거하는 수단이라고 주장하는 것은 우리 시대의 시각으로 그런 관습을 바라보는 것이 아닌가 합니다.

바샤랑 어쩌면 그것이 여성에게 출산과 분리된 쾌락의 가능성, 그러니까 위험한 자유를 의미하는 것은 아닐까요? 어머니가 딸에게 음핵 절제와 음부 봉쇄를 강요하고, 복종하도록 감시하는 이유는 무엇일까요?

에리티에 이런 관습이 있는 사회에서 남자들은 늘 '우리와는 아무 상관 없어. 여자들이 하는 일이야.'라고 말합니다. 실제로 여자들이 직접 여성 할례를 시술하는 것은 사실입니다. 하지만 남자들이 자신의 강요로 이런 관습이 유지된다는 사실을 인정하지 않으려고 한다는 것 또한 사실입니다. 딸에게 음핵 절제를 받게 하는 어머니의 목적은 딸을 고통스럽게 하려는 것이 아니라 원만한 부부 생활을 보장하려는 데 있습니다. 음핵을 절제하지 않으면 남자들이 자기 딸을 원하지 않는다는 사실을 잘 알고 있으니까요. 음핵을 절제하지 않은 여자아이는 정숙하지 않다고 여겨져서 남편을 구할 수도 없고, 매음에 빠질 위험이 큽니다. 어쨌든 그런 여자는 사회에서 소외됩니다. 그러니까 남자들은 음핵 절제를 간접적으로 강요하면서 방관하는 겁니다. 사실 이런 관습은 오로지 남자의 만족을 위한 것이고, 여기서도 역시 여성에 대한 남성의 우월한 지위를 확인할 수 있습니다.

바샤랑 성기 절제가 여전히 시술되고 있는 현실에 대해 잠깐 이야기해보죠. 선생님은 다른 문화권에 있는 사람들이 이 문제에 '개입할' 권리가 있다고 생각하십니까?

에리티에 저는 이 문제가 인권, 좀 더 명확하게 말해서 여성의 권리에 대한 사고와 맞물려 있다고 생각합니다. 아프리카 여성들은 서양 여성들이 음핵 절제와 음부 봉쇄에 반대한다는 것을 늘 부정적으로 받아들입니다. 그들은 "상관하지 마세요. 이건 우리 일이고, 우리 문화입니다."라고 말합니다. 그러나 오랜 시간이 흐르고 나서 우리는 그들이 "우리는 당신들의 도움을 거부하는 것 외에 다른 방법이 없었어요. 그래도 당신들이 우리를 도와주었어요. 실제로 당신들은 우리나라 남자들과 우리 정부가 이 문제의 현실을 자각할 수 있게 우리를 도와주었습니다."라고 말하는 것을 들었습니다.

바샤랑 '이것은 우리의 문화다.'라는 주장은 그래도 상대주의적인 관점에서 설득력이 있지 않나요?

에리티에 아닙니다. 여성 할례를 말할 때 한눈에 알아볼 수 있을 만큼 다른 문화들과 구별되는 특유의 문화나 독자적인 가치는 별로 없습니다. 어떤 문화권에서든 '여성은 남성과 동등한가?'라는 질문에는 단 하나의 대답이 있을 뿐입니다. 그 대답은 언제나 "아니요."입니다. 유럽, 아시아, 아프리카, 인도네시아 등 어느 사회에서나 이 대답은 같습니다. 따라서 이것은 문화적 상대성의 문제가 아니라 남자와 여자 사이 평등의 문제입니다. 서양은 18세기 이후 '성 평등'이라는 개념에 접근했습니다만, 이 평등은 아직 완전히 실현되지 않았습니다. 우리는 오랜 세월에 걸쳐 서서히 이성적으로 진보해왔고, 다른 사회의 여성들 역시 이 길을 걸어갈 수 있다는 자신감을 북돋아 줄 증거로 이 진보의 결과를 제시해야 합니다.

'세상에서 가장 오래된 직업'은 직업이 아니다

바샤랑 자, 이제 고대부터 여성이 감당해야 했던 폭력에 대해 다시 이야기해보기로 하죠. 여성과 매음은 떼려야 뗄 수 없는 주제입니다. '세상에서 가장 오래된 직업'이라고 부를 정도로 매음은 뿌리 깊은 여성 수탈의 형태인데 매춘부들은 이것을 피할 수 없는 운명으로 받아들였나요?

에리티에 우선 저는 매음이 '가장 오래된 직업'이라는 표현을 인정할 수 없습니다! 매음은 직업이 아닙니다. 매음이 직업이라면 아이들에게 소개할 수 있어야 합니다. 오늘날 자기 딸에게 '너는 배우도, 과학자도, 작가도, 스튜어디스도, 창녀도 될 수 있어.'라고 말할 사람이 어디 있겠습니까? 매음을 다른 직업처럼 선택한다고 생각하는 사회는 이 세상에 없습니다. 그럼에도, 이것을 하나의 직업은 아니지만, 사회적 신분으로 생각할 수 있는 경우가 있습니다. 비잔틴제국, 즉 동로마제국에서는 유곽에서 사는 매춘부가 딸을 낳으면 매춘부가 될 운명을 타고납니다. 아들을 낳으면 곧바로 죽여버렸죠.

바샤랑 어린아이가 '남자'라는 이유로 희생되었군요!

에리티에 비잔티움의 매음굴에 있는 공중목욕탕에서 배수관으로 흘려보낸 갓 태어난 사내아이들의 해골 수백 개가 발견되었습니다. 그리고 죽음을 면한 여자아이들은 일찍부터 매음을 배웠죠. 그들은 아홉 살 혹은 열 살 무렵부터 어머니와 교대해서 이 일을 했습니다. 이처럼 특수한 상황에서 사내아이들의 영아 살해는 역설적으로 다시 한 번 남성 지배의 현실을 보여주는 사례라고 할 수 있습니다. 남자들은 여자 매춘부를 원하고, 남성의 성적 욕망을 위해 수많은 남자 아기가 목숨을 잃었던 거죠!

바샤랑 매음이 직업은 아니지만, 사회적 신분이라고 하셨죠? 어쨌든 매춘녀가 '가장 오래된' 신분이라는 정의는 맞지 않나요? 매음은 늘 있었잖습니까?

에리티에 그것을 절대적으로 평가할 수 있는 자료가 없습니다만, 저는 그렇게 생각하지 않습니다. 영화감독 장 자크 아노의 작품으로 잘 알려진 「불의 전쟁」에서도 볼 수 있듯이 선사 시대 남자들의 삶에서 성은 어쩌면 상대가 적법하기만 하다면 욕구가 생길 때 언제든지 자유롭게 표출되었을 겁니다. 민속학자들이 연구한 모든 수렵·채집 공동체의 예를 보면 알 수 있지만, 이런 사회에서는 대가를 받고 성을 제공하도록 정해진 '매춘녀'라는 것이 존재하지 않습니다. 아프리카 사모 지방 농부 사이에는 '야생의 여자'라는 매우 특이한 신분이 있습니다. 그들은 남자처럼 독립적으로 살아가면서 한시적으로 남자와 성관계를 하지만, 매춘부도 아니고 성적 쾌락을 제공한 대가를 받지도 않습니다.

바샤랑 그들이 왜 '야생'인가요?

에리티에 여기서 '야생'은 '길들지 않았다'는 뜻입니다. 그들을 예속한 남편이 없기에 그렇게 부르는 겁니다. 그렇다고 해서 원래부터 그들에게 남편이 없었던 것은 아닙니다. 사모족의 어린 소녀는 선천적으로 혹은 질병으로 불구가 되었어도 결혼합니다. 그리고 대부분 남편과의 나이 차이가 원인이 되어 과부가 되거나, 남편과 합의하여 헤어지고 나서 아버지나 남자 형제에게로 돌아가는데, 이것을 거부하는 여자들도 있습니다. 그들은 자유를, 그러니까 야생을 되찾아 스스로 생계를 책임지고 성적으로도 자유롭게 살아갑니다. 일반적으로 남편은 아내와 아이에 대해 권한이 있지만, 이런 야생의 여자가 아이를 낳으면 남편이 아니라 연인에게 그 아이를 줍니다.

바샤랑 그러니까 사모족이나 고대 원시 사회와 유사한 형태의 사회에서 성적으로 자유로운 여성들을 볼 수 있지만, 그들의 성행위가 매음은 아니라는 말씀이시죠?

에리티에 그렇습니다. 수렵·채집 사회는 자연에 의지해서 살아가는 소규모 그룹으로 구성됩니다. 그런데 매음은 교환 경제와 조직적 생산 체계가 형성되어야만 존재할 수 있습니다.

바샤랑 그렇다면 역사적으로 언제부터 매음의 흔적을 찾아볼 수 있을까요?

에리티에 피라미드 건설 현장에 관한 내용을 기록한 이집트의 파피루스 고문서에서 확인할 수 있습니다. 거기에 보면 노동자들이 '창녀'를 구하는 선술집에 대한 언급이 있습니다. 옛 문서에서도 매춘부를 오늘날처럼 '기쁨을 주는 여자', '위안을 주는 여자', '대중의 여자'라는 이름으로 불렀습니다. 물론 기쁨, 위안을 준다는 것은 남자들 쪽에서 볼 때 그렇다는 것이고, 여자들은 대가를 받기위해 매음을 했죠. 이집트는 철저한 계급 사회였습니다. 파라오를 위해 일하는 노동자들은 아내와 자녀 곁을 떠나 먼 곳에 와서 일해야 했죠. 국가, 무역, 수공업과 산업, 큰 규모의 공동체, 도시 생활 등 이 모든 것이 동시에 갖춰졌을 때 매음도 발달할 수 있었다는 것이 제 생각입니다.

바샤랑 대가를 주고 성적 쾌락을 얻는다는 생각은 어디서 유래하는 겁니까? 선사 시대 남자들이 즉흥적으로 공동체의 여자와 성관계를 맺을 때에는 어떤 물질적 보상을 하지 않았을 텐데요.

에리티에 제가 생각하기에 대가를 지급하는 것은 아주 오래전부터 어떤 나쁜 행동을 했을 때 적용한 방법으로 일종의 정신적 고통에 대한 보상 행위입니다. 누군가가 여자아이를 납치하고 강간하면 그 아이 가족의 남자들에게 대가를 지급해야 했습니다. 교환물로서 여자아이의 가치가 손상되었기 때문에 여자아이가 아니라 그 아이의 가족이 피해를 보았다는 거죠. 이것은 여전히 남성 지배의 상징인 '교환'의 문제인데, 남자들은 여자아이를 후손을 번식하고 아들을 얻기 위해 그들끼리 교환하는 일종의 가치로 간주했습니다.

바샤랑 그러니까 남의 집안 여자아이를 납치하거나 강간하면 그 여자아이의 아버지나 남자 형제에게 무엇인가를 줘서 배상해야 했다는 말씀인가요?

에리티에 네, 아주 명확한 규칙에 따라 피해를 보상해야 했습니다. 대체로 돈으로 배상하지만, 남의 눈을 뽑은 사람의 눈을 뽑고, 남의 손가락을 자른 사람의 손가락을 자르는 것처럼 똑같은 가치의 보상을 해야 했죠. 이런 관습은 카이사르 시대 야만적인 게르만 세계에서 통용되었는데, 훨씬 이전에도 있었습니다. 이것은 법의 여러 가지 원칙 중 하나로 대가를 지급하면 고소가 중단되고, 전쟁이나 보복을 막습니다. 사람들은 갈등을 해결할 평화적인 방법을 찾았는데, 이것이 바로 문명을 전파하는 원칙입니다.

바샤랑 강간당한 사람은 여자인데, 피해의 배상은 그 가족의 남자가 받는다는 말씀이군요. 그런데 어떻게 해서 정신적인 고통에 대한 보상이 매음으로 이어지지요?

에리티에 집안에 남자가 없었다든지, 여자아이를 숲에서 잃어버렸다든지, 전쟁 중이라든지, 뭔가 특별한 이유로 보상금이 여자아이에게 지급되었을 겁니다. 이것은 '너는 이제 더는 불평할 수 없다.'라는 결정을 여자아이에게 알리는 방식입니다. 여자아이를 납치하고 대가를 지급하는 것이 관습처럼 반복되면서 매음이 된 것입니다. 그런데 이런 관행은 도시적인 삶, 책임자, 국가 권력이라는 문명적인 배경 없이는 이루어질 수 없습니다. 매음이 활발하게 이루어지는 사회는 오늘날 우리 사회처럼 남성 충동의 적법성도, 그리고 자신의 만족을 위해 여자의 육체를 마음대로 사용할 남성의 권리도 문제 삼지 않는 사회입니다. 이것은 여자들에게 저지르는 엄청난 잘못이라는 사실을 알아야 합니다!

바샤랑 우선, 매음에서 남녀 간에 상호성이 있다는 주장은 사실이 아닙니다. 언제나 그렇듯이 여성의 성적 충동은 남성의 경우와 달리 '억제할 수 없는 정당한 것'으로 인정된 적이 결코 없었습니다.

에리티에 요즘도 남자를 밝히는 여자는 '색녀'라고 비난받으며 여자를 밝히는 남자보다 더 나쁘게 취급되죠. 남창을 찾는 기혼녀는 사람들에게 충격을 줍니다. 반면에 창녀를 찾는 기혼남이 주는 충격은 그리 크지 않죠.

바사랑 일반적으로 여성의 성적 충동은 조절하기 훨씬 쉽다고들 하지요.

에리티에 누가 그런 말을 하죠? 바로 남자들입니다. 하지만 그것을 사실로 증명한 사람은 아무도 없습니다. 사람들은 여자아이에게 욕망을 억제하고 숨기라고 가르칩니다. 그러나 남자아이에게는 욕망을 마음껏 분출하게 하고, 그것에 더 높은 가치를 부여합니다. 왜냐면 남성은 이성적이고 자율적이라고 믿기 때문이죠. '여성의 본성'은 꺾어버리고 길들여야 한다고 말하지만, '남성의 본성'은 제어해서도 안 되고, 제어할 수도 없다고 말합니다. 이 두 가지 본성에 대한 평가에는 대단한 모순이 있습니다. 외톨이이거나 태생적으로 추한 남자에게는 고독과 고뇌를 덜어주기 위해 특별한 종류의 자비를 베풀어줄 여자들이 필요합니다. 그렇다면 외톨이이거나 추한 여자들은 어떨까요? 나이 든 여자, 장애가 있는 여자, 홀로된 여자에게도 성적 욕구가 있을 수 있다는 생각은 무시되거나, 심한 경우 비웃음을 삽니다. 매음과 마찬가지로 강간에 대해서도 거기에 합당한 정신적·사회적 차단 장치가 없습니다. 게다가 강간이 남편이나 아버지의 피해가 아니라 여자를 위태롭게 하는 범죄로 인정된 것은 극히 최근의 일입니다.

바사랑 옛날에는 여자들이 스스로 자신의 육체를 팔기로 결정할 수 없었나요?

에리티에 여자들이 자신을 팔 권리가 있다고 말하는 것은 남자들이 그것을 살 권리가 있다는 말을 위장한 것뿐입니다. 대가를 지급함으로써 남자는 모든 의무 혹은 죄책감에서 해방되고, 여자는 노예가 됩니다. 여자가 스스로 매음을 택한다는 생각은 역시 오래전부터 존재해온 포주들의 역할을 망각한 결과입니다. 이것은 스스로 매음을 택한 여자가 매음을 계속할 수밖에 없게 된다는 사실을, 그녀에게는 모든 문이 닫힌다는 사실을 망각한 생각입니다. 매춘부는 언제나 협박, 폭력, 범죄의 피해자입니다. 어떤 여자도 절대로 평생 매춘부이기를 꿈꾸지 않습니다. 그리고 '매춘부'라는 신분이 필연적인 것도 아니고요.

자유로운 작은 공간

바사랑 원시 공동체에서는 남자들이 합법적인 아내가 아닌 다른 여자의 육체에 접근할 방법이 있었나요?

에리티에 일부일처제의 결혼과 영원한 정조를 강요할 정도로 엄격한 사회는 거의 없었습니다! 어떤 사회에서는 여성을 길들이고, 복종하게 하는 정상적인 수단으로 강간을 이용했습니다. 하지만 다행스럽게도 젊은 남자와 젊은 여자가 합의하는 평화로운 방식으로 그들의 욕망을 충족하는 관습도 있었죠.

바사랑 예를 드신다면?

에리티에 야생의 여자들이 있는 사모족의 경우가 그렇습니다. 하지만 서부 아프리카의 다른 많은 사회에서도 혼전 결합의 가능성은 있습니다. 물론 스스로 결정할 수는 없지만, 여자아이는 태어나자마자 남자와 정혼한 상태로 가족과 함께 계속 살아갑니다. 그리고 성적으로 성숙해지면 그녀의 아버지는 소위 '성적 성숙기의 희생'이라는 성인식을 치릅니다. 그 전에는 절대로 성관계를 할 수 없어요. 그런데 아버지는 성숙한 딸이 곧바로 의식을 치르게 하지 않고 좀 더 기다리게 할 수도 있습니다. 그것은 아버지의 의지에 달렸습니다. 성인식을 치르고 나면 여자는 결혼할 수 있습니다. 하지만 아버지는 정혼하고 나서 결혼할 때까지 여자의 아버지를 위해 일해야 하는 합법적인 남편에게 곧바로 딸을 양도하지 않습니다. 딸은 혼전에 자기 가족에도 속하지 않고 남편의 가족에도 속하지 않는 애인을 선택합니다. 그녀는 계속해서 아버지의 집에 살고, 애인으로 지목된 남자는 밤마다 그녀를 찾아옵니다. 아버지가 정해준 나이 많은 남편과 결혼해야 하는 딸에게 주는 아버지의 선물인 셈이죠. 이런 상태를 이삼 년 지속하다가 여자가 첫아이를 잉태하면 비로소 합법적인 남편과 합칩니다.

바샤랑 그런 관습에는 어떤 의미가 있습니까?

에리티에 종교적인 성격이 있습니다. 사모족에서는 첫 성관계뿐 아니라 첫 출산을 포함한 '첫물'을 같은 가계에 속하는 것으로 간주하지 않습니다. 따라서 처음 태어난 아이는 대지나 신과 유사한 첫물입니다. 그 아이는 인간 사회에 있지만, 신의 선물로서 성스러움이 각인된 존재로 여겨지죠.

바샤랑 그렇게 성적 자유가 허용되는군요.

에리티에 여자들은 스스로 선택하지 않았지만, 그들의 첫아이를 포함하여 모든 아이의 아버지가 될 연로한 남자와 결혼하여 그에게 양도되기 전에 이런 식으로 성적인 사랑의 만족감을 경험합니다. 남자들은 이미 결혼했어도 여러 명의 어린 여자에게 혼전 애인으로 선택될 수 있습니다. 남자들은 수유기에 아내를 건드릴 수 없기에 이것은 대단한 행운인 셈이죠!

바샤랑 하지만 여자들에게 그것은 평등한 상황은 아니죠.

에리티에 그렇습니다. 원시 사회 중에는 다른 본보기가 많이 있지만, 남성과 여성이 동등한 사회는 존재한 적이 없습니다.

3장
—
여성의
기원

플라톤과 큰 야수의 남성성

바샤랑 시원적 유형의 양성 관계는 분명히 인류의 역사와 함께하고 있습니다. 서양 사상의 기원에는 그리스 철학자들, 그중에서도 소크라테스의 제자 플라톤이 있습니다. 플라톤은 당시 사회에서도 기능했을 성의 차별적 가치를 지각하고 있었습니까? 그는 이 가치에서 모순을 발견하지 못했나요?

에리티에 플라톤은 후대의 많은 철학자처럼 모순에 빠져 있었습니다. 그는 이론적이고 추상적인 방법으로 양성의 평등을 고려했지만, 당시 사고 체계의 속박에서 벗어날 수 없었습니다. 그는 사고하는 능력을 갖추고도 그에 따르는 맹점을 보지 못할 정도로 자신의 세계와 시대에 간혀 있었습니다. 우리에게도 맹점이 있고, 이것은 불가피한 일이죠. 하지만 '이성'이라는 이름으로 당시의 지배적인 이론과 정반대되는 관점을 주장했던 탁월한 정신의 소유자들은 그들의 논리적인 추론도 무색하게 사람들의 이해를 받지 못했습니다.

바샤랑 그렇지만 플라톤은 성의 평등을 주장했죠?

에리티에 네, 그는 여자들이 열등하다고 생각할 논리적인 근거가 없다고 말했습니다. 그는 다른 철학자들처럼 '양성평등'이라는 추상적인 관념과 성적으로 규정된 실질적인 인간관계를 조금은 구별했다고 생각합니다. 하지만 가장 충격적인 점은 플라톤이 생각하는 양성평등이 특정한 사회적 조건을 갖춘 여자들에게만 해당한다는 사실입니다. 그리스 시민 부모에게서 태어난 시민 자격이 있는 여성만이 남성과 평등하다고 생각했던 거죠.

바샤랑 그럼, 서민, 농부, 노예 등 다른 여자들은 어떻게 되나요?

에리티에 그들이 남자들과 동등하다는 것은 생각할 수 없는 일입니다. 플라톤이 '민주주의'라고 부른 정치 체제는 사실 '시민'이라고 불리는 특권층으로 구성된 귀족 정부를 말합니다. 그는 이런 정치관과 남녀가 진정으로 평등한 세계관 사이의 딜레마에서 벗어나지 못했습니다.

바샤랑 플라톤은 평등을 남녀 '시민'으로 한정하면서 그것이 어떻게 실현되리라고 생각했을까요?

에리티에 그는 성을 분리한 틀에서 평등을 보았습니다. 그에게 여성은 남성과 동등하지만 다를 뿐입니다. 여자들은 남자들의 기능을 공유해서는 안 되지만,

여자들의 세계에서는 그와 유사한 기능을 할 수 있습니다. 플라톤은 예를 들어 여자끼리 모여 즐기고 철학적인 문제를 탐구하는 여성 버전의 '향연'을 상상하기도 했습니다. '남성의 기능을 하는 여성의 기능'이라는 이런 이중적 기능이 실제로 그리스 도시국가에서 존재했는지는 알 수 없지만, 플라톤은 그런 세상을 예상했죠.

바샤랑 그렇지만 선생님은 플라톤이 당시 사고 체계에 갇혀 있었다고 하셨습니다. 어떤 점에서 그런가요?

에리티에 사람들은 그의 글에서 남성과 여성의 차이를 통해 남성의 우월성을 인정하는 사고방식이 재출현하는 것을 보고 충격을 받습니다. 예를 들어 플라톤은 죽은 자들의 영혼이 동물로, 그리고 어떤 동물은 인간으로 환생한다고 믿었습니다. 그래서 유난히 용감했던 수사자는 인간 남자의 모습으로 환생할 수 있다고 했죠. 그러나 생시에 용감하지 않았던, 그러니까 '남자'라는 이름값도 못 했던 사람은 사후에 여자의 몸으로 환생할 수 있다고 했습니다.

바샤랑 말하자면 여자는 덜 훌륭한 존재라는 거군요.

에리티에 훨씬 덜 훌륭한 존재죠! 여자로 태어난다는 것은 남성성이 부족했던 벌을 받는 겁니다. 플라톤에게 동물은 인간보다 열등하지만, 위풍당당하고 용감하고 사나운 야수의 특성은 어떤 면에서는 '남성적' 특성입니다. 그렇지만 이런 '남성성'은 모든 종의 수컷 동물들이 아니라 몇몇 동물에만 해당합니다.

바샤랑 제가 추측하기로 토끼는 남성성에 해당하지 않을 것 같군요!

에리티에 가장 훌륭한 토끼는 남자가 되기를 바라기에 앞서 '여성의 몸'이라는 연옥(purgatory)을 거쳐야 할 겁니다. 플라톤은 야수의 남성성과 남자의 남성성 사이의 유사성이 남자와 여자 사이의 유사성보다 더 크고 직접적이라고 생각합니다. 이것은 플라톤이 자신만의 사고의 틀에 갇혔다고 생각할 수밖에 없는 이유입니다. 그가 정액에서 생명, 형상, 영성 등 인간을 구성하는 모든 특성의 매개체를 발견하는 것도 마찬가지입니다. 결국, 그는 성찰을 통해 여자들의 평등권을 인정하지만, 더 나아가서 남자들이 꿈꾸는 이상향의 사회를 여자들, 즉 시민 신분이 있는 딸, 아내, 어머니가 대표할 권리까지는 인정하지 않습니다.

아리스토텔레스의 익히기

바샤랑 정액이 인간의 모든 특성을 매개한다는 생각은 플라톤의 제자이며 서양 사상의 창시자 중 한 사람인 아리스토텔레스에게 계승되었죠.

에리티에 그렇습니다. 『동물의 생식에 관하여』라는 작품에 이 문제와 관련하여 중요한 대목이 있습니다. 아리스토텔레스는 가정에서 어머니 역할을 하는 여성이 놓여 있는 노예 상태를 자신이 목격한 대로 설명해야 했습니다. 그는 복잡한 철학적 사유를 통해 그 상황을 현학적인 언어로 설명하지만, 이것은 당시의 신념을 합리화하는 행위에 불과했습니다. 그는 매우 어리석어 보이는 전세대 작가들의 생각을 검토했습니다. 그중 한 사람은 여성이 태아를 오른쪽에 품느냐 왼쪽에 품느냐에 따라 아이의 성별이 결정된다고 믿었습니다. 또 다른 사람은 정액의 출처에 따라 아이의 성별이 결정된다고 주장했습니다. 다시 말해 더 따뜻한 오른쪽 고환에서 나온 정액에서는 아들이, 덜 따뜻한 왼쪽 고환에서 나온 정액에서는 딸이 태어난다고 주장한 겁니다.

바샤랑 그렇다면 아리스토텔레스는 어떻게 그런 어리석은 생각에서 벗어날 수 있었을까요? 그렇다고 해서 그가 더 진보한 과학적 지식을 갖춘 것도 아니었잖습니까?

에리티에 사실입니다. 하지만 매우 정제된 아리스토텔레스의 사상은 사실상 모든 원시 사회가 걸어온 길을 계승합니다. 그는 아득한 옛날부터 확인되었던 분명한 사실을 근거로 내세웁니다. 그에게는 생명과 열기를 품은 혈액이 가장 중요합니다. 그는 우리 선조가 그랬듯이 생명, 열기, 이동성과 혈액을 같은 사슬로 묶고, 죽음, 냉기, 부동성과 혈류를 그와 대립하는 또 다른 사슬로 묶습니다. 그는 인간이 태어날 때부터 분명히 존재하는 혈액은 생명이 지속하는 동안 반복되는 '익히기'의 과정, 즉 음식을 소화하는 과정에서 생성된다고 설명합니다. 이처럼 소화는 혈액 생성을 돕는데, 이 현상에는 남성과 여성이 다르지 않습니다. 하지만 남성은 생리로 혈액을 잃지 않는 덕분에 더 많은 열기의 힘을 갖추게 됩니다. 남자를 따뜻하고 건조하게, 그리고 여자를 차갑고 습하게 하는 이 보충 열기의 힘은 남자로 하여금 두 번째 '익히기'를 할 수 있게 해줍니다. 아리스토텔레스는 이것을 '열처리'라고 불렀습니다. 이런 과정으로 혈액이 만들어집니다. 이런 '내적인 열처리'는 혈액, 즉 정액을 완전히 정화합니다. 여자는 이런 열처리를 할 수 없기에 혈액을 그저 젖으로 변화시킬 뿐입니다.

바샤랑 이런 설명은 그리 나쁘지 않은데요?

에리티에 그렇게 보일 수도 있죠. 하지만 아리스토텔레스는 액체의 차이를 설명하는 데에서 그치지 않고 사회 계급을 정당화하는 서열을 정했습니다. 음식 -혈액-정액의 사슬은 음식-혈액-젖의 사슬보다 우월합니다. 아리스토텔레스는 정액이 완벽하고, 거의 기화(氣化)할 정도로 순수한 물질이라고 주장합니다. 또한, 정액은 썩지도 않고 완전히 증발하는 물처럼 찌꺼기를 남기지도 않는다고 생각했죠. 종자에는 생명의 기원인 '프네우마'[5]가 있습니다. 아리스토텔레스는 '숨'이며 '힘'인 프네우마가 여성의 육체 안에 생명을 불어넣을 수 있다고 믿었습니다.

바샤랑 여자는 여전히 그릇에 불과하다는 겁니까?

에리티에 특히 여성은 남성과 같은 종의 아이를 생산하기 위해 프네우마에 길들고 조절되어야 할 필요가 있는 존재, 불안정한 증식(增殖) 물질로 간주합니다. 남성은 여성의 임신 기간에 반복적인 성관계를 통해 태아에게 영양을 공급하고, 모양을 빚어 인간의 형상을 만듭니다. 남자가 그렇게 하지 않으면 여성은 아무것이나 생산할 가능성이 있다고 봤던 거죠. 그래서 그는 단위 생식한 여성 물질이 만들어낸 기형의 여러 가지 '증거'를 보여줍니다. 그 첫 번째 예는 여자아이의 탄생입니다. 아버지의 정액이 충분히 강력하다면, 이 '강함'이 남성

---

5) πνεύμα: '뉴마(Pneuma)'라고도 한다. '숨' 혹은 '호흡'을 의미하는 고대 그리스어이다. 종교적 맥락에서 정수(精髓), 영(靈) 또는 영혼을 뜻한다. 이런 일반적이고 종교적 맥락의 의미 외에도 고대 철학자들과 의학자들은 다른 여러 가지 전문적인 의미로 사용했다. 아리스토텔레스는 이것이 정자 안에 있는 운동 상태의 따뜻한 공기로서 후손에게 운동 능력과 특정한 감각을 전달한다고 주장했다.

의 특징인 세 가지 힘에 깃들어 있기에 사내아이만을 낳는다는 겁니다.

바샤랑 그 세 가지 힘은 무엇인가요?

에리티에 첫째는 종(種)의 고유한 힘, 즉 일반적으로 남성의 힘이고, 둘째는 각 개인의 힘, 즉 삶의 어떤 특정한 순간에 발휘되는 특정한 남성의 힘이며, 셋째는 성행위 상황과 관련된 힘입니다. 가장 이상적인 경우는 이 세 가지 남성의 힘이 지배하여 여성이 아버지를 닮은 아들을 낳는 겁니다. 종의 고유한 힘이 부족하면 딸을 낳게 되지요. 하지만 남성 개인의 힘이 강하다면 딸이라고 해도 아버지를 닮을 수 있습니다. 최악의 경우는 이 세 가지 힘이 모두 부족할 때입니다. 세 번째 경우를 예로 들자면 나이가 많거나 아주 어린 남자가 추운 날 저녁 바람이 부는 곳에서 유제품을 먹고 나서 성관계를 하면……

바샤랑 아들을 기대할 수 없겠죠? 반면에 따뜻한 날씨에 고기를 먹고……

에리티에 그렇다면 아들을 기대할 수 있겠죠. 하지만 세 가지 힘이 부족하면 여자는 외할머니를 닮은 딸을 낳게 됩니다. 당시에 이것은 정말 끔찍한 상황이었죠! 그럼에도, 아리스토텔레스는 여자아이도 필요하기에 가끔은 여성이 우세해야 한다고 생각했습니다.

바샤랑 아리스토텔레스가 보기에 여자아이의 탄생은 여성 물질이 기형적으로 형성된 첫 번째 '증거'였잖아요?

에리티에 그렇습니다. 여자들이 그렇게 하도록 내버려 둔다면, 그들은 자신과 똑같은 것을 번식해서 여자아이만 생기겠지요. 기형의 두 번째 증거는 쌍생아의 탄생입니다. 우리 인간은 '새끼'를 한 번에 하나만 낳는 종입니다. 그래서 다태(多胎) 출산은 이례적인 일입니다. 이와 반대로 동물 중에는 다태 출산을 하는 종이 여럿 있습니다. 아리스토텔레스는 열댓 마리의 새끼를 낳는 돼지를 예로 들었습니다. ―그는 단 한 마리의 새끼만 낳는 소는 생각하지 않았습니다. 어쩌면 소를 거의 보지 못했는지도 모르죠― 따라서 그는 한 번에 여러 명의 아기를 잉태한 여자는 동물과 비슷하다고 결론지었습니다. 세 번째 증거는 '비정상적인' 아이들입니다. 오늘날에도 볼 수 있는 선천적 기형은 물론이고 손가락이 여섯 개 혹은 네 개 달린 것처럼 그들은 뭔가가 더 있거나 모자랍니다. 마지막으로 아리스토텔레스는 보충적인 증거로 인간의 형상을 식별할 수 없는, '괴물'이라고 불리는 아이의 탄생을 듭니다. 지난 세기까지만 해도 괴물 같은 모습으로 태어난 신생아들의 시신을 수집해서 그것을 포르말린 병에 넣고는 개와 비슷하다는 둥, 양과 비슷하다는 둥, 이들을 분류하는 짓을 하곤 했습니다. 어쨌든 아리스토텔레스는 프네우마가 통제하지 않으면 여자는 남자의 아이가 아닌 동물과 비슷한 괴물을 낳는다고 믿었습니다. 그에게 '여성성의 과잉'은 곧 괴물을 의미했던 거죠!

바샤랑 끔찍하군요. 하지만 아리스토텔레스는 고대의 사고방식을 계승하고 발전시키면서 서양 정신사에 결정적인 영향을 미치지 않았습니까?

에리티에 그는 완벽하고 합리적인 세대의 모델을 상상했는데 거기서 여성의 육체는 오로지 남성 육체를 받아들이기 위해 만들어진 것으로 마치 '뒤집어 놓은 장갑'처럼 남성의 육체와 역(逆)으로 대칭되는 모습으로 소개됩니다. 모든 긍정적 가치는 정액의 번식력과 연결되어 있습니다. 이러한 세대의 모델은 고대 그리스 시대 갈레노스와 같은 의학자들이 19세기까지 자주 인용했고, 오늘날에도 그 흔적을 발견할 수 있습니다. 지금도 우리는 대단한 혈통이든 아니든 간에 남자가 '그의 피로' 아이를 만들었다고 하잖습니까? 그리고 어머니의 배에 '씨를 심었다'고도 하지요. 실제로 아리스토텔레스는 남자와 여자 사이의 명확한 생물학적 차이에서 남성과 여성의 영원한 본질에 대한 증거를 발견했다고 생각했습니다. 그러나 실제로 그는 단순히 당시의 인식 체계와 사회 질서를 묘사했던 것뿐입니다.

어머니에게서 딸에게로

바샤랑 사회 질서는 영속하고…… 어머니는 대를 이어 자신의 역할을 딸에게 가르치고, 그 딸은 또 자기 딸에게 이 굴종적인 상태를 유산으로 물려주겠죠.

에리티에 이런 체계는 여자들의 열등감을 내면화하여 정당화합니다. 고대 사회에서 여자들은 어머니로서, 특히 아들의 어머니로서 존중되었습니다. 딸만 낳았다면 자식이 없는 것과 다름없었지요. 아들의 어머니는 딸의 어머니보다 늘 우월한 위치에 있었습니다. 실제로 남편들은 늘 아들을 기대합니다. 오늘날 사고가 매우 진보적이라는 여자들조차도 딸의 어머니보다는 아들의 어머니가 되고 싶어 합니다. 이처럼 여성 자신이 사람들의 기대를 스스로 내면화하는 현상은 태곳적부터 시작되었으며 지금도 아주 어린 나이의 여자아이에게조차 여전히 강요되면서 전해지고 있습니다.

바샤랑 어떤 식으로 어린 여자아이에게 그것을 내면화하도록 강요하나요?

에리티에 예를 들어 여자아이는 얌전해야 하고, 조용해야 하고, 순종적이어야 하고, 부당한 일을 당해도 싸워서는 안 된다며 어릴 적부터 길들입니다. 그렇게 일반적으로 완전히 무기력한 여성의 이미지를 아이에게 주입하고, 친구와 다투는 것도 남자아이에게만 허용하며, 공격적 성향은 평가절하하죠. 여자아이는 양보하고, 위로하고, 복종해야 하고, 남자아이는 자신의 존재를 뚜렷이 나타내고 싸워서 이겨야 합니다. 하지만 여자아이들도 싸울 수만 있다면 싸우고 싶어 하지요!

바샤랑 여성도 폭력적일 수 있을까요?

에리티에 물론입니다! 호르몬, 특히 테스토스테론이 작용하면, 남성이든 여성이든 폭력적일 수 있습니다. 하지만 폭력은 여성과 반대되는 것, 여성의 어두운 면, 여자들이 남성 권위의 지배를 받지 않을 때 나타나는 여성의 동물적 본성의 표현으로 여겨졌습니다. 여성은 '천성적으로' 온유하고 관대하고 수동적이어야 합니다. 그러나 그와 동시에 여성은 거침없이 남성을 집어삼키고 이성에서 벗어난 야성적인 성(性)을 구체화하는 것으로 여겨졌지요.

바샤랑 남성의 폭력은 합리적이라고 생각하나요?

에리티에 남성의 폭력은 정당한 것으로, 남성 본성의 일부로 간주하지요. 우리도 여전히 같은 모순에 빠져 있습니다. 사람들은 흔히 남자들이 합리적이기에 여자들을 엄하게 다스려 순종하게 하는 것이 좋고, 폭력성, 특히 성적 충동 같은 남성적 충동은 원래 제어할 수 없는 것이기에 즉시 충족해줘야 한다고 생각합니다.

바샤랑 선생님은 우리 선조의 사고 체계를 분석해서 이 모든 것이 어떻게 시작되었는지를 밝혀주셨습니다. 그뿐 아니라 세대에서 세대로 유전되는 보편적 체계에 대해서도 설명해주셨습니다. 그렇다면 우리가 거기서 벗어날 방법은 없는 걸까요?

에리티에 저는 두 가지 이유에서 남녀 간에 새로운 관계가 형성될 수 있다고 생각합니다. 우선, 여성에게 매우 중요한 지렛대 역할을 하는 '피임할 수 있는 권리'가 있기 때문입니다. 이것은 기술적·의학적 사실만을 말하는 것이 아니라, 법이 보장하는 권리를 말하는 겁니다. 이 권리는 여성에게 그들의 육체를 자신의 의지대로 사용하는 자유로운 인간의 지위를 보장합니다. 피임은 여성에 대한 남성의 권한을 크게 제한합니다. 그래서 아직도 많은 사회에서 이 권리를 인정하지 않으려고 하는 겁니다.

바샤랑 여자들이 누구와 몇 명의 아이를 낳고 기를지를 스스로 결정하게 되었으니, 이제 아버지가 결혼으로 자신의 딸을 '양도할' 수도 없고, 남자들이 아들을 얻기 위해 그들끼리 여자를 교환할 수도 없겠군요.

에리티에 네. 하지만 '피임권'이라는 이 지렛대가 전 세계에 영향을 미치려면 시간이 더 필요합니다. 또 피임권이 있는 사회에서도 이 권리가 소멸되지 않으려면 경계를 게을리하지 말아야 합니다.

바사랑 그렇다면 남녀 간에 새로운 관계를 형성할 수 있다는 두 번째 이유는 무엇입니까?

에리티에 생식과 유전의 메커니즘에 관한 과학적 지식이 확보되었기 때문입니다. 우리 사회에 여전히 존재하는 시원적 지배 모델이 정착되는 데 수천 년이 걸렸고, 이 모델은 우리 선조의 경험으로 확인된 사실에서 유래했습니다. 우리는 과학적으로 확인된 새로운 사실을 통해 남자가 여자의 배 속에 작은 씨를 뿌리는 것이 아니라는 사실을, 여자는 남자가 맡긴 아이를 키워주는 그릇이 아니라는 사실을 알게 되었습니다. 아이는 난자와 정자라는 두 생식세포가 결합한 결과입니다. 남자와 여자는 각각 예측 불가능한 방식으로 분배되는 유전형질을 아이에게 제공합니다. 이런 사실은 18세기 말에 확인되었으며, 염색체 체계와 유전자 전달에 관한 더 깊은 지식은 20세기에 발전했습니다. 추상적인 지식 체계가 구체적이고 현실적인 표현 체계가 되려면 아직도 많은 시간이 필요합니다. 그러나 제 생각에 남성과 여성이 실천적이고 정치적인 활동을 통해 이런 체계가 제대로 작동할 수 있도록 늘 주의를 기울인다면 피임할 권리와 과학적 지식은 우리가 세상을 바라보는 방식을 분명히 바꿀 수 있습니다.

2부. 혼성 사회를 위하여

| 실비안 아가생스키 · 니콜 바샤랑 |

"저는 부부 관계를 양날의 칼이라고 말하고 싶어요. 물론 두 여성 혹은 두 남성 커플을 포함해서 부부의 매력은 바로 두 사람 사이의 은밀한 유대감, 일상적인 결속에 있습니다. 배우자는 자기 존재의 영원한 증인입니다. 일상적 사건들, 평범하지만 예기치 못한 일들, 기쁨, 슬픔, 성공과 실패를 함께할 수 있는 남성 혹은 여성이 바로 배우자입니다. 누군가와 삶을 공유하면 가면을 쓰지 않고 있는 그대로의 자신을 보여줄 수 있고, 말이 없어도 가깝게 느끼고, 암시만으로도 이해할 수 있는 친밀한 공간이 형성됩니다. 성욕이나 불타는 사랑을 넘어서 부부 관계가 오래 지속하려면 무엇보다도 신뢰를 바탕으로 한 우정이 요구됩니다. 하지만 부부가 타인을 향해, 즉 가깝거나 먼 세상 사람들을 향해 열려 있지 않으면 숨이 막히고 치명적인 결과에 도달하게 됩니다. 부부는 자신들을 타인에게 이해시키려고 애쓰기보다는 거꾸로 타인을, 세상을 이해하기 위해 함께 노력해야 합니다. 이것이 부부가 이기적인 개인주의에 갇히지 않고 사랑으로 혹은 우정으로 늘 대화할 수 있는 세상을 만들어가는 길입니다."

실비안 아가생스키(Sylviane Agacinski)
1945년생. 폴란드 이민 2세인 프랑스의 철학자, 여성운동가이며 작가이다. 현재 사회과학 전문학교(EHESS) 교수로 재직 중이다. 한때 동반자였던 자크 데리다와 함께 국제철학학교의 운영을 맡은 적이 있으며 전 프랑스 국무총리 리오넬 조스팽과 재혼했다.

남성적 철학

바샤랑 하나의 독립된 인격체로 인정받고, 국가와 사회를 향해 자기 목소리를 내려는 여성의 길고 긴 여정은 21세기까지 이어졌습니다. 오늘날 우리 사회에서 여성은 어떤 위치에 놓여 있을까요? 더 나아가서 여성에게는 어떤 미래가 기다리고 있을까요? 오늘날 여성은 어떤 역할을 할 수 있을까요? 아니, 어떤 역할을 하고 싶을까요? 평등을 부르짖으며 '여성의 정체성'을 이야기할 수 있을까요? 이제 철학자 실비안 아가생스키 선생과 함께 남녀 사이의 성적 차이에 관한 문제를 살펴보기로 하겠습니다. 선생님, 철학은 남녀 사이의 문제를 어떻게 바라보고 있나요?

아가생스키 한 가지 분명한 사실은 고전 철학에서 여성의 자유나 남녀평등의 근거를 발견할 수 없다는 것입니다. 고전 철학은 남성이 사고의 중심이 되는 남성 중심주의가 바탕을 이루고 있습니다. 최근까지도 그랬지만 고대 그리스 시대에 과학자, 학자, 철학자는 거의 모두 남자였습니다. 따라서 제가 철학에 입문하던 시절에 저 같은 여성 철학 생도는 자신을 남성의 관점에서 추론하는 보편적인 철학적 주체로 인식해야 했습니다.

바샤랑 철학적 추론의 어떤 면이 특히 남성적이라고 할 수 있을까요?

아가생스키 고대 철학은 플라톤과 고대 그리스에서 출발합니다. 『향연』은 서양 철학뿐 아니라 철학적 남성 중심주의 토대가 되는 텍스트입니다. 사랑에 관한 고찰인 이 텍스트에서 플라톤은 죽음을 면할 수 없는 유한한 생명체가 어떻게 사랑의 대상을 통해 영원을 갈망하게 되는지를 설명합니다. 플라톤에 의하면 생명체는 '세속의 아프로디테'와 '천상의 아프로디테'라는 두 부류의 신성(神性)으로 표현된 두 가지 방법 중에서 하나를 선택합니다. 세속의 아프로디테를 따르는 사람은 아이를 생산함으로써 영원을 얻으려고 하기에 여성에게 관심을 보입니다. 하지만 플라톤은 동물과 같은 방식을 택하는 남성의 생식을 높이 평가하지 않습니다. 그에게는 진실, 곧 이데아를 추구하는 천상의 아프로디테를 선택하는 것만이 진실로 영원한 것이기 때문이죠. 이럴 때 본질적인 인간관계는 남녀 관계가 아니라, 사제 관계입니다. 오늘날 사람들이 생각하는 것과 같은 동성애를 옹호하는 것은 아니지만, 그는 소년의 영혼이 소녀의 영혼보다 더 고결하고 철학에 더 적합하다고 여겼기에 소년에게 관심을 보였던 겁니다.

바샤랑 그렇다면 선생님 같은 젊은 여성 철학자는 한편으로 '생식(生殖)'이라는 별로 고상하지 못한 방법의 세속적인 아프로디테와, 다른 한편으로 더 고결하지만 소년에게만 허락된 천상의 아프로디테 사이에서 어떤 선택을 할 수 있었을까요?

아가생스키 흥미로운 질문이군요. 여성은 현자(賢者) 사이에 끼어들 자리가 없습니다. 그리고 여성 철학자는 여성으로서 자신의 육체, 출산의 역할을 포기해야 합니다. 다시 말해 '여성성'을 버려야 합니다. 얼마 전까지도 사람들은 그렇게 생각했습니다. 남성 철학자가 남성으로서 생각하는 것은 자연스러운 일이고 전혀 여성 혐오적인 태도가 아닙니다. 하지만 사람들은 고전 텍스트에 남성만의 고유한 특성이 있다는 사실을 인정하지 않고, 너무도 당연하게 남성과 보편적 인간을 동일시합니다. 이것을 '남성적 보편'이라고 부릅니다. 그런 점에서 철학자 에마뉘엘 레비나스[1]는 자신의 남성적 특성을 인정하는 이례적인 자세를 보여준 철학자입니다. 일반적으로 철학은 남성적 상상 체계가 지배하고 있습니다. 따라서 인간을 남성과 여성으로 인식하는 생각, 그러니까 '혼성'이라는 개념이 무엇인지 자문해보는 것도 흥미로울 겁니다. 여성의 문제는 단지 지식과 생식, 책과 아이 중 하나를 선택해야 하는 데 있는 것이 아닙니다.

---

1) Emmanuel Levinas(1906~1995): 리투아니아 출신 유대인 프랑스 철학자. 스트라스부르 대학에서 철학을 전공했고, 독일의 프라이부르크 대학에서 후설과 하이데거의 강의를 들었다. 제2차 세계대전이 일어나자 프랑스군에 입대했으나 독일군에 체포되어 5년 동안 포로수용소에서 강제 노역을 했으며 리투아니아에 있던 그의 가족은 나치에게 몰살당했다. 이런 비극적인 상황을 체험하면서 그의 사고는 후설이나 하이데거의 영향에서 벗어나 서구 철학의 존재론을 비판적으로 성찰하고, '타자의 윤리학'을 주장했다. 그는 플라톤 이후 서구의 전통적 존재론을 전체주의의 근원으로 지적하고 데카르트의 코기토로 대표되는 주체 중심의 존재론은 타자를 '나'의 인식으로 끌어들이며 타자의 타자성을 무시하고 동일자의 영역으로 환원했다고 비판했다. 그리고 이런 '동일자의 철학'이 전체성의 이름으로 개인에게 폭력을 행사하는 사상적 기반을 제공했다고 보았다. 그는 '타자'에게 내가 결코 지배할 수 없는 절대성이 있기에 타자의 생명을 존중하고, 그와 윤리적 관계를 맺을 때 '나'의 유한성을 극복할 수 있다고 주장했다. 그의 '타자' 사상은 자크 데리다를 포함하여 포스트모던 철학자들에게 큰 영향을 미쳤다.

바샤랑 선생님은 『향연』을 읽으면서 이런 생각을 하시게 된 겁니까?

아가생스키 아닙니다, 제가 처음 『향연』을 읽었을 때에는 제가 여성이라는 사실을 자각하지 못한 채 아무 생각 없이 읽었습니다. 『국가』에서 플라톤은 예쁘고, 재능 있고, 튼튼한 아이들을 얻기 위해 남성과 여성을 선별하는 방식, 즉 포괄적인 우생학적 관점이 반영된 방식으로서 결혼을 고려해야 한다고 주장하면서 동시대인을 경멸했습니다. 그는 가정을 무너뜨리고 부모 자식 관계를 희생시켰습니다. 그는 아이들을 부모에게서 격리하여 국가가 교육을 책임져야 한다고 주장했습니다. 남성은 그렇게 여성을 남성 사회에 귀속시킵니다. 그 사회에는 결혼도 없고, 남녀 사이, 부모 자식 사이의 사적인 관계도 없습니다. 그럼에도, 저는 이 고전 텍스트를 다른 사람들처럼, 다시 말해 작가의 관점과 저의 관점을 동일시하며 읽었습니다. 문학에서는 여성 독자가 남성의 관점에서 쓰인 남성 작가의 텍스트를 읽는 것이 전혀 부자연스러운 일이 아닙니다. 심지어 남성 작가나 남성 등장인물이 여성을 바라보는 시선에서 많은 것을 배우기도 하죠. 하지만 철학은 다릅니다. 시간이 흐르면서 저는 '여성'이라는 생리적·사회적 조건으로 제한된 저 자신과 대학 캠퍼스 벤치에 로댕의 「생각하는 사람」,[2]처럼 앉아 있는 또 다른 저 사이에서 강한 괴리감을 느끼게 되었습니다. 결국, 저는 철학이 남성의 전유물이라는 사실을 차츰 깨닫게 되었습니다. 그리고 니체나 진정한 여성 혐오자였던 쇼펜하우어처럼 남성적 가치관을 뚜렷이 드러낸 몇몇 철학자가 제게 눈을 뜨게 해주었습니다. 하지만 제가 근본적으로 변

---

2) Penseur: 오귀스트 로댕이 제작한 이 작품의 프랑스어 제목 Penseur는 남성형 명사이다. 여기서 아가생스키는 여성으로서 대학에서 남성적 학문인 철학을 공부하면서 느꼈던 괴리감을 이 동상의 성적 특성을 통해 상징적으로 표현하고 있다.

하게 된 계기는 여성 작가들, 특히 버지니아 울프[3]와 시몬 드 보부아르[4]의 글을 읽었을 때였습니다. 여성인 그들의 시선은 세상을 바라보는 관점을 완전히 바꿔놓았습니다. 그래서 저는 플라톤, 아리스토텔레스, 칸트, 키르케고르, 하이데거 등 고전 텍스트들을 생산한 저자들이 지극히 남성적 관점, 특히 남성 중심적 시각에 사로잡혀 있다는 사실을 고려하면서 그때까지와는 전혀 다른 시선으로 모든 것을 재검토하기로 마음먹었습니다. 남성(anèr)을 인간의 원형이라고 보는 남성 중심주의는 다른 생명체들을 주변적이고 저급한 존재로 간주하고 인간(anthropos)을 우주의 중심에 놓는 인간 중심주의보다도 먼저 뿌리를 내렸습니다. 남성 중심주의와 인간 중심주의가 결합한 기독교 사상은 철학과 서양 사상에 지대한 영향을 미쳤습니다. 두 성의 불균형과 위계는 바울에게서부터 명백하게 나타나기 시작했고, "남자는 신의 영광을 위해 그의 영으로 창조되었고, 여자는 남자의 영광을 위해 그의 몸에서 창조되었다."는 아우구스티누스의 해석으로 더욱 견고해졌죠. 여기서도 역시 아담과 이브의 창조 신화가 결

---

3) Virginia Woolf(1882~1941): 20세기 영국의 모더니즘 작가로서 의식의 흐름 기법을 탄생시키고 완성했다고 평가된다. 어머니가 사망하자 정신이상 증세를 보이기 시작했으며 아버지가 사망하고 울프는 두 번째 정신이상 증세를 보여 투신자살하려 했으나 미수에 그쳤다. 레오나드 울프와 결혼했고 『출항』, 『밤과 낮』에 이어 『댈러웨이 부인』으로 큰 인기를 끌었다. 『등대로』, 『올랜도』 등의 작품을 남겼다. 우즈 강으로 산책하러 나갔다가 행방불명되었는데, 이틀 뒤에 시체로 발견되었다.

4) Simone de Beauvoir(1908~1986): 프랑스의 철학자, 소설가이며 행동과 사상 두 영역에서 공헌한 페미니스트이자 사회주의자로서 페미니즘의 고전적 텍스트 『제2의 성』 외에 소설 『초대받은 여자』, 『위기의 여자』 등 다양한 책들을 집필했다. 파리의 부르주아 가정의 장녀로 태어나 가톨릭 교육을 받고 자랐으며 철학과 문학을 전공하고 교육자로 지내다가 소설가가 되었다. 사르트르와 계약 결혼했던 그녀는 처음에는 사회주의자로 일관했으나 가장 혁명적인 좌익 사회에도 성적 불평등이 존재함을 알고 여자들이 자신의 권리를 위해 싸워야 한다고 생각했다. 대표적 활동으로 1972년 여성해방운동(MLF)을 창설한 것을 들 수 있다. 1947년 여권연맹을 창설하고 'S.O.S. 매 맞는 여자들'을 조직하기도 했으며, 1971년에는 법 개정을 요구하는 페미니스트 그룹 '선택하기'를 조직하는 한편, 잡지 『페미니스트 문제』의 편집인으로 활동했고, 1974년부터 여성의 권리동맹 의장을 역임했다. 1986년 죽을 때까지 급진적인 활동가로 살았다.

정적인 역할을 합니다. 인간은 아담과 예수를 통해 구현된 영적이고 지적인 피조물입니다. 여성은 남성을 위한 보조물일 뿐이죠.

여성이 스스로 권리를 포기했다?

바샤랑 선생님의 그런 인식에 시몬 드 보부아르는 어떤 역할을 했나요?

아가생스키 저는 『제2의 성』[5]을 읽고 큰 충격을 받았습니다. 보부아르는 역사를 분석하면서 남성은 자신이 남성임을 정당하다고 느끼지만, 여성은 자신이 여성임을 '잘못'으로 여기는 이유를 분명히 보여주었습니다. 저는 특히 경제적 독립의 조건이 되는 '일의 중요성'을 이해하게 되었습니다. 그리고 '자기 월세조차 내지 못하는 사람은 자유를 말할 자격조차 없다.'고 생각했습니다. 보부아르는 여성의 역할, 여성의 행복 그리고 여성의 발전에 관한 모든 담론을 재검토했습니다. 그리고 여성은 경제적으로 독립하지 못하면 남자들이 만들어놓은 새장에 갇히게 된다는 사실을 깨달았습니다. 녹이 슬었든, 금으로 반짝이든 새장은 새장이죠. 그러나 저는 보부아르가 자신의 권리를 포기하고 남편의 그늘로 들어간 가정주부들에 관해 이야기할 때 보여주는 그 거만한 태도에 회의

---

5) *Le Deuxième Sexe*: 시몬 드 보부아르가 1949년 출간한 책으로 '제2의 성'은 '여성'을 가리킨다. 제1부 '사실과 신화', 제2부 '체험편'으로 되어 있다. 제1부에서는 이론을 전개했고 제2부에서는 다양한 사례와 문학작품을 인용했다. 저자는 "오늘날의 여자는 '여성적인 것'이라는 신화를 무너뜨리고 있다."라고 썼으며, "사람은 여자로 태어나지 않는다. 여자가 되는 것이다."라고 말한다. 여자의 특성이나 능력을 생리적 조건과 현상을 통해 설명하여 여자가 남자에게 종속된 존재라고 여겼던 남성 중심의 여성관을 반박하고, 실존철학과 사회사적 분석 방법을 종합하여 아내나 어머니로서 살아가는 삶이 얼마나 조작되어왔는지를 역설하고, 여성의 자유로운 미래의 모습을 시사했다.

를 품었습니다. 보부아르는 여성이 손에 물 한 방울 묻히지 않는 상류 부르주아 계급 출신입니다. 그러나 세탁기와 일회용 기저귀가 나오기 이전 사회에서 서민층은 물론이고 중산층 여자들도 아이를 양육하기 위해 힘겹게 일해야 했습니다. 제 어머니의 삶이 어땠는지를 잘 알고 있는 저로서는 '권리를 포기한' 여자들을 무시하는 보부아르의 태도에 공감할 수 없었습니다. 그녀는 이 여자들이 아무 대가 없이 일한 것은 잘못이라고 생각했습니다. 하지만 음식을 만들고, 청소하고, 빨래하고, 다림질하고, 바느질하고, 아이를 돌보는 값싼 여성 노동자가 필요한 경제 체제 자체를 문제 삼지는 않았습니다. 그래서 저는 여성을 공격하는 그녀의 관점에 관해 판단을 유보했습니다. 그러나 여성이 스스로 생계를 유지할 능력 없이는 결코 자유로울 수 없다는 그녀의 주장은 맞는 말이었습니다. 전후 세대에게 이것은 가장 중요한 문제였으니까요.

바샤랑 하지만 『제2의 성』이 출간되었을 당시 시몬 드 보부아르는 여성운동가가 아니었잖아요?

아가생스키 그렇습니다. 1960년대 말까지 그는 자신이 여성해방운동가라고 생각하지 않습니다. 게다가 자기 책이 출간되었던 무렵에는 여성이 싸움에서 '이겼다'고 믿고 있었죠. 여성이 투표권을 획득하고, 여성과 관련된 몇 가지 법이 개정되고, 낡은 관습에서 벗어나기 시작하자 보부아르는 여성해방운동가들의 투쟁이 시대에 뒤처졌다고 보았던 거죠. 보부아르는 투표도 하지 않았고, 대부분 좌파 지식인이 그랬듯이 정치적 입장도 민주주의 지지자들의 주장과 거리가 멀었습니다. 자기 권리를 포기한 가정주부들은 근본적이고 혁신적인 경제적 변화를 통해서만 자유로워질 수 있다고 생각했기에 그녀는 여성의 사회적 지위를 변화시키기 위해 사회주의에 희망을 걸었고, 특별히 여성해방을 위한 투쟁에 나서지는 않았습니다. 하지만 1970년대에 또 다른 입장에서 낙태권을 가지기 위해 「343 선언」[6]을 발표했죠.

바사랑 보부아르의 사생활은 여러 면에서 여자들에게 본보기가 되곤 합니다. 선생님 역시 그런 영향을 받았습니까?

아가생스키 보부아르만의 독특한 자유롭고 용기 있는 사고, 철학적 선택 등은 분명히 제게 영향을 주었습니다. 한나 아렌트[7]와 마찬가지로 보부아르는 문학뿐 아니라 철학서를 저술하는 여성의 본보기입니다. 전에 콜레트[8]가 남성형밖에 없는 '작가(écrivain)'라는 단어를 여성형으로 만들어 '여성 작가(écrivaine)'라는 단어를 사용한 사례가 있듯이 문학은 그나마 여성에게 문을 조금 열어주었지만, 철학은 완전히 닫혀 있는 분야였습니다. 그런데 보부아르가 그 문을 열고 들

....

6) Manifeste des 343 salopes: 당시 프랑스에서 낙태는 법으로 금지되어 있었기에 낙태하거나 낙태를 지지하면 6개월~3년 형을 받았다. 이에 낙태권을 얻기 위해 시몬 드 보부아르는 '나는 낙태했다'라는 선언문을 작성했고, 거기에 343명의 저명한 여성이 서명했다. 프랑스 주간지 『누벨 옵세르바퇴르』는 1971년 4월 5일 1면에 '나는 낙태했다.'라는 제목의 기사를 실었고, 주간지 『샬리 엡도』는 '윤락녀 343명의 호소'라는 제목으로 조롱하는 기사를 내보냈다. 이는 사회적 파문을 일으켜 마침내 1975년 1월 17일 당시 보건부 장관이었던 시몬 베유 장관의 이름을 딴 '베유 법'이 국회에서 통과되었다.

7) Hannah Arendt(1906~1975): 독일 태생의 유대인 철학자. 마르부르크 대학에서 그리스어를 배우고, 철학과 신학을 공부하던 중 지도교수였던 하이데거와 사랑에 빠졌으나 그가 나치에 협조하자 혐오를 느껴 하이델베르크 대학으로 옮겨 갔다. 그곳에서 야스퍼스의 지도를 받으며 아우구스티누스의 사랑의 관점에 대한 논문을 발표하여 박사학위를 받았다. 유대인이라는 이유로 교수 자격 취득을 금지당하고, 대학에서 강의하는 것조차 좌절되자 프랑스로 갔다. 그곳에서 발터 벤야민을 만나 가깝게 지내며 유대계 망명자들을 도왔다. 나치가 프랑스를 점령하자 미국으로 망명했다. 1951년 나치에 대한 연구서 『전체주의의 기원』을 출간하여 세계적 명성을 얻었다. 전쟁과 혁명을 두루 겪으며 20세기를 사상적으로 성찰한 그녀는 사회적 악과 폭력의 본질을 연구하여 『폭력의 세기』를 집필했으며, 1961년에는 전범 아이히만의 재판을 취재하고 『예루살렘의 아이히만, 악의 평범성에 대한 보고서』를 발표하여 큰 반향을 일으켰다. 그녀는 하이데거의 현상학적 실존주의를 정치 이론에 적용하여 현대 사회에서 방향성을 잃은 군중의 '세계 상실'을 이야기했다.

어간 거죠. 또 저는 그녀가 사르트르와 맺은 부부 관계 역시 존중했습니다. 물론 그것이 실제로 어떻게 작동하는지는 알 수 없었지만, 전통적인 결혼 관습에서 벗어난 것은 존중할 만하다고 생각했습니다. 그리고 솔직히 고백하자면 당시에 저는 결혼, 의무 관계, 가족, 아이 등의 문제에 대해 별로 아는 것이 없었습니다.

바샤랑 보부아르는 이 모든 것을 거부했죠.

아가생스키 그녀는 모성과 가족을 최우선으로 생각하는 여자들을 극단적으로 경멸했고, 그들과 결별했습니다. 그녀는 "나는 양성의 장점을 겸비하고 있다."고 거리낌 없이 말했습니다. 그녀가 여성으로서 남성을 유혹하는 것을 결코 포기한 적이 없었다는 사실과 직업적으로 성공했다는 사실을 생각해보면 그녀의 이런 고백은 사실이었다고 생각합니다. 하지만 그녀는 여성 잠재력의 한 부분을 거부했습니다. 그녀가 전개한 여성해방운동에는 여성의 육체와 출산에 대한 수치심이 새겨져 있습니다. 그녀가 추구하는 자유의 모델에는 사르트르의 주체 개념과 육체적 욕망을 혐오하는 성향의 영향을 받은 남성적인 측면이 있다는 겁니다. 그녀는 남성이 투쟁하고, 제작하고, 생산하는 능동적인 존재이고 여성도 이런 활동적인 세계에 합류할 수 있어야 한다고 생각합니다. 물론 여성은 남성과의 차이를 없앨 수도 없고, 또 자신의 성을 초월할 수도 없다고

---

8) Sidonie-Gabrielle Colette(1873~1954): 프랑스의 여성 작가. 작가이자 비평가인 앙리 고티에 빌라르와 결혼했으며 그를 통해 처음으로 파리 화류계의 난잡함을 알게 되었다. 작가로서의 그녀의 재능을 발견한 빌라르는 심리적 억압을 모르는 젊은 여주인공의 회고담 형식으로 된 네 권의 소설 『클로딘(Claudine)』을 자신의 필명 '윌리'라는 이름으로 출간했다. 1935년 아카데미 회원이 되었고, 20세기 전반을 대표하는 여성 작가가 되었다. 개와 고양이에 대한 애정과 관찰을 그린 『동물의 대화』, 무대 생활을 다룬 『뮤직 홀의 이면』, 여성 심리를 파헤친 『셰리』, 클로딘 이야기의 속편인 『클로딘의 집』 등의 작품을 남겼다.

생각했던 거죠. 다시 말해 보부아르는 남성성의 이미지는 건드리지 않고, 여성성의 사회적·철학적 이미지를 비판했던 거죠.

바샤랑 선생님은 보부아르의 의견에 어디까지 동의하시나요?

아가생스키 어떤 의미에서 저는 무엇보다도 개인의 자유를 중시한 그녀가 열어 놓은 길에 서 있습니다. 사르트르가 말했듯이 꼭 따라야 할 모델 없이 '자기 길을 개척하는' 것은 각자의 몫입니다. 다른 의미에서 제게 그것은 개인 혹은 주체의 잘못된 성적 중립성을 타파하는 일입니다. 남성에게도 여성에게도 각기 고유한 성적 본성과 특징이 있는 성적 정체성이 있습니다. 어찌 보면 성적 타자성은 인간을 이해하는 가장 기초적인 출발점이기도 합니다. 남성 역시 타자입니다. 누구나 타인에게는 타자이니까요. 여성해방운동 이론을 포함한 고전 텍스트의 맹점은 바로 '남성'에게 '인간'의 대표성을 부여하고 있다는 점입니다. 그래서 인간의 필수적인 요소로서 '중립성'이나 '자기 충족성'을 꼽습니다. 하지만 그 이면에서 작동하는 성별에 따른 출생률과 사망률의 관계에 주목할 필요가 있습니다. 마치 자기 '자신의' 성징과 죽음, 즉 자신의 육체를 부인하려는 듯이 형이상학의 남성 주체는 여성이 성적 본능, 출생, 죽음을 떠맡기를 원했습니다. 여성 정신분석가 모니크 슈나이더는 우리가 아버지의 육체를 특별히 의식하지 않듯이 남성성이 형성되는 데 육체가 그리 중요한 요인이 아니라는 점을 지적한 적도 있습니다. 사회에서 여성의 위상을 바꾸려면 우선 우리 사고 체계의 변화를 꾀할 필요가 있습니다.

여교수

바샤랑 선생님 말씀대로 여성의 위상이 달라지게 하고, 세상을 변화시키려면 실제로 무엇부터 시작해야 할까요?

아가생스키 저는 우리의 작업 도구인 언어에서부터 시작할 수 있다고 생각합니다. 언어의 성(性)에 문제를 제기하는 거죠. 이것은 남성과 여성이 있을 뿐, 중성이 없는 프랑스어에서는 특히 예민한 문제입니다. 문법 책을 보면 단어의 복수형처럼 성을 구분할 수 없을 때에는 "여성보다 남성이 우위이다."라고 분명하게 규정하고 있습니다.

바샤랑 저도 초등학교 시절 문법 책에서 이 규칙을 설명하는 대목에 그려놓았던 삽화가 기억에 생생하게 남아 있습니다. 남자아이들과 여자아이들이 편을 갈라 줄다리기하다가 여자아이들이 쓰러져 있는 그림이었죠!

아가생스키 이 가공할 '우위'라는 말은 여성이 듣기에 시사하는 바가 큽니다! 사물을 지칭하는 어떤 단어 복수형의 성을 결정할 때 문법적으로 여성보다 남성을 선택할 수도 있겠죠. 하지만 그 단어가 사람을 지칭할 때에는 이야기가 달라집니다. 솔직히 저는 문법적 성은 부차적인 문제라고 생각했습니다. 그러나 제가 가르치는 학생이 저를 보고 '아가생스키 교수님!'이라고 부르지 않고 '아가생스키 여교수님!'이라고 부른다면 깜짝 놀라겠죠. 엄격한 법처럼 언어에는 반드시 지켜야 하는 규칙이 있는데, 사전에 없는 '여교수'라는 말을 만들어 저를 그렇게 부르면 엉뚱하게 들릴 테니까요. 어쨌든 제가 젊었을 때에는 여성 교수를 남성형으로 '교수'라고 부르는 것이 전혀 이상하지 않았습니다.

바샤랑 선생님도 학생들이 남성형으로 '교수님!'이라고 불렀을 때 한편으로는 만족하시지 않았습니까?

아가생스키 지배 계급의 상징을 획득했을 때 열등 계급이 느끼는 기쁨을 느꼈던 것은 사실입니다. 여성에게 남성의 지위는 오래전부터 성공의 증거였습니다. 그렇기에 예를 들어 누군가 여성 대통령에게 '여대통령님!'이라고 부르면, 이런 지위의 여성화에 대해 양면적인 감정을 품을지도 모릅니다. 때로는 여성 자신도 '여성 혐오' 비슷한 감정을 느끼니까요. 여성 작가들이 '여류 작가'라고 불리기를 거부하는 것도 어쩌면 어린 시절부터 '여성 작가'가 아니라 '작가'가 되기를 꿈꾸었기 때문일지도 모르죠!

바샤랑 여성 작가 자신이 '여성 작가'라고 불리기를 거부하는 이유는 그런 명칭이 자신의 작가적 역량을 한정한다고 생각하기 때문이라는 말씀인가요?

아가생스키 중성이지만 곧 남성을 의미하는 '작가'라는 명칭과 비교할 때 '여성 작가'라는 명칭에는 '남성보다 열등한 여성 작가'라는 상대적 평가가 내재화되어 있기에 그렇게 불리기를 거부하는 거겠죠. 다시 말해 작가의 성별과 무관하게 그저 '작가'라고만 불리는 것이 공정하다고 주장할지 모르지만, 사실은 '작가'라는 단어의 중성적인 겉모습 이면에 '남성'이라는 유표성(有標性)이 강하게 부여되어 있다는 사실을 잘 알고 있는 만큼, 자신이 '여성 작가'라고 불리기보다는 남성적 우월성을 담보한 '작가'라는 명칭으로 불리는 것이 더 바람직하다고 생각하겠죠.

바사랑 그렇다면 선생님은 여성 작가가 스스로 '여성 작가'라고 불리는 데에 거부감을 느끼지 말아야 한다고 생각하시는 겁니까? 언제부터 그런 생각을 하시게 되었나요?

아가생스키 여성이 자신의 재능과 능력을 인정받기 위해 남성성의 상징을 획득할 필요가 없다는 것을 깨달았을 때입니다. 여자들은 경쟁이 치열한 시험을 치르고, 학위를 준비하고, 어려운 임무를 수행했죠. 그것으로 충분했습니다. 1930년대 여성이 처음으로 비행사로서 유명해졌을 때 지금보다는 덜 보수적이었던 프랑스 한림원은 여성 비행사를 뜻하는 '여비행사(aviatrice)'라는 신조어를 사전에 당연히 올려야 한다고 판단했습니다. 1950년대 노벨문학상 수상 작가 프랑수아 모리악은 "뤼스 부인은 로마 주재 미국 여대사(ambassadrice)로 임명되었습니다."라고 자연스럽게 말했죠. 이전에도 '여대사'라는 단어가 있었지만, 우습게도 이것은 '여성 대사'가 아니라 '대사의 부인'을 가리키는 말이었습니다.

바사랑 그렇다면 프랑스 한림원은 그 후에 훨씬 보수적으로 변한 건가요?

아가생스키 마치 언어가 어느 날 하늘에서 뚝 떨어진 것으로 절대로 변해서는 안 된다는 듯이 새로운 여성형 명사를 인정하지 않는 사람이 많았습니다. 1984년 프랑스 한림원 선언을 작성한 조르주 뒤메질[9]과 클로드 레비스트로스는 "인도유럽어족의 언어에서처럼 프랑스어에서 문법의 성과 지시된 대상의 성 사이에는 동치 관계가 전혀 없다."고 주장했습니다. 언어에서 성(性)은 사람이나 동물의 성처럼 단순한 것이 아닙니다. 무생물체 혹은 관념에 부여하는 문법적인 성은 그것이 남성이든 여성이든 그 대상과 아무런 관계가 없습니다. 다시 말해 문법적으로 '돌'이라는 단어가 여성이고 '연필'이라는 단어가 남성인 것은 실제로 성별과 무관한 돌이나 연필 자체와는 아무 상관 없습니다. 하지만 사람과 사람의 직업에 관계된 문법의 성은 인간의 성별과 관계가 있습니다. 여성이 어떤 직종에 종사할 때 그 직종을 여성형으로 말할 수 있습니다. 여성 종사자가 많은 비서 직종은 여성 관사를 붙여서 '여비서(une secrétaire)'라고 합니다. 하지만 정무차관직에 종사하는 여성은 극히 드물기에 '여정무차관(la secrétaire d'Etat)'이라고 부르지 않습니다. 간호사, 산파, 비행기 승무원, 가사도우미처럼 대부분 여성이 종사하는 직업은 여성형으로 부릅니다.

바샤랑 하지만 앞서 우리가 '작가'의 경우를 살펴봤듯이 문법적으로 작가라는 단어는 남성이지만, 남성도 여성도 작가가 될 수 있는 만큼 의미하는 바는 '중성'이라고 봐야 하지 않을까요?

아가생스키 남성형은 중성이 아니고, 레비스트로스가 주장한 것과는 달리 남성성을 '강조하지 않는' 표현도 아닙니다. 이처럼 남성형을 사용하는 것은 남성 중심적인 논리입니다. 남성형은 여성형보다 우위에 있을 뿐 아니라 여성형을 '포함'합니다. 그것은 인간의 성별에도 그대로 적용됩니다. 언어는 절대로 중립적인 것이 아니에요. 모든 언어는 그 사회의 가치 체계를 나타냅니다. 레비

9) Georges Dumézil(1898~1986): 프랑스의 인도유럽어족학자·비교신화학자. 파리고등사범학교에서 수학·카프카스어 연구에도 뛰어난 능력을 보였다. 인도유럽어족의 사회 구성·신앙·종교 복원에 힘썼다. 35개국 언어를 구사하고 폭넓은 연구로 유명하다. 저서로『신화와 서사시』등이 있다.

스트로스의 『슬픈 열대』에 나오는 한 문장을 떠올리지 않을 수 없군요. "이튿날, 마을 전체는 버려진 집에 있는 여자들, 아이들과 함께 우리만 남겨둔 채 30여 대의 카누를 타고 떠났다." 이 글에 대해 클로딘 보두는 『성차별주의와 인문학』에서 이렇게 비판했습니다. "여자들과 아이들이 떠나지 않았는데 어떻게 '마을 전체'가 떠났다고 말할 수 있을까? 인류학자들은 여자들과 아이들과 함께 있으면서 어떻게 '우리만'이라고 할 수 있을까? 집에는 여자들과 아이들이 있었는데 어떻게 '버려진 집'이라고 말할 수 있을까? 남성이 인류 전체를 대표한다고 생각하지 않았다면 과연 이렇게 표현할 수 있었을까?"

권력의 성(性)

바사랑 그렇다면 남성은 보편적이고, 여성은 소외된 존재인가요?

아가생스키 그렇습니다. 남성은 보통 인간이고, 여성은 특이한 존재입니다. 특이할 뿐만 아니라 주변적이고 하찮은, '육체'로 단순화한 존재입니다. 직업명 역시 힘의 문제입니다. 프랑스 한림원 회원이자, 저명한 수사학자이자, 포스트모더니스트이자, 의식 있는 지성인이라고 할 수 있는 마크 푸마롤리는 언어를 남성과 여성뿐 아니라 공적인 언어와 사적인 언어로 구분합니다. 그는 사적인 영역에서 성을 지정하는 것은 적합하지만, 공적인 영역에서는 그렇지 않다고 주장합니다. 공적인 영역에서 여성은 경쟁력을 인정받을 뿐 아니라 '권위, 책임, 권력을 누릴 수 있지만, 프랑스어 문법에서 이런 것들은 남성형으로 표현된다.'고 했습니다. 저는 이 대목을 읽으면서 어리둥절했습니다. 사회적 영역에서 남성과 여성 사이의 구분이 달라지고 진화해도 그것을 담아내는 언어는 결코 달라져서는 안 된다는 주장인가요?

바샤랑 여성형은 '밖에 나오지 말고 집에나 처박혀 있으라.'는 말이군요!

아가생스키 물론 푸마롤리도 '여교사' 혹은 '여직원' 같은 단어는 문제시하지 않고 인정합니다. 그러나 행정부, 사법부, 의회, 대학과 같은 권력 기구는 비인격적인 혹은 중성적 실체인 만큼, 권력은 남성형으로 표현되는 것이 마땅하다고 주장하는 거죠. 그는 "이런 기구들과 사랑을 할 수도 없고, 더구나 이러한 기구의 수장이나 구성원이 맡은 지위와도 사랑할 수 없다. 언어에서 남성형으로서의 성(性)은 남성과는 아무 관계가 없다. 그 지위를 획득한 자가 여성이라고 해서 그 지위를 여성화하는 것은 그 지위를 획득한 여성에게서 그 지위의 비인격적이고 공정하고, '성희롱'이 불가능한 권위를 빼앗는 것과 같다. 사적 영역 혹은 대중 연극과 같은 반(半)사적 영역으로 진입하려면 아예 공적 영역을 떠나야 한다."고 말합니다. 문체가 상당히 생소하죠.

바샤랑 제가 보기에는 상당히 격한데요!

아가생스키 문법적인 성을 실제적인 성의 차원으로 환원하는 발언입니다. 여기서 마크 푸마롤리가 정확하게 본 것은 권위가 '비인격적'이라는 점입니다. 그렇습니다. 직업적인 혹은 정치적 권위가 성과 무관하다는 그의 주장에 저도 동의합니다. 하지만 이 권위를 휘두르는 '사람'은 중성이 아닙니다. 그런데 중성이 없는 프랑스어에서는 이 권위를 남성형으로 부르고, 일반적으로 그 권력자가 남성임을 암시합니다. 그런데 우리가 '여교사'라는 지위를 받아들일 때 그 권위가 손상되지도 않을뿐더러 사적인 영역에 대한 암시도, 성애에 대한 암시도 하지 않습니다. 저는 언어를 왜곡하지 않는 수준에서 문법적 성을 개인의 성과 일치시키는 것이 옳다고 생각합니다.

바샤랑 그러니까 '고전' 문법의 논리를 따르면 여성은 아내, 안주인, 어머니의 자격일 때에만 온전한 여성이 될 수 있다는 말이군요. 공적인 영역으로 진입하는 여성은 남성적이 되거나 적어도 중성이 되어야 한다는 생각이군요.

아가생스키 사실, 옛날에 공적 영역은 중성의 영역이 아닌 남성의 영역이었습니다. 정치계가 바로 대표적인 예입니다. 그 세계의 남자들에게 그들의 남성성을 버리라고 요구한 사람은 아무도 없었습니다. 남성성은 당연한 것이었죠. 사회적·미적 이미지, 복식의 특징, 본래 남성적인 언어 습관은 그 세계에서 정당한 것이었습니다. 사회학자들이 '남성적 에토스(ethos)'라고 부르는 것은 남성이 다수인 사회와 자연스럽게 결합했습니다. 그래서 이 결합을 해체하는 작업이 필요한 겁니다. 연설가들의 화법과 표현 방법을 예로 들어봅시다. 제3공화국 이래 그들은 주먹으로 탁자를 내리치고 우레 같은 목소리를 내면서 전투적이고 영웅적인 동작과 억양을 구사했습니다. 이런 관습은 여성에게 전혀 어울리지 않습니다. 그래서 여성은 대중을 상대로 뭔가를 말해야 할 때 자신에게 맞는 방식을 창안해야 했습니다. 물론 제가 정치계를 여성화하자고 주장하는 것은 아닙니다. 하지만 의회나 기업뿐 아니라 여기저기에서 새로운 표본이 형성되고 있는 것은 사실입니다.

차이를 찾아내다

바샤랑 이제 저는 언어가 중성적이지 않다는 사실을 이해했습니다. 하지만 언어 외에도 육체, 의복, 동작과 같은 외양도 '해체'되어야 할까요? 오래된 여성 표본 또한 시대에 뒤떨어진 것은 아닌가요? 이제 서양 여성은 근육도 더 발달했고, 운동도 더 좋아하고, 치마보다 바지를 더 자주 입잖습니까?

아가생스키 사실, 남성과 여성은 이제 의복에서도 덜 차이가 나지만, 체형마저도 서로 비슷해지는 명확한 변화를 확인할 수 있습니다. 1940년대 서부 영화를 보면 청바지에 체크무늬 셔츠 차림의 소녀는 사람들이 자기를 보고 '남자처럼' 옷을 입었다고 비난할까 봐 걱정합니다. 그러나 피임을 통해 스스로 출산을 조절하는 서양 여성과, 출산이 선택이 아니라 의무인 다른 지역 여성 사이에 존재하는 육체적 차이는 그야말로 충격적입니다. 제가 모로코 남부 지방을 여행하던 때가 생각납니다. 그때 저는 그곳에서 풍만하고 살진 몸에 기다란 젤라바[10]를 입은 여성이 아이를 팔에 안고 천천히 걸어가는 모습을 보았습니다. 그런데 그 옆에서 몸매가 날씬한 서양 여성이 바지를 입고 사륜구동 자동차를 운전하고 있었죠. 이 두 여성은 물리적으로 같은 공간에 있었지만, 그들은 각기 전혀 다른 세계에 속한 것처럼 매우 이질적으로 보였습니다! 분명한 사실은 우리가 '유니섹스'에 도달한 것도 아니고, 우리의 육체가 전 세계에서 똑같은 방식으로 진화하지도 않았다는 점입니다. 남성 혹은 여성의 육체에 각기 다른 역사가 있다는 것이 바로 그 증거입니다. 운동, 여가 활동 혹은 경쟁에 여성이 참여한 것

---

10) ↳: 두건이 있거나 없는 긴 옷으로, 대부분 북아프리카와 아라비아 반도에서 입는다.

은 여성의 육체가 변하고, 실생활에서 착용하는 의복과 동작이 변하게 된 중요한 요인이 되었습니다.

바샤랑 하지만 그렇다고 해서 성의 차이가 사라진 것은 아니잖습니까? 그 차이를 지금 정의할 수 있을까요?

아가생스키 생식과 관련한 것을 제외하면 자연적인 성 차이에는 아무런 의미가 없습니다. 그것이 비록 세포의 결합에 국한된다고 하더라도 탄생에 여성과 남성의 협력이 필요하다는 사실은 육체의 차이를 부정할 수 없게 합니다. 물론 그 반대의 증거도 될 수도 있겠죠. 생명을 탄생시키는 데에는 아버지와 어머니, 즉 남성과 여성이 필요합니다. 그러나 거기에 사회적 역할, 권리, 풍습 같은 요소는 직접적으로 아무런 관계가 없습니다. 사랑이나 육체적 쾌락과도 상관없습니다. 성의 차이가 본질적으로 생식에만 있다면, 사랑은 아무 상관 없죠. 그러나 '생식'이라는 특수한 영역에서 벗어나면, 우리는 '사회에 존재하는 성적 차이의 해석'이라는 방대한 영역으로 들어가게 됩니다.

바샤랑 그러니까 남성성과 여성성에 의미를 부여하는 것은 바로 문화라는 말씀인가요?

아가생스키 그렇습니다. 물론 사춘기가 되면 굵게 변하는 남자아이의 목소리나 솟아오르는 여자아이의 가슴이나 임신한 여성의 배처럼 금세 감지할 수 있는 민감한 요소들도 있습니다. 그러나 사회적인 성적 차이는 우리의 의지가 개입되지 않은 이런 자연적인 성적 차이를 더욱 분명하게 부각합니다. 남녀 양성으로 태어나는 희귀한 경우를 제외하면 우리는 여자아이 혹은 남자아이로 태어납니다. 거기에는 차등이 있을 수 없죠. 그러나 사회는 이런 차이를 강조하고 확대합니다. 빌리 와일더 감독의 1959년 영화 「뜨거운 것이 좋아」에서 슈가 케인(마릴린 먼로)이 하이힐을 신고 엉덩이를 흔들며 플랫폼을 걷는 모습을 보면서 제리(잭 레몬)가 "오, 저건 완전히 다른 성(性)인데!"라며 탄성을 지르는 장면을 떠올려보세요.

바사랑 의복, 동작, 예술마저도 성의 사회적 표현을 체계화한다는 건가요?

아가생스키 그렇죠. 다행히 우리는 하이힐을 신거나 전족을 한 채 태어나지는 않으니까요! 여성 스스로 얼마나 '여성'을 연출하고 싶어 하는지 여성 자신이 알아야 합니다. 1980년대 많은 여성이 기업의 요직을 맡았을 때, 여성은 그들의 권위를 나타내기 위해 어깨가 각지고 강조된 재킷을 입었습니다. 하지만 오늘날 여성은 주저 없이 자신의 몸매를 드러내는, 몸에 딱 붙는 스웨터와 원피스를 입습니다. 그리고 일상생활에서 남성이 여성적인 옷을 입은 모습 역시 어렵잖게 볼 수 있습니다. 스포츠웨어에서는 특히 '유니섹스' 스타일이 강조됩니다. 스키 선수들은 경기할 때 남성과 여성이 구별되지 않으니까요. 그들에게는 똑같은 기술과 똑같은 동작이 요구됩니다. 하지만 파티 차림의 여자들은 화장, 보석, 가슴을 노출한 드레스 등 여러 가지 수단을 통해 여성적인 상징을 강조하죠. 남성이든 여성이든 남에게 호소하는 치장을 하는 데에는 성적으로 상대를 유혹하려는 의도가 숨어 있습니다.

바사랑 성의 차이가 각자의 정체성을 결정하지는 않나요?

아가생스키 여성이든 남성이든 각각의 성에 정해진 정체성이나 배타적인 표본이 따로 있는 것은 아닙니다. 우리는 문화의 이면에서 '이것이 남녀의 성적 차이다!'라고 단정할 수 있는 궁극적인 요소를 결코 발견할 수 없습니다. 성적 차이를 드러내는 표현의 이면에 또 다른 표현이 있고, 그 이면에 또 다른 표현이 있을 뿐입니다. 그 차이는 변하지 않지만, 끝없이 다른 모습으로 나타납니다.

남성은 절대로 동물이 아니지만, 여성은 약간 동물적이다

바사랑 일반적으로 육체, 특히 여성의 육체는 철학과 거리가 멀지 않습니까?

아가생스키 그보다 훨씬 복잡합니다. 남성과 여성의 육체를 이해하는 방식은 서로 다릅니다. 남성의 육체는 정복자, 전사입니다. 세상을 정복하고, 힘과 기술로 세상을 지배하는 육체죠. 단순한 육체가 아닙니다. 또한, 스스로 희생할 수 있는 육체입니다. '목숨을 거는 것'은 남성 영웅주의의 한 형태로 거기에는 매우 높은 가치가 부여됩니다. 반면에 고전 철학에서 여성의 육체는 과소평가되었고, 출산, 수유, 생명을 보호하는 기능에 한정되었습니다. 이것은 거의 동물적인 영역입니다. 이런 전통에서 남성은 절대로 동물이 아니지만, 여성은 약간 동물적이라고 할 수 있죠! 더 정확히 말하자면, 그리스 철학과 그리스도교 교리는 관념과 감성, 영혼과 육체, 정신과 육신을 형이상학적으로 대립시킴으로써 성의 이중성을 조장합니다. 저는 이것을 '성의 형이상학적 캐스팅'이라고 부릅니다. 남성은 정신이고, 여성은 육체이며 육체를 후대에 물려줍니다. 남성에게 육체를, 그리고 여성에게 정신을 되돌려주면 이런 계급적 구분이 완화되겠지만, 우리는 그 정도에 만족할 수 없습니다. 더욱 근본적으로 육체와 정신의 형이상학적 대립을 재검토해야 합니다. 그뿐 아니라 출산은 의무가 아니라 권리로 인정되어야 합니다.

바샤랑 어떻게 하면 여성으로서 인정받은 유일한 역할, 즉 어머니 역할을 여성에게 의무로서 강요하지 않고, 권리로서 인정하게 할 수 있을까요?

아가생스키 바야흐로 철학에서 생식 능력과 출산을 달리 생각해야 할 때가 왔습니다. 사실, 다양한 문화권에서 여성은 열등하지만, 어머니로서 필요한 존재로 인식되었습니다. 복종과 금기가 따르는 이런 불균형한 평가에 여성해방운동가들은 당연히 격분했죠. 그러나 여성이 피임과 낙태를 스스로 결정할 수 있는 오늘날, 출산은 여성의 관점에서 새로운 권리로 인식되고 있습니다. 이것은 여성이 임신을 거부할 권리를 넘어 '조절'할 자유가 있다는 뜻입니다.

바샤랑 출산에 관한 철학적 사유를 찾아보기 어려운 이유는 물질세계를 초월한 철학의 성향 때문이기도 하겠지만, 무엇보다도 철학에 남성적 특성이 있기 때문이 아닐까요?

아가생스키 질문을 다른 식으로 해보죠. 사유의 방식을 결정하는 무언가가 성적인 차이에서 비롯한다고 말할 수 있을까요? 이것은 매우 어려운 문제입니다. 종교 현상을 관찰하면서도 역시 같은 문제를 제기할 수 있습니다. 육체를 부정하거나 승화하려고 하는 종교는 언제나 남성의 일이었습니다. 오늘날 교회에는 남성보다 여성 신도가 훨씬 더 많지만, 종교에 대해 깊이 생각하는 사람은 대부분 남성입니다. 유대교, 그리스도교, 이슬람교 등 모든 일신교에서 여성은 과거에도 그랬고 지금도 종교 의식의 집전이나 경전의 해석 등 종교적 권한과 관련된 분야에서는 여전히 배제되었다고 볼 수 있습니다. 지금까지 여성의 역사는 남성이 정신적·지적·정치적 권력을 독점한 결과의 기록이었습니다. 그리고 아이를 낳아 집안의 대를 잇는 것이 여성의 역할이었지만, 남자아이의 교육은 여성의 몫이 아니었죠.

바샤랑 임산과 출산뿐 아니라 월경과 같은 여성 생리의 다른 특성에 관해서 사람들은 어떤 태도를 보였나요?

아가생스키 여성의 생리 주기도 그렇고, 연령대에 따라 다양하게 나타나는 생리 장애는 현대 의학으로 대부분 해결할 수 있기에 문제의 성격이 달라졌습니다. 하지만 여성은 아직도 자신의 육체에 대해 느끼는 수치심과 같은 부정적인 감정에서 벗어나지 못하고 있죠. 우리는 여성의 특성을 온전히 정상으로 받아들여야 하고, 사회는 이런 면을 고려해야 합니다. 여성이 자기 육체의 생리적 변화에 수치심을 느껴 이것을 감추거나 아무 일도 없다는 듯이 위장하기보다는 있는 그대로 받아들이고, 자신을 과소평가하는 데 익숙해져서는 안 됩니다.

바샤랑 얼마 전까지만 해도 여성은 공개적으로 자신의 생식 기능에 대해 언급할 엄두를 내지 못했죠.

아가생스키 그렇습니다. 1970년대부터 여성은 자기 목소리를 내기 시작했죠. 여자들이 자기 육체의 공통적인 특성을 이해하고, 수치심을 느끼지 않게 된 것은 꼭 필요한 일이었습니다. 이제 월경을 하는 것은 명예도 혜택도 아니고 지극히 정상적인 일이 되었습니다. 그리고 여성은 미화하거나 정화한 이미지를 전면에 내세울 필요도 없어졌습니다. 저는 다행히도 여자들이 이 단계를 지났다고 생각합니다. 이제는 여배우나 모델은 물론이고 일반 여성도 임신했을 때 당당하게 행동합니다. 예전에 임신한 여성은 당시의 미적·성적 기준에 부합하지 않았기에 임신한 사실을 숨겼고, 임신한 몸을 노출하지도 않으려고 했죠.

바사랑 그러니까 이제 정신과 물질, 영혼과 육체 등 모든 관계를 양성적 관점에서 다시 생각해야 하지 않을까요?

아가생스키 그렇습니다. 능동과 수동의 관계도 마찬가지입니다. 이런 개념들이 내포한 계급성과 성적 계급성 사이에는 병렬적인 관계가 있습니다. 남성 중심주의를 조금씩이라도 무너뜨리려고 노력하지 않는 한, '남성은 보편적이고 여성은 특이하다.'는 이 괴물 같은 논리에서 벗어날 수 없습니다. 이런 노력은 남성이 인류를 대표한다고 생각하고, 양성의 중요성을 거부하고, 인간의 남성적 개념을 '사실'로 받아들이는 추상적인 보편주의를 파기하는 데에서부터 시작되어야 합니다. 만약 우리가 지금 모계사회에서 살고 있다면 남성에 대해 이렇게 말할지도 모릅니다. '인류는 본래 여성이다. 남자들은 유방도 없고, 아이도 가질 수 없는 저열한 인간들이다. 정상인 우리와 비교할 때 얼마나 비정상적인 장애인들인가!' 그러나 남성도 여성도 '보편성'이라는 개념으로 규정할 수 없습니다. 우리는 반드시 남성이거나 여성입니다. 이처럼 누구나 어느 한쪽 성에 속한다는 것이 바로 인간의 보편성입니다. 게다가 성적인 특성을 제외한다면 남성과 여성은 서로 비슷하지요.

바샤랑 그러니까 미국의 여성해방운동가들이 주장하듯이 여성은 지켜주고 보호해야 할 '소수'가 아니라는 말씀이죠? 하지만 실제로 권력 관계에서는 여성이 소수니까 소수 민족, 특히 흑인 공동체처럼 투쟁하게 된다는 거군요.

아가생스키 저는 미국에서 이런 주제로 자주 토론했습니다. 미국 여자들은 바로 이런 '프랑스식' 추상적인 보편주의 환상을 비판합니다. 성이 '개인' 혹은 '주체'의 중립성에 희석되어버린다는 거죠. 사실 이처럼 성이 중화되면 백인 중심주의와 같은 자기 종족 중심주의와 논리적 구조가 같은 남성 중심주의의 성차별적 행태를 분석할 수도, 공격할 수도 없게 됩니다. 여성의 종속 관계는 고유한 역사적·문화적 형태를 띠고 있지만, 여성은 사회에서 지배당하는 다른 소수 그룹들과 함께 자신의 존엄성을 주장하고 입증할 필요성을 공유합니다. 그렇다고 해서 여성이 소수 그룹이라는 말은 아닙니다. 여성은 인간의 보편적인 한 형태이지만, 보편화한 차별주의와 집단주의에 합류할 필요는 없습니다. 우리는 생명체로서 유성(有性)의 존재입니다. 이와 같은 보편적 이질성은 우열이나 서열과 관계없이 고려되어야 합니다.

양성의 욕망

바샤랑 남성 중심주의를 해체해야 할 영역이 철학만은 아니겠죠?

아가생스키 많은 분야가 그렇습니다. 여성 이론가들의 시선은 매우 유익한 방향으로 변화했습니다. 우리가 살펴본 바와 같이 프랑스에서는 인류학자 프랑수아즈 에리티에 선생이 매우 중요한 연구 성과를 내고 계시죠. 정치학 분야에서는 블랑딘 크리겔을 들 수 있고, 역사학 분야에서는 물론 미셸 페로 선생을 꼽지만, 고대 그리스 여성의 지위를 연구한 니콜 로로와 18세기 가족 관계를 연구한 아를레트 파르주의 연구도 매우 중요합니다. 여성 정신분석가들 역시 남성 중심주의 시대 유산을 비판하는 노력을 기울였습니다. 프로이트와 라캉은 성을 이해하는 새로운 지평을 열었지만, 그들 역시 '성은 곧 남근'이라는 남근 중심주의에서 벗어나지 못했습니다. 프로이트는 해부학적 차이를 결핍의 논리로 설명합니다. '타자'는 '그것이 없는 자'라는 것이죠. 아시다시피 여기서 '타자'는 여자이고 '없는 것'은 남근입니다. 하지만 어떻게 생각하더라도 여성의 유방은 남자아이의 남근보다 훨씬 더 두드러져 보입니다. 이 점에 관해서 저는 여자아이가 필연적으로 "저건 내가 가지지 못한 것, 나한테 없는 거구나."라고 생각한다고 가정하는 것이 늘 의아했습니다. 여성 정신분석학자 카렌 호나이[11]는 프로이트의 남근 욕망 학설이 여성의 성에 중요한 역할을 한다고 가정하고, 최초로 문제를 제기한 여성 정신분석가의 한 사람입니다. 멜라니 클라인,[12] 안나 프로이트,[13] 줄리아 크리스테바[14] 역시 정신분석학 이론과 임상에 변화를 불러온 인물들입니다.

---

11) Karen Horney(1885~1952): 독일 출생의 미국 정신분석학자. 초기 페미니스트로 인격의 형성에 사회적·

문화적·환경적 요인의 중요성을 강조해 신경증 발생의 주요 원인을 자본주의 사회 메커니즘에 두고, 프로이트 정신분석의 생물학적 범성욕설을 비판하면서 여성의 역사적·사회적·종속적 지위에 대해 연구했다. 그녀의 아버지는 종교적이고 남성의 우월성을 믿는 엄격한 권위주의자였지만, 어머니는 매력적이고 영적이며 생각이 자유로운 여성이었다. 그녀는 어린 시절부터 남성 위주의 세계에서 부당함과 배타성을 경험하면서 반항적인 여성으로 성장했으며 베를린 대학에서 의학 박사학위를 받고 여성의 성에 관해 전통적인 정신분석과 결별하면서 프로이트의 리비도 이론이 성 본능을 지나치게 강조한 점을 강하게 비판했다. 그녀는 다른 분석자들처럼 프로이트의 기본 개념을 그대로 따랐지만, 성격 형성에서 사회와 환경 조건의 중요성을 강조했다. 특히, 아이들의 기본적 불안은 잠재적으로 적대적인 세계에서 고립되고 무기력한 존재라는 사실에서 비롯되므로 이 것은 유전적인 것이 아니라 문화와 양육의 산물이라고 주장했다. 또한, 프로이트와는 달리 사랑과 안전 추구에서 비롯된 기본적 불안을 개인의 심리적 추진력으로 보았다. 그녀는 여자들이 남근선망을 가진다는 프로이트의 주장에 맞서 남자들이 출산의 능력이 있는 여성을 부러워한다는 점에서 자궁선망이 있다고 주장했다. 특히, 개인의 성격에 미치는 문화의 중요성과 사회적 관계를 강조하여 "신경증은 우리 문화의 의붓자식이다."라고 지적하면서 인간은 성적 혹은 공격적 힘에 의해서가 아니라 안전과 사랑의 욕구로 동기화한다고 주장했다.

12) Melanie Klein(1882~1960): 오스트리아 출신 영국의 정신분석학자. 대상관계 이론의 창시자로 어린이

의 정신치료에 놀이치료를 처음으로 도입했다. 오스트리아 빈에서 4남매 중 막내로 태어나 어린 시절 형제 중 둘을 잃고 이후 만성적인 우울 증세에 시달렸다. 의학을 공부하려던 꿈을 접고 1903년 화학자 아서 클라인과 결혼하여 세 자녀를 낳았다. 헝가리에서 프로이트의 책을 읽고 나서 정신분석학자 산도르 페렌치에게서 정신분석을 받았다. 이후 남편과 이혼하고 베를린에서 정신분석학자 카를 아브라함에게 사사한 후 영국으로 이주하여 열정적으로 정신분석학을 연구했다. 그리고 그녀의 이론을 추종하는 지지자들이 규합하여 '클라인 학파(런던 학파)'를 결성하고 프로이트 학파와 지적 논쟁을 벌였으며 아동 정신분석 연구에서 안나 프로이트와 줄곧 대립적인 관계에 있었다. 반대파들의 배척으로 늘 비주류에 머무르던 그녀의 이론은 특히 아동심리학에서 높은 평가를 받았다.

13) Anna Freud(1895~1982): 지그문트 프로이트의 자녀 6남매 중 막내딸로 오스트리아의 빈에서 태어났

다. 아버지의 뒤를 이어 정신분석학을 연구했으며 멜라니 클라인과 함께 정신분석학적 아동심리학의 창시자로 알려졌다. 그녀는 특히, 자아 형성에 관해 사회적 훈련의 중요성에 주목했다. 어린 시절 어머니와 좋은 관계를 유지하지 못했고, 특히 아버지의 사랑을 두고 언니 소피와 늘 경쟁하는 갈등 관계로 지냈다고 고백했다. 그녀는 학교에서 배운 것보다는 아버지와 방문객들에게서 배운 것이 더 많았다. 그렇게 그녀는 히브리어, 영어, 독일어, 프랑스어, 이탈리아어를 배웠다. 15세에는 아버지의 책을 읽을 수 있었다. 학교를 졸업하고 고등학교 교사가 되었으나 결핵 때문에 교직을 떠나야 했다. 1918년 프로이트는 그녀를 정신분석 하기 시작했으며 그녀는 정신분석학에 입문하여 빈 정신분석학회에 『환상과 백일몽의 해소』라는 논문을 제출하고 정식 회원이 되었다. 그리고 빈 심리분석 연구소에서 아동을 대상으로 심리치료를 시작했다. 국제 심리분석협회 사무국장을 거쳐 회장이 되었으며 『자아가 불쾌감과 불안감을 해소하는 방법과 수단』이라는 논문을 집필하여 자아와 방어기제를 제시하고 자아 심리학의 바탕을 이루었으며 이론가로서 명성을 굳혔다. 1938년 나치의 유대인 박해가 심해지자, 오스트리아를 떠나 영국으로 건너갔으며 아동의 심리 발달 이론을 두고 멜라니 클라인과 격렬한 논쟁을 벌였다. 전쟁으로 부모와 떨어진 아이들의 결핍 상태에 주목하여 그녀는 '햄스테드 전쟁 간호소'를 창설하여 아이들을 돌보았다. 이 사업은 전쟁이 끝난 뒤에도 계속되었으며 그녀의 동료가 전쟁고아나 유대인 수용소에서 살아남은 아이들을 돌보았다. 이후 미국을 자주 방문했으며 특히 정서적·사회적으로 문제를 겪는 아이들에게 주목했으며 예일 법대에서는 범죄와 가정을 주제로 세미나를 계속하기도 했다.

14) Julia Kristeva(1941~): 불가리아 출신 철학자·문학비평가·정신분석가·페미니스트. 1960년대 중반 프

랑스로 이주하여 활동하고 있으며 파리 디드로 대학의 교수로 재직 중이다. 1969년 『세미오티케』를 출간한 이래 비평과 문화 이론, 페미니즘 분야에서 국제적 명성을 얻었다. 언어학·기호학·문학비평·정신분석학·미술사 분야에서도 롤랑 바르트·토도로프·골드만·주네트·라캉·레비스트로스·알튀세르 등과 함께 주도적인 구조주의자로 알려졌으며 포스트구조주의 흐름에서 중요한 위치를 차지하고 있다.

바사랑 예술 분야는 어떻습니까? 선생님은 예술사에서 일어난 해체 작업을 연구하셨죠?

아가생스키 저는 회화, 사진, 영화 이미지에 나타난 유사성과 혈연관계에 관심을 보였습니다. 유사성은 늘 혈연, 즉 부자 관계가 중심이 됩니다. 그리고 예술사에서도 역시 여성이 평가절하된 현상을 확인할 수 있습니다. 예를 들어 사람들은 소묘가 회화의 가장 본질적인 활동이라고 생각하면서 "소묘는 남성적이고, 채색은 여성적이다."라고 합니다. 그런데 마티스는 소묘에 색을 입히면서 거꾸로 "채색은 회화의 남성적 모습이고, 소묘는 회화의 여성적 모습이다."라고 말했죠.

바사랑 문학은 어떻습니까? 남성 문학과 여성 문학이 따로 있습니까?

아가생스키 제가 보기에는 중요한 문학과 덜 중요한 문학이 있습니다. 훌륭한 책과 덜 훌륭한 책이 있다는 거죠. 콜레트, 버지니아 울프, 나탈리 사로트[15] 같은 대표적인 여성 작가의 작품에는 여성적인 특징이 있습니다. 글을 쓴 사람이 여성이라는 것을 금세 알 수 있죠. 몽테를랑, 주네, 사르트르, 카뮈의 작품에 명백하게 남성적 관점에서 쓰였다는 특징이 있는 것처럼 말이죠. 문학작품을 읽어보면 대부분 감각적으로 작가의 성을 알 수 있습니다. 그렇다고 해서 작품의 보편성이 사라지는 것은 아닙니다. 저는 남성이 쓴 '걸작'을 읽을 때 저자의 성

---

15) Nathalie Sarraute(1902~1999): 러시아의 이바노보 출생. '누보 로망'을 대표하는 여성 작가의 한 사람이다. 2세 때 프랑스로 이주, 소르본 대학교와 옥스퍼드 대학교에서 문학과 법률을 전공한 뒤 1939년까지 변호사로 일했다. 소설 『트로피즘』을 출간하여 일반에 알려졌으며 『낯선 사나이의 초상』, 『마르트로』 등을 발표했고 『황금의 과실』로 국제출판사상을 받았다. 전통 소설의 기존 형태를 타파하고 끊임없이 변하는 인간 심리의 미세한 움직임을 있는 그대로 포착하여 현대인 특유의 불결함과 불안의 심리 상황을 그려내는 새로운 묘사법을 제시했다.

별을 분명히 구별할 수 있습니다. 하지만 여성성이 두드러지게 나타나는 콜레트의 작품에서는 보편적인 깊이, 감성, 언어의 아름다움을 느낄 수 있습니다. 뛰어난 재능이 있는 매력적인 작가는 양성을 모두 느낄 수 있게 해줍니다. 남성과 여성을 모두 사랑했던 콜레트의 작품에서 우리는 '여성적인' 여성보다는 오히려 당시에 유행하던 '남자 같은 여성'의 모습을 볼 수 있습니다. 상상, 환상, 욕망은 양성적입니다.

야망을 품을 여성의 권리

바샤랑 여자아이들과 남자아이들은 학교에 입학하면서 공적 영역으로 진입합
니다. 오늘날 프랑스의 학교는 남녀 공학이고, 모든 교육 과정이 여자아이들에
게도 개방되었죠. 그렇지만 여러 차례 선별 과정을 거치고 학교나 교육 기관에
꾸준히 남아 있는 여학생은 드뭅니다. 여성은 학문에 취미가 없다는 걸까요?
아니면 남성과 경쟁하기가 두려운 걸까요?

아가생스키 여자아이들은 학교에서 좋은 결과를 얻고 있습니다. 프랑스에서
같은 연령대의 고등학생 중 졸업장을 받은 여학생이 51퍼센트인 반면, 남학생
은 37퍼센트입니다. 하지만 대학입학 자격시험에 합격하고 나면 프랑스에서
중요시하는 이공계를 선택하는 여학생은 매우 드뭅니다. 그런데 법학을 중요
시하는 독일에서는 대학의 법학과에 여학생의 수가 극히 적습니다. 이런 현상

을 통해 고등학교를 졸업한 여학생들이 진로를 결정하는 기준이 무엇인지를 따져볼 수 있겠죠. 어떤 여학생은 고등학생 시절에 좋아했던 역사나 언어 같은 과목을 선택합니다. 법학이나 의학 같은 과목은 고등학교 과정에 개설되어 있지 않지만, 학생들은 대학에 가면 미래의 직업을 고려해서 전공을 선택합니다. 여학생들은 대학을 졸업하고 사회에 나왔을 때 맡게 될 역할을 생각하면 남학생들과 비교할 때 상대적으로 주눅이 들 겁니다.

바샤랑 이런 선택이 사회적 출신 성분에 좌우되지는 않나요?

아가생스키 물론이죠. 성별 문제만큼이나 결정적이죠. 출신 성분은 아이의 교육 과정과 직업에 대한 기초적인 지식에서부터 영향을 미치기 시작합니다. 서민 계층 아이들은 정보가 부족합니다. 여자아이가 거리낌 없이 무언가를 열망하고, 그것을 실현할 수 있는 자신의 능력을 믿는 데에는 부모, 특히 아버지의 역할이 매우 중요합니다. 화려한 경력을 쌓은 여자들은 대체로 자신의 성공이 아버지의 통찰력 덕분이라고 고백합니다. 여성 우주 비행사 클로드 에뉴레도 온 가족이 전적으로 도왔기에 공부와 시험 준비에 전념할 수 있었다고 털어놓았습니다. 그러니까 자신의 행동이 완벽하게 정당하다고 느꼈던 겁니다. 그러나 여자아이가 이런 정당성을 획득하기 위해 투쟁해야 한다면, 필연적으로 자신이 놓여 있는 종속적인 상황을 의식하고 그것을 평생 마음속에 담아두게 될 겁니다. 제가 그랑제콜 준비반에서 학생들을 가르치던 시절에 우수한 여학생들이 목표를 설정하는 데 스스로 한계를 두는 경우가 종종 있어서 그들에게 용기를 북돋아 줘야 했습니다. 여성은 직업을 통해 자아를 실현하겠다는 절대적인 동기가 없다면, 그리고 자신의 전문적인 능력을 마음껏 펼치기 위해 어쩔 수 없이 부모나 남편과 충돌해야 한다면, 지배적 규범에 따라 자신의 야망을 포기하는 경향이 있습니다.

바샤랑 남자아이들은 자신이 선택한 직업이 장차 아버지 역할을 하는 데 영향을 미칠지 아닐지를 고민하지는 않겠죠.

아가생스키 그렇습니다. 하지만 여자아이들이 사적인 영역에 충실하다고 해서 반드시 불리한 것은 아닙니다. 여성이 공적인 영역과 사적인 영역 사이에서 균형을 찾으려고 하는 것과 감정 관계를 중요하게 여기는 것은 옳은 일입니다. 사회는 사적인 감정과 직업적인 합리성으로 규정되는, 살과 피로 이루어진 인간들의 집합이기 때문이죠. 삶의 이런 본질적인 면을 중요하게 생각한다고 여자아이들을 비난하기보다는 남자아이들에게 문제는 없는지, 오히려 그쪽으로 시선을 옮겨보는 편이 나을 것 같군요.

바샤랑 자신의 야망을 쉽게 포기하는 여자아이들에게 어떻게 하면 끝까지 자신의 재능을 살리도록 용기를 북돋아 줄 수 있을까요?

아가생스키 아이에게 지식만을 주입할 것이 아니라 스스로 자신의 이미지를 어떻게 의식해야 하는지를 확실히 교육하는 것이 중요합니다. 실제로 이런 교육은 여자아이뿐 아니라 남자아이에게도 필요합니다. 아이들은 자신의 성별과 상관없이 모든 길이 열려 있다는 사실을 분명히 알아야 합니다. 부모는 모든 방법을 동원하여 여자아이들이 모든 교육 과정을 이수할 수 있게 해줘야 합니다. 그들은 야망을 품을 권리가 있습니다. 물론 야망을 품지 않을 권리도 있죠.

인형과 자동차

바샤랑 '혼성 교육'이란 교실에서 남자아이들에게 자수를 가르친다는 의미는 아니겠죠? 남녀 혼성 교육을 그렇게 이해하는 사람도 있을걸요?

아가생스키 어쨌든 이제는 학교에서 바느질을 가르치지는 않습니다. 진지하게 말해서, 여성이 정당하게 종속 관계를 거부하는 것이 남성과 비슷한 존재가 되고 싶다는 욕망을 실현하는 길일까요? 글쎄요, 분명하지 않습니다. 여성도 남성도 이성에 대해 잘 모릅니다. 가장 좋은 방법은 그것을 인정하는 겁니다. 그리고 남자든 여자든 사람마다 차이가 있다는 것도 인정해야겠죠.

바샤랑 그러니까 선생님은 남자아이들과 여자아이들의 취향이 단순히 교육에만 달린 것은 아니라고 생각하시는군요?

아가생스키 그것은 1970년대에 유행했던 이탈리아 교육학자 엘레나 지아니니 벨로티의 책 『어린 소녀들에 관해서』에서도 다룬 주제입니다. 저 역시 행동과 취향이 부모의 기대, 가지고 노는 장난감, 아동문학의 모델 등 유년기에 영향을 미친 조건화의 산물이라고 생각했습니다. 당시 제게는 남자 형제도 없었고, 아들도 없었습니다. 저는 이런 주장이 지나치다는 것을 나중에 경험을 통해 알게 되었습니다. 개인마다 차이가 있다는 사실을 인정하고, 사회 통념상 '남성적' 혹은 '여성적'이라고 간주하는 취향을 절대로 강요하거나 과장하지 말아야 합니다. 여자아이들에게는 무조건 인형을 사주고, 남자아이들에게는 자동차를 사줘야 할 이유 같은 것은 없습니다. 그런데도 쉬는 시간에 학교 운동장에서는 누가 강요하지 않아도 여자아이들은 고무줄을 가지고 놉니다. 그런 것이 바로 전통이라며 제 생각에 반대하는 사람도 있겠지만, 저는 전통이 이상한 방식으로 되풀이되고 있다고 생각합니다.

바샤랑 남녀 공학이 반드시 긍정적일까요? 어떤 교육학자들, 특히 미국의 교육학자들은 남학생과 여학생이 함께 있는 환경에서는 여학생이 무의식적으로 위축된다는 사실에 주목합니다. 그들은 여자아이들이 열등감 없이 미래의 리더 훈련을 받게 하려면 여학교에 보내라고 권유하죠.

아가생스키 1970년대에 남녀 공학은 절대적 가치처럼 보였습니다. 그러나 이후에 몇 가지 부정적인 면이 드러나면서 문제가 제기되기도 했죠. 쉬는 시간에 남학생들이 난폭하게 행동하는 사례도 종종 보고되었습니다. 수업 시간에는 남학생들의 자기중심적인 자신감이 여학생들을 위축되게 해서 여학생들은 '나는 자신이 없어, 나는 우수한 학생은 되지 못할 거야.'라는 생각을 품기도 합니다. 게다가 남자아이들과 여자아이들 사이에 발생하는 감정적인 관계가 학습에 방해될 수도 있습니다. 이런 추론은 무시할 수 없습니다. 여학생들만 있는 교실에서 여교사에게 교육받은 경험이 있는 저는 대체로 우수한 여성의 본보기가 우리에게 유용했다는 것을 알고 있습니다. 이런 여자들은 잡지나 영화에서 볼 수 있는 허구의 이미지와 뚜렷이 구분되는 해방의 이미지였습니다. 우리는 그들의 문화와 영향력에 깊은 인상을 받았죠. 반면에 학생 사이의 경쟁은 별다른 감정 없이 받아들여졌습니다.

바샤랑 하지만 선생님은 남녀 공학을 선호하시죠?

아가생스키 네, 물론입니다. 양성으로 이루어진 인간의 성과 혼성 인간으로 이루어진 사회를 고려할 때 저는 남자아이와 여자아이가 격리되는 것보다는 일찍부터 함께하는 편이 바람직하다고 생각합니다. 이와 마찬가지로 교사들도 여성만으로 구성되는 것보다는 남녀 혼성으로 이루어지는 편이 좋겠지요. 여자아이들과 남자아이들이 서로 덜 낯설어한다면 더 자연스럽고 현실적인 관계가 형성될 겁니다.

자연스러운 경향

바샤랑 학교에서는 교사와 학생을 혼성으로 구성하는 것 외에도 학과목을 다양하게 편성할 수 있을 겁니다. 남학생은 대체로 기계나 컴퓨터나 자동차 같은 것에 매력을 느낀다고 하던데, 여학생은 어떤가요?

아가생스키 늘 기계나 기술에 관심이 많았던 제가 대답할 문제는 아닌 것 같네요. 저는 열여덟 살 생일에 운전면허를 취득했고, 텔넷 통신 시스템 미니텔이나 컴퓨터가 나오자마자 도전했습니다. 기계에는 소위 '남성적'인 지배 충동을 충족하는 힘의 파급과 같은 유희적인 무언가가 있습니다. 아무튼, 성별에 따라 취향과 소질을 구분하는 습관은 경계해야 합니다. 그것이 개인의 특성을 보호하고 개성을 자연스러운 흐름에 맡길 수 있는 유일한 방법입니다.

바샤랑 대학에서 신입생을 뽑거나 회사에서 신입 사원을 모집하고 선택하는 방법에 대해서도 생각해봐야 하지 않을까요? 남학생들이 유리할까요?

아가쌩스키 시험이나 면접에 유리한 기준은 당연히 그룹 혹은 직업의 관습에 따라 다릅니다. 남성적인 그룹은 경쟁심에 가치를 부여하는 경향이 있습니다. 그러나 여성적인 그룹은 타인에 대한 배려나 타인의 말을 경청하는 능력을 중요하게 여깁니다. 그런데 이런 자질은 남성에게만 허용되던 직업에도 긍정적인 가치가 있죠. 대학에서 성적이 매우 우수했던 여학생이 직업 사회에서는 빛을 보지 못하는 사례를 흔히 보게 되는데, 이는 대부분 여성이 남성처럼 행동해야 하는 직업 환경에서 불편함을 느끼기 때문이리라는 생각을 지울 수 없습니다. 이런 상황은 여성이든 남성이든 자신의 능력을 잘 발휘할 수 있는 양성 영역이 개발된 직업 환경이 더욱 매력적으로 보이는 이유이기도 합니다. 하지만 이런 것들은 가설에 불과합니다. 어쨌든, 습관이나 관습은 후천적으로 생깁니다. 이런 것들에는 역사적 배경이 있겠지만, 이제 변해야 할 필요가 있습니다.

바샤랑 지금껏 남성만이 속해 있던 집단에 여성이 일원이 되면, 사람들은 그 여성을 불화나 긴장의 근원으로 지목하며 비난하기도 하죠.

아가쌩스키 저는 남성만으로 구성된 집단에서 작용하는 해로운 요소에 주목해야 한다고 생각합니다. 독일 작가 제바스티안 하프너는 자신의 회고록 『어느 독일인의 이야기, 추억, 1914~1933』에서 '남성적 동지애'의 위험성을 생생하게 묘사합니다. 법학 공부를 마치고 나서 나치 부대에 징집된 그는 개인의 특성과 책임을 말살하는 위험한 '동지애'가 어떤 것인지를 경험합니다. 남성만의 집단에 귀속된 일원은 그 집단을 결속하는 동지애에서 심지어 행복을 느끼기도 하지요. 그는 그런 집단정신은 개인의 사고와 의식을 말살하는 마취제와도 같다고 말합니다. 저녁이면 군인들은 내무반에서 시시덕거리면서 순수한 사랑을 비웃고 여성의 육체를 짓밟는 음란한 잡담에 시간 가는 줄 모릅니다. 그들은 각자 '남들도 다 하는 일이니, 내가 저지른 더러운 짓도 당연히 허용된다'고 믿습니다. 아우구스티누스도 『고백록』에서 이와 비슷한 상황을 언급한 적이 있지요. 여자들도 남자들과 마찬가지로 야만적인 집단에 끌려가 공동생활을 하는 사례들이 있지만, 그들 사이에 이런 타락한 '동지애'가 지배한 적은 없습니다. 물론 이것이 여성을 미화하는 이유는 되지 않습니다. 하지만 여성은 항상 남성보다 '집단주의적' 성향이 덜 강합니다. 헤겔은 안티고네[16]를 염두에 두고 여성을 '공동체의 아이러니'로 간주했죠.

바샤랑 다행히 그보다는 덜 비극적인 맥락이지만, 경제 활동을 하는 여성 중에서 극히 일부가 기업이나 기관에서 책임자의 위치에 있습니다. 선생님은 기업이나 기관에서 시행하는 '여성 할당제'를 긍정적으로 평가하십니까?

아가생스키 네. 지금까지 남성은 '긍정적 차별'의 혜택을 받았습니다. 적어도 성차별이 사라질 때까지만이라도 여성이 혜택을 받아야 하지 않을까요?

....

16) Antigone: 테베의 왕 오이디푸스의 딸. 오이디푸스와 그의 어머니 이오카스테와의 사이에서 태어났으며, 에테오클레스·폴리네이케스라는 두 형제와 여동생 이스메네가 있었다. 자신의 손으로 눈을 찔러 소경이 되어 왕국을 떠난 비극의 부왕(父王)을 따라 여러 나라를 방황하다가 아버지가 콜로노스의 땅에서 죽은 뒤 다시 테베로 돌아왔다. 그 후에 두 형제인 에테오클레스와 폴리네이케스는 왕위를 둘러싸고 서로 싸우다가 둘이 모두 죽었는데, 이때 새 지배자가 된 숙부 크레온은 에테오클레스를 애국자로, 폴리네이케스를 역적으로 취급하여 폴리네이케스의 매장을 허락하지 않았을 뿐만 아니라 그의 시체를 들에 내다 버려 새와 짐승의 밥이 되게 했다. 그리고 그의 시체를 거두는 자도 사형에 처한다고 포고했다. 그러나 안티고네가 형제의 시체를 수습하여 매장하자, 노한 크레온은 그녀를 지하 감옥에 가두었다. 그러자 그녀는 거기서 목을 매어 죽었고 그 후에 그녀의 약혼자로 내정되었던 크레온의 아들 하이몬도 스스로 목숨을 끊었으며, 크레온의 아내 에우리디케도 자살하여 크레온은 파멸에 이르렀다. 소포클레스의 비극으로도 유명하다.

여성이 설거지에 더 재능이 있는 것은 아니다

바샤랑 여성이 남성과 동등하게 주요 직책에 지원할 수 있으려면 가정에서 여성에게 부과된 가사 부담도 바뀌어야 하지 않을까요?

아가생스키 우리는 아직도 '가정의 평등'과는 거리가 먼 세상에서 살고 있습니다! 보부아르가 여자들에게 '자신을 포기한 삶에서 벗어나라'고 종용했을 때 그녀는 특히 남성이 독점한 직업 세계의 여성 진입을 염두에 두고 있었습니다. 오늘날 많은 여성이 가정에서 벗어나 사회에서 활동하지만, 집에 돌아오면 두 번째의 일과가 그들을 기다립니다. 가사도우미를 고용한 여성은 남에게 그녀를 소개할 때 "우리 집에서 저를 도와주시는 분이에요."라고 말할 겁니다. 사실은 '우리' 집에서 '우리'를 돕는 사람이라고 말하는 편이 옳을 텐데 말이죠.

바샤랑 이런 현실을 바꾸려면 어디에서부터 시작해야 할까요? 교육인가요? 부모가 자기 아들과 딸에게 바라는 것부터 각기 다르지 않습니까?

아가생스키 거기에는 부모가 자녀에게 직접적으로 표현하는 의사만이 아니라 무언가를 전달할 때 중요한 역할을 하는 '무의식'이 작용합니다. 자녀는 부모가 무의식적으로 전달한 모델을 은연중에 모방하게 됩니다. 이것은 교육 방식을 통해 전달되기도 하지만, 삶의 방식을 통해 전달되기도 합니다. 대부분 어머니는 아들과 딸을 똑같이 대하지 않는다는 사실을 인정합니다. 무의식적으로 아들보다는 딸에게 설거지나 빨래를 시키죠. 그렇다고 여자가 남자보다 설거지나 빨래에 더 재능이 있는 것은 아닙니다! 자신이 변하지 않으면서 젊은 세대가 변하기를 바랄 수는 없습니다. 어느 기관이 조사한 자료를 보면 남성이 가장 쉽게 받아들이는 집안일은 '쓰레기통 비우기'와 '병마개 따기'라고 합니다. 왜 권위와는 전혀 상관없는 쓰레기통이나 병마개일까요? 이런 일은 몇 분밖에 걸리지 않습니다. 남성이 가장 싫어하는 집안일은 시간이 오래 걸리고 지겨운 빨래라고 합니다.

바샤랑 최근 통계를 보면 프랑스에서 옷을 다리는 사람의 80퍼센트, 식사를 준비하는 사람의 70퍼센트가 여성이라고 하더군요.

아가생스키 여성은 가사 노동만이 아니라 자녀의 교육, 건강, 심리를 돌보고 학교, 병원, 기관을 꾸준히 쫓아다녀야 하는, 까다롭고 책임이 무거운 대부분 일을 도맡고 있습니다. 따라서 이제는 가정과 직장, 내부와 외부, 사적인 일과 공적인 일 등 남녀 사이에서 모든 시스템을 재정비해야 합니다. 경제학 분야 역시 남성적 사고방식이 배어 있는 학문이기에 여성 경제학자가 절실하게 필요합니다. 입법부나 행정부에서는 여성의 가사 노동을 노동으로 간주하지 않습니다. 보수를 받는 직업 분야도 마찬가지입니다. 현재 프랑스에서는 남성과 동일하게 노동하는 여성의 수입은 남성보다 25퍼센트 적습니다. 사람들은 여자가 밖에서 노동하지 않고 집안일만 하면 '일하지 않는' 것으로, '노는 것'으로 간주합니다. 그들이 무상으로 하는 노동은 '당연하고', 사회적으로 열등한 것으로 여기고, 재화를 생산하지 않기에 경제 체제에 편입될 수 없습니다. 실제로 여성이 하는 일들은 가족을 위한 '봉사'입니다. 그런데 이제 기술의 발달로 가사 노동의 양이 많이 줄었기에 이런 낡은 도식은 시사성을 상실하고 있죠.

바샤랑 '가전제품 만세!'라도 외쳐야겠군요.

아가생스키 그렇습니다! 그럼에도, 가정 경제는 여전히 여성과 어머니의 헌신에 의존합니다. 모든 것이 서로 연결되어 있어서 남성의 지위를 건드리지 않고 이런 상황을 변화시키는 것은 불가능합니다. 직장에서도 남성이 살아가는 방식 자체가 바뀌어야 합니다. 사회학은 이런 점을 외면하고 있습니다. 예를 들어 프랑스의 사회학자 질 리포베츠키는 여성이 직장에서 남성보다 더 크게 성공할 수 없게 하는 무기력한 행동을 관찰하고 놀라움을 표시합니다. 하지만 그는 남성이 여전히 자신의 습관을 바꾸지 않는다는 사실에는 전혀 놀라지 않습니다. 그는 "남성은 직장에서 리더십을 발휘하기 위해 가정에서 아버지 역할을 희생할 필요가 없다."고 말합니다. 하지만 그의 생각은 틀렸습니다. 대부분 아버지는 가정에서 많은 것을 포기합니다. 그리고 그들의 역할이 달라질 수 있다고 생각하지도 않습니다. 이런 상황에서 어머니의 역할이 어떻게 변할 수 있을까요? 노르웨이 사회학자들은 어느 학회에서 '아버지의 역할과 직업인의 역할 사이에서 어떻게 균형을 찾을 수 있을까?'라는 문제를 제기했습니다. 저는 이런 발상을 했다는 사실만으로도 이미 획기적이라고 생각합니다!

집에 있는 여자

바샤랑 일하는 남성과 여성에게는 집에 있는 여성이 필요할까요?

아가생스키 제가 처음 대학에서 강의를 시작했을 때 저는 늘 '장을 보고, 저녁을 준비하고, 세탁소에 빨랫감을 맡기는 등 집안일을 해줄 여자가 집에 있다면, 이러저러한 연구에 더 몰두하거나, 사회 활동을 하거나, 다양한 일을 시도해볼 수 있을 텐데.'라는 생각을 떨쳐버릴 수 없었습니다. 그나마 여성에게 환경이 유리하다는 교육계에서조차 남성은 대학이나 연구 기관으로 진출하지만, 여성은 퇴근 후 저녁에 집에 가져가서 해야 할 일이 적은 일자리를 선호하는 경향을 흔히 볼 수 있습니다.

바사랑 특권층에는 실제로 '집에 있는 여자'가 있습니다만, 그렇다고 그런 여자들이 가정주부는 아니죠.

아가생스키 그런 계층에서는 대부분 가사를 가사도우미, 보모 등 임금 노동자가 담당합니다. 그리고 세탁소나 식사 배달 업체를 이용하는 등 가사가 집 밖에서 이루어집니다. 이것을 다른 관점에서 보자면 지난 수 세기 동안 여자들이 무보수로 해왔던 일들은 실제로 여러 직종의 전문적인 노동이었다는 겁니다. 보부아르는 집 밖에서 이루어지는 모든 것이 인간을 성숙하게 하지만, 특히 가사 노동은 어리석고 인간성을 박탈하는 일이라고 생각했습니다. 그녀는 슈퍼마켓 계산원의 삶이 아니라 지식인과 예술가의 삶을 염두에 두고 있었던 거죠. 그러나 세탁물 다림질이 과연 더 어리석고, 무시할 만한 일일까요? 학위를 받아 육아 전문가가 되는 것은 높이 평가할 만하고, 집에서 자기 아이를 기르는 것은 평가받지 못할 일인가요? 우리는 집에서 이루어지는 모든 것을 가치 없게 여기는 역설에서 벗어나야 합니다. 저는 지금 '여성은 집으로 돌아가라'고 말하는 것이 아니라 '한 가정의 어머니'라는 위선적인 가치와 사회적으로 평가절하된 가사 노동의 가치 사이의 모순을 강조하려는 겁니다. 중요한 점은 모든 노동이 사회적 노동으로 인정되고, 아이들의 교육을 아버지와 어머니가 분담해야 한다는 사실입니다.

바사랑 하지만 가사도우미나 보모는 어떤가요? 그들은 계속해서 이중 노동을 해야 하잖아요. 집에 돌아가면 그들을 도와줄 사람은 아무도 없죠. 마치 불리한 카드를 자기보다 운이 나쁜 사람에게 떠넘기듯, 남편은 아내에게 청소와 빨래를 떠맡기고, 부유한 여자들은 하층 계급의 여자들에게 맡겨버리죠.

아가생스키 실제로 그렇습니다. 이것은 성의 문제라기보다는 사회 계급의 문제가 되었습니다. 집안일이 더 어리석지도, 덜 유용하지도 않은 직업이나 노동이 될 수 있도록 가사 노동에서 '가사'라는 꼬리표를 떼어버려야 합니다.

교육을 위한 시간

바사랑 엄밀히 말해서 가사 노동에만 국한된 것이 아니라 더 큰 문제가 여전히 남아 있습니다. 아버지와 어머니가 모두 밖에서 일하면, 아이들은 누가 돌보고, 누가 어떻게 교육하나요?

아가생스키 사실, 이것은 사회 전체에 제기해야 할 문제입니다. 아이의 교육은 우리 전체의 미래가 달린 중요한 문제인 만큼, 사회적·경제적·문화적 요구에 포함되어야 합니다. 아이에게 필요한 시간을 할애하지 않는다면 불행한 결과를 낳을 겁니다. 아이를 낳고 교육하는 것이 단순히 개인의 사적인 문제가 아니라는 사실을 사회 전체가 인정하려면 모든 것을 처음부터 다시 생각해야 합니다. 직장에서 여성이 아이를 낳았다는 이유로 불이익을 당하는 일은 없어야 합니다. 아이가 없는 사회의 미래가 어떻게 되겠습니까? 그래서는 안 됩니다. 아이가 여성 개인의 문제가 되어서는 안 됩니다.

바샤랑 선생님이 원하시는 것처럼 모든 시스템을 개정하려면 매우 의욕적인 여자들이 많아져야 할 것 같군요.

아가생스키 기업의 어린이집, 육아 휴가 등 집단과 개인 조직을 활용해야 합니다. 프랑스에는 어린이집이 부족합니다만, 이웃 나라보다는 그나마 나은 편이죠. 독일 여자들을 보세요. 독일에서는 오래전부터 'Kinder, Kirche, Küche(아이, 교회, 요리)'라는 어머니상을 여성에게 강요합니다. 그래서 지금까지도 독일에서는 어린이집, 유아원에 아이를 보내지 않을뿐더러, 일반적으로 하교 시간이 오후 3시인데도 학교에서는 급식도 없습니다. 이처럼 독일에서는 실질적으로 여성은 두 그룹으로 나뉩니다. 즉, 자녀의 양육을 포기하고 일에 전념해서 경력을 쌓는 여성과 자신의 독립을 포기한 주부로 뚜렷하게 나뉩니다.

바샤랑 자녀 교육은 집단 구조를 개선하는 것만으로는 달라질 수 없겠군요.

아가생스키 우리는 각자 자신의 문화가 있는 부모입니다. 단지 아이를 먹이고 돌보는 것만이 자녀 교육이 아닙니다. 교육은 도덕적·미적 가치를 전달하고, 운동, 산책, 공연, 여행 등 모든 활동을 아이와 함께하는 것입니다. 그런데 진심으로 이 모든 것을 포기하고 싶은 부모가 있을까요?

남성과 동등한 자격

바샤랑 여성이 경제력을 확보하기도 쉽지 않지만, 정치력을 얻는 것은 더욱 어렵습니다. 선생님이 용감하게 남녀 동수(同數)법을 주장하신다는 사실은 널리 알려졌습니다. 선생님은 시민 사이에서 법의 평등 원칙이 충분히 지켜진다고 생각하시나요?

아가생스키 통계를 살펴보겠습니다. 1944년 프랑스에서 여성이 선거권을 획득하고, 1945년 선거에서 처음 국회의원으로 당선된 여성은 5.6퍼센트였고, 1993년에는 그 비율이 6.1퍼센트였습니다. 그리고 1997년에는 사회당이 선거구의 28퍼센트를 여성에게 할당했고, 여성 당선자는 10.9퍼센트였습니다. 여성의 정치적 해방 이후 반세기도 더 지났지만, 법은 여전히 남성이 90퍼센트에 달하는 의회가 결정합니다. 프랑스의 상황은 유럽의 다른 국가들보다 뒤처졌지만, 개중에는 프랑스보다 훨씬 더 남성 중심적인 국가들도 있습니다. 분명히 무언가 잘못되고 있었습니다. 게다가 동수를 반대하는 남자들은 의기투합해서 여성의 진출을 막고 있었죠. 실제로 남녀에게 평등한 권리를 보장한다 해도 남성이 권력을 독점하는 것을 막지는 못합니다. 따라서 이런 불평등을 바로잡기 위해서는 그런 독점의 근거가 무엇인지를 똑똑히 알아야 합니다.

바샤랑 선생님은 '시민'의 개념에는 성도, 인종도, 종교도 없어야 한다고 말하는 사람들의 주장에 공감하지 않으시나요?

아가생스키 저는 무엇보다도 성의 차이를 인종이나 종교의 차이와 비교할 수 없다고 생각합니다. 역사학자 모리스 올랑데가 『문제 없는 인종』에서 말했듯이 '인종'은 인간을 확고부동한 본래의 정체성에 가둬두기 위해 만든 신화이며, 사이비 과학이 조작한 결과물입니다. 믿음과 공동 행위로 구성되는 종교는 세상을 해석하고 성별 조건을 포함한 인간 조건에 의미를 부여하는 신념입니다. 그러나 성은 우리가 태어나고, 죽고, 성관계를 통해 번식하는 생명체라는 사실과 관련된 가장 근본적인 인류학적 구분을 근거로 구별됩니다. 특히 생식과 관련된 성의 구별은 우리에게 보편적이고 자연스러운 것으로 인식되고, 문화와 문명에 중대한 영향을 미치고 있죠. 자, 이제 질문하신 대로 시민에 관해 이야기해보죠. 역사적으로 시민은 어떤 존재일까요? 고대부터 근대에 이르기까지 민주주의는 무엇보다 시민이 주인이 되는 정치 제도입니다, 즉 '한 가정의 아버지가 모인 공동체, 절대적으로 남성적인 도시국가의 정치 제도입니다. 시민 사이의 민주적 평등은 모든 인간이 아니라 오로지 남성 사이의 평등을 말합니다.

바샤랑 1835년 토크빌은 『미국의 민주주의』를 집필하면서 사적 영역에서 가장에게 복종하는 여성이 시민권을 가질 수 있다는 생각을 단 한 순간도 한 적이 없었죠.

아가생스키 토크빌은 '각각의 성에 따라 뚜렷하게 구분되는 행동'의 지침을 마련해주고 '각각의 성이 각각 분리된 길을 동시에 걸어가게 하는' 미국인들의 지혜에 감탄했다고 고백했습니다. "여러분은 가정 밖의 일을 경영하고, 거래하고, 정치계에 입문하는 미국 여성을 절대로 볼 수 없을 것입니다." 토크빌은 특별히 여성을 혐오하는 사람이 아니었습니다. 그저 민주주의를 사실 그대로 묘사했을 뿐이죠. 남성 시민만이 국가의 대표자로 선출될 수 있다는 이유로 프랑스에서도 역시 여성의 투표권은 계속 거부되었습니다. 민주주의 정치 영역에서 여성의 부재를 보면 '가정'이라는 사적인 영역에서 여성이 놓여 있는 종속 상태의 실체를 이해할 수 있습니다. 여성이 남성과 동등한 시민이 되는 것과 가정에서 남편이 권위를 지키는 것은 절대로 양립할 수 없습니다. 그래서 1846년 여성 중에서 미혼이나 과부에게만 선거권을 줘야 한다는 의견이 제기되었다가, 똑같은 의견이 1901년에 다시 한 번 제기되었던 겁니다. 가정에서 여성의 종속 상태는 나폴레옹 시대에 민법으로 강화되었으며, 이 법은 여성을 공적인 영역과 평등한 민주정치 영역에서 배제하는 데 중요한 역할을 했습니다.

바사랑 법적으로는 남성과 여성이 평등해졌지만, 정치적으로 여성이 온당한 자신의 자리를 찾기는 여전히 어려웠습니다. 하지만 평등이 공화국의 보편주의를 위협하는 요소는 아니지 않습니까?

아가생스키 그것은 실제로는 인간의 성을 하나의 성, 즉 남성으로 보는 거짓 보편주의입니다. 드러내놓고 남자에게 유리한 '긍정적 차별'이라고 말하지는 않지만, 실제로 거짓 보편주의가 횡행하고 있습니다. 시민이 남성도 여성도 아닌 '중성(中性)'이라고 착각하는 것은 사실상 '남성적 중성'이라는 역설적인 상태를 영속화하고, 남성의 권력 독점을 옹호할 뿐입니다. '보편성'이 남성에게 국한되지 않거나 남성만의 것이 아닌 순간부터, 그리고 있는 그대로의 여성이 그 보편성에 포함되는 순간, 여성이 참여하는 진정한 민주정치가 성립되고 비로소 '남성'이라는 '카스트'에 의한 권력의 독점화를 바로잡는 작업이 시작될 수 있습니다. 그러기 위해서는 물론 여성이 여성만으로 구성된 특수한 집단이 아니라 남성과 함께 인류를 구성하는 또 하나의 성이라는 사실을 인정한다는 조건이 전제되어야 합니다. 모든 남성과 여성이 국가의 주권을 행사하는 순간부터 아무도 제외되지 않는다는 것 외의 다른 제한을 덧붙일 필요는 없습니다.

바사랑 엘리자베트 바댕테르[17]에 따르면, 성의 차이가 여성을 '수용하기' 위해 작용한 적은 없었습니다. 그녀는 여성이 '여성이기에' 배제되었다가, '보편적 주체의 자격'이 아니라 여성의 자격으로 수용되었다며 유감을 표시한 적이 있죠.

아가생스키 남성도 여성도 아닌 중성적 보편에 여성을 포함한 것은 이미 성 바울이 "하나님 앞에서는 유대인도, 그리스인도, 노예도, 자유인도, 남성도 여성도 없다."고 모든 기독교인의 평등을 설파한 적이 있듯이 매우 오래된 생각입니다. 그러나 성 바울이 말한 평등은 가정도 사회도 아닌 신 앞에서의 평등이었습니다. 저는 『성의 형이상학』을 쓰면서 기독교의 보편주의 역사에서 매우 중요한 이 순간을 조금 깊이 분석한 적이 있습니다만, 이때부터 '성적 중립'은 '중립'이라는 추상적인 겉모습을 띠게 됩니다. 중립을 뜻하는 라틴어 'ne-uter'는 '이것도 저것도 아니다'라는 뜻이지만, 기독교에서의 중립은 '남성'과 '여성'이라는 두 가지 성 중에서 하나가 다른 하나를 위해 중립화하는 현상을 보입니다. 왜 그럴까요? 고대 사상에서도 기독교 사상에서도 성의 차이는 바로 '남성'이라는 '전형'을 기준으로 비교한 여성의 차이를 말하기 때문입니다. 남성과 여

---

17) Elisabeth Badinter(1944~): 프랑스의 여성 철학자·작가·여성운동가. 법무 장관을 역임한 프랑스 상원 의원 로베르 바댕테르의 부인이자 세 자녀의 어머니. 계몽주의 철학과 시몬 드 보부아르의 사상적 토대 위에서 사회민주주의를 옹호하는 여러 저술을 통해 현대 여성의 사회적 위치를 재평가하는 데 주력했다. 2003년 출간한 『잘못된 길』에서는 여성이 피해자라는 주장을 반복한 여성해방운동의 경향을 비판했다. 오늘날 프랑스 여성주의 논쟁의 중심에 서 있고 문학·철학·인류학·정신분석학·사회학 등을 도입해 진보적 여성학의 새 지평을 열었다는 평가를 받고 있다.

성의 구분은 고대의 여러 가지 천지 창조 설화든, 아담에게서 이브가 탄생했다는 인간 창조 설화든 '남성'에게서 파생되었습니다. 인류가 유일하게 '남성'에게서 기원했다는 설화를 고려하지 않는다면, 성 차이의 남성 중심적 구조도, 여성을 단순히 육체로 제한하려는 의도도 이해할 수 없습니다.

바사랑 그렇다면 '남성과 다른 것'이나 '남성이 아닌 것'이 바로 여성인가요?

아가생스키 아니, 그 반대입니다. 남성은 자신이 신을 닮았다는 믿음에 만족합니다! 성을 구별하는 남녀 관계 역사의 출발점에는 여성 인간이 등장하기 '이전'의 남성, '평등한' 중성 인간이 출현하는 신화적 상상계가 있습니다. 따라서 남성은 자신을 다르게 보지 않지만, 여성은 다르고 여성만의 특성이 있다는 역설이 발생했고 그것이 지금까지 효력을 발휘하고 있는 거죠. 남성은 누구와도 다르지 않고, 역설적으로 남성적인 동시에 중성적인 인간이라는 겁니다. 이와 같은 원초적인 남성적 평등성 혹은 중립성은 왜 남성과 여성 사이의 차이를 없애려고 할 때마다 남성적 모델이나 원형으로 돌아가게 되는지, 그 이유를 설명해줍니다. '우리는 다르지 않다.'라고 주장하는 여자들은 '우리는 다른 사람들과 똑같은 남성[18]이다, 우리는 똑같은 인간의 원형이다.'라고 말하는 것과 다름없습니다. 따라서 이런 상상계를 해체한다는 것은 인류가 중성도 아니고 무성(無性)도 아니라, "하나님이 사람을 창조하시되 남자와 여자를 창조하시고……"라는 창세기의 첫 번째 이야기처럼 (남자의 갈비뼈로 여자를 만들었다는 두 번

---

18) homme: 영어의 man과 마찬가지로 프랑스어로 homme은 '인간'을 의미하지만, 그와 동시에 '남성'을 의미한다. 따라서 어느 여성이 '나는 인간(homme)이다.'라고 말할 때 그 진술에는 '나는 남성(homme)이다.'라고 말하는 것과 같은 모순이 내재되어 있다.

째 이야기와는 반대로) 보편적으로 '성이 있는 존재'라는 것을 의미합니다. 그러므로 어떻게 보면 차이는 양쪽 모두에 있고, '남성성'은 그 이상도 이하도 아니라 '여성성'과 동등하게 결정된 것입니다. 저는 최근에 이 문제에 관해 '여성은 남성과 무엇이 다른가?'라는 주제로 인터뷰 요청을 받았습니다. 그런데 '남성은 여성과 무엇이 다른가?'라고 묻는 사람은 아무도 없습니다. 우리는 아직도 '중성 남성'의 신화를 해체하지 못했기에 이런 상상계와 '성의 형이상학적 캐스팅'에 갇혀 있는 겁니다. 남성은 신의 형상대로 창조되었기에 정신으로 정의되고, 여성은 남성에게 자손을 주기 위해 창조되었기에 육체로 정의됩니다. 우리는 언어의 유래를 알지 못하면 현대 언어를 이해할 수 없습니다.

동수(同數)와 분할

바샤랑 남녀 동수법 개혁의 중요한 단계에 대해 말씀해주세요. 그래도 유럽에서는 프랑스가 이 법 제정에는 많이 앞서 있죠?

아가생스키 대체로 프랑스에서는 역사가 급격히 흘러갑니다. 그런데 이번에는 프랑스 여자들이 세계를 놀라게 했습니다. 1996년 시몬 베유[19]를 포함한 일군의 여성이 「동수 선언문」에 서명했습니다. 그리고 1999년 "법은 선거의 기능과 직무에 관해 남성과 여성의 평등한 접근을 돕는다."는 조항이 헌법 제3조에 추가되었습니다. 그러니까, 비록 자크 시라크 대통령의 반대로 헌법에 동수법이 명시되지는 않았지만, 입법부에 동수법을 '도와줄' 권한을 준 것이죠. 2000년에 의결된 법에 따라 시의회, 지방의회, 상원의회, 유럽의회, 코르시카의회 선거의 연기투표[20]에서 각 정당은 남성과 여성이 번갈아 취임하는 동수 원칙에 따르는 후보 명단을 제출해야 합니다. 지방의회와 인구 3,500명 이상 마을의 시의회 후보 명단 역시 여섯 명 단위로 남성과 여성이 같은 수의 정당 대표로 구성되어야 합니다. 그러니까 여섯 명의 후보 중에서 세 명은 여성이어야 한다는 거죠. 이것은 조직적으로 여성을 명단의 맨 마지막에 넣어 여성이 선출될 가능성이 낮아지게 하는 폐단을 막으려는 조처입니다. 이 규칙을 지키지 않은 명단은 바로 거부됩니다. 지역에서는 결과가 금방 나타났습니다. 2005년에 선출된 지방의원의 47.6퍼센트가 여성 의원이었으며, 2010년에는 48퍼센트였습니다.

바샤랑 그러나 국회나 도의회의 단기투표에서는 별로 효과를 보지 못했죠?

아가생스키 그렇습니다. 국회의원 선거에서 전반적으로 동수법을 지키지 않은 정당은 법규 위반에 상응하는 '국가 보조금 축소'라는 재정적 징계를 받습니다. 선거에 패한 선거구에서 많은 수의 여성이 후보자로 지원했을 가능성이 있기 때문에 그 금액은 입후보자와 여성 선출자의 수에 따라 계산됩니다. 그런

---

19) Simone Veil(1927~): 프랑스의 여성 정치가. 유대인 학살을 피해 살아남은 그녀는 법무부의 고급 공무원으로 지내다가 1974년 보건부 장관에 임명되었다. 1975년 의회에서 임신중절을 합법화하는 '베유 법'을 통과시켰다. 이후 유럽의회에서 최초의 의장이 되었으며 발라뒤르 정부에서 사회·건강·도시부 장관을 거쳐 헌법위원회 위원을 역임했다. 2010년 아카데미 프랑세즈 회원으로 선출되었다. 베유 법은 특히 343 선언과 331 선언의 영향을 받은 좌파 연합의 지지에 힘입어 제정되었다. 이 법 제정을 두고 의회에서는 격렬한 논쟁이 벌어졌으나 수많은 우파 의원의 반대를 누르고 좌파 의원 대부분의 찬성표가 주효했다. 이처럼 1975년 1월 17일 베유 법이 선포되자 일정한 조건을 갖춘 낙태가 허용되었다. 입안자 시몬 베유의 이름을 따서 정해진 이 법은 피임 금지법을 무효화하고 경구 피임약 복용을 합법화한 1972년 뇌위르트 법을 보강했다. 베유 법 제정으로 특수하고 규정된 조건하에서 의학적 임신 중절이 가능해졌다.

20) Vote with plural entry: 한 선거구에서 여러 명의 의원을 뽑을 때 한 장의 투표용지에 정원 수대로 피선거인의 이름을 적어 기표하는 방식으로 대부분 대선거구제의 소수대표제에서 채택한다. 반면에 단기투표(Vote with single entry)는 한 장의 투표용지에 한 사람의 피선거인 이름만 적어 투표하는 방식이다.

데 정당들은 대체로 충분한 수의 여성을 추천하기보다는 벌금형을 선호합니다! 2007년 국회에 선출된 여성 의원은 18.5퍼센트에 불과했습니다. 동수법 관측소에 따르면 이것은 니카라과와 적도 기니 사이의 순위에 해당하는 수치입니다. 그리고 좌파보다는 우파에서 더 저항이 강합니다. 2007년 사회당 당선자의 25.6퍼센트가 여성이었지만, 중도 보수 다수 정당인 대중운동연합(UMP) 측은 14.5퍼센트였습니다. 역시 단기투표로 선출되는 도의회에 여성 의원의 수는 12퍼센트밖에 안 됩니다. 하지만 도의원과 지방의원의 직무를 연결하는 광역의원 선거의 개혁은 80퍼센트가 단기투표로, 20퍼센트가 연기투표로 선출되기 때문에 여성의 진출을 후퇴시킬 위험이 있습니다.

바샤랑 이런 추세는 상원에서도 진행되고 있는 것 같더군요.

아가생스키 한편, 여성 상원의원은 불과 22퍼센트입니다! 이 모든 정황으로 볼 때 정당들이 여성에게 문호를 개방하고 싶어 하지 않는다는 것을 알 수 있습니다. 하지만 여성은 정치에 참여할 준비가 되었고, 선거인들도 여성에게 투표할 준비가 되었으며 여성이 고위직에 오르는 것을 당연하게 여깁니다. 물론 2007년 프랑스 대선 2차 투표에서 여성 후보가 출마했고, 정부 각 기관에서 여성이 중요한 임무를 맡았다는 사실을 기억하고 있습니다. 그러나 여성의 정계 진출은 여전히 험난하기만 합니다.

바샤랑 동수법 운동을 전개하면서 소수파의 공정한 대표권은 요구하지 않는다고 비난하는 사람들도 있습니다.

아가생스키 여러 집단이 인종적·종교적 원인, 성적 성향, 신체적·정신적 결함, 심지어 나이나 외모 때문에 차별당하는 것은 분명합니다. 공화국의 역할은 이런 차별에 맞서 싸우는 데 있습니다. 하지만 모든 문명에서 인류의 절반을 차지하는 여성에게 자행되었던 역사적·집단적 차별과 사회의 소수 세력에 대한 차별을 혼동해서는 안 됩니다. 이런 차별은 '일반적'이거나 '보편적인' 것이 아닙니다. 어떤 종교나 어떤 민족은 어떤 사회에서 소수 세력이 되어 핍박받을 수 있지만, 다른 나라에서는 거꾸로 다수 세력이 되어 소수를 핍박할 수도 있습니다. 저는 다양성에 대한 배려에 반대하지는 않지만, 소수 세력의 상황은 가변적이라는 사실에 주목해야 한다고 생각합니다. 하지만 남성 대 여성의 이분법은 항구적이죠.

바사랑 만약 남성과 여성이 공적 공간을 공유하는 법을 터득한다면, 여러 소수 그룹이 사회에서 각각 자기 자리를 찾는 데에도 도움이 될까요?

아가생스키 네. 그렇게 되면 모두 함께 산다는 것이 서로 다른 모든 특성을 짓밟는 것이 아니라는 사실을 이해하는 데 도움이 될 겁니다. 한 나라에서는 모든 구성원에게 같은 언어, 같은 법이 통용되는 것이 당연한 일입니다. 하지만 이것은 반드시 하나의 종교, 하나의 생활 방식만이 존재해야 한다는 뜻은 아닙니다. '혼성'이나 '다양성'을 인정하는 것은 극도로 위험한 '순수성'이나 '통일성'에 대한 환상을 거부하는 길이 되겠죠.

바사랑 동수법은 임시 전략인가요?

아가생스키 글쎄요. 철학적 사고는 어느 순간의 현실을 명료하게 이해할 수 있게 해줍니다. 철학은 분석의 도구이며, 행동의 수단이 됩니다. 동수 개념은 새로운 민주적 이상으로 인정되었습니다. 여성이 정치에서 배제된 국가는 민주 국가가 아닙니다. 미래에 진정한 혼성 사회, 평등 사회가 이루어진다면, 동수 전략은 필요하지 않게 되겠죠. 하지만 그런 사회가 오려면 아직 멀었습니다.

혼성 만세!

바샤랑 그런데 여성이 정치권력을 획득하면, 영혼을 잃어버리게 되지는 않을까요? 생명을 보존하거나 약한 자를 보호하는 것처럼 오랜 세월 여성이 보여준 덕목들과 멀어질 우려가 있지 않습니까?

아가생스키 저는 전혀 그런 걱정을 하지 않습니다. 여성이 '여성으로 남고 싶어 할' 필요는 전혀 없습니다. 여성에게 잠재력이 있다면, 그 잠재력은 새로운 영역에서 개발될 것입니다. 남성 화가, 남성 작가, 남성 영화인은 '나는 남성의 작품을 만들 거야.'라고 생각하지 않습니다. 그것은 선험적으로 규정된 본질이 아니라 각자의 경험에 따라 이루어집니다. 제 생각에 가장 좋은 방법은 그것에 대해 생각하지 않는 것입니다. 각자는 자신의 개인적인 특이한 경험과 이 경험의 공통적이고 객관적인 부분에 의지합니다. 성은 개인적인 것이 아닙니다.

바샤랑 사람들은 여성이 정치판에서 '여성적 매력'을 이용한다고 비난합니다.

아가생스키 그러면 왜 안 되죠? 남성 역시 여성에게, 그리고 다른 남성에게 자신의 매력을 발산합니다. 그리고 정치 활동이나 업무에서 누구나 똑같은 방식으로 매력을 발산해야 하는 것은 아닙니다. 예를 들어 패기가 중요하다고들 하지만, 여성에게도 패기는 부족하지 않습니다. 저는 '단일한 성으로 구성된' 집단은 위험을 내포하고 있으며, 혼성 집단이 문명을 전파한다고 생각합니다. 정치판에서 여성은 남성보다 개성이 강하고, 자신의 생각을 거침없이 말하기에 남성 동료의 화를 돋우기도 합니다. 여성이 남성보다 단결심이 부족하지만, 그 자유분방함이 오히려 유리한 요소로 작용할 수 있습니다. 여성은 좌우 대립을 초월하는 몇몇 사안의 다양한 특징에 더욱 민감합니다. 그들은 남성이 주도하는 게임의 규칙을 알고 정치에 입문했지만, 그 규칙을 변화시키는 데 이바지할 수 있습니다.

바샤랑 여성 집단과 남성 집단을 비교해볼 때 지도자를 더 잘 추종하는 쪽은 남자들이라고 보시나요?

아가생스키 남성 집단은 영주와 가신, 지도자와 추종자를 만들고, 가신과 추종자는 그들의 우두머리에게 무조건 복종합니다. 예전의 정치, 군대, 경찰, 수도회처럼 철저히 남성적인 환경에서는 극단적으로 파시즘에서 볼 수 있는 것과 같은, 매우 위험한 집단 복종 행위가 일반화합니다. 제가 앞서 말했던 '동지애'를 떠올려보세요. 남성 집단은 지도자와 전쟁을 중심으로 형성됩니다. 이런 현상은 폭력적인 대결이 문명화한 형태인 운동 경기에서 흔히 목격할 수 있습니다. 과열된 응원이나 지나친 팀워크를 관찰하는 것만으로도 충분히 알 수 있죠. 원래 지배와 복종의 관계는 남성과 여성의 관계가 아니라 남성과 남성의 관계, 즉 남성 사이에서 확립된 관계입니다. 남성 지배자는 남성과 여성을 복종시키고, 지배당한 남성은 특히 여성을 지배함으로써 자신의 나약함을 보상받으려고 합니다. 성차별주의와 파시즘은 상관성이 매우 큽니다. 남자아이들이 떼를 지어 여자아이를 학대하는 것은 다른 남자아이들로 하여금 자신을 존경하게 하는 방식이며, 자신이 '계집애'가 아니라 '지배자'라는 것을 보여주는 수단입니다.

바샤랑 그렇다면 철저히 여성적인 환경에서는 어떤가요?

아가생스키 집단 히스테리, 광신적인 여성 극단주의 등 여성을 폐쇄된 환경에 고립시키는 것이 얼마나 위험한 일인지를 보여주는 사례로 교조적인 수녀원 생활을 들 수 있겠죠. 1986년 알랭 카발리에 감독의 영화 「성녀 테레사」[21]가 생각납니다. 여성도 동성끼리만 있으면 얻을 것이 없습니다. 하지만 남성과 달리 여성에게는 집단적이고 파괴적인 폭력 성향이 없다는 것이 제 생각입니다.

바샤랑 이 대목에서 2004년 미군이 이라크를 침공했을 때 아부 그라이브 교도소에서 포로를 고문했던 미국인 여군 린디 잉글랜드 일병의 사례를 언급하는 사람도 있을 텐데요?

---

21) Thérèse: 실화에 바탕을 두고 수녀들의 의식과 수녀원의 생활 방식, 수도자의 고행 방법을 보여준 영화. 주인공 테레사는 어린 나이에 주위의 만류를 뿌리치고 먼저 수녀가 된 두 언니를 따라 수녀원에 들어간다. 아무 불평 없이 수녀원의 온갖 궂은일을 하며 예수님을 본받는 성스러운 생활로 수녀 사이에서조차 따돌림을 받은 테레사는 결국 힘겨운 노동과 영양실조로 폐결핵에 걸려 고통받다 죽는다. 그녀가 죽은 후 테레사의 일기가 책으로 출간되어 여러 나라 언어로 번역되었다. 그녀의 묘지는 순례지가 되었으며, 1925년에 시성식을 올려 성인으로 선포되었다.

아가생스키 하지만 이런 사례는 예외적입니다. 테러를 하거나 살인을 저지르는 여성, 성폭력을 휘두르는 여성도 있습니다. 하지만 얼마나 많은 여성이 살인자, 소아성애 도착자, 강간범에 속할까요? 예외적인 경우를 가지고 여성의 성향 자체를 문제 삼을 수는 없습니다. 성 차이를 정의하거나 확정하려는 시도는 성 차이를 부정하려는 것만큼이나 무의미한 일입니다. 그와 반대로 저는 혼성을 통해 문명의 발전을 기대할 수 있다고 확신합니다. 전쟁과 죽음보다는 생명에 관심을 기울이는 여성적인 면으로 남성의 공격성을 교정할 수 있습니다. 우리는 모두 함께 살아야 한다는 사실을 받아들여야 합니다.

6장
—
부부의
재발견

인간은 여전히 포유동물이다

바샤랑 선생님은 인간의 공적 생활에 진정한 혼성이 필요하다고 주장하십니다. 그렇다면, 사생활이나 성생활에서 혼성은 어떤 의미가 있나요? 피임이나 인공수정 등 과학 기술의 발달에 따라 달라진 남성과 여성의 역할 자체를 다시 검토해야 하는 것은 아닐까요?

아가생스키 우리가 동수 문화를 말할 때에는 대체로 의무의 분담, 직업과 지위에 대한 공평한 기회 등 '평등'의 문제를 생각합니다. 그러나 육체와 육체의 기능에 관한 문제를 논의할 때 우리는 불균형의 영역에 있다는 사실을 곧 알게 됩니다. 분명한 점은 남성과 여성의 육체 능력이 같지 않다는 것입니다. 이 불균형을 고려하면서 자유와 평등을 향한 노력을 계속하는 것이 관건입니다. 엄밀한 의미에서 성의 차이는 생식과 성생활과 관계가 있습니다. 플라톤은 성의 차이가 '세대와 관계된' 것이라고 했습니다. 각 개인은 성을 즐기고, 이성 또는 동성에 대한 욕망을 어떻게 해결할 것인지를 스스로 결정할 수 있습니다. 하지만 아이를 얻으려면 여전히 남성 세포와 여성 세포가 있어야 합니다. 우리는 암컷이 체내에서 아이를 만들고 수컷은 체외에서 아이를 만드는 포유동물입니다. 그런데 실제로 과학 기술은 이런 차이를 염두에 두지 않고 인간의 육체를 점점 더 변화시켰습니다. 육체에는 역사가 있습니다. 서양에서는 여성이 임신을 조절하면서부터 두 성의 육체가 유사해졌습니다. 여성의 육체도 남성의 육체도 변했습니다. 기술의 발달과 평등 덕분에 노동에서 성의 구분은 약해졌고, 육체는 고된 노동에서 벗어남과 동시에 운동을 즐기게 되었죠.

바샤랑 운동에서는 남성과 여성이 동등할 수 없죠. 예를 들어 고강도 훈련이 미혼 여성에게 무월경, 조기 골다공증 등 여성 특유의 질병을 유발한다는 사실도 알려졌죠.

아가생스키 운동에서는 남성과 여성이 동등하지 않습니다. 따라서 그들은 같은 경기에 함께 참여하지 않습니다. 또한, 운동이 원인이 되어 발생할 수 있는 부상의 성격도 서로 다릅니다. 남녀평등에 대한 요구는 모든 면에서 남녀가 똑같아지기를 바라는 것이 아닙니다.

바샤랑 의학, 특히 외과학이 육체를 점점 더 변형시켜서 이제는 이런 차이를 가볍게 여기게 되었죠.

아가생스키 의학은 성전환, 다시 말해 성적 조건을 변화시키는 데까지 성의 차이를 조정했습니다. 그렇지만 저는 인간이 죽음을 피할 수 없듯이 성을 근본적으로 피할 수 없는 것으로 생각합니다. 우리가 이미 앞서 언급했듯이 양성인은 이 사회에서 살아가기가 매우 어렵겠지만, 이처럼 희귀한 몇 가지 사례 때문에 이 문제를 재고할 필요는 없습니다. 실제로 성을 변화시킬 수 있다는 생각은 몇몇 의사의 속임수로 보입니다. 자신의 성, 자신의 육체 때문에 고통스러워하는 사람들이 있다는 사실을, 저는 절대 부인하지 않습니다. 사람들의 이해를 구하기 어렵고, 치료하기는 더욱 어려운 격렬한 정신적 고통도 있습니다. 하지만 그것을 외과 수술로 해결할 수 있을까요? 사실, 수술 후의 변화는 피상적입니다. 그렇습니다. 분명 한계가 있지만, 수술하거나 호르몬 요법으로 남성 혹은 여성과 더 비슷해질 수는 있습니다. 하지만 그것이 얼마나 어려운 일이고, 성의 차이가 얼마나 끈질긴 것인지 우리는 잘 알고 있습니다. 그뿐 아니라 성전환 수술은 그들을 불임으로 만듭니다. 외과학은 유방의 겉모습을 만들고, 심지어 질을 만들 수도 있지만, 외과의들이 만든 남근은 발기하지 않습니다. 안에 딱딱한 뼈대를 삽입해놓아서 늘 경직되어 있거나, 필요한 경우에 기구로 공기를 주입해서 부풀려야 합니다. 성전환자들은 환상이 낳은 성의 이미지, 성의 표상에 설득당한 사람들입니다.

바샤랑 성형외과, 특히 인체의 외형을 다루는 외과에서는 성적 조건을 급격히 변화시키지 않고도 남성이든 여성이든 육체를 변화시킬 수 있잖습니까?

아가생스키 정직한 의사들은 이 분야에서 만족도를 포함하여 수요의 타당성을 분석한다는 것이 매우 복합적인 문제라는 사실을 인정합니다. 육체를 변화시키는 것이 사회적 소외나 압박을 피할 수 있는 피난처는 아닙니다. 이런 압박은 늘 개인에게, 특히 여성에게 강제되는 미적 규범으로 작용합니다. 육체가 그 사람의 이미지를 대변하는 사회에서는 늙거나 뚱뚱해서는 살아가기 어렵습니다. 지금 우리 사회는 오래전부터 내려온 방식의 강요보다 더 엄격한 모델이 거의 폭군처럼 지배하고 있습니다. 건강과 아름다움은 건강을 유지하거나 신체 부위의 살을 빼는 데 사용하는 모든 종류의 기구는 물론이고, 성형외과 시장을 포함한 화장품 시장, 준의약품 시장, 의료보조기 시장과 같은 매우 영악한 시장이 조작하는 상품입니다. 사회는 개인에게 자신의 육체를 경쟁력 있고, 튼튼하고, 섹시하고, 미적으로 완벽한, 더 나아가서 민족적으로 교정된 육체로 만들라고 강요합니다. 프랑스 파리만이 아니라 세계 곳곳에서 최고의 사회적 신분 상승을 기대하는 사람들에게 검은 피부를 희게 하는 위험한 제품들이 엄청나게 팔리고 있습니다. 반면에 자외선 태닝 기계를 이용해서 흰 피부를 검게 만드는 위험한 시술도 성행합니다. 한편으로는 백인 중심주의, 다른 한편으로는 지배 계급의 미적 기준이 개인을 압박하고 있는 거죠.

단순한 세포 제공자

바샤랑 오늘날 의학의 발전으로 남성과 여성의 육체에서 이루어지는 생식의 다양한 과정을 구분할 수 있게 되었습니다. 그렇다면 실제로 '아버지 되기', '어머니 되기'라는, 뚜렷이 구분되는 두 가지 경험을 재검토해야 하지 않을까요?

아가생스키 예를 들어 아이를 입양한 부부도 아버지 혹은 어머니가 될 수 있으므로 저는 여기서 생식의 혈연관계를 구별해야 한다고 봅니다. 부모의 책임을 다하기 위해서는 아이를 낳는 것만으로는 충분하지 않습니다. 남성과 여성은 똑같은 방식으로 생식을 경험하지 않습니다. 생명은 여성의 육체에 불시에 찾아옵니다. 태아는 여성의 몸과 마음을 변하게 하고, 여성으로 하여금 무한 책임을 지게 하는 '기생 생물'처럼 '숙주'가 되어버린 여성에게 달라붙습니다. 따라서 여성이 이 잠재적인 생명을 받아들이지 못하고 침입자로 느낀다면, 모성의 길로 들어가기보다는 낙태하는 편이 낫습니다. 실제로 수많은 여성이 임신 초기에 자각하지 못한 사이에 본능적으로 태아를 거부하기도 합니다. 반면에 아이를 출산한 여성은 이 새로운 생명의 창조자가 자신이라는 이유만으로 그 탄생에 대해 숙명적인 책임감을 느끼게 됩니다. 독일의 생태철학자 한스 요나스는 자식에 대한 부모의 책임감에서 '책임 있게 행동하는 인간의 원형'을 보기도 하죠. 그러나 남성의 생식 경험은 여성과 다릅니다. 남성은 어머니에게서 자식 사랑을 배우고, 출산과 마찬가지로 수정도 자신의 몸이 아니라 남의 몸에서 이루어집니다. 유전자 검사를 할 때까지 남성은 자신이 진정으로 생부의 역할을 했는지 결코 확신할 수 없습니다. 그래서 로마 시대에는 '아버지는 언제나 불확실하다(Pater semper incertus).'라는 속담까지 생겼죠. 이처럼 부성애는 결혼을 바탕으로 성립되는 반면, 출산은 여성을 어머니로 거듭나게 합니다.

바샤랑 앞서 우리는 피임이 생식과 관련하여 남성과 여성의 관계를 어떻게 바꿔놓았는지를 살펴보았습니다만, 현재의 의학 연구는 오히려 임신을 돕는 방법을 개발하는 데 집중되어 있죠?

아가생스키 피임은 생식과 성 사이의 연결 고리를 끊을 수 있게 해주었습니다. 다시 말해 우리는 아이의 생산과 무관하게 성관계를 즐길 수 있게 되었죠. 인공수정은 생식의 또 다른 고리도 끊어주었습니다. 즉, 성관계 없이도 아이를 낳게 된 거죠. 처음에 시험관 수정은 불임 부부의 요구에 명확하게 부합했습니다. 부부의 생식세포가 결합하게 하는 촉매 역할을 해준 거죠. 그러나 인공수정은 이미 낡은 것이 되었습니다. 남성이 불임이면 부부는 정자를 기증받아 시험관 수정을 하고, 이어서 배아를 어머니의 배 속에 이식합니다. 마지막 가능성은 여성이 자신의 세포도 아니고 배우자의 세포도 아닌 다른 세포에서 생긴 아이를 잉태하는 것입니다. 다시 말해 역사상 처음으로 여성의 육체에서 난모세포를 추출할 수 있게 되어 난모세포 역시 남성의 정자처럼 생식의 재료가 되었죠.

바샤랑 정자 기증과 난모세포 기증을 정말 같은 것으로 볼 수 있을까요?

아가생스키 아닙니다. 정자를 기증하는 데에는 위험이 없지만, 난모세포 기증은 다량의 호르몬 처치가 필요한 복잡한 과정입니다. 실제로 난모세포가 암암리에 거래되고 있는 현실에서 여성은 위험을 감수해야 하는 상황에 내몰린 겁니다. 동유럽 같은 곳에서 매음과 대리모 시장에 나와 있는 실직 여성, 가난에 시달리는 여성이 자기 난모세포를 팔고 있습니다. 제가 새롭게 주목하는 점은 이와 같은 '아이의 생산'에서 사람이 아닌 재료로서 두 성이 수태에 꼭 필요하다는 사실입니다. 생식 시장은 분명히, 그리고 특히 여성과 관계가 있습니다.

바샤랑 정자나 난모세포 기증자를 부모로 여길 필요는 없다고 생각하시나요?

아가생스키 물론이죠. 그들은 부모가 아니라 '아이를 낳아준 사람들'입니다. 육체를 생산 재료(생식세포, 난모세포와 정자, 혹은 자궁 제공자)로 여기는 아이 생산 논리는 비록 아이를 양육하게 될 법적 부모가 아니더라도 생명을 준 사람이 담당한 탄생의 논리와는 다릅니다. 아이가 자신의 부모가 아닌 제삼자에게서 태어났다는 사실을 인정할 수 있을지, 혹은 뿌리도 배경도 없이 만들어진 존재라는 사실을 받아들일 수 있을지가 문제입니다. 오늘날 우리는 때로 익명의 생식세포 기증자에게서 태어난 아이가 자신의 특징적인 모습과 닮은 사람을 애타게 찾는 상황을 목격하곤 합니다. 오늘날 대부분 유럽 국가에서는 익명의 생식세포 기증이나 생식에 관계된 기증을 금지하고 있습니다.

바샤랑 그럼, 익명 출산을 재검토해야겠군요. 프랑스에서는 임신한 여자가 아이를 익명으로 출산하고, 그 아이를 합법적으로 제삼자가 입양할 수 있죠.

아가생스키 이 법은 영아 살해를 저지할 목적으로 제정되었죠. 이것은 참으로 괴로운 문제입니다. 우리는 대부분 임신한 청소년이 출구가 없는 상황, 혹은 그렇게 느끼는 상황으로 몰린다는 것을 잘 알고 있습니다. 이 경우에 익명 출산은 한편으로 곤경에 처한 여성에게 출구가 될 수 있고, 다른 한편으로 아이를 원하는 부부에게 법적으로 입양이 용인되기에 입양 지원자들 역시 이 법을 옹호합니다. 하지만 이런 해결책은 가장 중요시해야 할 아이 자신의 출생 배경을 알 권리와 모순됩니다.

바샤랑 거기에 남녀 사이의 불균형은 없을까요? 여성은 익명 출산을 통해 자신의 모성을 부정할 권리가 있지만, 남성은 자신의 부성을 거부할 수 없습니다. 혈연관계가 DNA 검사로 증명된다면 법은 그에게 친권을 강요할 수 있죠.

아가생스키 맞습니다. 프랑스 법은 아이에게 아버지를 찾을 권리를 인정하고 있습니다. 아이가 아버지를 찾아내면 아버지는 특히 그에게 생계비를 지급함으로써 아버지 역할을 해야 할 의무가 있습니다. 몇몇 상속 사건의 예를 보면 의심스러운 친자 관계를 입증하려고 무덤을 파헤치는 경우마저 생깁니다. 여성은 익명 출산을 계속할 수도 있지만, 피임과 임신중절에 관한 권리 덕분에 이제는 각 단계에서 모권을 수용하거나 포기할 것을 선택할 수 있습니다. 이 모든 문제에서 가장 심각한 것은 생물학적 부모와 자녀 사이의 불평등입니다. 이런 점에서 정자나 난모세포 공급자의 익명 제도는 지켜지기 어렵습니다. 이것은 세포 제공자를 부모로 만드는 조처이며, 본질적으로 권리 면에서 사물과 사람의 차이를 망각한 제도이기도 합니다.

바사랑 익명의 아버지, 익명으로 출산한 어머니와 같은 '존재하지 않는 부모'를 찾는다는 것은 환상이 아닐까요?

아가생스키 자신의 뿌리를 모르는 아이들은 그 때문에 고통스러워하고 끈질기게 자신의 뿌리를 찾습니다. 하지만 익명 출산을 옹호하는 사람들은 아이가 자신이 익명 출산으로 태어났다는 사실을 알았을 때 받는 정신적 피해가 그것을 알지 못했을 때만큼이나 심각하다고 주장합니다. 정신분석학자들도 그 점을 알고 있습니다. 자신의 근본에 대해 정확히 알고 있는 사람조차도 늘 자기 근본에 환상을 품고 있습니다. 자신의 가계에 대해 환상을 품거나 미화하고, 특히 자신의 출신을 어느 명문가와 결부하기도 합니다. 각자의 상상에는 늘 어떤 조상이 있습니다. 어린아이는 동화처럼 멋진 왕족이나 요정에게서 태어났다는 꿈을 꿉니다. 어쩌면 몹시 실망스러울 수도 있는 현실을 직시하기보다 이런 상상에 빠지는 것이 아이의 심리에 더 큰 영향을 미치지 않는다고는 말할 수 없습니다. 그러나 문제는 제도입니다. 고의로 비밀과 거짓으로 친자 관계를 만들지 않고 다른 방식으로 해결할 수 있어야 합니다.

성의 차이를 부인하지 마라

바샤랑 우리가 주변에서 가끔 볼 수 있듯이 아이를 갖거나 입양하려는 동성애 부부의 의지로 친자 관계는 새로운 국면을 맞게 되었습니다. 이 문제를 살펴보기 위해서는 우선 한 가지 분명히 해둘 것이 있습니다. 선생님은 성 차이(남성과 여성)와 성 정체성의 차이(이성애자, 게이, 레즈비언, 양성애자, 성전환자 등)를 분명히 구별하셨습니다.

아가쌍스키 '성 정체성'이라는 것은 개념 자체가 위험합니다. 성은 변화하고 불안정한 영역입니다. 이것은 완전히 자유로워야 하고, 민법상 신분의 근거가 되어서는 안 됩니다. 영어로 'male', 'female'이라고 부르는 성의 구별은 비록 적절한 것은 아니더라도 식별 가능한 요소입니다. 남녀의 성이 동등한 현대 사회에서는 다행히도 성으로 사회적 활동이나 직업을 구분하는 경향은 사라지고 있습니다만, 매음처럼 피해자가 대부분 여성인 사회적 폭력의 형태는 여전히 여성의 몫으로 남아 있습니다.

바샤랑 유럽뿐 아니라 전 세계적으로 동성애자들은 차별을 겪었고, 지금도 이런 차별은 계속되고 있죠.

아가생스키 그래서 성과 관련된 모든 형태의 차별에 맞서 투쟁하는 것이 당면 과제입니다. 그러나 각자 자신의 취향과 성향을 추구하기 위해 성의 평등과 자유를 주장한다 하더라도, 성의 차이를 부인하거나, 남성과 여성이 서로 대체할 수 있다고 생각해서는 안 됩니다. 예를 들어 우리는 부모를 대체할 수 없습니다. 우리는 동성애자나 이성애자로서가 아니라 남성이나 여성으로서 아버지나 어머니가 됩니다.

바사랑 어떤 사람들은 우리를 '남성' 혹은 '여성'의 범주로 구분하는 성적인 구별이 단지 사회적 구조의 반영일 뿐이라고 말합니다. 우리의 젠더는 본성과 성에 의해서가 아니라 우리에게 역할을 부여하는 사회에 따라 결정된다는 주장인데요.

아가생스키 사실 남성과 여성의 구별과 수컷과 암컷의 구별은 다릅니다. 흔히 '젠더'라고 부르는 전자의 성은 사회생활의 여러 모습(외모, 몸짓과 행동, 위상과 역할 등)과 관련 있고, 성적(인간 조건과 함께 부여되는) 관계를 정의하는 문화적·역사적 구조에 따른 구분입니다. 후자의 성은 실제로 우리가 한시적인 생명체라는 점에 관심을 둡니다. 성징(性徵)은 생물학자 프랑수아 자콥이 말한 것처럼 인간의 한시적인 운명과 관계가 깊은 생물학적 조건입니다. 그러나 이 유성의 조건은 단순히 해부학적 구조와 같은 육체적 차이에 좌우되는 것은 아닙니다. 그것은 남성과 여성의 성관계가 생명을 번식하게 할 수 있다는 사실에 좌우됩니다. 이것은 수컷과 암컷을 구별하게 하는 생식 기능의 도식적인 구조입니다. 그런데 문화적 차이는 모두 이런 구별에서 생기지만, 탄생이나 성관계, 죽음에 사회적 의미를 부여하죠.

바사랑 선생님이 말씀하신 전자의 성 구별, 즉 젠더는 시대와 문화에 따라 달라지나요?

아가생스키 그렇죠. 그러나 그 대립 구조는 생리학적 성 구별에 의지하고 있습니다. 특히 젠더의 남성과 여성의 차이는 가장(家長) 중심의 결혼 제도에서 남성과 여성의 관계처럼 역사적으로 계급화되었습니다. 그래서 그것을 해체해야 한다는 겁니다. 그러나 성별에 따른 조건을 없애려면 성적 질서와 계급을 타파하는 것만으로는 충분하지 않습니다. 왜냐면 '이 조건으로 무엇을 할 수 있고 무엇을 할 수 없느냐'는 문제가 늘 다시 대두하기 때문입니다. 무엇보다도 성별에 따라 조건이 작동하지 않는 경험 분야와 그것이 작동하고 권력이 발생하는 경험 분야를 구분해야 합니다. 이것은 성별에 따라 개인의 성격이 결정된다는 오래된 사고와는 아무 상관 없습니다. 성격은 성이 결정하지 않습니다. 더구나 수컷과 암컷의 대립을 동성과 이성의 대립으로 대체하고 싶어 하는 것은 이론적인 부조리입니다. 성이 조건으로 작동하는 현실을 부인한다면 성적으로 중립인 인류밖에 존재하지 않게 되며, 동성 혹은 이성의 개념은 의미가 없어집니다.

바사랑 동성애 부부의 입양이나 인공수정을 허가하거나 금지하는 것은 어떤 원칙을 따르는 거죠?

아가생스키 인공수정에 대한 유일한 제한은 아이에게 유익해야 하고, 타인의 육체를 사용해야 한다는 점입니다. 예를 들어 아이에게 그가 두 여성과 두 남성의 아들 혹은 딸이라고 알릴 수는 없습니다. 알려야 한다면 거짓말을 해야겠죠! 이처럼 현실을 부정하면서 가족적, 제도적, 그리고 상징적 질서를 세우기를 바랄 수는 없습니다. 물론 역사적으로 제도는 아버지와 어머니의 위상을 정립하고, 아이와 부모에게 우발적인 관계가 아니라 법적인 관계인 '부부'를 가족으로 인정했습니다. 이런 관계는 추상적인 결정이 아니라 아이를 낳은 부부의 실질적인 존재, 아이를 낳았다는 사실을 근거로 형성됩니다.

바사랑 '전통적인 방식'의 자연 생식을 선호하는 경향이 오히려 입양으로 형성되는 친자 관계를 선택하도록 더욱 부추기는 것은 아닐까요?

아가생스키 생명공학이 우리의 상상계를 변화시켰기에 이런 질문도 할 수 있는 겁니다. 그러나 모든 성 차이에서 해방된 혈족 관계로 이행한다면, 세 명의 어머니 혹은 네 명의 아버지로 이루어진 혈족 관계가 왜 성립하지 않겠습니까? 세 명 혹은 네 명이 아이 한 명을 키울 수 있고, 부모의 개념도 두 명으로 제한되지 않겠죠. 오늘날 새롭고 자유롭게 구성된 가족의 형태에서 볼 수 있듯이 성적인 커플과 부모 커플이 반드시 일치하지는 않습니다. 그러나 친자 관계와 성행위가 분리되는 순간부터 역설적으로 동성애 커플이 부모로 재편되는 것이 과연 정당하냐는 의문이 제기됩니다. 어쨌든 이제는 개인의 성적 성향이 입양에 장애가 되어서는 안 되며, 각 개인 사이의 평등 원칙이 이 법의 타당성을 충분히 보장해야 합니다.

바사랑 오늘날 다른 사람의 난자로 수정하는 것이 과학적으로 가능해졌습니다. 그렇다면 여성끼리 아이를 가질 수 있을까요?

아가생스키 고대 그리스 문화 전문가인 장 피에르 베르낭이 그리스인의 경우를 들어 지적했듯이 남성적 상상계는 순수한 부계 유전의 환상을 품고 있습니다. 그렇다면 여성도 순수한 모계 유전의 환상을 품을 수 있을까요? 저는 이처럼 자신과 다른 성을 부정하는 데에 무슨 이득이 있는지 모르겠습니다. 한 번 더 말씀드리지만, 세포와 사람을 혼동하고, 아이를 실험실의 결과물로 바라보는 것이 과연 옳은 일일까요?

그녀의 배를 빌리다

바사랑 인공수정은 이 드라마에 정자 제공자, 난모세포 제공자라는 새로운 배우를 소개합니다. 이제는 '대리모'라는 세 번째 배우도 등장할 수 있습니다. 그것을 희망, 자유, 혹은 매음의 한 형태로 봐야 할까요? '가능하다'는 이유만으로 모든 것을 허용해야 할까요?

아가생스키 기술과 기술의 발달은 대체로 절대 권력에 대한 환상, 그리고 극도의 개인주의적 이념과 관계가 있습니다. '할 수 있는데, 하지 않을 이유가 없다.'는 논리는 흔히 유일한 증거처럼 제시됩니다. 과학은 개인에게 자유롭게 즐길 능력을 부여합니다. 하지만 어떤 기술도, 특히 의학은 직업윤리와 공동의 원칙에서 벗어날 수 없습니다. 사회 문제, 더 근본적으로 문명의 가치에 속하는 모든 문제에는 제한과 규범이 따릅니다. 과학, 기술, 윤리와 법은 서로 연관되어 있습니다. 제가 쓴 책 『조각난 육체』에서 이 문제를 언급하며 질문을 던졌듯이 대리모 문제에 관해서는 어느 한 사람의 욕구를 충족하기 위해 다른 사람의 육체를 이용하는 것을 과연 허용해야 하느냐는 의문이 제기됩니다.

바샤랑 당사자들이 합의했는데 왜 안 되느냐는 의문이 생길 수도 있겠는데요?

아가생스키 하지만 이 합의의 가치와 자유에 대해 의문을 제기해야 합니다. 대리모 원칙을 거부하는 프랑스 법은 1789년 프랑스 대혁명 때 제시되었던 가장 진보적인 원칙에 근거를 두고 있습니다. 오늘날 대부분 민주주의 국가의 이념적 바탕이 된 「인간과 시민의 권리 선언」은 "인간에게는 타인을 침해하지 않는다면 무엇이든 할 수 있는 자유가 있다."고 명시하고 있습니다. 1946년부터 프랑스 법은 개인의 존엄성을 침해하는 모든 행위를 금하고, 인간과 그 신체에 대한 존중을 보장합니다. 그런데 '예외'가 적용되는 나라가 있다고 해서, 혹은 부유한 부부가 프랑스에서 금지된 '서비스'를 외국에서 돈을 주고 살 수 있다고 해서 우리의 권리를 포기해야 할까요? '다른 곳'에서 허용된다고 해서 그것이 옳다는 의미는 절대 아닙니다.

바샤랑 하지만 혈액, 모유, 생식세포, 장기를 기증하는 행위가 인간의 존엄성을 훼손한다고 말하는 사람은 아무도 없잖습니까? 오히려 권유하고 독려하죠. 그런데 대리모가 자신의 배를 빌려주는 것은 왜 금지해야 한다는 걸까요?

아가생스키 여러 전문 병원에서 "불임으로 슬퍼하는 여자들을 도와주세요, 그들에게 생명을 주세요!"라며 기증과 선행의 논리를 앞세워 '대리모'의 정당성을 옹호하고 있습니다. 그러나 사실 그것은 생식 관련 산업에서 의료 기관이 큰 수익을 올리려는 상업적 거래의 제안일 뿐입니다. 물론 입양 부모, 대리모, 병원 등 관련자들은 '구매', '가격', '거래'와 같은 말을 절대로 입 밖에 내지 않습니다. 단지, 대리모가 임신 상태로 보내야 하는 기간과 거기서 발생하는 비용에 대한 '보상'이라는 말을 사용하죠. 그러나 분명히 대리모에게 사례금이 지급되고, 이 경우에는 아이가 되겠지만, 생산물의 판매가 이루어집니다. 부부는 가난한 나라 혹은 빈곤한 사회 계층에서 그들에게 필요한 유전 물질과 그것을 품을 배를 찾는 구매자, 곧 고객이 됩니다. 대리모는 가난하고 소외당한 여자들이 '매음'이라는 방식으로 착취당하는 것과 다를 바 없는 새로운 방식의 착취에 희생된 여자일 뿐이죠.

바샤랑 그러니까 자궁을 임대 아파트처럼 생각하는 것은 잘못이군요?

아가생스키 빅토르 위고의 『레미제라블』에서 지독한 가난에 몰려 머리카락과 치아까지 팔아야 했던 팡틴을 기억하시죠? 사람은 절박해지면 팔 수 있는 모든 것을 팝니다. 대부분 나라에서 장기를 상품화하여 거래하는 행위를 엄격히 규제하지만, 버젓이 암거래가 성행하고 있습니다. 프랑스에서는 자신의 장기를 파는 행위가 절대로 금지되어 있기에 그것을 '처분할 수 없다.'고 말합니다. 하지만 법은 '타인의 치료 목적으로' 살아 있는 사람 사이에서 장기를 '기증'하는 예외적인 경우를 인정합니다. 그래서 친족끼리는 금전적 보상 없이 장기를 기증할 수 있지만, 그렇다고 해서 도덕적 부담이 사라지는 것은 아닙니다. 법의 역할은 스스로 방어하지 못하는 사람들을 보호하고, 양심의 가책도 없는 밀매자의 희생자가 되는 것을 막아주는 데 있습니다. 법이 곤궁에 빠진 여성에게 자기 몸을 팔아 배를 빌려줄 권리를 허락한다면, 이것은 새로운 형태의 매음에 허가증을 내주는 꼴입니다.

욕망과 자아의 부정

바샤랑 '대리모'라는 수단이 어떤 점에서 매음과 비슷한지 설명해주세요.

아가생스키 돈을 받고, 게다가 제삼자의 알선으로 자신의 성을 파는 행위는 욕망을 채우려는 타인의 의지에 복종하기 위해 성욕을 느낄 자신의 자유를 포기한다는 것을 전제합니다. '타인을 위한 출산'에 자기 몸을 제공하는 대리모 역시 자신의 사생활과 존재 자체에 대한 권리를 어떤 형태로든 일정 기간 포기해야 합니다. 이것은 자아를 부정하는 행위입니다. 타인의 욕구를 채워주기 위해 자신의 육체를 도구화한다면, 그리고 타인의 이익을 위해 자신의 육체적 욕망을 포기한다면, 그것은 자아를 통째로 포기하고 타인에게 봉사하는 행동과 다를 바 없습니다. 대리모의 역할이 모호한 이유는 도구로 이용된 여성 자신의 욕망을 부정하면서 아이를 가지려는 타인의 욕망에는 복종하기 때문입니다.

바샤랑 매음을 옹호하는 사람들과 대리모를 옹호하는 사람들은 대체로 같습니다. 그들은 자신의 육체를 팔거나 빌려주는 것은 노동자가 노동 시장에서 자신의 노동력을 파는 것과 다를 바 없다고 주장하지요.

아가생스키 우리가 혐오하는 비인간적인 노동은 다른 노동과 마찬가지로 육체와 두뇌를 사용하지만, 그것을 작동하게 하는 기관의 기능을 사용하지는 않습니다. 다시 말해 폐나 심장이나 위나 생식기는 인간의 생존 외에는 다른 용도로 사용되지 않습니다. 이처럼 생리적인 면에서도 자신의 육체를 파는 행위를 자신의 노동력을 파는 행위와 같은 것으로 간주할 수 없습니다. 게다가 대리모는 직업이 아닙니다. 대리모가 되는 여성은 무엇을 해야 하는 것이 아니라 아무것도 하지 말아야 합니다. 그저 영양 상태나 건강 상태에나 신경 쓸 뿐입니다. 대리모는 저녁에 일을 마치고, 아침에 다시 시작하는 노동과는 아무 상관 없습니다. 9개월 동안 하루 24시간 내내 자신의 육체적·도덕적 존재 자체를 부정하고, 자기 몸을 타인의 욕망을 위해 '살아 있는 도구'로 바꿔야 하죠. 하루 12시간 힘들게 일하고, 자기 자신을 희생했다고 말할 수 있는 노동자에게는 여전히 노동 외에 자신이 영위하는 사생활이 있습니다. 대리모로 이용되는 여성은 그것을 노동이라고 할 수 있다면 소위 노동자가 되기 위해서 누구와 무엇과도 바꿀 수 없는 사생활에서의 출산 기능을 박탈당합니다. 배는 다른 사람의 것으로 대신할 수도 있습니다. 매음과 타인을 위한 출산은 두 경우 모두 사생활이 노동의 영역으로 들어가는 행위입니다.

바샤랑 그러면 자매, 사촌 자매, 모녀처럼 같은 가족끼리 대리모를 해주는 것은 어떤가요? 이런 경우는 거래가 아니라 기증이잖습니까?

아가생스키 이때의 기증은 실제로 더 그럴듯해 보입니다. 그러나 가족 차원에서, 특히 '근친상간'이라는 금기에 대해서 충분히 고려해보았나요? 자기 자매의 배아를 잉태하려면, 여성은 어떤 방식으로든 형부나 제부의 정자를 받아야 합니다. 불임 여성이 자기 자매의 난모세포를 받으면, 이들은 같은 남성의 정자와 접촉하는 겁니다. 그리고 어머니가 자기 딸의 아이를 잉태하거나 그 반대의 경우라면, 이들의 세대는 정말 혼란스러워집니다. 의학이 수단과 방법을 가리지 않고 어떻게 해서든 '아이를 갖고 싶은 욕망'을 충족해야 하는지, 의문을 던져보는 편이 낫지 않을까요? 흔히 임신이나 출산이 아니라 '남을 위한 잉태'라고 말함으로써 이런 수단을 그럴듯하게 포장하려고 하지만, 사실은 '위험을 내포한 분만'이라는 결정적인 시련을 은폐하는 방법일 뿐입니다.

나는 나의 몸이다

바샤랑 예전에는 "출산이 어머니를 만든다."고 했죠.

아가생스키 아직도 그렇게들 말합니다. 대리모는 실제로 아기를 잉태하고, 임신 때문에 모든 변화를 겪습니다. 어머니는 태아가 자기 몸 안에서 자라는 것을 느끼고, 태어날 아기는 자신을 품고 있는 엄마의 육체와 교류하면서 변화합니다. 아기는 어머니가 공급하는 영양분으로 성장하고, 어머니의 호르몬으로 뇌가 발달합니다. 임신 기간의 이런 과정 없이 태아는 결코 온전한 인간이 될 수 없습니다. 유전자가 아이를 만드는 것이 아닙니다. 요컨대 여성은 살아 있는 도구가 아닙니다. 육체에 깃들어 있는 생명은 개별적·정서적·성적 존재의 근원적인 표현입니다. 철학자 모리스 메를로 퐁티[22]가 "나는 나의 몸이다."라고 말한 것도 그런 의미겠죠.

바샤랑 이처럼 여성의 육체 체험을 부정하려는 데에는 그 체험을 다른 방식으

....

22) Maurice Merleau-Ponty(1908~1961): 프랑스의 철학자. 후설의 후기 사상의 영향을 받아 생활 세계의 현상학적 기술을 실존주의적 입장에서 기도한 저서 『지각의 현상학』을 썼다. 그는 이 책에서 인간은 본질적으로 의식하는 육체이며, 세계에 대한 인간의 실존은 육체를 통해 실현되는데 육체는 심적이면서도 자연적이며, 목적론적이면서도 기계론적이기도 한 양면적 통일이며, 우리의 육체적 경험은 우리 실존에 의존하기보다 우리 육체를 실존하게 하는 방법에 의존하고 있다고 주장했다.

로 지배하려는 의도가 있기 때문은 아닐까요? 예를 들어 임신과 출산을 여성의 실존적 영역에 남겨놓기보다는 '실험실'에 귀속시키려는 의도가 작동하는 것은 아닌지 궁금합니다.

아가생스키 그리고 성 아우구스티누스가 꿈꿨던 것처럼 '육욕'이 개입되지 않는, '죄 없는' 임신을 실현하려는 의도도 있겠죠. 그리고 인공수정이 남성 전형에 적합한 수단은 아닌지 생각해볼 필요가 있습니다. 남성에게 생식은 항상 체외에서 일어납니다. 오늘날 생명공학은 인체 외부에서 아기가 태어나는 방법을 개발하여 여성의 육체가 출산의 멍에에서 벗어날 방법을 구상하고 있습니다. 하지만 저는 태아를 인간의 몸 밖에서, 인공 자궁에서 성장하게 하는 방법을 연구하는 실제 목적이 무엇인지 궁금합니다. 이 연구에는 어마어마한 돈이 들어가는데, 도대체 누가 그 혜택을 받고 싶어 할까요? 또 아이에게는 어떤 영향을 미칠까요? 무통 분만 덕분에 출산의 고통에서 해방된 여성이 출산의 경험 자체에서도 '해방되고' 싶어 할까요? 저는 그렇게 생각하지 않습니다.

바샤랑 그렇다면 부부들은 앞으로도 계속 전통적인 방식으로 아이를 잉태하고 출산하기를 원할까요?

아가생스키 인공수정에는 쾌락이 개입하지 않습니다. 저는 여성이 남녀 간 사랑과 욕망으로 태어난 아이를 갖고 싶다는 마음을 포기하리라고 믿지 않습니다. 성적 욕망과 아이를 갖고 싶다는 두 가지 육체적 욕망 사이의 밀접한 관계를 대번에 없애버릴 수는 없습니다. 하지만 현대 기술은 결국 존재를 육체와 분리할지도 모릅니다.

두 세대를 잇는 다리

바사랑 여성은 남성과 비교할 때 생식에 대해 더 큰 윤리적 책임이 있다고 말할 수 있을까요?

아가생스키 이것은 단지 여성에게만 국한된 문제는 아닙니다. 모든 세대는 조상과 후손 사이의 '중간' 세대입니다. 우리는 물려받은 유산 중에서 무엇을 보존해야 할지를 고민해야 하는 계승자이며 동시에 다음 세대에 무엇을 남겨줘야 할지를 고민해야 하는 전달자로서 책임이 있습니다. 이것은 문화, 정치, 사상을 망라하는 무한 책임이고, 단지 자식을 낳는 부모만의 문제는 아니라고 생각합니다. 그러나 이런 맥락에서 볼 때 그동안 우리는 생명을 계승하고 전달하는 문제를 충분히 논의하지 않았습니다. 저는 이 문제가 고전 철학에서 별로 논의되지 않았다는 사실에 놀랍니다. 그러나 오늘날 수태의 신기술과 유전자 조작의 가능성 때문에 생명의 문제가 윤리적·정치적으로 매우 중요해졌죠.

바사랑 생명과 관련된 과학 기술은 개인의 자유와 사회의 선택이 서로 대립할 수 있는 갈등의 장을 열어놓기도 했죠.

아가생스키 생명공학은 인간을 '개조'하고 '제작'할 가능성을 열어주었습니다. 이제 인간은 자유롭게 자신의 육체를 변화시키는 정도를(주름 제거, 성전환 혹은 피부색 전환) 훨씬 뛰어넘어서 후손의 유전자를 계획하고, 선별하고, 조작할 수 있는 수준에 이르렀습니다. 지금까지 아이를 낳는다는 것은 아무것도 예측할 수 없는 미지의 영역에서 일어나는 사건이었습니다. 낳는 사람은 자기 권한 밖에 있는, 자기가 조절할 수 없는 생물학적 조건을 전달했고, 태어난 사람은 자신의 육체와 재능을 스스로 어떻게 할 수 없는 발달 과정에 맡길 수밖에 없었습니다.

바사랑 그런데 이제는 사람들이 아이를 '만들어내기' 때문에 그렇지 않다는 말씀이시죠?

아가생스키 인간을 낳는 것이 아니라 만들 가능성은 피그말리온[23]의 상아 조각처럼 제작자의 '작품'이 될 생명체를 정신적으로 '계획하여' 수태할 수 있게 해줍니다. 이것은 일찍이 사르트르가 인간이 사물과 달리 '계획할 수 없는 존재'라고 말했던 것과는 정면으로 대치되는 현상이죠. 그리고 독일의 철학자 하버마스가 경고한 자유주의 우생론의 발달이 불러올 위험을 예견할 수 있는 대목이기도 합니다. 이런 조작은 필연적으로 그렇게 수태된 사람의 사회적 위상과 자의식을 변화시키고, 세대 간의 평등을 파괴할 겁니다. 실제로 유전공학이 게놈에 개입하면서 출산에도 인간의 의지와 계획이 작용했습니다. 다시 말해 유전공학은 물리적으로 미래 인간의 완성된 모습을 규정합니다. 새로 태어난 아기가 조상에게서 벗어나는 방식은 자연 출산처럼 우연한 변이가 아니라, 조상의 확고한 계획에 따르게 된 거죠. 역사에서 전무후무한 이런 가능성은 우리 후손의 자유와 관련된 것이기에 가공할 책임의 문제가 제기됩니다. 예를 들어

---

23) Pygmalion: 그리스 신화에 나오는 키프로스의 왕. 키프로스의 여인들은 나그네를 박대했다가 아프로디테(비너스)의 저주를 받아 나그네에게 몸을 팔게 되었는데, 이 때문에 피그말리온은 여성에 대해 나쁜 감정을 품게 되어 결혼하기를 거부했다. 그러나 그는 뛰어난 조각 솜씨를 발휘하여 상아로 실물 크기의 여인상을 만들고 이 아름다운 여인상에 '갈라테이아'라는 이름을 붙이고 사랑에 빠졌다. 아프로디테는 이 조각상에 생명을 불어넣어 주었다.

프랑스의 실존주의는 후손에 관심을 보이지 않고 오로지 현재의 자유에 관해서만 문제를 제기했지만, 이제 우리는 그럴 수 없게 되었습니다.

바샤랑 사실, 사르트르와 보부아르는 무척 개인주의적이었지요.

아가생스키 네, 어떤 면에서는 그렇습니다. 보부아르나 사르트르에게 자유는 '나의' 자유입니다. 이것은 죽음 이후의 세계에 대해서는 아무것도 알려고 하지 않는 태도입니다. 다시 말해 생명이 태어나고, 우리가 죽은 후에도 그 생명이 계속 이어진다는 사실이 촉구하는 자기 초월적 문제에 관해서는 아무것도 묻지 않은 채 자유를 이야기하는 거죠. 우리는 그저 이 세상을 스쳐 지나가는 존재일 뿐입니다. 따라서 우리의 현재를 절대적인 것으로 간주할 수는 없습니다. 우리 뒤에 남을 후손과 그들의 자유를 인정하는 것은 자신의 죽음을 긍정적으로 받아들이는 일이기도 합니다. 그리고 이것은 자기 책임을 생각하는, 더 높고 더 넓은 삶의 방식이기도 하죠. 책임은 삶 때문이 아니라 죽음 때문에 생기는 겁니다. 저는 '인간'이라는 존재를 얼마 되지 않는 개인의 짧은 삶으로 축약할 수는 없다고 생각합니다. 모든 인간은 서로 연결된 두 세대 사이에 있는 존재입니다. 정치는 국민 사이의 수평적 관계에 관심을 보입니다만, 세대 사이의 수직적 상관성에 대해서는 충분히 심사숙고하지 않습니다. 여성에 관한 철학적 성찰이 어쩌면 이 문제를 더 많이 드러낼 수 있을 겁니다.

바샤랑 그리고 여성도 아이를 기르면서 미래 세상에 대해 성찰하게 되죠.

아가생스키 맞습니다. 물론 아이들은 자라나 그들 스스로 삶의 방식을 결정하고, 그들이 받은 유산을 자기 생각대로 활용하겠죠. 우리는 아이들을 교육하면서 우리 나름대로 그들에게 올바른 원칙을 주입해야 한다고 믿고, 또 그렇게 하고 있다고 착각할 수 있습니다. 하지만 저는 그들에게 전달할 어떤 원칙도 없다면, 아예 아이를 교육하지 말아야 한다고 확신합니다. 우리는 아이들에게 어떤 세상을 물려주게 될까요? 이것은 자신의 삶에 의미를 부여하는 본질적인 문제입니다. 자신의 삶에 의미를 부여하지 않는다면, 어떻게 의미 있는 세상을 물려줄 수 있겠습니까? 이 모든 것은 불가분의 관계에 있습니다.

민주적 성(性)

바샤랑 이제는 '하늘의 뜻'이라든가 '자연의 순리'와 같은 절대적이고 강제적인 법칙에 의지해서 집단의 선택이 이루어질 수 없는 세상이 된 건가요?

아가생스키 제가 앞서 의학 기술에 관해 이야기할 때 그 점을 언급했습니다만, 우리가 이전에 보편적인 것으로 여겼던 규범들이 이제 모두 무너져버렸습니다. 오늘날 인간은 자신에 대해 상상할 수 없을 정도로 무한한 책임을 지게 되었고, 현기증이 날 정도로 엄청난 자유에 직면하게 되었습니다. 극단적으로 말해서 인간은 이제 한순간의 잘못된 판단이 한 나라, 지구 전체를 날려버릴 만큼의 힘을 갖추고 있습니다. 생명과학 분야도 마찬가지입니다. 그래서 사회의 모든 중요한 문제에 대해 개방적이고 자율적으로 접근해야 한다는 것이 제 생각입니다. 기술적으로 가능한 것, 혹은 개인이 원하는 것을 실행에 옮길 때 윤리적 기준을 포기하는 것은 문명을 포기하는 것과 같습니다. 왜냐면 윤리를 포기한다는 것은 선, 차선, 악 등의 모든 가치를 버리는 것과 같기 때문입니다. 문명은 인간 공동의 작품입니다. 이 시대에 우리는 지금 이런 책임을 과학 기술자들에게 떠넘기고 어떤 이득을 위해 스스로 윤리적 책임을 포기한 것은 아닌지 생각해봐야 합니다.

바샤랑 지난 세기의 사회 발전은 무엇보다 개인의 자유가 확대된 덕분에 이루어지지 않았나요?

아가생스키 개인주의가 역행한 순간이 있었습니다. 개인의 행동이 사회를 경제적·제도적 파탄으로 이끌어간다면 개인만이 아니라 집단도 이에 연루될 수밖에 없습니다. 잘 아시다시피 미국인들은 무기 소지를 개인의 자유에 속한 권리로 여깁니다. 그러나 전반적으로 무기 소지가 사회에 미치는 영향은 정말 끔찍합니다. 사회와 미래 세대에 책임을 지기 위해 개인의 자유가 무한히 확장되는 것을 제한해야 합니다. 이렇게 문명은 지속적으로 개선되어야 합니다.

바샤랑 남성과 여성의 관계도 마찬가지일까요? 결정적인 발전은 없는 건가요?

아가생스키 그렇습니다. 반드시 유전되는 결정적 기득권은 없습니다. 우리는 겨우 가부장제에서 벗어났지만, 전 세계 모든 국가의 상황이 그렇지 않다는 사실을 잊지 말아야 합니다. 지배하려는 경향과 평등을 거부하려는 의도는 끊임없이 부활합니다. 따라서 늘 정신을 바짝 차리고 있어야 합니다. 어쩌면 성적인 갈등은 영원히 사라지지 않을지도 모릅니다. 원하든 원하지 않든, 조상에게서 물려받은 여성의 복종적인 상태는 지배적인 남성적 특성을 제대로 이해하지 않고는 해결할 수 없습니다. 그리고 이것은 늘 남성과 여성 사이의 문제로 귀착됩니다. 여성은 본성이 수동적이고, 여성의 육체를 이용하는 것은 당연하다는 생각을 늘 경계해야 합니다. 오늘날 세계에서 여성이 직면한 중요한 도전은 단지 가정과 정치에서 자행되는 불평등에 맞서 싸우는 일이 아닙니다. 비록 완벽한 남녀평등이 이루어지지는 않았다고 해도 여성의 정치적 권리가 꾸준히 확장되고 있고, 경제 분야에서도 여성의 지위 확보는 진전을 보이고 있습니다. 그러나 '성 산업'과 '생식 산업'에서 여성 육체의 도구화와 상품화는 점점 확대되고 있습니다. 여성은 이런 산업과 시장에서 특징적인 프롤레타리아 계급을 형성하고 있습니다. 오늘날 여성을 위협하는 것은 '초(超)자유주의'입니다.

바샤랑 시대를 막론하고 여전히 여성의 육체를 상품으로 여기는 현상을 어떻게 설명해야 할까요?

아가생스키 물론 여성이 상품화하는 현상은 시장마다 성격이 다릅니다. 하지만 모두 어떤 조건이 충족되기에 번창하고 있는 겁니다. 몇 가지를 예를 들자면 여성은 남성에게 봉사해야 할 운명을 타고난 집단이며 여성의 육체는 제삼자가 처분할 수 있는 재산이어야 한다는, 시대에 뒤떨어진 성차별주의의 상상계가 아직도 우리 사회에 끈질기게 존재하고 있습니다. 그리고 경제적 위기나 실업, 빈곤 등의 상황에서 자신의 노동력을 팔 수 없는 최하 빈곤층 여성은 자기 몸을 시장에 내다 팔고 싶은 유혹을 뿌리치지 못합니다. 그리고 무제한으로 팽창하는 시장, 인간의 육체를 포함하여 소비 상품이 될 수 있는 모든 것을 독점하는 시장의 성향도 여성 상품화의 중요한 원인입니다. 마지막으로 고객의 성적 자유와 '성 노동자' 혹은 대리모가 자기 몸을 팔 자유라는 명목의 초자유주의와 절대 자유주의의 이데올로기를 들 수 있습니다.

바사랑 결국, 여성의 상품화는 제약 없는 정글의 법칙이 지배하는 자유 시장의 문제로 귀착되는군요.

아가생스키 어떤 형태가 되었든 소외와 착취를 정당화할 때 흔히 사용하는 궤변은 '자유'를 들먹입니다. 사실, 자유를 내세워서 한쪽이 전적으로 희생되는 상황을 용인한다면, 다른 한쪽, 그러니까 성을 사는 고객의 성적 자유를 옹호한다는 것이 무슨 의미가 있겠습니까? 돈을 주고 여자를 산 사람의 쾌락은 수치스럽게도 여성이 자신의 자유를 포기함으로써만 얻을 수 있습니다. 성적 욕망이 인간의 가장 기본적인 자유에 속한다면, 그것을 살 권리가 있다는 주장 자체가 모순입니다. 그것은 심지어 육체에 대한 자율권을 존중하는 오늘날의 현행법에도 어긋납니다. 그러나 육체 시장의 경제적·사회적 조건에 눈먼 사람들은 여전히 자신의 몸을 팔 '자유'를 들어 매음이나 대리모 관행을 정당화하려고 합니다. 자기 장기를 상품화하는 것은 바로 자신의 인격을 완전히 포기하는 행위입니다. 각자가 자신에게 유익하다고 판단하면 자신을 '자유롭게' 이용하고, 종속시키고, 학대하고, 심지어 훼손하거나 고문할 수 있어야 한다고 주장하는 사람들이 있습니다. 하지만 이것은 법이 남성이든 여성이든 시민의 자유와 가치를 보장하는 곳에서는 절대로 받아들일 수 없는 생각입니다.

바사랑 21세기에도 여성의 육체는 언제든지 사고팔 수 있고, 또 종교적 이유에서 부르카 같은 베일로 완전히 가려지기도 하죠.

아가생스키 제가 『성의 형이상학』에서 「베일과 수염」이라는 장을 할애해서 이런 오래된 관습에 관해 언급한 바 있습니다만, 우리는 특히 여성의 자유에 관해서는 아무것도 확보하지 못했습니다. 부르카는 지중해 지역의 오랜 이교적 관습이 재출현한 것으로 이슬람이 탄생하기 전인 2세기에 사용하던 복식입니다. 하지만 사람들은 머리에 덮어쓰는 스카프가 기독교 여성에게도 오랫동안 강요되어왔다는 사실에는 주목하지 않고 있습니다.

바샤랑 민주주의가 여성의 권리와 양성 간에 얼마만큼의 시민의식을 보장할 수 있을까요?

아가생스키 문명이 민주적일수록, 그러니까 평등주의를 지향할수록 양성의 관계는 개선됩니다. 남성이 종속되면, 여성은 더 종속됩니다. 남성이 해방되고, 더 정의로운 세상을 향해 나아갈 때 여성도 같은 길을 가게 됩니다. '가장 아름다운 여성의 역사'에는 완만히 진행되는 여성해방의 역사만이 아니라, 남성과 여성의 노예화에 맞선 투쟁의 역사도 포함됩니다.

부부는 예술 작품이다

바샤랑 평등하지 않은 상태에서 남성과 여성의 '진정한' 관계가 가능할까요?

아가생스키 저는 그렇게 생각하지 않습니다. 여성이 자신의 의지와 자유를 실현하지 못하는 열등한 존재로 취급되고, 남성이 행사하는 힘의 논리를 피하고

자 속임수를 쓰도록 강요받는 상황에서 어떻게 진정한 신뢰가 형성될 수 있겠습니까? 여성이 아버지, 남자 형제, 남편에게 전적으로 의존하는 한, 그 관계는 완전히 잘못된 것입니다. 우리는 지금 여성의 역사를 이야기하고 있습니다만, 남성 '그리고' 여성의 역사는 최근에야 시작되었습니다. 새로운 세상은 혼성에서 탄생합니다. 저는 남성의 미래 혹은 여성의 미래가 아닌 그들이 함께하는 사회의 미래를 생각하고 싶습니다. 자유는 부부를 예술 작품으로 만들 만큼 위대합니다. 그런 사회에서는 누구도 미리 정해진 역할을 강요하거나, 강요받지 않습니다. 그래야 모두가 참여하여 각자 자신이 원하는 것, 거부하는 것, 내세우는 것을 결정하는 창조적인 사회가 됩니다. 그러려면 각자가 사생활의 진정한 혁명에 참여해야 합니다. 하지만 이런 사회를 실현하는 일은 전례가 없기에 불가피하게 어려울 수밖에 없습니다. 오늘날 부부 생활은 두 개성, 때로는 두 개인주의의 결합처럼 보입니다. 각자 자신의 일, 친구, 사회생활이 따로 있죠.

바샹 남자와 여자에게 부부 관계라는 것이 반드시 필요한지, 혹시 다른 가능성은 없는지 생각해볼 수 있지 않을까요?

아가생스키 독신도 괜찮습니다. 그것도 삶의 한 국면이니까요. 부부 사이에 필요한 양보나 중재 같은 것이 점점 더 받아들이기 어려워지는 현실에서 전보다 훨씬 많은 사람이 '황혼 이혼'을 선택합니다. 사랑이 적대 관계 혹은 증오로 변하여 결혼 생활이 가정 비극으로 돌변할 때, 우리가 스트린드베리의 연극이나 베리만의 영화에서 보았던 것처럼 부부 생활이 지옥이 될 때가 가장 위험합니다. 저는 부부 관계를 여전히 양날의 칼이라고 말하고 싶어요. 물론 두 여성 혹은 두 남성 커플을 포함해서 부부의 매력은 바로 두 사람 사이의 은밀한 유대감, 일상적인 결속에 있습니다. 배우자는 자기 존재의 영원한 증인입니다. 일상적 사건들, 평범하지만 예기치 못한 일들, 기쁨, 슬픔, 성공과 실패를 함께할 수 있는 남성 혹은 여성이 바로 배우자입니다. 누군가와 삶을 공유하면 가면을 쓰지 않고 있는 그대로의 자신을 보여줄 수 있고, 말이 없어도 가깝게 느끼고, 암시만으로도 이해할 수 있는 친밀한 공간이 형성됩니다. 성욕이나 불타는 사랑을 넘어서 부부 관계가 오래 지속하려면 무엇보다도 신뢰를 바탕으로 한 우정이 요구됩니다. 하지만 부부가 타인을 향해, 즉 가깝거나 먼 세상 사람들을 향해 열려 있지 않으면 숨이 막히고 치명적인 결과에 도달하게 됩니다. 부부는 자신들을 타인에게 이해시키려고 애쓰기보다는 거꾸로 타인을, 세상을 이해하기 위해 함께 노력해야 합니다. 이것이 부부가 이기적인 개인주의에 갇히지 않고 사랑으로 혹은 우정으로 늘 대화할 수 있는 세상을 만들어가는 길입니다.

3부. 2천 년 여자의 일생

| 미셸 페로 · 니콜 바샤랑 |

"프랑스 대혁명 시기에 새로운 정치 체제를 구상했던 시에예스는 시민에게 투표권을 부여할 때 여성을 제외했죠. 그는 대부분 문맹자였던 빈민 역시 공적인 사실에 대한 이해가 없으리라고 판단하여 참정권을 부여하지 않았습니다. 그리고 아이들, 정신병자, 외국인 역시 제외했습니다. 그러니까 여성은 이들처럼 '피동적인 시민'에 속했고 공공 영역에 참여한 활동적인 시민보다 열등한 존재였던 거죠. 하지만 이 '피동적 시민'은 대부분 그 위상이 변할 수 있죠. 예를 들어 아이는 자라서 성인이 되고, 빈민은 재산을 축적하면 글을 배울 수 있죠. 중증 환자는 병이 치유될 수 있고, 외국인은 프랑스에 귀화하면 프랑스 시민이 될 수 있죠. 하지만 여성은? 한번 여성이면 영원히 여성으로 남죠. 그러니까 영원히 정치적 권리가 박탈되는 겁니다."

미셸 페로(Michelle Perrot)
1928년생. 프랑스의 대표적인 역사학자로 현재 파리 디드로 대학의 명예교수로 재직 중이다. 노동운동의 역사에 관한 작업을 해왔고 에네스트 라브루스, 미셸 푸코 등과 함께 연구 활동을 했다. 여성의 역사와 젠더 출현의 문제 등 여성학 분야의 개척자이다.

7장
—
내적 질서

맙소사, 딸이잖아!

바샤랑 프랑수아즈 에리티에 선생은 인류가 출현한 이래 여자의 운명을 한정 짓는 일반적 성격, 다시 말해 자연적으로 명백하게 관찰할 수 있는 여성의 특징적 사실이나 여성과 관련한 뿌리 깊은 편견들을 살펴봤습니다. 또한 실비안 아가생스키 선생과는 성(性)의 차이에 대해 생각해봤죠. 이제 미셸 페로 선생과는 역사적 관점에서 바라본 여성의 이야기를 나눠보도록 하죠. 한 여자가 태어나서 죽을 때까지 삶의 각 단계가 어떻게 전개되었고 또 달라졌는지를 역사적으로 시대에 따라 살펴보자는 겁니다. 자, 이제 한 여자 아기가 태어났다고 가정해 봅시다. 시간이 흐르면서 이 여자아이의 삶이 펼쳐질 텐데, 역사적으로 볼 때 이 아이의 위상은 많이 달라지겠지요?

페로 그렇습니다. 고대 그리스·로마 시대에 아기는 인간으로 취급받지 못했습니다. 그리고 사회가 발전하면서 신생아가 급증했는데 '산아제한'이라는 개념이 없던 시대여서 그중 많은 수가 어린 나이에 사망했습니다. 당시에 '모성애'라는 것은 오늘날 우리가 알고 있는 그런 애정이 아니었습니다. 물론 고대에도 어머니는 자기 자식의 죽음을 슬퍼했지만, 신생아의 죽음을 슬퍼하지는 않았다는 사실이 전해집니다. 그러나 비록 신생아를 사람으로 여기지 않았다고 해도 아기에게는 분명히 성별이 있습니다. 저는 아기가 곧 하나의 '성(性)'이라고 말하고 싶습니다. 왜냐면 그저 하나의 '아기'가 세상에 태어나는 것이 아니라 딸이거나 아들이 세상에 태어나는 것이니까요. 사람들은 누구나 아들을 원했습니다. 딸은 아들보다 존중받지 못했죠. 에리티에 선생이 말씀하셨던 원시 시대와 마찬가지로 고대에도 출생에는 본질적인 불평등이 존재했습니다. 남자 아기와 비교할 때 여자 아기는 제대로 보살핌을 받지 못해서 늘 사망할 위험이 있었고 때로 여자 아기들은 영아(嬰兒) 살해의 희생자가 되기도 했죠.

바샤랑 역사적으로 이런 상황이 오랫동안 지속했나요?

페로 어떤 나라에서는 오늘날에도 여전히 지속하고 있죠. 인도와 중국에서는 남자 아기와 비교할 때 여자 아기의 수가 너무도 적어서 집단적인 학살을 의심할 정도죠. 서구에서는 기독교가 출현하면서 처음으로 여자 아기의 존재를 용인했습니다. 사도 바울이 '하나님 앞에서는 남자도 여자도 없다.'고 명시하면서 상황이 달라지기 시작한 거죠. 그러나 하나님 앞에서 성별 차이가 없다고 해서 서양 사회에서 여성의 위상이 달라진 것은 아니었습니다. 어쨌든 중세에는 귀족 계급의 딸들이 출생하면서 어떤 가치를 획득하기 시작했는데, 바로 여성이 교환의 매개물로 사용되었기 때문입니다. 남성이 지배하는 가문 사이에서 서로 여자를 교환하고, 동맹을 교환하고, 봉토를 교환했던 거죠. 중세 사회는 이런 식으로 작동했기에 영주는 딸이 생겼다고 불평하지 않았습니다. 그리고 심지어 너무 많은 아들을 바라지도 않았습니다. 아들의 미래를 보장하기가 더 어려웠기 때문이죠.

바샤랑 왜 아들의 미래를 보장하기가 어려웠나요?

페로 맏아들은 장자(長子) 상속권에 따라 유산을 상속받았습니다. 하지만 대부분 집안에서는 재산 분할을 원하지 않았기에 다른 아들들은 토지를 장자에게 빼앗겼죠. 이와 반대로 딸은 결혼해서 다른 가문과의 유리한 결속을 가져다줄 수 있었습니다. 그래서 딸이 태어나면 집안에서는 곧바로 혼인과 관련된 책략을 세웠습니다. 높은 자리에 있을수록 봉건 정치의 원칙에 더욱 충실하고, 혼인 정략에도 더욱 공을 들였죠. 딸이 두세 살쯤 되면 이미 정혼한 상태가 되어 비록 육체적으로는 아니지만, 남편이 분명히 정해졌던 겁니다. 그리스 사회에서는 결혼의 효과를 앞당기려고 딸이 사춘기가 될 때까지 기다려주지도 않았습니다. 그러나 이렇게 딸에게 '더 큰 가치가 부여되었다'고 해서 그 딸의 운명이 더 행복했던 것은 절대로 아니었죠. 딸은 어떤 선택도 자기 마음대로 할 수 없었고, 자기 운명에 대해 목소리를 낼 수도 없었거든요. 한참 뒤에, 17~18세기에도 여자아이에게는 여전히 가치가 있었는데, 열 살쯤 되면 가사 노동을 하거나 하녀로 일할 수 있었기 때문이었죠. 그리고 사회가 가내수공업의 형태로 산업화하기 시작하자, 여자아이는 아주 어린 나이에 남자아이들과 똑같이 노동 현장에 투입되었습니다. 집안의 가장은 남자 아기가 태어나면 여전히 자랑스러워했지만, 이제 딸을 낳아도 이전처럼 실망하지만은 않게 되었죠.

여자아이, 남자아이

바사랑 신생아의 성별에 따른 차별적인 시각 때문에 여자 아기와 남자 아기는 대우에도 차등이 있었나요?

페로 출생 이후 몇 년 동안은 성별을 구분하지 않는 경향이 오랫동안 지배적이었습니다. 여아와 남아는 함께 섞여서 양육되었죠. 서민층에서는 어머니가 아이를 돌보았고, 부유한 가정에서는 하녀와 유모가 아이를 길렀습니다. 이렇게 아이는 여자들 손에서 자랐고, 사내아이도 여자아이처럼 머리를 길게 기르고 원피스를 입었죠. 18세기 화가 샤르댕이 그린 「세탁부」에는 두 여자가 등장합니다. 화면 오른쪽에는 한 여자가 안쪽에서 빨래를 널고, 왼쪽 여자는 나무통에 빨래를 빨고 있습니다. 이 여자 옆에서 작은 의자에 앉아 있는 아이는 왼손에 헝겊 인형을 들고 있고, 오른손으로는 비눗방울을 만들고 있습니다. 아이는 헐렁헐렁한 짧은 바지를 입었고 머리가 꽤 깁니다. 이 아이는 남자아이일까요, 여자아이일까요? 샤르댕은 그가 관찰한 장면을 그대로 화폭에 옮긴 걸까요, 아니면 자신이 상상한 모습을 그린 걸까요? 어쨌든, 아이의 성별을 모호하게 그렸다는 점이 매우 흥미롭습니다.

바사랑 그렇다면 어린 시절에는 남아와 여아가 동등한 대우를 받은 것 같군요. 이런 상황이 얼마나 계속되었죠?

페로 유아의 성을 구분하기 시작한 시기는 19세기입니다. 아동 보호소나 탁아소 같은 기관이 생기면서 남아와 여아를 구분하게 되었죠. 1820년대부터 서민층의 복지에 관심을 보이는 귀족, 부르주아 부인들이 탁아소를 개설하고 운영하기 시작했습니다. 이것이 바로 오늘날 유치원의 전신입니다. 서민층 여성은 대부분 가내수공업에 종사하는 직공, 상점에서 일하는 점원, 그리고 아이를 출산하고도 재정적인 이유로 공장에서 일해야 하는 노동자들이었죠. 당시에 이들 여성은 자녀가 여럿 있으면 일을 계속하기가 몹시 어려웠습니다. 그래서 탁아소에서는 네 살부터 아이를 받았지만, 형편에 따라서는 나이가 더 어린 아이도 받았습니다. 아주 빈곤한 가정을 돕기 위해서 그랬던 거죠.

바샤랑 탁아소에서는 아이들을 어떻게 돌봤습니까?

페로 아이들에게 장난감들을 주고, 점심도 주었죠. 하지만 곁에서 돌봐 주는 일은 거의 없었습니다. 당시에 이런 기관들은 아이들을 맞이할 준비가 전혀 되어 있지 않았습니다. 대부분 계단식 강당 같은 형태의 탁아소 내부에서 아이들은 아무것도 하지 않고 그저 앉아 있었죠. 그러다 보니 불만을 표시하는 부모가 많았습니다. 어떻게 아이들을 온종일 꼼짝도 하지 않고 앉아 있게 하느냐며 항의했던 거죠. 그래서 탁아소에서는 아이들을 돌보고 놀게 해줄 궁리를 하게 되었습니다. 그 과정에서 놀이를 기준으로 남자아이와 여자아이가 조금씩 구별되기 시작했죠. 여자아이에게는 인형을 주고, 남자아이에게는 공이나 장난감 병정을 주었죠. 이렇게 놀이에 따라 아이들은 두 집단으로 나뉘었습니다. 그리고 자연스럽게 탁아소 내부 공간도 남자아이들의 공간과 여자아이들의 공간으로 나뉘었죠. 이처럼 19세기에 성별에 따른 여성과 남성의 역할에 대한 진정한 성찰이 이루어지는데 이때부터 세속인이든 종교인이든 교육자들은 여자아이에게 미래의 어머니 역할을 준비하게 하는 일에 노력을 기울이게 됩니다.

소녀의 출현

바샤랑 오랫동안 아이에게는 진정한 '어린 시절'이라는 것이 없었군요. 오늘날 사람들이 알고 있는 '소녀'라는 위상, 그러니까 이제 '아이'는 아니지만, 그렇다고 아직 '젊은이'도 아닌 존재, 자신의 놀이, 자신의 세계, 자신의 고유하고 풍부한 가능성이 있는 '소녀'라는 존재는 언제부터 인식되기 시작한 건가요?

페로 '소녀'라는 개념은 뒤늦게 출현했고, 19세기에 일반인 사이에서도 점차 분명해졌습니다. 사람들은 그때야 비로소 아이들을 이전과는 다른 시선으로 바라보기 시작했죠. 그리고 어른들은 과거에 자신이 어린아이였던 시절을 돌아보게 되었습니다. 특히 문학은 '소녀'라는 존재를 부각하는 데 큰 역할을 했습니다. 빅토르 위고는 『레미제라블』에서 '코제트'라는 소녀상을 창조하고, 19세기 영국 작가 루이스 캐럴은 『이상한 나라의 앨리스』에서 주인공 소녀를 환상적인 나라로 인도합니다. 조르주 상드[1]는 『소녀 파데트』에서 '파데트'라는 인물을 묘사합니다. 그리고 『내 인생 이야기』에서는 자신을 의식하기 시작했던 당시의 추억들을 들려줍니다. 상드는 네 살 때 부모와 함께 있던 자신의 모습을 회상하고, 자기가 가지고 놀던 인형, 장난감, 그리고 소녀 시절에 품었던 욕망

---

1) George Sand(1804~1876): 프랑스 낭만주의 시대 대표적인 여성 작가. 귀족인 아버지와 평민 출신의 어 머니 사이에서 태어났다. 본명은 뤼실 오로르 뒤팽이다. 그녀는 일찍 부모를 여의고 조모 밑에서 자라 16세에 뒤드방 남작과 결혼하지만, 성격상의 불화로 그와 별거하고 1830년 파리로 가서 '조르주 상드'라는 남자 이름의 필명으로 작품을 써서 발표했다. 신문소설 『앵디아나』를 써서 일약 유명해졌으며, 『발랑틴』, 『자크』 등 연이어 나온 소설도 호평을 받았다. 그녀는 남장 차림으로 문인들과 어울리기를 좋아했고, 그녀의 자유분방한 생활은 사람들의 이목을 집중시켰으며, 여성해방운동의 선구자로 평가된다. 특히 시인 뮈세와 음악가 쇼팽과의 모성적인 연애 사건이 유명하다. 처음에는 사회 제도의 인위성을 공박하고 자유연애를 옹호하는 연애소설을 썼으나 이후 민중이야말로 역사의 참다운 주인이라는 입장을 피력하는 사회소설, 자연 상태의 인간과 삶을 이상화하는 전원소설을 썼다. 『소녀 파데트』의 주인공 파데트는 시골에서 사랑과 관심을 받지 못하고 자라다가 나중에 숙녀로 활짝 피어나는 인물이다.

도 기억하죠. 세귀르 백작부인[2]은 소녀 독자층을 상대로 『모범적인 소녀들』을 썼습니다. 이처럼 문학 작품에서 '소녀'라는 존재의 정체성에 대한 모색이 시도되었던 거죠. 같은 시기에 '개인'이라는 개념은 사회적으로 점점 중요한 문제로 대두했고, 사람들은 프로이트가 등장하기 이전에 이미 어린 시절이 한 사람의 삶을 형성하는 데 매우 중요한 역할을 한다는 사실을 자각하게 되었습니다. 하지만 그렇다고 해서 '소녀'라는 존재의 운명을 진지하게 검토했던 것은 아닙니다. 소녀의 운명은 언제나 '미래의 아내'이며 '자식들의 어머니'가 되는 것으로 정해져 있었으니까요.

바사랑 저는 특히 교육이 '소녀'를 소외했기 때문이라고 봅니다. 수 세기에 걸쳐 소녀는 가정에서의 역할만을 염두에 두고 육성되었을 뿐, 지식에 접근할 수 없었잖습니까?

페로 그렇죠. 남자아이에게는 학문을, 여자아이에게는 예의범절을 가르쳤습니다. 남자아이는 사회의 엘리트가 되도록 교육합니다. 장래에 성직자가 되는 데 필요한 지적이고 종교적인 지식, 군인이 되는 데 필요한 군사 지식, 상인·장인·창의적인 직업인이 되는 데 필요한 전문 지식에 접근할 수 있었죠. 반면에 여자아이의 미래는 주부, 아내, 어머니로 아주 분명하게 설계되어 있었습니다. 중세 말까지 여자아이에 대한 교육은 가정에서 어머니가 맡았습니다. 그런데

---

2) La Comtesse de Ségur(1799~1874): 러시아 출생. 본명은 소피 로스토프친이다. 나폴레옹의 모스크바 침공에 공을 세웠던 그녀의 아버지는 상황이 역전되어 프랑스로 망명했으며 열여덟 나이에 아버지를 따라 프랑스로 온 그녀는 2년 뒤 세귀르 백작과 결혼했다. 하지만 가정적이지 않았던 남편에게서 별다른 애정을 느끼지 못했던 그녀는 여덟 명의 자녀에게 온 정성을 쏟았다. 그리고 스무 명이 넘는 손자와 손녀에게 옛날이야기를 들려주기 위해 글을 쓰기 시작했다. 75세의 나이로 세상을 떠날 때까지 『악동 찰스』, 『투덜이 장과 명랑한 장』, 『말썽꾸러기 소피』, 『당나귀 카디숑』 등 많은 작품을 남겼다.

의사들, 성직자들은 딸에 대한 어머니의 교육을 불신하기 시작합니다. 이들은 여자가 사회에 끼칠 수 있는 나쁜 영향, 여자의 무지, 미신, 성과 관련된 '비밀'이 어머니를 통해 딸에게 전달될 수 있다는 위험을 우려했습니다. 중세 시대에 마녀를 두려워했던 것과 마찬가지죠. 신비스러운 '육체에 관련된 지식'과 긴밀하게 연결된, 강력하고 위험한 여인상에 대한 남성의 두려움과 거부감을 드러낸 거죠. 그래서 성직자는 아이의 교육을 교회가 맡아야 한다는 결론을 내리게 됩니다. 바로 여기에서 신부가 소년을 양육하고 수녀가 소녀를 맡아 기르는 '어린이 학교'가 유래했습니다. 이렇게 해서 소녀는 여덟 살, 아홉 살이 되면 교리문답과 바느질을 배웠습니다. 그리고 17세기부터 소녀는 조금씩 읽기와 쓰기를 배우게 됩니다. 르네상스는 실제로 사회에 큰 변화를 불러왔고, 특히 글의 중요성에 주목했던 시기입니다. 그러나 가톨릭과 개신교 사이에는 커다란 차이가 있었습니다. 개신교에서는 소년과 마찬가지로 소녀에게도 읽기를 가르치는 것이 중요하다고 생각했으니까요.

바사랑 개신교도들은 그렇게 근원으로, '하나님 앞에서 모든 존재는 평등하다'는 이념으로 돌아가려고 했던 건가요?

페로 물론이죠. 개신교에서는 누구나 성경을 읽어야 하니까요. 이렇게 남녀평등의 문제에서 성 바울과 초기 교회가 연결됩니다. 비록 목사가 일요일 예배를 책임지고 있어도 성경 읽기는 단지 성직자만의 일이 아닙니다. 게다가 가톨릭 사제와 달리 목사는 기혼자이고 다른 사람들처럼 가정에서는 아버지입니다. 아버지가 없을 때 어머니가 성경을 펼쳐서 식구들에게 읽어줘야 합니다. '성경 읽기'라는 가족적이고 개인적인 필요는 개신교 국가에서 여성에게 글을 가르치는 아주 중요한 요인이 되었습니다. 따라서 여성의 교육은 개신교 국가와 가톨릭 국가 사이에서 매우 큰 차이를 보이게 되었죠. 18세기부터는 독일과 프러시아에서 소년과 소녀가 거의 평등하게 문자 교육을 받았다는 사실을 보여주는 통계 자료도 있습니다. 영국, 네덜란드, 스칸디나비아 국가들도 마찬가지입니다. 반면에 스페인, 포르투갈, 프랑스와 같은 라틴 국가, 가톨릭 국가에서는 소년과 소녀 사이의 문자 교육 수준의 격차가 매우 컸습니다. 그중에서도 이탈리아가 가장 심했죠.

교육과는 거리가 있는

바사랑 가톨릭 국가였던 프랑스에서 중세 시대에 이름을 떨쳤던 엘로이즈[3]처럼 어린 시절에 일찍이 지식에 접근했던 여류 문인들은 예외적인 사례에 속하나요?

페로 근본적으로 사회적인 차이가 있습니다. 귀족 처녀들은 학식을 갖췄죠. 그리고 11~13세기에는 여성이 점점 더 학식을 갖추게 됩니다. 수태고지를 표현한 그림을 보면 실 잣는 동정녀가 책 읽는 동정녀로 점점 대체되는 현상을 확인할 수 있습니다. 성모 마리아는 대부분 방 안에 있는 모습으로 묘사됩니다. 이런 그림을 통해 우리는 중세적인 상상계에서 처녀가 사용하는 방의 원형을

---

3) Héloïse(1090~1164): 중세 시대에 높은 학식과 재능을 지녔던 여인으로, 어학(라틴어, 그리스어, 히브리어)은 물론 여러 학문, 고전 읽기와 글쓰기에 뛰어난 재능을 보였다. 당시 유명한 학자인 아벨라르와 교환한 서신이 유명하다.

엿볼 수 있죠. 순수하고 검소한 침구, 그리고 펼쳐진 책을 볼 수 있습니다. 이렇게 모범적인 처녀, 동정녀가 책을 읽습니다. 당시 여자들에게는 결혼만이 유일한 운명은 아니었습니다. 만일 귀족 가문의 처녀가 신분에 걸맞은 혼처를 찾지 못하면 수녀원에 들어가기도 했습니다. 그리고 결혼이 예정된 처녀들도 수녀원에서 몇 년을 보내기도 했죠. 수녀원은 여자들만의 공간이었고 그곳에서 여성의 교육이 이루어졌습니다. 그곳에서 처녀들은 기도하고 책을 읽고 원고를 필사하는 등 수도원에서 수도승들이 하는 일을 모두 할 수 있었습니다. 아주 유명한 중세 수녀원장인 힐데가르트 폰 빙엔⁴은『환희의 정원』이라는 작품을 남겼는데 이 책의 모든 내용은 그녀 스스로 상상한 것들입니다.

바사랑 특권층의 처녀들은 수녀원 밖, 세속 사회에서도 지식에 접근할 수 있었나요?

페로 중세에는 거의 불가능했습니다. 그러나 르네상스 시대에는 여성에게도 지식이 개방되었죠. 그렇게 종교와 상관없이 모든 주제에 관해 글쓰기를 요구하는 여자들이 나타나게 됩니다. 루이즈 라베⁵는 선정적인 시를 쓰기도 했죠! 크리스틴 드 피장⁶은 최초로 페미니즘을 주장한 작품으로 알려진『부인들의

---

4) Hidegarde de Bingen(1098~1179): 다재다능했던 독일의 수녀. 신학, 식물학, 의학 서적을 집필했으며 수녀로서는 최초로 수도원을 건립했다.

5) Louise Labé(1520~1566): 16세기 프랑스 여류 시인. 리옹 교외에서 부유한 로프 제조업자의 딸로 태어났다. 뛰어난 미모에 고전어에 정통하고 어린 시절부터 아버지를 따라 군대에 드나들었기에 승마·검술에도 뛰어났으며 모험을 좋아하여 남장(男裝)을 하고 종군한 적도 있다고 한다. 아버지의 동업자 에느몽 페랭과 결혼하고 모리스 세브 등 당대의 시인·문인들을 초대하여 리옹의 저택에 살롱을 열었다. 시인으로서 리옹파에 속하며 페트라르카풍의 정열적이고 자유분방한 연애시를 썼다.

성채』를 집필했는데 거기서 그녀는 여자끼리 문화와 쾌락을 향유하는 공간의 풍경을 보여줍니다. 이 작품에는 글을 쓰기 위해 자기 방에서 칩거하는 여자들도 등장하죠. 17세기에는 환속한 수녀이자 철학자인 가브리엘 쉬숑[7]이 정치철학과 도덕에 관한 매우 수준 높은 글을 썼습니다. 그녀는 환속에 대한 감사의 표시로 평생 머리에 작은 베일을 쓴 것으로 유명하죠.

바샤랑 하지만 이런 여자들은 사회의 비웃음을 샀죠. 예를 들어 17세기 극작가 몰리에르[8]는 그들을 '잘난 척하는 여자들'로 규정합니다. 그리고 그들은 자신의 지적인 주장 때문에 남성들로부터 잔인하게 조롱당하지 않습니까?

페로 그녀들은 실제로 '지식이나 글쓰기는 여자가 넘볼 영역이 아니다.'라고 생각하는 부르주아 사회에서 비웃음을 당합니다. 하지만 모순되게도 상류 사회에서는 여성도 교양 있는 언어를 잘 구사해야 한다는 강요가 있었죠. 귀족 계

---

6) Christine de Pisan(1364?~1430?): 14세기 프랑스의 여류 시인 겸 소설가. 아버지는 베네치아의 유명한 점성학자(占星學者)이며 의사였는데, 뒤에 프랑스 국왕 샤를 5세를 섬겼다. 15세 때 결혼하여 25세 때 남편과 사별하고 그 후 문필로 이름을 높였다. 『발라드』를 비롯해 서간시, 『잔 다르크의 찬가와 같은 역사서』, 교육서 등 다양한 저작을 남겼으며 G. 보카치오의 영향을 받은 여성교육론 『세 가지 미덕』에서 차별받는 여성에게 정당한 지위를 부여할 것을 주장했고, 여성 경시 풍조에 대한 저항을 표출했다.

7) Gabrielle Suchon(1632~1703): 17세기 프랑스 여성 철학자이자 기독교 페미니스트이다. 집안에서 강제로 수녀원으로 보내자 탈출하여 로마에 가서 교황에게 환속을 요청했다. 이후 결혼하지 않고 혼자 살면서 독학으로 공부하고 가르쳤다. 페미니즘 메시지를 담은 여러 편의 책을 썼다.

8) Molière(1622~1673): 프랑스 고전 희극의 완성자이다. 본명은 장 밥티스트 포클랭이다. 공연 도중 쓰러져 사망할 때까지 수많은 작품을 쓰고 감독·배우를 겸해 활약했다. 종래의 단순한 희극에서 벗어나 예민한 관찰로 당시와 풍속을 무대에서 재현하고, 심리 발전을 토대로 한 성격 묘사, 무대의 조화, 이성과 양식을 존중한 자연스럽고 힘찬 표현으로 탁월성을 보였다. 루이 14세의 비호를 받았지만, 허영심 많은 아내에게 평생 시달려 고민 속에서 지냈다. 『재치를 뽐내는 웃음거리 여인들』, 『여학자들』 등 그의 작품에 경박하고, 부정하고, 위선적인 여성에 대한 조소와 저주가 많은 것은 그 영향으로 보인다.

급 처녀들은 봉건 시대 교육의 연장으로 가르침을 받았습니다. 가정교사가 귀족의 저택에 가서 귀족의 딸들에게 읽기와 쓰기를 가르쳤고, 그들은 음악, 무용, 회화, 펜싱, 승마를 익혔죠. 여성이 말을 탈 때 얌전하게 두 다리를 한쪽으로 모으게 한 것은 19세기에야 시작된 일입니다. 그러나 17세기 프롱드의 난[9]이 계속되는 동안 귀족 여자들은 남자처럼 다리를 벌리고 말을 탔습니다.

바사랑 부르주아 계급의 딸들은 전통적으로 교육과 거리를 두고 있었나요?

페로 아들에게는 장차 장사를 잘하도록 가르치고, 딸에게는 집안일을 잘하도록 가르쳤죠. 가정생활에 가치가 부여되었고, 어머니와 주부의 역할도 부차적으로 여기지 않았습니다. 이런 사실은 딸이 집안일에 전적으로 헌신해야 한다는 강요를 정당화했죠. 그리고 사회에서 의사의 역할이 점점 중요해지면서 소위 '사회적 유용성'을 기준으로 성별에 따른 역할 분리가 강화되었습니다. 의사들은 육체에 관한 진리를 말하는 전문가가 되었습니다. 그들은 여자의 몸을 무엇보다도 출산을 위한 장치로 여겼기에 거기서 성별 차이의 개념을 도출했습니다. 그들은 과학적 담론을 사용하면서 소년이 소녀보다 신체적으로 우월하다든가, 능력이 뛰어나다는 등 아주 오래된 주제를 되풀이해서 강조했죠. 이런 식으로 당시의 생물학자 뷔퐁은 그의 저서 『박물지』에서 동물의 수컷과 암컷 사이의 차이를 통해 인간 남자와 여자의 차이를 별 어려움 없이 규정한 겁니다. 그는 사자의 남성적인 면을 찬양했죠.

---

9) La Fronde: 1648~1653년 프랑스 부르봉 왕권에 대항한 귀족 세력의 최후 저항. 최초의 시민 혁명적 시도라고도 한다. 프롱드(Fronde)는 당시에 유행한 돌팔매 기구인데, 관헌에게 반항하여 돌을 던진다는 뜻으로 빗대어 쓴 말이다.

청소년기의 발명

바사랑 자, 이제 소녀를 좀 더 성장시켜보죠. 소녀는 처녀가 됩니다. 엄밀하게 말해서 완전히 성숙하기 전 단계인 '사춘기'가 시작되는 이 불확실하고 복합적인 시기, 오늘날 '청소년기'라고 부르는 이 시기를 어떻게 간주해야 할까요?

페로 고대에는 '청소년기'라는 것이 실질적으로 존재하지 않았습니다. 고대 그리스에서는 딸을 사춘기 이전에라도 혼인하게 했죠. 그리고 이 결혼을 통해 육체적으로도 결합했던 것으로 보입니다. 고대 로마에서는 결혼 연령을 거의 사춘기에 맞췄습니다. 열 살에서 열네 살 사이의 어린 신부들은 결혼하여 너무 일찍 어머니가 되었죠. 이런 관습은 또한 여성의 사망률이 증가하는 요인의 하나이기도 했습니다. 여성의 수명이 결혼 시기가 늦춰지고 산아제한이 시작되면서 현격하게 연장되었다는 사실을 자료를 통해 확인할 수 있습니다.

바사랑 교회가 여성의 결혼 적령기를 늦추는 데 공헌하지 않았나요?

페로 그렇죠. 결혼 연령이 열네 살, 열다섯 살로 조금 더 늦춰졌고 이런 사실은 눈에 띄는 진보였습니다. 그리고 시대가 변하면서 결혼 연령은 조금씩 계속 더 늦춰지게 됩니다. 이 지점에서 서구 사회와 비서구 사회는 매우 다른 방식으로 진화합니다. '처녀', '청소년'은 실제로 서양의 산물입니다. 17세기 여러 교구의 장부를 조사한 결과, 평균 결혼 연령이 23~24세라는 사실을 알게 되었습니다. 그리고 18세기가 되면 26~27세로 결혼 시기는 더 늦춰집니다. 당시에 '집안'은 더욱 큰 힘을 행사하게 되었고, 사회의 90퍼센트가 여전히 농민이었던 농촌 사회에서는 재산 상속에 더욱 신경을 쓰게 됩니다. 그리고 각 가정에서는 유산 상속으로 소유지가 분산되지 않도록 출산을 제한하려고 노력합니다. 당시에는 피임 방법이 전혀 없었기에 최선의 선택은 부부의 가임 기간을 줄이는 데 있었습니다. 그래서 여성의 결혼을 늦추게 되었고, 여성이 '처녀'라는 신분으로 잠시 독신 상태로 지내는 시기가 새롭게 형성되었던 거죠.

바샤랑 그러니까 여성의 결혼 연령이 늦춰진 것은 재산 관리를 위한 것이지, 여성의 건강이나 성숙에 대한 배려 때문이 아니라는 말씀이군요?

페로 여성의 성숙이나 미성숙 상태는 고려할 만한 문제가 되지 못했죠. 처녀의 건강 문제에 실제로 관심을 보이기 시작한 것은 18세기에 들어서입니다. 그러나 그나마도 오로지 의학적 관점에서 처녀의 생리적 기능에만 관심을 보였습니다. 의사들은 청소년기가 성 정체성의 위기를 맞는 시기라고 정의했습니다. 사실 남자아이에게 청소년기는 혼란스러운 시기죠. 아이가 '남자'로 변하는 시기이니까요. 남자아이들은 청소년기를 거치면서 발기, 정액, 수음을 알게 되고, 그렇게 자신의 성적 정체성을 인식하게 되죠. 하지만 당시 의사들이 보기에 여자아이는 이 시기를 조용히 지나갔습니다. 청소년기는 남자아이에게 격렬한 폭풍과 같지만, 여자아이에게는 조용한 변화였을 뿐이죠. 그렇게 문제가 거의 드러나지 않으니까, 의사들도 특별히 신경 쓸 필요가 없었던 겁니다.

위험한 아름다움

바사랑 수녀원에 들어가지 않은 미혼녀들에게 피할 수 없는 운명은 바로 결혼이고 출산입니다. 오랫동안 여성에게 사랑은 삶의 한 부분이 아니었고, 또 가정이나 사회에서 여성의 감정은 고려되지 않았으며, 여성의 몸 자체도 여성의 것이 아니었습니다.

페로 결혼과 임신은 여자의 의무였습니다. 사회는 여성이 이 의무를 다하지 않는 것을 용납한 적이 없습니다. 심지어 어머니마저도 사회가 정해준 고유한 위치가 있고, 전범(典範)이 정해져 있습니다. 여성의 배(腹)는 남성이 지배해왔습니다. 우선 아버지가 지배하고, 남편이 지배하고, 국가와 교회가 지배했죠. 세월이 흐르면서 여성의 배는 감시와 관리의 대상이 되었습니다. 극단적인 경우, 심지어 '공공의 소유물'이 되기도 했습니다.

바사랑 처녀는 결혼해야 하고, 그러기 위해서 처녀에게 부과된 가장 큰 의무는 '아름다워야 한다'는 거였죠.

페로 여성에게 아름다움은 당연하고도 필수적인 가치였습니다. 그리스 신화가 보여주듯이 여성은 아름답습니다. 신이 그렇게 만들었고, 또 남자를 유혹해야 하니까요. 고대 그리스 사회에서는 여성의 출산을 이후 기독교 사회에서보다 더욱 중요하게 여겼고, 결혼의 유일한 목적은 바로 출산에 있었습니다. 따라서 아름다움과 유혹의 능력은 여성에게 일종의 의무였습니다. 왜냐면 출산을 위해서는 남성을 침대로 끌어들여야 하기 때문이죠. 그래서 못생긴 여자는 사회적으로도 슬픔의 근원이고 수많은 문제의 원인이 되었습니다. 아름다움은 결혼 시장에서 교환 가치로 사용되어 아름다운 처녀들은 결혼 지참금을 면제받을 수도 있었습니다. 이를테면 재화의 가치, 여자의 가치에 덧붙여 아름다움의 가치가 시장에서 유통되었던 거죠. 그리고 부유한 남자는 재화의 가치를 축적하듯이 미녀를 선택하여 그 시대에 유통되는 이상적인 아름다움의 가치를 축적하게 되었죠.

바샤랑 시대가 바뀌면 이상적인 아름다움의 기준이 변할 텐데요. 어제 추녀였던 여성이 오늘은 미인으로 평가될 될 수도 있잖습니까?

페로 오랜 기간 사람들은 우리가 '미녀'라고 부르는 것에 더 가치를 두었죠. 튼튼한 몸, 풍만한 가슴, 떡 벌어진 엉덩이……. 이 모든 것은 건강한 아이를 출산할 장래 어머니의 잠재적 능력을 의미합니다. 서민의 여자들에게 이런 건강의 징후들은 출산만이 아니라 효율적인 노동력을 보장합니다. 귀족 여자들은 좀더 날씬할 수도 있었죠. 하지만 날씬한 몸매에 대한 강박증은 현대적인 것입니다. 아내와 어머니를 의미하는 '부인'과 처녀 사이에는 구별이 있습니다. 처녀들은 좀 더 날씬한 몸매를 선호하죠. 그러나 물론 가슴은 풍만해야 합니다. 하지만 가는 허리와 긴 다리는 남성에게 쾌락을 약속해줍니다. 그리고 복숭앗빛이 돌고, 섬세하고, 흰 얼굴을 높이 쳐줬는데 그것은 미인을 구별하는 특징 같은 것이었죠. 밭에서 일하는 여자들의 피부처럼 햇볕에 그을린 갈색 피부는 남자들이 좋아하지 않았습니다. 그리고 시선에서 매력을 발산해야 했습니다. 처녀가 남성을 너무 빤히 쳐다보면 일반적으로 남자들은 별로 좋지 않게 생각했습니다. 젊은 남자가 추파를 던졌는데 그에 대한 화답으로 여자가 수줍은 듯한

눈길을 보내면 남자는 매우 흐뭇해했죠.

바사랑 남자를 유혹하기 위해 맨살을 약간 드러내야 했나요?

페로 기원전 136년에서 5세기까지의 그리스·로마 문화와 달리 기독교 문화는 성을 죄악과 결부합니다. 여자는 아름다워야 하지만, 유혹자 이브가 전례를 보여줬듯이 여자의 아름다움은 또한 위험합니다. 여자의 몸은 욕망의 대상인 만큼이나 비난의 대상이 됩니다. 교회 신부들은 거의 '에로틱하다'고 여길 만큼 이상한 글을 썼는데 이것은 여자에게 잠재된 위험을 경고하는 글이었습니다. 교회에서는 심지어 여자를 바라봐서도 안 되고, 여자의 몸을 감추고 베일로 가리는 것이 낫다고 주장했죠. 그들은 베일 착용에 관한 이론을 장황하게 펼칩니다. 왜냐면 여성의 머리카락은 남성에게 성적 충동을 불러일으키는 만큼 아주 사악한 것으로 생각했으니까요. 실제로 당시에는 여성의 머리카락을 둘러싼 에로틱하고 선정적인 담화가 널리 퍼져 있었습니다. 규방의 여자들은 묶어서 베일 속에 감추고 다니던 머리카락을 연인이나 남편 앞에서만 풀어헤쳤습니다. 윤락녀들은 창가에서 풀어헤친 머리카락을 노출하고 남성들을 유혹했죠. 관능과 금욕의 성녀였던 막달라 마리아[10]는 그림에서 흔히 머리카락이 길고 곱슬곱슬한 모습으로 묘사되었는데 이것은 곧 여성적 아름다움을 표현한 것입니다. 예수에게 모든 것을 바치는 수녀들은 자기 여성성의 상징인 머리카락을

---

10) Maria Magdalena: 예수의 여제자이자 성녀로 '일곱 악령(귀신)'에 시달리다가 예수의 치유로 회복하여 예수의 열렬한 추종자가 되었다. 세 번이나 그리스도의 발에 향유를 바르고 죄를 회개한 여자와 동일시된다. 갈보리에서 십자가에 못 박힌 예수의 죽음을 지켜보았고, 향료를 가지고 예수의 무덤을 찾아가 요한과 야곱의 어머니 마리아와 함께 부활한 예수를 만났다.

잘라 그에게 바칩니다. '베일 착용' 의식에서 머리카락을 자르는 관례는 더 중요해집니다. 자기 머리카락을 자르지 않는 일반 여성은 천으로 머리를 덮어서 가려야 했습니다. 실제로 고대 여자들도 베일을 쓰고 다녔지만, 기독교는 '죄악'의 의미를 베일에 덧씌웠던 거죠. 다시 말해 베일은 에로티시즘과 상상력의 창작물이었습니다. 중세 시대 베일에서부터 맨머리로는 외출하지 않았던 빅토리아 시대 여자들의 부인모에 이르기까지 베일의 이면에는 반드시 가려야 하는 여성 육체의 역사, 수치심의 긴 역사가 도사리고 있습니다. 사회는 여성에게 말합니다. "죄짓게 하지 마시오. 내가 보지 못하도록 당신의 몸을 가리시오!" 그러나 죄악과 연결된 성은 여전히 '타락'을 부추겼고, 또한 문학과 미술에서 강박적인 모티프로 드러납니다.

베일에서 바지까지

바사랑 남자들은 여자를 사물 취급하면서도 거기서 대단한 예술적 영감을 얻었군요!

페로 르네상스 시대부터 모든 것이 눈부시게 꽃피기 시작합니다. 여자, 여자의 성, 환상을 자극하는 가려진 육체에 대한 표현들이 넘쳐납니다. 남자들은 여성에게 때로 가슴을 감추게 했기에 여성은 깃이 높은 블라우스를 입고 베일을 착용해야 했습니다. 그러나 때로는 관대하게도 가슴을 드러내게 했습니다. 낭만주의 시대에는 정숙한 처녀들도 무도회에 갈 때에는 가슴을 많이 드러냈습니다. 그러나 그럴 때에도 하체는 아주 긴 치마로 가렸죠. 다리와 발목은 여성에게서 지극히 관능적인 부위로 인식되었기 때문입니다. 게다가 여성의 구두에 대한 남자들의 성적 환상도 있었죠.

바샤랑 여성은 예술 작품에서 시대가 원하는 형태로 연출되어 표현되었습니다. 그러나 예술 분야만이 아니라 현실 세계에서도 여성은 여전히 사회가 원하는 대로, 유행에 따라 연출되지 않았습니까?

페로 유행은 영원한 대결의 장이죠. 한편으로 여자들은 거기서 즐거움을 느낍니다. 화장하고, 아름다운 옷을 차려입고, 보석으로 온몸을 치장하고, 때로 기상천외한 모양으로 머리를 꾸미곤 합니다. 유행의 전형은 부유한 상류층 여자들이 만들어냅니다. 그러면 서민 계급 여자들은 부분적으로나마 그 전형을 자기 것으로 만들려고 애쓰죠. 그러나 사실, 유행은 억압이고 여성의 몸을 연출하는 이념입니다. 심지어 동작이나 호흡까지도 구속하죠. 브래지어, 코르셋, 스커트가 퍼지도록 받쳐 입는 페티코트, 몸에 꼭 끼는 드레스…… 온종일 옷을 여러 차례 갈아입어야 하는 궁정에서 강요된 복식 프로토콜은 차치하더라도 여성이 유행을 따르는 것은 간단한 일이 아닙니다. 팔라틴 공주[11]는 어느 편지에서 궁정 부인들이 화장과 치장에 끝도 없이 시간을 보내며 자신을 고문하는 우스꽝스러운 광경을 묘사한 적이 있습니다. 그녀는 아이를 낳긴 했지만, 남편이 동성애자라는 사실을 알고 있었죠. 그녀는 뚱뚱하고, 우아함과는 거리가 멀

---

11) Elisabeth Charlotte, Prinzessin von der Pfalz(1652~1722): 팔츠 선제후 카를 1세 루트비히의 장녀로 오를레앙 공 필리프 1세의 두 번째 아내가 되었다. 동성애자인 남편과는 사이가 좋지 않았으나 전처 헨리에타가 낳은 자식들과는 원만한 관계를 유지했고, 루이 14세의 애첩 라 발리에르 공작부인이 낳은 아이들도 길러주었다. 독립적이고 총명했으며 철학자 라이프니츠와 학구적 서신을 교환하는 등 다양한 상대에게 6만 통에 달하는 서간문을 썼기에 '잉크의 바다'라는 별명을 얻었다.

었기에 마음대로 옷을 입고, 음식도 실컷 먹을 수 있었다고 합니다. 실제로 그녀는 이 모든 규범을 버렸습니다. 그러나 궁정에서 유래한 복식 의무는 곧이어 부르주아 사회에도 강요되었습니다. 19세기 상류 사회 여성은 오전 열 시에 쇼핑을 하러 가고, 오후 두 시에 사교 모임에 나가고, 다섯 시에 자선 바자에 참여하고, 저녁에 남편과 오페라에 갈 때 매번 똑같은 옷을 입고 있을 수 없었습니다. 부유한 남편은 자기 부인에게 의복 규범을 지키라고 강요합니다. 만약 그렇지 않으면 아내를 부양할 재산이 없다는 모욕적인 말을 들어야 했기 때문입니다. 여자들에게 이것은 강박적인 의무가 되었고, 당시 여자들의 편지와 일기는 이에 대한 불평으로 넘쳐납니다.

바샤랑 이런 제한 외에도 바지처럼 더 '자유로운' 차림이 진짜 논쟁의 주제가 되지 않았던가요?

페로 의복은 사회의 근본적인 쟁점입니다. 규율을 따르지 않고, 특히 감춰야 할 것을 드러내면서 반항하는 여자는 늘 문젯거리가 되었습니다. 그러니까 여자는 남자라는 표식인 바지를 입어서는 안 되었습니다. 그것은 남성의 역할을 침해하는 행위였으니까요. 이런 당돌함은 절대로 용납되지 않았습니다! 19세기 파리 경찰서장은 바지를 입을 필요가 있는 여자는 미리 서면으로 신청서를 제출하게 했습니다. 자연 속에서 마음에 드는 장소를 찾아 이젤을 세우고 동물 그림을 그리고 싶었던 여성 화가 보뇌르[12]는 신청서를 제출해서 바지를 입어도 된다는 허가서를 6개월마다 갱신해서 받아야 했습니다. 조르주 상드는 허가 없이 바지를 입었다가 파리 전체가 떠들썩하게 물의를 일으켰죠.

바샤랑 조르주 상드는 전통적인 규율의 굴레를 벗어난 예외적인 여성으로 남아 있습니다. 대부분 여성은 의상을 통해 사회 질서에 복종합니다. 우리가 이야기하고 있는 '결혼할 만한 처녀들' 역시 선택권이 없었겠죠?

페로 실제로 처녀는 아버지가 좋은 혼처를 찾아줄 수 있게 자랑스러운 딸이 되어야 했죠. 19세기에는 '좋은 처녀'라는 것에 대한 명확한 개념이 있었습니다. 처녀는 백옥처럼 희고 정결해야 했습니다. 처녀는 분이나 향수도 바르지 말아야 했고, 남의 이목을 끌지도 말아야 했고, 향기를 풍기지도 말고 무색무취한 상태로 자기 아버지의 선택에 복종해야 했습니다.

결혼 계약

바샤랑 자기 딸의 결혼에 동의하면서 아버지는 결혼 전략, 집안의 이해관계, 재산의 관리 같은 것들을 먼저 생각하겠죠. 그렇다면 딸 자신은 언제 자신의 결혼에 동의하게 되죠?

페로 딸은 결혼식을 주재하는 성직자 앞에서 자신의 결혼에 동의합니다. 결

---

12) Rosa Bonheur(1822~1899): 19세기 프랑스 여류 화가. 동물 그림을 전문으로 그렸다. 어린 시절 생시몽주의자이자 화가였던 아버지 오스카 레몽 보뇌르에게 그림을 배웠고, 루브르 미술관에서 니콜라 푸생 등 유명 화가의 동물 그림을 모사했다. 이후 동물 그림을 그리기 위해 농가에 머물며 가축을 연구하거나 도살장에서 동물의 해부학적 특성을 공부하기도 했다. 일찍이 여성의 권익을 주장했고, 남장을 하고 다니며 미국 여성 화가 애너 엘리자베스 클럼크와 동거하는 등 페미니즘의 선구자로 간주되기도 한다. 여성으로는 처음으로 레지옹 도뇌르 훈장을 받았다.

혼에 두 사람의 동의가 반드시 필요하다는 생각은 교회에서 유래했습니다. 초기 기독교 시대에 시작된 것이 아니라 중세에, 특히 12세기에 자리 잡았죠. 교회는 귀족들과의 관계에서 세력을 강화하기 위해 그들의 결혼에 개입했고, 결혼을 파기할 수 없는 성사(聖事)로 만들어 결혼에 확고한 지위를 부여했습니다. 그리고 이 혼인 성사를 하기 위해 부부의 동의를 요구했죠.

바샤랑 처녀의 결혼 동의는 실질적인 것인가요, 아니면 그저 원칙적인 요식 행위에 불과한 것인가요?

페로 단지 원칙적일 뿐 아니라 자주 강요되었죠. 왕은 말할 것도 없이 가문의 대표인 영주는 자기 마음대로 딸을 결혼시켰고 딸의 의견 따위를 묻는 일은 없었습니다. 그럼에도, 교회는 '자유 동의의 원칙'을 주장했죠. 권력 투쟁의 맥락에서 보면 그 덕분에 교회는 여자들의 지지를 받을 수 있었습니다. 여자들은 지식과 문화에 접근하면서 교회가 도입한 동의 절차를 자신의 권리로 만들었습니다. 다시 말해 아버지는 딸을 결혼시키려면 신중하게 행동하게 되었습니다. 딸에게 유리한 제의를 하고, 딸이 첫 구혼자를 거절하고 두 번째 구혼자를 거절하는 것까지 용인했습니다. 거절을 세 번까지 용인해주지만, 그다음에는 수녀원으로 보냈습니다. 이렇게 딸의 결혼 동의는 더욱 일관적이 되었습니다. 딸이 남편감을 선택하지는 않지만, 거부할 수는 있었죠.

바샤랑 농부 집안도 상황은 마찬가지였나요?

페로 농부의 딸은 귀족이나 부르주아의 딸처럼 결혼이 미리 예정되지는 않았습니다. 따라서 자유롭게 연애할 여지가 좀 더 많았죠. 그럼에도 선택은 한정되어 있었습니다. 농부들은 같은 지역 사람끼리 결혼했는데 이런 규범이 젊은 이들을 구속했죠. 인구 조사가 시작된 이래 통계를 보면 사회적·지리적으로 동족(同族) 결혼이 상당히 흔했다는 사실이 확인되었습니다. 여기에는 결혼 전략도 한몫했죠. 혼사를 정할 때 가까운 곳에 있는 집안의 자식에게 딸을 출가하게 해서 소유 경작지를 넓혔던 거죠. 서민층으로 뒤늦게 등장한 노동자 계급에서도 결혼 계약은 관습이 되었습니다. 노동자 계급의 '귀족'이라고 할 금속제련공은 자기 딸이 단순노동자와 결혼하는 것을 반대했습니다. 결혼 상대 남자의 조건이 더 좋거나 적어도 동등해야 했죠. 무도장에서 연애 상대를 만나는 젊은 노동자들도 있었습니다. 그곳에서 청년들은 저축한 돈도 조금 있고, 어려서부터 집안일을 배운 덕에 가사를 잘 꾸려갈 수 있는 가난한 하녀를 만나기도 했죠.

바샤랑 양가 부모는 지참금 문제를 두고 흥정도 했나요?

페로 물론이죠. 재산이 전혀 없는 경우가 아니라면 계약서 작성과 공증은 결혼의 핵심적인 과정이었습니다. 아버지가 자기 딸을 결혼시키고 집안에 유리한 계약을 맺고 싶다면 사위가 자기 아내를 부양하는 데 필요한 비용, 그러니까 상당한 지참금을 가져가게 하는 것이 유리했습니다. 토지건 금전이건 지참금이 빈약할 때에는 결혼할 여자가 갖춘 장점으로 보충할 수도 있었죠. 중산층 처녀가 괜찮은 가정에서 자라서 살림도 잘하고 근면하다고 알려지면 이런 장점이 금전적 가치로 환산되었던 겁니다. 그리고 생활이 풍족해질수록 아름다움과 외모의 역할이 점점 더 중요해졌습니다. 18세기 도시의 놀라운 발달과 인구의 증가로 집 밖에서 이루어지는 사교 활동도 늘어났고 배우자 선택의 폭도 넓어져서 부유한 남자는 잘 자란 예쁜 처녀를 골라서 자신의 위상을 드높이곤 했습니다. 이처럼 집안보다는 개인적인 측면이 점점 더 중요해지면서 결혼을 결정하는 요소들도 더욱 복합적으로 변해갔습니다.

바사랑 그러나 결혼은 집안의 일이지, 개인이 결정할 문제는 아니었죠.

페로 맞습니다. 결혼에는 개인의 요구보다 집안의 이익에 더 큰 비중이 실렸죠. 중세 귀족 계급에서는 결혼과 관련해서 봉토의 이익이 가장 큰 관건이었습니다. 그리고 부르주아 계급에서는 상업과 사업적 이익이 관건이었죠. 18~19세기에는 자본주의 발전이 가문 사이의 결합을 통해 이루어집니다. 부모들이 자식을 정략적으로 결혼시키면서 광산, 공장, 은행 등이 서로 결합하는 거죠. 1880년대 슈나이더 집안의 한 남자가 여배우와 사랑에 빠져 결혼했다가 가문에서 추방당한 사례도 있습니다. 그는 가업의 이익에 공헌하지 않았기에 가문 전체의 위상을 실추시켰던 겁니다. 열정이니 사랑이니 하는 것들은 그저 한순간에 불과하고, 가문과 이익은 영원하다고 믿었던 남자들은 사랑 없이 여자와 결혼하고 감정적인 보상을 혼외 관계에서 얻을 권리가 있었습니다. 앞서 에리티에 선생이 말했듯이 남자들의 성 충동을 '억제할 수 없는 것', '당연한 것'으로 여겼기에 사회에서 혼외 관계는 문제시되지 않았습니다. 여성은 '남자 없이'도 살 수 있는 존재로 간주했고, 혹시라도 여자가 혼외정사에서 아이를 낳으면 그 존재는 철저히 부인되었습니다. 따라서 여성은 엄격한 감시 아래서 살아갔습니다. 남성이 지배하는 사회는 어릴 때부터 여성을 양성하고, 모델에 맞춰 빚어내고, 몸과 감각, 상상을 통제해서 정숙하고 덕성 있는 처녀와 아내를 생산했던 거죠. 그리고 결혼과 출산에 필요한 지식 외에는 아무것도 가르치지 않았습니다. 남녀 사이의 모든 불평등은 역할과 신체에 대한 이런 사고방식에서 비롯합니다. 생명이 있는 존재를 생산하는 모체는 틀림없이 매혹적이지만, 두려움의 대상이기도 했습니다. 그리고 큰 위험을 암시하기도 했죠. 그래서 남자들은 어떤 대가를 치르더라도 모체를 통제해야 했던 겁니다.

나의 첫날밤은 강간의 밤이었다

바샤랑 여성에 관해서는 결혼하는 날까지 사랑을 제외하고는 모든 것이 계획되어 있었군요.

페로 교회에 따르면 사랑은 결혼 이후에 찾아오는 감정이었습니다. 반면에 '지속'을 목표로 치르는 결혼을 정당화할 수는 없는 격정적이고 일시적인 열정은 경멸의 대상이 되었죠. 그리고 정략결혼에서 시작되어 공동생활과 아기의 출생으로 이루어지는 부부 사이의 합의에 더 큰 가치를 부여했습니다. 이것은 교회가 인간의 약점, 교회가 그토록 경멸하는 성적 욕망을 인정해주는 방법이기도 했죠. 다시 말해 교회는 대를 이어야 하는 신도들의 성행위를 인정해야 했는데, 그나마 남녀가 서로 끌리지 않는 상태에서 치르는 성행위에 마음이 놓였던 겁니다. 『참회록』에서 성 아우구스티누스는 부부 침실에 관해 '침실은 잠겨 있어야 하고 아무도 부부의 침대를 봐서는 안 된다.'는 충격적인 구절을 적어놓았습니다. 특히 아이들에게 부부의 침실은 금단의 지역이었습니다. 이런 사고는 아주 오래 뒤에 프로이트가 신경증 환자의 심리적 문제의 실마리를 그가 '원초적 장면'이라고 부른 부모의 성행위 장면에서 찾았던 정신분석에서나 다시 확인할 수 있죠.

바샤랑 오늘날 성관계는 단지 출산만을 위한 행위는 아니잖습니까? 예전에도 마찬가지였을 텐데요.

페로 사회적으로 남성의 성 충동은 당연한 것으로 '인정'되었지만, 여성은 달랐습니다. 조르주 상드는 직설적으로 '나의 첫날밤은 강간이었다'라고 말했습니다. 결혼은 강간을 합법화한 제도였죠. 왜냐면 출산과 직접 관련이 없는 여자의 쾌락은 전혀 인정되지 않았으니까요. 부부가 서로 사랑했기를, 여성이 쾌락을 느꼈기를 바랄 수는 있지만, 이런 사실은 주목받지도, 알려지지도 않았습니다. 중세 말 의사들은 성행위 중에 여성의 질에서는 아이를 만드는 데 도움이 되는, 하나님이 보내준 '이슬'이 분비된다는 사실에 주목했습니다. 그러자 일부 신학자들은 여성이 남편과 성행위 중에 쾌감을 느끼는 것은 '선한 일', '합법적인 일'이라고 선언했습니다.

바샤랑 여성의 성행위를 죄악시하지 않게 되었다는 건가요?

페로 죄가 경감되었다고 할까요? 그리고 성행위에 긍정적인 시선을 보이게 된 사회적 변화가 있었습니다. 물론 이런 변화가 찾아오기까지는 아주 오랜 시간이 필요했지만, 몇 가지 특징이 분명히 드러났습니다. 르네상스 시대 페르네트 뒤기에나 루이즈 라베 같은 여류 시인들은 에로틱한 시를 쓰면서 사랑을 나누는 법, 쾌락을 느끼는 법, 성행위에서 완만한 동작을 구현하는 법 등을 이야기한 바 있습니다. 이탈리아 회화의 영향을 받은 퐁텐블로 화파[13]의 그림에서도 알몸의 궁정 여인 젖꼭지를 애무하는 장면을 볼 수 있습니다. 이런 그림들이 왕궁 복도의 벽에 걸리고 시선을 끌기까지에는 시류의 변화가 있어야 했죠. 이처럼 18세기에 들어서면서 사람들은 남녀 사이 '쾌락의 조화'에 가치를 부여했고, 이것이 생식의 바탕을 이루게 되었습니다.

불감증 혹은 불만족

바사랑 남자들은 끊임없이 쾌락을 원하는 여자를 불신했죠? 저는 이것 역시 남자들이 여자에 대해 품고 있는 전형적인 환상으로 보이는데요.

페로 여성의 성은 늘 두 가지 극단적인 환상을 통해 표현되어왔습니다. 한쪽 극단에는 남성의 '노동'에 반응하지 않는 여성의 육체, 즉 아무것도 느끼지 못하는 불감증의 여성이 있습니다. 여기서 남성의 '노동'은 성행위를 뜻하고, 여자의 '노동'은 출산을 의미합니다. 그리고 반대쪽 극단에는 '바닥이 보이지 않는 우물'과 같은 여성의 육체, 즉 남자가 한번 빠지면 헤어나지 못하는 깊은 구렁과 같은 '자궁의 욕망'을 내포한 여성이 있습니다. 이처럼 남성은 여성을 욕망하면서도 불신합니다. 왜냐면 성욕은 남성을 끊임없이 충동질하고, 그 결과로

---

13) Ecole de Fontainebleau: 16세기 프랑스의 미술가 집단. 제1차와 제2차로 나눈다. 제1차는 프랑수아 1세의 퐁텐블로 궁 건설을 위해 초빙된 이탈리아 예술가들을 중심으로 장신의 우미한 나체 묘사와 스투코 장식 틀에 의한 세련된 예술 양식을 형성했다. 그 방식과 유미주의적 양식이 16세기 중엽 이후 각국의 궁전 장식 및 국제 양식 형성에 크게 영향을 주었다. 제2차는 앙리 4세 시대 플랑드르 예술가들로 이들은 17세기로 향하는 중계자로서 거칠고 투박하지만 힘찬 양식으로 1620년경까지 이어졌다. 이 파의 존재가 프랑스의 17세기 고전주의, 18세기 로코코 미술에 이바지한 바는 매우 컸다.

남성은 완전히 지쳐버리기 때문이죠.

바사랑 전사(戰士)의 죽음을 떠올리게 하는군요.

페로 네. 이런 상황은 그리스·로마 시대의 문학 작품에서도 찾아볼 수 있습니다. 어떤 남성은 이런 문제로 고뇌하다가 동성애로 기울기도 합니다. 남성은 만족을 모르는 여자를 두려워하고, 자신을 집어삼키고 빨아들여서 무기력하게 만들어버리는 이 '마녀' 같은 존재에게서 공포를 느낍니다. 그러다가 19세기에 이르면 남성은 여성의 자궁이 아니라 클리토리스에서 공포를 느끼게 됩니다. 그렇게 교육자들에게 청소년들의 자위행위는 골칫거리가 되죠. 특히 소녀들이 '손을 작동한다'는 사실에 주목해서 어떤 의사들은 가정에서 벌어질 수 있는 온갖 문제를 제시하고 소녀들이 체액을 낭비하거나 색광(色狂)이 될 가능성을 경계합니다. 잠바코 같은 의사는 소녀들의 음핵을 절제해야 한다고 주장했습니다! 프랑스에서도 마찬가지지만, 미국 병원에서는 실제로 음핵 절제를 시술하기도 했죠. 이 문제에 관해서는 당시 의학 잡지에 실린 몇 편의 논문 외에는 정보가 충분하지 않습니다만, 부차적으로 에밀 졸라의 『다산(多産)』[14] 같은 작품에서 그 사례를 찾아볼 수 있죠.

---

14) *Fécondité*: 에밀 졸라가 드레퓌스 사건으로 영국으로 피신해 있는 동안에 쓴 작품이다. 이것은 그의 「4복음서」 중 한 편으로 그는 여기서 인구 감소뿐 아니라 사회의 타락을 불러오는 결혼의 맹점을 고발한다. 그는 한편으로 허영과 야망, 쾌락의 추구 때문에 자연의 순리를 저버리고 아이를 하나만 낳거나 낳지 않는 부부들을 묘사하고 다른 한편으로는 성서의 말씀대로 아기를 낳을 때마다 재산과 토지가 늘어나 번성하고 성장하는 마튜와 마리안 프로망 부부를 그린다. 전자의 부부들은 이기적이고 타산적인 생각의 희생자가 되지만, 프로망 부부는 늘어나는 가족으로 꽃피는 왕국을 건설한다. 그는 다산이 문명의 어머니인 만큼, 프로망 부부를 인류의 발전에 이바지하는 인물로 묘사한다. 이것이 바로 이 소설에서 그가 강조하는 메시지다. 그는 '외과의'와 같은 냉철함으로 등장인물들의 삶을 그리면서 그와 동시에 지극히 익숙한 현실이 시처럼 꽃피는 일련의 신선한 장면들을 대조적으로 그렸다. 그가 말했듯이 『다산』은 소설이라기보다 한 편의 상징시와 같은 작품이다.

바샤랑 그렇다면 성불감증에 걸린 여자는 '행실이 바르다'고 존중받았겠군요.

페로 성적 쾌감을 못 느끼는 여성은 좋은 대접을 받았죠. 아내가 석녀(石女)인 남편은 안심합니다. 그는 이렇게 말합니다. "내 아내는 나를 속이지 않을 거야. 그녀는 성욕을 초월한 여자니까." 하지만 이 말은 남편이 매춘부들을 자주 찾아간다는 사실을 암시하고 있습니다. 발자크는 『결혼의 생리학』[15]에서 부부에게 늘 생기는 불화를 차근차근 이야기해줍니다. 그는 영국에서 부부가 트윈베드에서 서로 떨어져 자지만, 프랑스에서는 더블베드에서 함께 잔다는 사실에 주목했죠. 거기서 발자크는 프랑스 남자들이 여성의 육체에 대해 행사하는 항시적인 권리의 징표를 보았습니다. 따라서 그에게는 아내들이 늘 '머리가 아프다'고 호소하는 것이 별로 놀랍지 않았습니다. 성가시고, 마음이 내키지 않고, 밤잠을 설치게 하는 성관계를 피하려는 구실로 프랑스 아내들은 남편에게 자주 두통을 호소했던 거죠. 발자크는 결혼과 성적 쾌락이 조화를 이루기를 원하는 사람들 편에 섰습니다. 이것은 하나의 전환점이 되었습니다. 여자들과 일부 남자들은 부부 관계가 그렇게 되어야 한다고 주장했습니다. 게다가 매독에 대한 두려움도 크게 작용했으니까요. 결핵, 알코올 중독과 더불어 매독은 19세

---

15) *Physiologie du mariage*: 1829년 오노레 드 발자크가 익명으로 출간한 『결혼의 생리학』은 '결혼의 생리학, 또는 부부의 행복과 불행에 대한 절충적인 철학 소고'라는 원제가 말해주듯이 결혼 풍속에 대한 사례 연구이며 분석적 소논문으로 나중에 '심리학'이라는 분야로 발전할 내용을 담고 있다. 당시로서는 매우 대담한 주장을 담은 이 책은 그가 구상한 '인간희극'의 바탕을 제공하고 있기도 하다. 책의 본문은 몇 개의 장으로 나뉘어 있으며 앞의 여섯 장은 부유하고 여유 있는 프랑스 상류층의 결혼 풍속을 묘사하면서 부부 생활에서 아내의 지위를 개선하고 남편의 외도를 막는 지혜를 제시하고 있다. 또한, 신혼여행에 관한 성찰에서는 아내가 부부의 행복을 위협하여 남편이 수세에 몰리는 상황을 묘사하고, 불륜에 관한 성찰에서는 여자들이 부정을 저지르는 낌새를 눈치챌 수 있는 징후 등을 알려주며, 부부 성관계에 관한 성찰에서는 남편이 부인의 호감을 유지하는 방법도 소개한다. 끝으로 에필로그에서는 결혼의 역사를 돌아보고 결혼 제도를 개선할 방안들을 제시하고 있다. 그는 놀라운 통찰력으로 결혼에 관련된 법이 여성에게 불리하던 시대에 여성을 옹호했으며 불행한 결혼의 폐해를 비판하여 당시 여성 독자에게 큰 인기를 끌었다.

기 사회의 삼대 재앙 중 하나였습니다. 매독은 대부분 매춘부를 통해 전염되었습니다. 의사들은 그 심각성에 주목했고, 프랑스에서 아이들의 수가 많지 않은 이유 중 하나가 매독 때문이라는 사실을 밝혀냈습니다. 남편이 아내를 감염시켜서 불임 부부가 늘어났던 겁니다. 결국, 사내아이들에게 순결을 지키게 하고, 매음굴에 드나들지 않게 하는 도덕 교육이 시작되었습니다. 그렇게 시민에게 건전한 결혼과 부부 생활을 권장하고, 위생 관념이 보급되었죠. 요즘은 약혼할 때 미래의 부부가 당연히 건강 검진을 받죠. 그래서 만약 남자가 성병에 걸렸다면 처녀의 아버지는 결혼을 거부할 수 있게 되었습니다.

좋은 아내

바샤랑 그러나 일단 결혼식이 치러지고 나면 신부는 남편에게 순종해야 합니다. 결혼 전에 재정적으로 아버지에게 의존했던 여성은 이제 남편의 지배를 받게 되잖습니까?

페로 상속이든 결혼이든 재산과 관련된 제도에서 여성의 입지는 몹시 불리하죠. 관습은 시대와 나라와 지역에 따라 매우 다양하지만, 한 가지 변함없는 것은 언제나 여성은 패자라는 사실입니다. 예를 들어 농업이 주업인 노르망디 지방에서 딸은 상속에서 제외되고 아들이 집안의 모든 재산을 물려받았습니다. 소유지가 분할되는 것을 원하지 않았기 때문이었죠. 그러다가 프랑스 대혁명이 일어나고 자녀의 동등 상속 원칙을 제시되었을 때 농민들은 그런 제도를 수용하기 어려웠습니다. 따라서 어떤 사람들은 혁명을 하나의 재앙, 여성의 권력

쟁취로 간주하면서 이 규정의 적용을 거부했습니다. 7월 왕정 때 어머니와 누이를 살해하여 유명해진 '피에르 리비에르'라는 인물은 어머니가 권력을 쥐고 있었기에 살해했다고 고백했습니다. 어쨌든 민법과 나폴레옹 법에 따르면 여성은 재산을 상속받아도 공동체에서 그 재산을 경영할 권리를 상실했고, 심지어 어떤 서류에든 서명할 권리조차 없었습니다. 예를 들어 결혼하면서 아내가 가져온 재산을 남편이 매각할 때 아내는 승인조차 할 수 없었습니다. 이처럼 여성에게서 경제권을 박탈한 규정은 프랑스 민법의 씻을 수 없는 수치라고 할 수 있죠.

바샤랑 결혼한 여성은 자기 지참금을 관리할 권리조차 없었다는 겁니까?

페로 거의 없었습니다. 지참금에 관해서는 여러 가지 제도가 있었습니다. 파리 지역에서는 '부부재산제'라는 것이 있었습니다. 아내의 지참금은 둘로 나뉘어 일부는 남편이 관리하는 공동 재산으로 들어가고, 나머지는 아내가 어느 정도 자기 마음대로 관리할 수 있었습니다. 그리고 남편이 사망하면 되찾을 수도 있었죠. 그리고 부부가 취득한 재산 중에서 남편의 관리하에 부부가 공동으로 획득한 재산과 각자가 소유한 재산을 구분했지만, 점점 더 확대된 '재산 공동체' 제도에서는 모든 것이 남편의 수중으로 들어갔습니다. 이것은 부르주아 사회에서 많은 이가 사업을 전개할 때 선호했던 제도입니다. 간단히 말해 남편은 재산과 관련해서 부부 사이의 계약을 주장할 이유가 없었죠.

바샤랑 부부 사이 불평등에 아내들은 어떻게 대응했나요?

페로 남편과 아내 사이의 불평등은 심각했습니다. 아내들은 당연히 반발했지만, 저항의 방식은 소극적이었습니다. 앞서 말했듯이 결혼 전 딸에게는 구혼자를 거부할 권리가 있었고, 일단 결혼하면 아내에게는 '물러날' 권리가 암묵적인 방식으로 인정되었습니다. 다시 말해 부부의 공간에 자신을 드러내지 않고 자기만의 삶을 사는 겁니다. 여자들에게는 자신에게 맞지 않는 관계에서 멀어지는 여러 가지 방법이 있었습니다. 자신의 신체, 언어, 생각에 대한 타인의 요구를 거부하고, 때로는 전적으로 침묵하는 겁니다. 어떤 여자들은 친구들, 이웃 여자들과 모임을 만들었습니다. 거기서 부부 사이의 골칫거리에서 벗어나 여성만의 사회성을 발휘하면서 즐겁게 시간을 보냈습니다.

'사랑'이라는 꿈

바샤랑 그러나 사이 좋은 부부들은 결국 서로 길들지 않았나요?

페로 물론이죠. 서로 사랑하고 서로 의견도 잘 맞는 부부도 있었죠. 그런 가정에서는 여성이 부부 생활의 계획도 세우고, 그것을 꽃피울 방법도 모색했습니다. 부르주아 여성, 상인 여성, 그리고 노동자 여성은 각기 집안일을 도맡았습니다. 부르주아 집안의 안주인은 아이들을 양육하고 하인들을 관리하고 사교 모임을 준비했습니다. 그들은 자신의 영역인 집 안에서 권력을 행사하고, 그렇게 하기를 좋아했죠. 그러려면 남편이 관대하고 돈을 충분히 주는 것이 중요했습니다. 이런 경우, 모든 것이 원만하게 돌아갔죠. 그들은 가정적인 삶과 사교적인 삶을 이끌어가면서 삶에서 의미를 찾는 부유하고 수다스럽고 성숙한 중산층 여자들이었습니다. 고요한 정원에 둘러싸인 빅토리아 시대 저택은 인상주의 회화에서 흔히 볼 수 있는 행복의 장소라고 할 수 있죠.

바샤랑 왠지, 확신에 찬 진술은 아닌 것 같다는 느낌이 듭니다. 지식인 계층 여자들은 이처럼 잘 정돈된 부르주아의 삶을 흔들어놓았나요?

페로 맞습니다. 지적인 여자들은 이 모든 부르주아의 삶이 지루하고 부질없다고 생각했습니다. 그들은 결혼하기가 몹시 어려웠죠. 어떤 여자들은 글쓰기에 매료되었고, 거기에 조금씩 '나'라는 표현을 사용하기 시작합니다. 예를 들어 제2제정 말기에 파리에서 살았던 러시아 귀족 가문의 딸 마리 바슈키르체프는 강제된 결혼이 아니라 뭔가 '다른 것'에 대한 욕망을 열정적으로 표현했습니다. 어린 시절부터 유럽의 여러 나라를 여행하며 살았던 마리는 고전 문학에도 열정을 보였고, 열다섯 살 때부터 일기를 쓰기 시작해서 스물여섯 살에 결핵으로 요절할 때까지 일기를 남겼습니다. 그녀의 일기는 '나는 가장 재미있는 책이다'라는 제목으로 9천 쪽에 달하는 책으로 출간되었죠. 마리는 '폴린 오렐'이라는 필명으로 신문에 여성해방을 주장하는 기사도 썼습니다. 그리고 그림도 그렸는데 이것은 별로 문제 될 것이 없었습니다. 부르주아 집안의 처녀들도 교양 삼아 수채화를 그렸으니까요. 하지만 그녀는 직업 화가가 되고 싶었습니다. 가족들은 그녀가 미쳤다고 했지만, 마리는 쥘리앙 아카데미에서 정식으로 그림을 배웠고 살롱전에 작품을 출품하고 전시도 했습니다. 그녀는 마음이 통하는 어느 귀족 청년과 사랑에 빠졌는데 그는 나폴레옹주의자였고 정치가였습니다. 그리고 '좋은' 결혼을 하고 싶어 했죠. 어느 날 마리는 그가 예고도 없이 다른 여자와 결혼했다는 사실을 알게 되었죠.

바샤랑 귀족이든 부자든 당시 남성에게 여자 예술가는 좋은 결혼 상대가 아니었군요. 게다가 가문의 수치가 되어버렸군요.

페로 물론입니다. 마리의 일기를 읽어보면 그녀가 자신과 사랑에 빠졌던 것을 알 수 있습니다. 그녀는 에로틱한 글을 많이 썼습니다. 거울에 비친 자기 나체를 바라보기를 좋아했고, 스스로 아름답다고 생각했습니다. 그것은 사실이었죠. 마리의 글을 보면 그녀가 얼마나 사랑받기를 원하고, 쾌락을 느끼고 싶어 했는지 알 수 있습니다. 어떤 면에서 그녀는 자신의 의지와 상관없이 결혼해야 하는 수많은 처녀의 갈등과 욕망을 치열하게 체험하고 있었던 겁니다.

잊힌 마음

바샤랑 처녀는 아름다운 사랑을 꿈꿉니다. 그러나 젊은 여성의 유일한 미래가 강제 결혼이라면 과연 사랑을 경험할 기회나 있었을까요? 그런데 중세 시대에는 여성을 숭배하는 궁정풍의 사랑, 일종의 정신적이고 이상적인 의식이 유행했다고 전해지지 않습니까? 이것은 신화였을까요, 아니면 사실이었을까요?

페로 궁정풍의 사랑에 관해서는 여러 가지 이론이 있습니다. 어떤 사람들은 그것을 여자들이 지대한 영향력을 행사하여 섬세해진 관습의 결과로 보았습니다. 십자군 원정 시기에는 열네 살이 되자마자 전쟁터로 보내진 청년들보다 처녀들이 훨씬 더 많은 교육을 받았죠. 이렇게 지식과 교양에서 남녀 사이의 차이가 생기면서 여자들은 더 세련되고 교양 있는 남자를 원하게 되었던 겁니다.

바사랑 하지만 부인들이 찬미하는 기사는 전쟁에서 무훈(武勳)을 세운 기사, 즉 적을 많이 죽인 기사가 아닌가요?

페로 많은 적을 이긴 자는 영웅이며 사람들은 거기서 피의 중요성을 재발견하죠. 그리고 여자들은 영웅을 높이 평가합니다. 그러나 기사도는 전사자가 헛되이 피를 흘리지 않게 하는 것도 중요시합니다. 궁정풍 사랑의 하이라이트는 마상(馬上) 시합입니다. 이것은 전쟁보다도 더 큰 의미가 있습니다. 이를테면 극적으로 연출된 전투, 피 흘리지 않는 무훈 같은 겁니다. 상대를 죽이지 않으면서도 자신의 힘과 무술을 통해 용기와 전과(戰果)를 자랑하는 경기죠. 거기서 문명의 한 형태가 보입니다. 당시의 그림에 묘사된 마상 시합 장면들은 덧집이 설치된 좌석에 앉아 있는 여자들과 그들을 위해 싸우는 기사들의 모습을 보여줍니다. 피가 튀고 사지가 잘려나가는 실제 전장과 비교하면 이 모든 것은 격조 있고 아주 우아해 보입니다. 그러나 중세 전문가 조르주 뒤비는 이런 마상 시합이 물론 그 자체로 의미 있는 행사이기는 하지만, 여기서 여자들은 일종의 미끼로 사용되었을 뿐이라고 말합니다. 군주가 자기 군대에 최고의 기사들을 끌어모으기 위해 여자들을 이용했다는 거죠. 군주는 그렇게 기사들에게 봉토를 내리고 충성의 서약을 받아내어 기사들은 군주에게 복속된 봉신(vassal)이 됩니다. 이처럼 전면에 나와 있는 여자들은 기사들에게 욕망의 대상이 되지만, 실제로 그들 사이에서 성사되는 것은 아무것도 없습니다. 단지 군주와 기사들 사이에서 봉건적인 맹약이 이루어질 뿐이죠. 13세기 궁정 여자들에 관한 조르주 뒤비의 여러 연구는 실제로 남성 지배가 마상 시합과 궁정풍 사랑의 바탕을 이루고 있다는 사실을 잘 보여줍니다.

바샤랑 둘시네아를 숭배하는 돈키호테가 희화한 형태로 보여주었듯이 기사는 마음속으로 숭배하는 여성에게서 인정받기 위해 공을 세우고, 그녀에게 시를 바치기도 했죠?

페로 성모 숭배와도 관련이 있는 이런 시들은 음유시인이 여성 앞에서 실제로 노래로 만들어 부르기도 했습니다. 그러나 그 이상 무슨 효과가 있었을까요? 이것을 현실적인 결과로 이어진 체험으로 환원하기는 어렵습니다. 당시의 부인들은 제한적인 자유재량의 여지만을 즐길 수 있었습니다. 그들은 성채 밖으로 나갈 수도 없었고, 밤이면 자기 방에 갇혀 잠을 잤습니다. 물론 그녀의 주위를 젊은이들이 배회하고, 또 거기서 강압적인 성관계가 이루어질 수도 있었겠죠. 하지만 당시 여성에게 '사생활'이라는 것은 없었고, 늘 감시당하고 명예를 지켜야 한다는 규범의 압력을 받으며 살아갔습니다. 지속적으로 다른 사람들의 시선을 받으며 사는 거죠. 십자군 원정 때 루이 9세를 따라갔다가 포로가 되기도 했던 연대기 작가 조앵빌은 『성 루이의 역사』에서 루이 8세의 아내이자 생 루이의 어머니였던 블랑슈 드카스티유[16]의 이야기를 들려줍니다. 그녀는 아들이 아내와 함께 침실에 틀어박혀 지내는 것을 견디지 못했다고 합니다. 그래서 자기 침실을 왕의 부부 침실 위층이나 아래층으로 정해놓고 왕과 왕비가 너무 오랫동안 침실에 있으면 곧바로 시종을 시켜 아들을 데려오게 했다고 합니다. 이처럼 '사생활'이라는 것은 현대적인 발상일 뿐입니다.

---

16) Blanche de Castille(1188~1252): 프랑스의 왕비. '카스티야의 블랑카'라고도 부른다. 카스티야의 알폰소 8세와 잉글랜드의 알리에노르 사이에서 태어났다. 프랑스의 왕과 잉글랜드의 왕 사이에 체결된 굴레(Goulet) 조약에 따라 필리프 오귀스트의 아들이자 장차 루이 8세와 결혼했다. 그녀는 12명의 자녀를 낳았고, 루이 9세 역시 그녀의 아들이었다. 루이 8세의 사망 이후 그녀는 어린 루이 9세의 섭정이 되었다. 루이 9세가 성장하여 즉위하자 모후가 되었으며 그가 십자군 원정을 떠나자 다시 한 번 섭정의 자리에 올랐다.

바샤랑 십자군 시대에 성주가 멀리 떠나면 부인들은 자유를 즐겼나요?

페로 그렇게 생각할 수 있습니다. 그러나 저 유명한 정조대가 신화에 불과하다고 해도 간통 현행범으로 붙잡힌 여자는 큰 위험을 감수해야 했죠. 심지어 사형을 당하기도 했고, 대부분 일방적으로 이혼당했습니다. 결혼의 목적은 혈통의 순수성을 보장하는 데 있었습니다. 그런데 낯선 남자를 끌어들인다는 것은 피를 더럽히는 것이고, 이런 행동은 절대로 용납되지 않았습니다. 봉건 귀족 제도에서 남자들은 오랫동안 자기들끼리 독신으로 살았습니다. 그리고 동성애 관계를 맺었죠. 사실상 그들에게 여자는 낯선 존재였고 두려움의 대상이었습니다. 기독교는 여자가 악과 소진(消盡)의 근원이라고 가르치면서 이런 두려움을 널리 퍼뜨렸죠. 결혼은 남성이 자신의 기력을 증명하고 여성을 육체적으로 빨리 제압하기 위해 구상된 제도였습니다. 신랑 신부가 첫날밤을 치르고 나면 이튿날 아침에는 신부의 처녀성을 증명하는 혈흔이 남은 침대 시트를 공개했습니다. 결혼은 전쟁을 부부의 침대로 옮겨놓은 것과 다름없었죠. 납치와 정복, 소유가 침대에서 이루어졌던 겁니다.

작은 성적 쾌락들

바샤랑 그러나 여자들은 아직도 사랑을 꿈꾸고 있죠.

페로 그렇습니다. 그리고 변화는 여자들로부터 일어났죠. 13~14세기부터 도시 문화가 발달하고, 부르주아 계급이 부상합니다. 그리고 장인, 상인 계층의 남녀 사이에서 다른 형태의 만남이 이루어집니다. 이전보다 여행과 왕래가 잦아지고 남녀가 더 가깝게 섞여서 함께 일하게 되었죠. 여관에서 여자는 자기 취향에 맞는 남자를 만나고, 그와 성관계도 맺었을 겁니다. 어쨌든 이런 것은 그저 스쳐 지나가는 관계였기에 별로 문제시되지 않았습니다. 르네상스 시대에는 사회가 더욱 풍요롭고 관능적이었으며 교회의 간섭은 점점 무게를 잃어갔죠. 농촌에서 산아제한을 목적으로 결혼 적령기를 늦춘 것은 젊은이들에게 '사랑의 시기'를 열어주었죠. 그들은 결혼을 통해 성욕을 충족할 수 있을 때까지 기다려야 했지만, 육체적 결합의 직전 단계까지 갈 수 있었습니다. 교회에서도 아기가 생기기까지는 남녀의 자유로운 만남에 관용을 보였죠. 푸아투 지방에서는 미혼 남녀가 몸을 서로 탐하는 것을 '마레시나주(maraichinage)'라고 불렀는데 그들은 성기만 삽입하지 않았을 뿐, 성관계와 유사한 행위를 했습니다. 그러나 농밀한 키스는 삽입의 한 형태로 볼 수 있죠. 이런 성적 유희에서 여자들은 쾌락을 발견했고, 때로 남자들보다 더욱 적극적이었습니다. 그리고 여자들은 사랑에 빠졌죠.

바샤랑 당시 귀족 부인들은 지극히 미묘하고 복잡한 세련미를 추구했죠. 17세기 스퀴데리 양의 소설에 나오는 '애정의 지도'[17]라는 것이 바로 이처럼 섬세한 여러 가지 감정의 분포를 묘사했던 것이 아닐까요?

페로 마들렌 스퀴데리는 여러 편의 소설에서 연애 상대에게 더욱 환심을 살 수 있는 여러 가지 사랑의 기술을 제시합니다. 거기에는 극도로 까다롭고 섬세한 규범들이 설정되어 있죠. 예를 들어 사랑하는 사람의 마음을 얻으려면 거리를 두고 천천히 다가가야 하고, 상대에게서 드러나는 징후라든지, 춤출 때 보여주는 태도라든지, 편지에 숨은 의미 같은 것들을 예리하게 관찰하고 해독해야 합니다. 섣불리 직설적으로 사랑을 고백하기보다는 다양한 감정을 잘 살펴야 하고, 기다림이 계속될수록 사랑은 더 아름다운 것이 된다는 것이 그녀의 생각이었죠.

바샤랑 이것은 궁정풍의 사랑에서 영감을 얻은 건가요?

페로 기사도, 신비주의적 사랑, 스페인의 영향도 있겠지만, 아랍 전통에서도 영감을 얻은 것 같습니다. 십자군 원정의 영향으로 동양의 세련된 사랑의 의식이 서구 사회에 알려지기 시작했으니까요. '애정의 지도'는 마치 주사위 놀이처럼 한 단계씩 앞으로 나아가게 되어 있습니다. 여자의 역할은 남자의 접근에 저항하고, 사랑이 이루어질 때까지 기다리는 시간을 길게 끄는 데 있습니다. 여자는 설령 남자의 유혹에 넘어가더라도 그 사실을 비밀로 해야 합니다. 왜냐면 남자의 요구에 굴복하는 것은 곧 패배를 의미하니까요.

....

17) La Carte de Tendre: 마들렌 스퀴데리의 소설 『클렐리』에서 묘사한 '애정'이라는 가상의 나라. 마들렌 스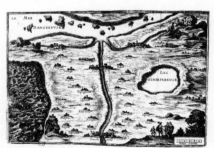퀴데리는 여섯 살 때 고아가 되어 성직자였던 삼촌의 손에서 자랐으며 문학과 춤과 음악을 익혔다. 일찍이 궁정에 출입했으며 당시 명성을 떨치던 랑부예의 살롱에 드나들었다. 그리스 여류 시인의 이름을 따서 '사포'라는 별명으로 불렸으며 자신의 문학 살롱을 열어 지극히 지적이고 세련된 취향을 보여 프랑스 최초의 '블루 스타킹(현학적인 여성)'으로 알려지기도 했다. 그녀는 당시 사교계 인사들이 정기적으로 모이는 '스퀴데리 양의 토요일'을 주관하기도 했다. 그녀의 작품은 우울과 권태, 불안, 몽상 등 당시로서는 전혀 새로운 취향을 선보였으며 극작가인 오빠의 협력을 얻어 『이브라힘』, 『아르타멘, 또는 키루스 대왕』, 『클렐리』 등의 장편소설을 발표했다. 애정의 지도는 17세기 프랑스의 세련된 사회에서 이루어지던 연애의 여러 단계를 마을이나 길, 언덕 등의 상징적 형태로 재현했다. 이 '애정의 나라'에는 '끌림', '존경', '인정'이라는 세 도시가 있고 이들은 강으로 연결되어 '우정', '위대한 정신', '연애편지' 등 각기 다른 마을로 나아갈 수 있다.

요구되는 사랑

바샤랑 남자는 여자를 유혹할 때 배려하고, 다정하게 굴고, 감동하게 하고, 전율하게 하는 등 모든 수단을 동원하죠. 하지만 일단 욕망을 충족하고 나면 모든 것이 끝나버리죠. 따라서 사랑이 지속하게 하려면 여자들은 이런 유혹에 저항해야 하지 않을까요?

페로 그렇죠. 여자가 남자에게 몸을 허락하고 나면 모든 것이 끝나죠. 왜냐면 남자는 이미 그 여자를 '소유'했으니까요. 여자에게 접근하는 남자가 '작업'하는 내내 그의 목적은 오로지 '최후의 공격'을 통해 '여자를 소유하는 것'이었습니다. 마치 적의 요새를 점령하는 것과 같죠. 스퀴데리 양은 여자가 남자에게 정복당했다는 사실을 자랑해서는 안 된다는 점을 강조합니다. 궁정, 살롱, 부르주아 계층이 이루는 특권 사회에서 여자의 영향력은 상당했지요. 그리고 여자들은 이런 존재 방식에 고무되었습니다. 결혼했으나 부부 생활이 불행한 여자들은 자신의 환심을 사려는 연인을 꿈꾸고, 처녀들은 가슴 설레게 하는 약혼자를 기다립니다. 17세기는 사랑에 빠진 세기였습니다. 사랑의 형태도 다양했고, 어떤 면에서는 자유분방했죠. 이 시기에 나온 소설이나 회고록은 다양한 증언을 들려줍니다. 이성애만이 아니라 동성애도 만연했던 궁정의 문란한 풍습을 언급한 생시몽[18]의 편지나 그 시기의 유행을 묘사한 팔라틴 공주의 편지를 읽

---

18) Saint-Simon(1675~1755): 18세기 프랑스 정치가이자 작가. 공상적 사회주의 대표자의 한 사람이다. 루이 14세 후기 통치 기간의 궁정 생활을 그린 『회상록』으로 유명하다. 그는 유물론에 찬성하고 이신론(理神論)이나 관념론에 반대하면서 자연 연구를 중시했다. 그는 역사가 신학적, 형이상학적 단계를 거쳐왔으며, 과학에 바탕을 둔 미래의 사회 조직을 실증적 단계라고 보았다. 이런 견해에 따라 재산과 계급이 사회에 미치는 영향을 중시하여 각자가 능력에 따라 일하고, 사람의 사람에 대한 지배가 사라진다고 주장했다. 그의 사후에 앙팡탱, 바자르 등이 그의 학설을 계승하여 생시몽파가 형성되었지만, 일종의 종교적 종파로 전락했다.

어보면 당시의 상황을 알 수 있습니다. 그럼에도, 남녀 사이에는 건너뛸 수 없는 차이가 끈질기게 존재합니다. 특히 왕이 아무리 많은 정부와 관계를 맺더라도 왕비는 엄격하게 정절을 지켜야 했습니다. 그리고 친자로 확인된 루이 14세의 사생아들은 넉넉하게 지참금을 받고 결혼할 수 있었죠. 그의 아내인 마리 테레즈[19]는 한 번도 정부(情夫)를 가져본 적이 없었고, 그녀가 죽자 왕이 은밀히 결혼한 맹트농 부인[20] 역시 정조를 지켰죠.

바샤랑 그리고 이때부터 드디어 연애결혼이 시작되지 않았습니까? 그것은 주로 서민층에서 볼 수 있었던 현상이 아니었나요?

페로 행복한 결혼은 처녀의 순결이 전제되어야 합니다. 마리보는 『마리안의 일생』에서 한 순결한 여성의 일생을 들려줍니다. 귀족이지만 검소하게 자란 이 처녀는 온갖 타락이 들끓는 도시에서 자신의 순결을 지키려고 어렵게 투쟁합니다. 마리안은 아름다웠지만, 그렇게 유혹을 뿌리칠 줄 알았고 그 덕분에

19) **Marie-Thérèse d'Autriche(1638~1683):** 아버지는 합스부르크가의 스페인 왕 펠리페 4세, 어머니는 프랑스 왕 앙리 4세와 마리 드 메디시스의 딸인 엘리자베트 드 부르봉이다. 프랑스와 스페인 사이의 평화 조약인 피레네 조약에 따라 사촌인 루이 14세와 결혼했다. 스페인의 합스부르크 왕가가 카를로스 2세를 끝으로 단절되자 스페인의 왕위는 마리 테레즈를 거쳐 부르봉 왕가가 잇게 되었다. 마리 테레즈는 루이즈 드 라 발리에르, 몽테스팡 부인 등 남편의 정부들을 참고 견뎠지만, 결국 궁정을 떠나 수녀원 등에서 시간을 보냈다. 루이 14세는 중년에 이르러 저주 사건에 휘말린 몽테스팡 부인을 버리고 맹트농 부인의 조언에 따라 왕비에게 관심을 보였다. 맹트농 부인은 왕비가 사망하자 루이 14세와 비밀리에 결혼했다.

20) **Marquise de Maintenon(1635~1719):** 본명은 프랑수아즈 도비녜이다. 시인 아그리파 도비녜의 손녀로 개신교 교육을 받고 자랐으나 아버지가 죽고 나자 가톨릭으로 개종했다. 어머니도 죽고 가난한 고아가 되어 어린 나이에 시인 스카롱과 결혼했다가 사별했다. 몽테스팡 부인과 루이 14세 사이에서 태어난 왕자의 양육을 맡고 있다가 왕의 총애를 얻어 맹트농의 토지와 후작 부인의 칭호를 받았다. 왕비 마리 테레즈가 죽자 1684년 왕과 비밀 결혼식을 올렸으며, 생시르 학원을 창설하여 가난한 귀족의 자녀를 기숙생으로 수용하고 스스로 경영과 교육을 맡았다.

행복해집니다. 시골에서도 처녀는 행실에 조심해야 했지만, 혹시 남자와 정분이 나서 아기가 생긴다면 그 남자는 그 여자를 책임져야 했습니다. 여자의 평판에 문제가 없다면 마을 공동체에서는 두 사람을 결혼하게 하지만, 평판이 좋지 않은 여자는 버림을 받았고 그것은 당연한 처사로 간주되었습니다.

바사랑 프랑스 혁명 시기에는 결국 연애결혼이 일반화하지 않았습니까?

페로 유복한 계층에게는 지극히 자유로운 시기였습니다. 예를 들어 보나파르트와 조제핀 사이에 오간 편지를 보면 아주 에로틱합니다. 남녀 간의 욕망이 그대로 표출되어 있죠. 교회는 영향력을 많이 상실했고, 민법에는 결혼과 이혼의 권리가 새로 규정되었습니다. 당시에 이혼을 요구한 이들의 80퍼센트가 여성이었습니다. 그러나 이런 격동의 기간은 오래가지 못했죠. 한편으로 혁명은 성적으로 지극히 서열화된 공화국 부부의 이상을 새롭게 설정했고, 다른 한편으로 스스로 황제가 된 나폴레옹 보나파르트는 사회를 옛 질서로 되돌려놓았으니까요. 1801년의 화친 조약으로 교회는 신자들의 결혼에서 다시 원래의 역할을 되찾았고, 남녀 간 합의에 따른 이혼은 불가능해졌습니다. 그리고 왕정복고 때부터 이혼 제도 역시 사라져서 '별거'라는 방식만이 남게 됩니다. 별거는 부부가 이혼하지 않고도 서로 떨어져서 살 수 있게 해주는 오래된 관습이죠. 그러나 별거 중인 부부는 결혼한 상태로 남아 있고, 재산도 나누지도 않고, 교회 공동체에서 영성체도 할 수 있습니다. 이론적으로 그들은 순결을 지켜야 했는데 이런 의무는 남자보다 여자에게 더 엄격하게 강요되었죠. 19세기에는 별거가 합법화되면서 진술서를 법원에 제출해야 했습니다. 여자들은 빈번히 '불리한 대우'에 대해 항의했습니다. 이처럼 부부 사이의 별거는 아주 흔한 사례였고, 때로 참을 수 없는 결혼 생활을 피할 수 있는 좋은 구실이었습니다. 실제로 법적인 이혼이 성립하려면 유대인 배척자들이 '유대법'이라고 부르던 1884년 '나케(Naquet) 법' 제정을 기다려야 했습니다. 그렇다고 나케 법이 모든 것을 해결해주었던 것은 아닙니다. 왜냐면 부부가 실제로 이혼에 합의하기는 쉬운 일이 아니었으니까요. 최근까지도 여성은 자기 남편을 받아들이는 것밖에 다른 해결책이 없습니다.

가정의 천사

바샤랑 그렇다면 소위 '낭만주의적 사랑'은 언제 등장했죠? 사회가 '결혼과 사랑의 일치'를 인정했던 때인가요?

페로 18세기였죠. 남편이 자신의 역할과 의무를 깊이 인식하면서부터 낭만적 사랑은 시작됩니다. 아마도 영국의 개인주의에서 그 뿌리를 찾을 수 있겠죠. 타인의 시선이 침투할 수 없는 사적 공간에서 사생활은 더욱 중요해집니다. 그리고 거기서 개인의 감정, 가족의 친밀성, 부부 생활의 합법적 욕망과 같은 영역이 형성됩니다. 19세기 영국의 여류 소설가들은 애정소설을 쓰게 되는데 결론은 대부분 남녀 간의 안정된 결합으로 끝나는 '해피엔딩'이었죠. 루소의 작품에서도 결혼의 바탕이 되는 사랑은 매우 중요하게 다뤄집니다. 하지만 아내의 역할은 남편을 완성하고 남편의 욕구를 충족하는 것으로 묘사됩니다. 『에밀』[21] 에 등장하는 소피는 순결하고, 헌신적인 처녀입니다. 사랑하는 동반자가 필요한 에밀 한 사람을 위해 교육받았다고 말할 수 있는 소피는 남편에게 복종하고 아이들을 잘 돌보는 현모양처의 전형이죠. 『누벨 엘로이즈』[22]는 특히 여성 독자들이 탐독한 작품입니다. '알프스 기슭의 작은 도시에 사는 두 연인의 편지'라는 부제가 달린 이 작품은 1761년 출간된 이래 40년 동안 무려 70쇄가 넘게 팔린 베스트셀러였죠. 이 책에 등장하는 쥘리는 사랑이 많고, 온화하고, 순종적인 아내입니다. 남편과 자식을 위해 헌신하고, 집안일을 잘하는 살림꾼의 전형을 보여줍니다.

바샤랑 그야말로 가정의 천사군요.

페로 그렇죠. 게다가 여성에게 부과된 이 역할에는 강제성이 있었습니다. 프랑스 민법은 가족주의 바탕 위에서 사회를 재검토했습니다. 다시 말해 가족은 국가의 기초이자 기본 단위이고, 개인은 국가와 가족의 관리를 받아야 했죠. 따라서 결혼 역시 개인이 아니라 가족의 문제였습니다. 그리고 아버지와 남편의 권위가 집안의 모든 일을 결정했죠. 여성에게는 권리가 거의 없었고, 실제로 가정의 테두리 안에서만 자기 자리를 찾을 수 있었습니다.

....

21) *Emile ou De l'éducation*: 프랑스 18세기 철학자이자 작가인 장 자크 루소의 작품으로, '에밀'이라는 아이가 출생해서 25년 동안 받는 교육 과정을 그렸다. 가정교사 루소는 갓 태어난 남자아이 에밀을 맡아 기르면서 그 아이가 소년이 되고 청년이 될 때까지 모두 다섯 시기로 구분하여 그에 따른 인생의 지혜를 가르친다. 에밀이 성인이 되어 청순한 소녀 소피를 알게 되었을 때 루소는 잠시 공백기를 가지라고 하여 2년간 유럽 전역을 여행하고 돌아온 다음에야 에밀과 소피를 결혼하게 하고, 아이가 태어나자 에밀은 자기 아이의 교육 역시 루소에게 맡긴다.

22) *La Nouvelle Héloïse*: 장 자크 루소의 서한체 소설로 가식적인 사회에 의해 결합한 두 남녀의 관계를 그리면서 사회적 관습에 대한 멸시와 절대적인 성실성을 보여준다. 알프스 레만 호숫가의 작은 마을에 사는 귀족의 딸 쥘리는 가난한 평민 출신의 가정교사 생 프뢰와 사랑에 빠지지만, 계급적 편견이 심한 아버지의 반대로 그와 결혼하지 못한다. 어머니는 딸과 아버지 사이의 갈등을 염려하다 죽고, 쥘리는 어머니에 대한 죄책감과 아버지의 강압적 의지에 굴복하여 사려 깊은 지주인 볼마르와 결혼하고 남편과 아이들을 위해 헌신한다. 볼마르는 떠돌이 생활을 하던 생 프뢰를 불쌍히 여겨 그를 아이들의 가정교사로 삼고 생 프뢰 역시 볼마르의 인품에 감동하여 쥘리를 향한 자신의 열정을 억누른다. 그러던 어느 날 쥘리는 물에 빠진 아이를 구하다가 병에 걸려 숨을 거두면서 생 프뢰를 향해 감춰두었던 사랑을 고백한다.

바샤랑 부르주아 여성만이 아니라 모든 사회 계급의 여성이 그런 상황에 놓여 있지 않았나요?

페로 권리는 특히 재산과 상속 면에서 핵가족에 유리하게 작용하지만, 농촌에서는 대부분 여러 세대가 함께 살았고 부부와 직계 자식과의 관계도 긴밀했죠. 그러다가 도시로 나가서 하녀로 일하게 된 시골 처녀들은 남자를 만나고 스스로 새로운 가족을 이루어 살아갈 계획을 세우게 됩니다. 물론 최악의 상황이 발생할 수도 있지만, 많은 여성이 과거로 돌아가고 싶어 하지 않았습니다. 다시 말해 고향 이웃집 아들과 결혼해서 남편의 종살이를 하고 싶지 않았던 겁니다. 그들은 이전과는 다른 부부 관계, 즉 인격적이고 다정하고 진실한 부부 관계를 원했습니다. 그리고 무도장에 가서 남자들을 만나고 사귀었죠. 그렇게 서민층에서는 남녀가 만나 흔히 결혼 전에 살림을 차렸습니다. 프랑스 대혁명 시기에는 자유로운 육체적 결합이 유행이었지만, 19세기부터는 이런 남녀 관계를 경멸적인 의미로 '내연 관계'라고 불렀습니다. 왕정복고 시대에는 도덕적인 이유로, 그리고 공화정 시대에는 체제 존중이라는 이유로 결혼과 가족 간의 유대를 강요했죠.

바샤랑 남녀 간의 자유로운 성관계는 특히 예술가 집단, 특히 '보헤미안'이라고 부르던 특정한 사회적 집단에 국한된 현상이 아니었나요?

페로 남자 예술가·지식인·무정부주의자·대학생은 젊은 여공과 동거 생활을 했죠. 이런 서민 출신 젊은 여자들은 '보헤미안' 부류의 남성이 자신과 결혼하지 않으리라는 사실을 잘 알고 있었습니다. 남자 대학생들은 여공과 동거하다가도 때가 되면 가족이 바라는 대로 '분별 있게' 행동했고, 여공은 자기 신분에 어울리는 노동자와 결혼했습니다. 그러나 자유로운 동거 관계에서도 남녀 사이의 불평등은 심각했습니다. 예술가 사회에서 처녀들은 남자들의 감언이설에 속아 자칫하면 독신녀로 늙어갔죠. 이것은 '화류계'의 운명이기도 했습니다. 하지만 이런 여자들은 엄밀하게 말해서 매춘부는 아니었습니다. 여러 명의 남자를 사귀지도 않았고, 성행위의 대가를 받지도 않았기 때문이죠. 단지 성적으로 보상해주면서 남자에게 얹혀살았을 뿐입니다. 이런 여자들은 두 세계 사이의 화류계에 속해 있었어요.

바샤랑 이런 무리에 속한 여성은 젊고 아름다울 때 '분별 있게 행동'하려고 애쓰는 편이 나았겠군요. 당시에 무정부주의자들과 자유로운 관계를 맺었던 여자들은 존경받았나요?

페로 무정부주의자들의 슬로건은 "신도 주인도 없다."였습니다. 그러니까 교회도 국가도 없었죠. 하지만 평등주의자, 진보주의자로 여겨졌던 이들 남성은 몹시 변덕스럽고 오히려 전통주의자들보다 더 남성 중심적이었습니다. 그래서 그들의 여성 동반자들은 더욱 고통받았죠. 여자들은 지속적인 결합에 정착하기를 원했으니까요.

바샤랑 결혼은 언제나 불가피한 통과 의례였군요.

페로 그렇습니다. 온전한 '아내'의 지위를 얻으려면 반드시 결혼해야 했습니다. 처녀로 남는 것, 남편이 없다는 것은 인생이 어긋났다는 것, 자기 운명을 완성하지 못했다는 것을 의미했습니다. 이 사회에서 처녀는 어떻게든 아내, 어머니가 되어야 했습니다. 여성은 이런 사회적 강요와 인격적 완성 사이에서 조화를 찾기 위해 사랑으로 맺어진 결혼을 원하게 되었죠.

모성애가 여자를 만든다

바샤랑 그러나 아내로 인정받으려면 결혼하는 것만으로 충분하지 않습니다. 어머니가 되어야 하죠. 역사적으로 여성이 어머니가 되는 것과 무관하게 아내가 될 수 있었던 적이 있었나요?

페로 없었다고 생각합니다. 모성애는 언제 어디에서건 여성의 정체성 자체입니다. 여성의 위상, 기능, 운명 등에는 반드시 모성애가 포함됩니다. 예전에는 피임이 일반화하지 않았기에 여성은 늘 임신 중이거나 수유 중이었죠. 여성이 감수해야 했던 이런 운명은 어찌 보면 여성의 권력이기도 했습니다. 남자들은 여성의 이런 권력을 존중하지만, 동시에 의심하고 두려워합니다. 그들은 여성의 자궁이 출산의 결정적인 요소이고, 자신이 원하는 아들을 낳아줄 수 있는 존재는 여성뿐이라는 사실을 잘 알고 있죠. 로마인에게는 생식이 결혼의 유일한 목적이었습니다. 부부가 서로 사랑한다는 것은 예외적인 일이었고, 이것은 개인사에서 축복받을 만한 행복한 사건이었습니다. 사회적으로 로마 시대 아내는 남편 집안의 대를 잇기 위해 적어도 아이 셋을 낳아야 했습니다. 그리고 유아 사망률이 몹시 높았던 시대였기에 그 아이들이 모두 살아남도록 정성을 들여야 했습니다. 그래야만 여성은 자기 역할을 다한 셈이었고, 아내로서 자격이 있었으며 집안에서 존경도 받았죠. 그리고 무엇보다도 원하지 않는 성관계의 의무를 면제받을 수도 있었죠. 그럴 때 남편은 물론 '내연 관계'라는 수단을 동원했죠. 아내가 남편과의 성관계를 거부하는 것은 산아제한의 방법이기도 했습니다. 어쨌든, 아내는 반드시 세 명의 자식을 낳아야 그때부터 집안에서 인정받을 수 있었습니다.

바샤랑 그렇다면, 첫 임신이 늦어지는 젊은 아내는 몹시 불안했겠군요.

페로 그렇습니다. 불임은 언제나 커다란 불행이자 저주로 여겨졌고, 아이를 낳지 못하는 여자는 여자로 간주하지도 않았습니다. 그럴 때 남편은 일방적으로 이혼할 권리가 있었죠. 오직 후손을 낳기 위해 결혼하는 왕가에서 왕비의 불임은 끔찍한 결과를 낳기도 했습니다. 나폴레옹과 조제핀을 생각해보세요. 나폴레옹은 조제핀을 끔찍이 사랑했지만, 국익이 우선이었죠. 후손이 필요했기 때문에 그는 조제핀을 희생시킬 수밖에 없었습니다.

바샤랑 불임의 원인이 남편에게 있다고 생각한 적은 없나요?

페로 만일 남자가 성불구가 아니라면, 아내가 모든 책임을 졌습니다. 오늘날에도 의사는 불임 부부를 치료할 때 아내에게 모든 해결책을 시도해본 다음에야 남편에게 검사를 권유합니다. 이것은 참으로 미묘한 문제죠. 남편에게 생식의 문제가 있다고 의심하는 것이 무례한 행동으로 비치는 겁니다! 이와 반대로 역사적으로 남성의 불능은 부부의 불임에서 재론의 여지가 없는 분명한 원인으로 지목되었죠. 남성의 성불구는 수치요 재앙입니다. 이 사실은 우리 문화에서는 재론되었죠. 이탈리아 영화감독 모로 볼로그니니가 1960년에 만든 영화 「아름다운 안토니오」를 생각해보세요. 시칠리아에 사는 노총각 안토니오의 연로한 부모는 자식에게 어서 결혼하라고 독촉하지만, 안토니오는 몹시 난감해합니다. 심지어 마을 사람들에게서 동성애자로 오해받기도 하죠. 그러나 결국 그가 성불구자라는 사실이 밝혀집니다. 이 사실은 안토니오 자신만이 아니라 가족과 마을 사람들에게도 극적인 사건입니다. 사람들은 모두 입을 다물고 그가 자살이라도 할까 봐 걱정합니다. 이탈리아 사회처럼 고대 지중해 문화와 직결된 남성 우월주의 사회에서 남성의 성불구는 그야말로 최악의 결점입니다. 아이를 낳지 못하는 여자가 여자 취급을 받지 못하는 것처럼, 생식 능력이 없는 남자는 남자로 간주하지 않죠.

바샤랑 그렇다면 남편은 어떻게든 불임의 책임을 아내에게 돌려야 했겠군요. 딸만 낳은 아내 역시 집안에서 인정받지 못하잖아요?

페로 남편은 못마땅하겠지만, 그래도 딸을 낳은 여자는 불임의 '죄'에서는 벗어납니다. 물론 아들이 없는 것은 아내의 잘못입니다. 그런 아내는 동정받을 수도 있고, 비난받을 수도 있지만, 적어도 이혼당하고 쫓겨나지는 않습니다.

임신한 몸

바샤랑 오늘날 여성은 간단한 테스트로 임신 여부를 알 수 있습니다. 예전에는 어떻게 임신했다는 사실을 알게 되었나요?

페로 물론 생리가 멈췄을 때 알게 되죠. 아주 오랜 옛날부터 그렇게 임신 사실을 알게 되었던 것 같습니다. '피가 멈추는 것'은 일종의 경고입니다. 만일 아기를 기다리고 있었다면 이것은 좋은 소식의 전조입니다. 그러나 단순히 생리가 조금 늦어진 것일 수 있으니 한 달을 더 기다려보고 임신을 확신하게 되죠. 그러나 언제 어디서나 이런 식으로 진행되지는 않았습니다. 같은 시대라고 해도 여성마다 임신 기간을 보내는 데에는 차이가 있습니다. 빈부 차이보다는 도시와 시골 사이의 사회적 격차가 큽니다. 역사와 문학에서 여러 가지 사례를 찾아볼 수 있듯이 도시 여성은 임신과 출산에 관해 비교적 많은 것을 알고 있지만, 시골 여성은 자기 몸에 관해 잘 알지 못했던 것 같습니다. 특히 처녀들은 자신에게 무슨 일이 일어났는지도 모르는 채 출산하기도 하죠. 어떤 사회 계층에서는 지금도 임신 과정에서 신체에 어떤 변화가 나타나는지를 제대로 알지 못하고 있습니다.

바샤랑 임신은 도시와 시골에서 그토록 다르게 인식되었나요?

페로 노동에 대한 태도는 매우 범주적이었습니다. 귀족 여성, 부르주아 여성은 일해서는 안 되었습니다. 여성이 노동한다는 것은 집안의 불명예였으니까요. 그러니까 임신 기간에 이런 여자들은 아무런 장애 없이 자기만의 시간을 보내면서 사람들에게 둘러싸여 보살핌과 사랑을 받았습니다. 이와 반대로 농사짓는 여성은 아이를 낳을 때까지 일하고 누워서 지내지 않는 것을 영예로 여겼습니다. 다시 말해 집안일, 농장일, 출산을 모두 완수하는 것을 자랑스럽게 여겼다는 거죠. 농촌에서 '튼튼한 여자'보다 더 훌륭한 것 없었죠! 임신과 노동 사이의 양립 불가능성은 산업 분야에서 더욱 자주 확인됩니다. 공장과 기계는 남성적이고 폭력적인 환경을 조성했습니다. 공장에 일하러 다니는 여성은 대부분 처녀였고, 유부녀도 첫아이를 가질 때까지만 다녔죠. 이렇게 해서 출산 보호법이 탄생했고 분만 전후에 쉬게 하는 출산휴가 제도가 생겼습니다.

바샤랑 임신한 여자는 어떤 차림을 했나요? 수치심 없이 있는 그대로 자기 모습을 드러냈나요, 아니면 불룩 나온 배를 감추려고 애썼나요?

페로 임신한 여자의 몸 때문에 문제가 제기된 것 같지는 않습니다. 17세기 네덜란드 화가 렘브란트는 자기 아내 사스키아를 모델로 삼아 그린 「플로라」에서 등장인물이 배에 손을 얹고 있는 모습을 화폭에 옮겼습니다. 다산(多産)을 칭송하고 임신한 여자의 몸에 높은 가치를 부여했던 유대교가 배경이 된 성서적 관점의 그림입니다. 기독교 문화에서도 비록 소극적이긴 하지만, 이런 관점을 찾아볼 수 있습니다. 궁정에서는 임신한 여자들을 위해 코르셋과 치마의 폭을 넓혔고, 이 모든 변화에 금기는 없었습니다.

너는 고통 속에서 아이를 낳으리라

바샤랑 임신한 여자들에게 분만은 공포의 근원이었나요? 엄청난 고통을 느낀다거나 생명의 위협을 받는다거나…….

페로 출산은 잘 알다시피 위험한 과정이고, 그 점은 지금도 마찬가지입니다. 과거에는 산모의 사망률이 매우 높았는데 이는 남녀 간 평균수명의 격차를 말해주기도 합니다. 내출혈과 감염으로 사망한 여성이 많았죠. 그래서 의사들이 출산에 관여하기 시작했고, 더 효과적이고 합리적인 출산의 방법을 찾아내고, 산파들을 양성해야 한다는 생각이 널리 퍼졌습니다. 15세기에 시작된 제왕절개술은 진정한 외과 수술이었습니다. 이탈리아에서는 외과 의사가 가난한 여자들에게 제왕절개를 자주 시술했습니다. 거기에는 실습 목적도 있었죠. 일반적으로 제왕절개술은 산모에게 매우 위험한 수술이었는데 산모보다는 아기를 우선으로 살려냈죠.

바샤랑 제왕절개술에 대해서 교회에서는 어떻게 반응했나요?

페로 교회는 제왕절개술에 대해 단호하게 어떤 강령을 제시하지는 않았어요. 그러나 선택은 아이를 살리는 쪽으로 이루어졌죠. 이 문제를 두고 의사들은 진지하게 토론했습니다. 의사와 남편들은 산모를 살리자는 쪽으로 의견을 모았습니다. 어머니의 목숨이 태어날 아이보다는 더 중요하다고 판단했기 때문이었죠. 18세기 계몽주의 시대에는 출산 때 문제가 생기면 아기보다는 어머니를 살리려고 애썼죠.

바샤랑 임신부는 출산에 남자 의사가 개입하는 것을 거북하게 여기지는 않았나요?

페로 임신부는 당연히 남자 의사의 개입을 무척 망설였고, 게다가 의사와 산파 사이에 갈등도 있었습니다. 산파들은 여성의 수치심에 많이 기댔죠. 그러나 부유층에서는 의사들의 과학적 지식과 안전성을 인정했습니다. 오늘날에도 산파들은 출산과 관련하여 자신이 보유한 지식의 유용성을 증명하려고 노력하고 의사들은 여전히 산파들의 시술에 간섭하려고 하죠.

바사랑 산모가 분만할 때 느끼는 고통에 대해 의사들은 신경을 썼을까요?

페로 전혀 그러지 않았습니다! 일반적으로 의학은 오랫동안 고통에 대해 아주 무관심했습니다. 특히 산통(産痛)에 대해서는 더욱 그랬죠. 고통은 당연하고, 세상의 이치에 속한다고 보았던 겁니다. '너는 고통 속에서 아이를 낳으리라.'(창세기 3:16)고 하나님이 말씀하셨으니까요. 이와는 반대로 여자들 사이에서는 고통을 완화하는 비법이 전수되었습니다. 여성의 출산 문화는 공포의 근원인 고통과 자존심을 둘러싸고 발전했습니다. 여자들은 '나는 분만할 때 아주 큰 고통을 겪었어. 그러니 더 예쁜 아기가 나왔겠지.'라고 말하곤 했습니다. 즉, 당연히 고통을 겪어야 한다고 믿었고, 기독교 윤리는 고통에 반대하지 않았습니다. 그러다가 나중에야 소위 '좌파'를 자처하는 사람들에 의해 무통분만이 도입되었고, 이 문제는 심각한 정치적 논쟁을 불러일으켰습니다. 어쨌든, 여자들은 분만을 통해 여성 공동체에 대한 소속감을 느낍니다. 그래서 처음 만난 여자끼리도 '내가 첫아이를 낳을 때······'라며 자신의 분만 경험을 거리낌 없이 이야기하며 대화를 시작하곤 합니다. 이것은 아주 뿌리 깊은 전통입니다. 그리고 여자들은 아기를 낳으면서 흘린 피에 큰 가치를 부여하죠.

젖 자매

바샤랑 그러나 경막외마취를 통한 무통분만은 여자들에게 축복과도 같았습니다. 이 축복의 시대를 기다리면서 분만에서 살아남은 젊은 엄마는 주위 사람들에게서 보살핌을 받았겠죠. 그리고 '산부의 축성식'을 치르고 소위 '출산 후 복귀'의 과정이 이루어졌겠죠?

페로 산후 산부의 축성식은 종교적인 의식이었습니다. 아기를 낳고 몇 주가 지나면 여자는 일종의 '정결 의식'을 치르기 위해 교회에 가서 축성을 받고, 성도들의 공동체로 복귀하고, 다시 부부 생활을 시작했습니다. '출산 후 복귀'는 다시 생리가 시작되는 것을 의미했습니다. 생리가 시작된 여자는 다시 임신할 수 있다는 것을 의미하는데, 대부분 여자가 다시 임신하고 싶어 하지 않았습니다. 그래서 의도적으로 수유 기간을 늘렸습니다. 수유하는 여자는 쉽게 임신하지 않는다는 사실을 알고 있었으니까요.

바샤랑 수유는 부유층 여성에게 적절하지 않다고 여겨졌죠. 그래서 대부분 유모를 고용하지 않았나요?

페로 그렇죠. 상류층 여자들은 모유를 수유하지 않았습니다. 그리고 장인과 상인의 아내들도 아기를 돌볼 틈이 없었기에 사정은 마찬가지였습니다. 그래서 18세기부터 저택에 상주하는 유모가 등장합니다. 유모를 고용하려면 돈이 아주 많이 들었기에 부유한 사람만이 그런 호사를 누릴 수 있었죠. 그렇지 않으면 대부분 멀지 않은 시골에 있는 유모의 집에 아기를 맡겼습니다.

바샤랑 젖먹이들이 많이 죽었다는 끔찍한 이야기의 진상은 무엇인가요? 때로는 아기가 이동 중에 죽기도 했다던데요.

페로 경제적 여유가 있는 유복한 집안의 아이에게는 아무 문제도 없었죠. 하지만 고아나 버려진 아이들은 시골로 보내졌는데 19세기 통계를 보면 두 명 중 한 명꼴로 죽었다고 합니다. 젖먹이 아기가 감당할 수 없는 여행 때문이었건, 유모가 너무 많은 아이를 맡았기 때문이었건, 여러 아이에게 나눠줄 젖이 충분하지 않았기 때문이었건, 많은 아이가 죽었습니다. 그러나 대부분 부모 없는 불쌍한 아이, 사생아, 버려진 아이에게 일어나는 일이었기에 사람들은 대수롭지 않게 생각했죠.

바샤랑 그 어머니 역시 비참한 상황에 놓여 있었다고 추측할 수 있겠죠?

페로 네, 사생아의 어머니는 죄인 취급을 받았죠. 그리고 기독교 문화권에서 사생아는 살아 있을 가치가 없었습니다. 죄악의 씨앗은 어떻게든 숨기고, 버리고, 잃어버려야 했으니까요. 그러나 교회는 사생아에게도 세례를 해줬습니다. 하지만 사회에서 그런 아이는 합법적으로 존재하지 않았고, 권리도 이름도 재산도 없었죠. 사생아를 버리지 않는 궁정에서조차도 그들은 왕좌에 접근할 수 없었습니다. 왕은 그들에게 지참금을 주고 직위와 토지를 주었지만, 왕이 꼭 그래야 할 의무는 없었습니다.

좋은 어머니

바샤랑 모성애는 언제부터 시작되었을까요? 원시 시대일까요, 아니면 발전한 형태의 사회가 구성된 이후일까요?

페로 모성애가 순수한 사회적 산물이라고 말한다면 너무 단순한 대답이겠죠. 산아제한과 아이를 왕처럼 떠받드는 관습이 생기기 훨씬 전부터 어머니와 아이를 연결하는 아주 강한 사랑의 증거를 찾아볼 수 있습니다. 고대 기독교 문서에도 나타나죠. 순교를 눈앞에 둔 여자가 등장하는데 그녀는 오로지 자신이 죽은 후에 누가 자기 아이들을 돌볼 것인지를 걱정합니다. 아이에 대한 걱정, 참사랑의 본보기는 흔히 볼 수 있습니다. 기독교에서는 '동정녀'라는 인물이 모성애의 놀라운 예찬을 낳게 했습니다. 궁정 여인들이 아이들을 거의 돌보지 않았던 17세기에 세비녜 부인[23]은 평생토록 딸에 대해 열정적인 사랑을 표현했습니다. 그러나 사회 계층에 따라 모성애에 대한 척도는 상대적으로 한계가 있습니다. 아주 오랫동안 자식을 돌보는 어머니를 기대하지는 않았으니까요.

바샤랑 사회 모든 계층에서 그랬나요?

페로 귀족 사회나 부르주아 사회에서 어머니는 아이들과 아주 일찍 떨어져서

---

23) Madame de Sévigné(1626~1696): 본명은 마리 드 샹탈이다. 6세에 부모를 잃고 18세에 브르타뉴 출신 귀족 앙리 드 세비녜 후작과 결혼했다. 남편이 다른 여자 때문에 결투하다 죽자, 24세 나이로 과부가 되어 자녀 교육에 전념했다. 재치 있는 서간문으로 당시 살롱에서 대단한 인기를 끌었다. 1669년 사랑하는 딸이 그리니앙 백작과 결혼하여 프로방스 지방으로 떠나자 25년 동안 애정에 넘친 편지를 써 보냈다. 그녀가 남긴 1,500여 통의 편지는 프랑스 서간문학의 최고봉으로 꼽힌다. 루이 14세 치하의 갖가지 사건, 개인의 감정, 자연, 독서 감상을 독특한 문체로 엮고 있어 고전주의 문학 연구에 중요한 자료가 되었다.

교육에도 거의 관여하지 않았습니다. 유모와 가정교사가 아이들을 돌봤으니까요. 게다가 아이들과 거리를 두는 것이 현명하다고 여겼습니다. 아이들은 아버지나 어머니의 친밀함에 포함되지 않았던 겁니다. 이와 반대로 서민층에서는 어머니가 아이들과 가깝게 지냅니다. 시골에서는 아이들이 어머니 치마를 붙들고 늘어지고 어머니는 그렇게 아이들을 돌보면서 일합니다. 흥미롭게도 여러 가지 사회적 변화가 부유한 계층에 도입되었지만, 자식에 대한 어머니의 헌신은 하층민에게서 시작되었습니다.

바사랑 아이에게 헌신적이고, 희생적인 어머니상은 어떻게 만들어졌나요?

페로 우리가 흔히 말하는 '이상적인 어머니상'은 계몽주의 시대에 형성됩니다. 물론 루소에게서 기원을 찾을 수도 있겠지만, 그것이 전부는 아닙니다. 사람들이 '아이'라는 존재를 의식한 순간부터 어머니의 역할이 더욱 중요해졌고, '좋은 어머니'라는 사회적이고 철학적인 개념이 생긴 겁니다. 자식을 양육하는 어머니, 아이의 신체와 정신을 보살피는 어머니의 모습이 사회적 통념으로 정착하기 시작한 거죠. 그리고 그에 따라 어머니의 목표도 설정됩니다. 즉, 어머니는 아이가 미래에 훌륭한 인물이 되기를 바라며 노심초사하게 되죠. 프랑스 대혁명은 여자들에게 시민권을 주지 않았지만, 사회적 시민의 자격으로 그들을 찬양했습니다. 왜냐면 그들은 어머니이고 미래의 시민을 교육하는 중요한 역할을 맡았기 때문이었죠. '좋은 어머니'를 주제로 한 수많은 문학작품이 나오고 여러 논문에서 어머니는 어떻게 행동해야 할지, 말하지 말아야 할 것과 하지 말아야 것은 무엇인지를 규정하기도 합니다. 그렇게 어머니로서 여성의 사회적, 정치적 유용성에 대한 사고가 점점 더 영향력을 발휘하게 됩니다.

헌신적인 어머니

바샤랑 '좋은 어머니'에 대한 개념과 함께 '나쁜 어머니', 이기적인 여성에 대한 개념도 나타났겠죠?

페로 물론입니다. 발자크는 『두 젊은 아내의 회고록』에서 매우 흥미로운 예를 보여줍니다. 이 소설에는 왕정복고 시대에 수녀원에서 만나 친구가 되어 평생 편지를 주고받은 두 여인이 등장합니다. 어머니가 되고 싶었던 부르주아 여성 르네는 가정을 이루어 자녀를 낳고 그들에게 온 정성을 쏟습니다. 아이의 젖병과 장난감을 챙기고, 아기가 눈을 뜨고 다시 잠들 때까지 늘 아기를 돌봅니다. 그녀와는 반대로 친구 루이즈는 이전 시대 여성처럼 살아갑니다. 그녀에게는 오직 남자를 사랑하고 그에게서 사랑받는 것만이 중요하죠. 그래서 루이즈는 아이도 원하지 않습니다. 그녀는 심지어 르네에게 보내는 편지에 '아이는 방해물이야!'라고 씁니다. 실제로 루이즈에게는 아이가 없었죠. 그러나 그녀는 사랑을 이루지도 못했고, 병들어 혼자 쓸쓸히 죽어갑니다. 발자크는 이 작품에서 적어도 당시의 도덕에 따라야 할 본보기는 쾌락을 좇는 루이즈보다는 아이에게 헌신하면서 자신의 행복을 찾는 좋은 어머니 르네라고 말하고 있죠.

바샤랑 아이의 인기가 그만큼 높아졌다는 거군요.

페로 18세기부터 여성의 이런 모습을 흔히 보게 됩니다. 그와 동시에 육아에도 진정한 과학적 의미가 부여되었죠. 출산과 육아가 점점 더 의료 혜택을 받게 되고 의사가 여성의 상담자로 등장합니다. 여자들은 의사들의 충고에 귀를 기울이고 때로 신중하게 검토할 필요가 있는 조언까지도 받아들였습니다. 출산과 육아와 관련된 이런 '강박증'은 1900년대에 절정에 달합니다. 왜냐면 당시 프랑스에서는 영아 사망률이 아주 높았고, 국가가 출산율 저하에 심각한 우려를 나타냈기 때문입니다. 어머니들은 마치 십자군처럼 아이들을 구하기 위해 의사들 편에 섰습니다. 아이들을 잘 씻기고, 수유하고, 발육 상태를 늘 점검합니다. '젖 방울들(Gouttes de lait)'이라는 보건진료소가 생긴 것도 바로 이 시대, 파스퇴르[24]의 시대였습니다. 이 보건소에서는 어머니들에게 되도록 오랫동안 아이에게 수유하도록 권장했고 젖병을 소독하는 방법 등도 가르쳐주었습니다. 그리고 비타민의 효능에 관한 주장도 대두하기 시작했죠. 이제 어머니는 '육아'라는 무거운 책임을 지게 되었는데 왜냐면 모든 아기는 국가의 재산으로 간주했기 때문이었습니다.

바사랑 여자들의 집안일에 아이의 위생을 돌보는 일이 보태졌군요.

페로 언제나 그랬듯이 집 안의 위생과 청결은 여성의 몫이었죠. 특히 빨래는 지극히 여성적인 세계에 속했습니다. 물, 비누, 다림질, 바느질……. 당시의 회화를 보면 빨래하거나 바느질하는 등 가사에 전념한 여성이 자주 등장합니다. 남성과 여성의 역할 분리가 엄격한 사회에서 옷을 세탁하고 집을 청소하고 음식을 준비하고 아이를 돌보는 등 가사 노동은 전적으로 여성의 의무였습니다. 단지 초기 산업화 시대에 가내수공업으로 직조를 업으로 삼은 집안에서 온 가

---

24) Louis Pasteur(1822~1895): 프랑스의 화학자·세균학자. 소르본 대학 교수, 파스퇴르 연구소장 등을 역임했다. 주석산의 입체 이성체의 발견을 비롯하여 포도주의 산패 방지 등에 관한 발효의 연구, 자연발생설의 부정, 누에의 미립자병, 닭의 콜레라 연구, 가축의 탄저병, 광견병 등의 백신 발명, 전염병의 원인에 관한 미생물 배종설 등 다방면의 연구 분야를 개척함으로써 근대 의학의 대표적 창시자가 되었다.

족이 모여 천을 짜는 등 생계를 위한 일을 할 때에는 가장이 미처 일을 끝내지 못한 아내 대신에 식사 준비와 같은 집안일을 도울 수도 있었습니다. 이것이 책임 분담 체계에서 거의 유일한 예외였다고 할까요?

바샤랑 그러나 오늘날 남자들은 부엌에서 이방인이 아니잖습니까?

페로 요리의 세계에는 성별에 따른 영역이 분명히 구분되어 있었습니다. 남자는 고기와 포도주를 맡고, 여자는 채소와 우유를 맡는다는 식으로 역할이 분담되어 있었던 거죠. 남성적인 활동인 고기 굽기라든지 돼지를 잡아 순대를 만드는 일 등은 남자의 일이었습니다. 특히 생리하는 여자는 순대를 만드는 현장에 접근할 수 없었죠. 부정을 타서 순대를 망칠 위험이 있었기 때문입니다. 포도 수확의 경우도 비슷했습니다. 제식적인 일, 남성적 개입이 필요한 일에 여자는 부정한 존재로 간주하여 멀리 떨어져 있게 했죠.

해로운 비법

바샤랑 결혼하고 아이를 낳아 행복한 젊은 여성은 그 행복을 만끽할 여유도 없이 근심에 휩싸입니다. 또 아이가 생기는 것은 아닌지, 기력이 소진되지는 않을지, 그리고 늘어나는 식구들을 어떻게 먹여 살려야 할지 걱정이 태산 같죠.

페로 당연한 일이겠지만, 어머니는 자식이 늘어나면 부담을 느낍니다. 늘 불안한 마음으로 생리가 제대로 되고 있는지를 살피죠. 가난하거나, 아프거나, 특히 남편 없이 혼자서 아이를 길러야 한다면 상황은 그야말로 비극적입니다. 사실, 피임 시도는 예부터 늘 있었습니다. 고대에는 상황이 어땠는지 뚜렷이 알려진 바가 없지만, 초기 기독교 시대부터 교회는 '오난의 죄'[25]를 용납하지 않았습니다. 다시 말해 성행위를 끝내지 않고 '중단한' 성교를 단죄했던 겁니다. 남성이 수음하는 것은 물론이고, 아내와 성관계를 할 때 삽입했던 성기를 빼내서 몸 밖에 사정하는 행위도 교회에서는 '죄악'으로 간주했습니다. 왜냐면 하나님이 아이를 생산하라고 주신 정액을 헛되이 썼기 때문이죠. 교회는 성 본능을 인간의 결점으로 여겼지만, 결혼해서 출산을 목적으로 그 본능을 실현할 때에는 선한 행동으로 인정해주었죠. 이처럼 아이를 원하지 않는다면 성관계도 해서는 안 되었던 겁니다.

바사랑 신자들은 그런 계율을 충실하게 지켰나요?

페로 물론 거의 안 지켰죠. 유럽에서 대대적으로 피임을 실천한 최초의 국가는 프랑스였습니다. 앞서 말했듯이 농민들은 재산 문제로 산아를 제한하려고 했고, 이 때문에 중세 말부터 결혼 적령기가 늦춰졌죠. 예전에는 사람들의 평균 수명이 길지 않기에 부부로 사는 기간도 오늘날보다 훨씬 짧았습니다. 쉰 살까지 함께 사는 부부가 드물었으니 가임기도 짧을 수밖에 없었죠. 하지만 계층에 따라 차이가 컸습니다. 예를 들어 귀족들은 어린 나이에 결혼했지만, 잠

---

25) Onanism: 창세기 38장에 나오는 오난의 일화에 따르면 유다의 둘째 아들 오난은 사악한 형 에르가 죽자 유대 풍습에 따라 형수를 아내로 맞이해서 아이를 낳아 기르라는 가르침을 받는다. 그러나 그는 형의 대를 이을 아들을 낳지 않으려고 아내와의 성교를 거부하거나 질외사정을 하거나 자위행위로 성욕을 해결한다. 그러다가 그가 갑자기 죽자 성경학자들은 그가 신의 명령인 종족 보존과 무관하게 정액을 낭비한 탓에 급사했다고 해석했다. 그리고 자위는 죄짓는 행위이고 그 대표적인 인물이 오난이기에 자위행위를 '오나니즘'이라고 부르게 되었다.

자리를 함께하지는 않았습니다. 농촌에서는 17세기 고해신부들이 탄식했듯이 '시골에까지 퍼진 해로운 비법'이 널리 유행했습니다. 남자들이 체외 사정으로 피임하는 방법을 흔히 사용했던 겁니다. 교회가 이런 관행을 용납하지 않는다는 것을 모두 알고 있었지만, 상관하지 않았습니다. 여자들은 아내가 임신하지 않게 '조심하는' 남편을 좋아했습니다. 왜냐면 남편의 이런 행위는 '아내를 사랑하고, 보호하고, 자제할 줄 안다.'는 것을 의미했기 때문이죠. 이와 반대로 조심하지 않는 남편을 아내들은 불만스러워했습니다. 게다가 이웃 여자들도 그것을 알게 되었습니다. 불행한 여자는 늘 임신한 상태로 있었으니까요.

바샤랑 임신을 피하는 데에는 '금욕'이라는 방법도 있잖습니까?

페로 그렇죠. 부부가 더는 아이를 낳고 싶지 않을 때 '금욕'이라는 방법도 널리 사용되었습니다. 그럴 때 남자들은 자기 아내와 잠자리를 하지 않았지만, 그 대신 농가의 하녀들과 성관계를 맺거나 도시의 매춘부를 찾아갔습니다. 이처럼 여자들에게는 성적 경로가 하나뿐이었지만, 남자들에게는 늘 두 가지가 있었던 셈입니다. 여기서 남자들에게는 아주 편리한 구실이 일반화합니다. 즉, 남성의 성욕은 근본적으로 조절할 수 없기에 어떻게든 해결해야 한다는 거죠!

바샤랑 그래서 매춘부가 필요하다는 말이 나오는군요. 어쨌든 매춘부들은 다행히 늘 피임을 하고 있었죠?

페로 그렇습니다. 매춘부들은 오래전부터 여성용 콘돔을 사용하고, 질을 세척하는 등 피임에 각별히 신경을 썼죠. 그래서 유곽에는 반드시 물이 필요했습니다. 그리고 매춘부들은 늘 몸을 자주 씻었기에 일반 여성보다 깨끗하다고 정평이 나 있었습니다. 17세기 영국에서는 납으로 주조한 피임 도구나 콘돔 같은 것들이 성행하기도 했죠. 피임법을 아는 그들은 마치 대단한 지식이라도 갖췄다는 듯이 의기양양했죠. 그러나 이것은 남편이 감히 아내에게 제안할 수 없는 화류계의 지식이었죠.

바샤랑 교회는 금욕 기간을 강요하잖습니까? 그렇다면 가임 기간을 피하는 방식으로 자연스럽게 피임을 할 수도 있었을 텐데요?

페로 가임기를 피하는 피임 방법은 최근에야 개발되었습니다. 배란의 원리는 18세기 말에 발견되었는데, 19세기 중반까지도 명확하게 확인되지 않았습니다. 그리고 20세기가 되어서야 배란기를 이용한 피임법이 적용되기 시작했죠. 피임은 연애결혼한 부부들을 통해 진전이 이루어졌습니다. 그들은 배우자의 육체와 영혼을 함께 사랑했고, 부부 관계에서 쾌락과 성관계를 회복했습니다. 이런 시도에 대해 개신교는 매우 개방적이었지만, 가톨릭에서는 그렇지 않았습니다. 예를 들어 프랑스에는 지금도 피임을 금지하면서도 부부 사이의 사랑에 가치를 부여하는 '기독교 결혼을 위한 협회' 같은 모임이 활성화되어 있습니다. 이처럼 젊은 부부들이 출산 조절 문제로 어려움을 겪고 있다는 사실을 알게 된 크노스나 오지노 같은 가톨릭 의사들은 여성의 가임기를 확인하는 기초체온법을 개발했습니다. 부부가 아이를 원하면 기초체온법으로 가임기를 확인하여 사랑을 나누고 그 반대의 경우에는 생리가 시작될 때에나 끝날 때에만 성관계를 갖는 거죠. 하지만 이 방법은 실패율이 높았습니다. 그래서 가톨릭 사회에서는 예정에 없이 생긴 아기를 '오지노의 아기'라고 부르기도 합니다.

낙태

바사랑 피임을 위해 이토록 끈질기게 노력했지만, 얼마나 많은 여성이 원하지 않는 임신을 했다는 사실을 뒤늦게 알고 나서 극심한 절망에 빠졌습니까!

페로 그러게 말입니다. 원하지 않았던 임신은 여성에게 견디기 어려운 고통의 원인이 됩니다. 절망, 비참, 가난, 수치, 모욕, 사생아……. 그래서 임신의 '함정'에 빠진 수많은 여성이 스스로 곤경에서 벗어나려고 몸부림칩니다. 사실, 낙태와 영아 살해는 이 세상만큼이나 오래되었고 또 묵인되어왔죠. 모든 문화, 모든 시대에 임신을 중절하는 다양한 방법이 있었습니다. 묘약, 물약, 신체 조작을 통해 은밀하게 시도되는 낙태의 문화가 있었던 거죠. 중세 시대에 임신 중절의 비결을 알고 이를 시술해주는 여성은 마녀로 통했습니다. 그들의 사회적 위상은 매우 애매했죠. 왜냐면 교회와 공권력은 이들을 악마를 섬기는 죄인이나 범죄자로 취급했지만, 여성의 몸을 잘 알고, 동식물 약재의 효험도 잘 알고, 생사의 비밀을 알고 있으며, 여성의 몸을 돌보는 치료사의 역할도 했으니까요. 19세기부터 마녀는 점점 사라졌지만, 산파나 조산원 등이 시술하는 대체의학을 통해 낙태는 여전히 시술되었습니다. 그리고 민간에서는 낙태를 당연한 것으로 여겼죠. 사람들은 굳이 말로 표현하지 않았지만, 임신 중절에 대해 별다른 죄의식을 느끼지 않았습니다. 특히 아이가 아주 많은 여성이 원하지 않는 임신을 했을 때에는 낙태할 권리가 있다고 생각했습니다. 그리고 여자들만이 아니라 집안의 남자들까지도 낙태를 도왔습니다. 이처럼 당시에 낙태는 많은 사람이 인정하는 일종의 피임법이었죠. 서민층에서는 아이에게 들어가는 양육비를 고려하지 않을 수 없었습니다. 아이가 공부를 계속하고 도제 수업을 받으려면 꽤 큰 비용이 들었죠. 이런 것들이 낙태에 관련된 서민들의 공감대를 설명해줍니다.

바샤랑 하지만 법적으로 낙태는 늘 단죄되었잖아요?

페로 16세기 프랑수아 1세 때부터 낙태를 범죄 행위로 규정하는 문서들이 발견됩니다. 그러나 그것은 '원칙'에 불과했죠. 나폴레옹 법전도 낙태와 영아 살해를 범죄로 분명히 규정했지만, 낙태 시술로 기소되는 사례는 극히 드물었습니다. 낙태를 묵인하는 사회적 합의 같은 것이 있었던 겁니다. 즉, 누군가가 낙태했다는 것을 모두 알고 있지만, 고발하지는 않았던 거죠. 그러나 19세기 말에 변화가 생깁니다. 당시에 프랑스 정부는 출생률이 점점 낮아져서 걱정이 이만저만이 아니었습니다. 왜냐면 인구가 많을수록 국력이 강해진다고 믿었는데 상황이 그 반대 방향으로 가고 있었으니까요. 그래서 정확한 인구조사를 시행하고 인구통계학도 발전하게 되었죠. 그렇게 인구 감소의 원인을 추적해보니 바로 음성적으로 시술되는 피임과 낙태가 주범이라고 판단하게 되었습니다. 당시 산과병원의 통계를 보면 많은 여성이 낙태 뒤에 세균 감염으로 자주 발생하는 산욕열을 앓았고, 이는 불임의 원인이 되기도 했습니다. 낙태를 경험한 여성은 가히 천문학적 숫자였죠. 1900년대에는 한 해에 평균 백만 명의 여성이 낙태했다고 전해집니다. 이것은 실제 숫자일까요, 아니면 과장된 숫자일까요? 어쨌든, 상황이 이렇게 되자, 의사들이 대거 동원되어 여성의 출산과 육아에 적극적으로 개입하기 시작합니다. 에밀 졸라가 대가족 어머니를 찬양하는 소설 『다산』을 썼던 것도 바로 이 무렵입니다. 졸라는 사회주의 경향이 있었지만, 좌파 지식인과 정치인들도 피임과 낙태를 반대했습니다. 마르크스 역시 맬서스[26]의 주장에 단호하게 반대했죠.

바샤랑 그때부터 낙태에 관여한 사람은 처벌의 대상이 되었나요?

페로 1860~1870년대부터 국가는 낙태 시술을 하는 산파나 돌팔이 의사들을 처벌했습니다. 1890년대에는 아주 엄격한 규제가 시작되었고, 정부는 검사들에게 낙태 관련 범죄를 특히 엄하게 다스리라고 지시했습니다. 대중은 이런 처사를 이해하지 못했죠. 심지어 충격을 받았습니다. 예를 들어 에브뢰 지방 법정에서 일어난 소송 사건은 큰 반향을 일으켰죠. 한 여자가 원치 않은 임신을 하게 되면 그 지역 무허가 치유사를 찾아가 낙태 시술을 받았는데 당국이 일망타진하여 접골사와 낙태한 여자들을 모두 체포했던 겁니다. 하지만 그곳 지역민은 낙태를 도운 접골사를 옹호했습니다. 국가의 권력 기관이 낙태를 '나쁘다'고 규정하고, 시민에게 낙태할 '권리가 없다'고 선언하고, 낙태가 '국가에 대한 범죄'라고 주장하는 것을 이해할 수 없었던 겁니다. 그러나 국가는 설령 사생아라고 해도 어머니가 아이를 낳아야 한다고 규정하는데, 왜냐면 그 아이는 '국가 소유'이기 때문입니다. 1920년 프랑스 법은 모든 피임 광고를 금지했습니다. 1923년에는 낙태를 경범죄로 규정해서 낙태에 관련된 사람은 경범 재판을 받았죠.

---

26) Thomas Robert Malthus(1766~1834): 영국의 경제학자. 특히 인구론자로서 유명하며 세계 최초의 경제학 교수로 불린다. 『인구론』을 출간했다. 그의 인구 법칙에 따르면 인구의 자연 증가는 기하급수적인데 생활재료(식량)는 산술급수적으로 증가하여 과잉 인구에 의한 빈곤의 증대는 피할 수 없다는 것이며, 이에 대한 유일한 방책으로 금욕을 함께하는 시기의 연장, 즉 도덕적 억제를 제시했다. 이 학설은 인간의 불행을 숙명적인 자연법칙의 결과로 보고 이에 따라 자본주의 사회의 모순을 합리화하면서 사회주의 사상을 반박했다.

바샤랑 그래도 낙태가 중죄는 아니었나 보죠?

페로 낙태한 여자들은 체포되어 검사 앞에 불려 나왔지만, 재판정에서 배심원들은 그들에게 관용을 보여 대부분 관대한 판결을 내렸습니다. 그러나 낙태 전문 산파나 돌팔이 의사들은 무거운 벌을 받았죠. 그래도 낙태 전문 산파는 20세기 초부터 사형은 면했습니다. 그리고 독일 점령 시절, 지극히 반여성적이었던 비시 정부가 들어서면서 처벌이 몹시 엄혹해졌고 1943년 낙태한 여자 한 명이 사형당했습니다. 클로드 샤브롤 감독은 「여자들의 사건」[27]에서 이런 사건을 다루기도 했습니다.

바샤랑 그렇다면 교회의 반응은 어땠습니까?

페로 국가와 마찬가지로 교회는 19세기 말이 되어서야 진지하게 낙태 문제에 관여합니다. 이전에도 교회는 낙태에 반대했지만, 공식적인 언급을 자제했죠. 이 관행의 배경을 이해하는 고해신부들은 여기저기서 낙태가 시술된다는 것을 알고는 있었지만, 간섭하지는 않았습니다. 부부의 잠자리와 그 후에 일어나는 일에 대해 교회는 침묵했던 겁니다. 그것은 어디까지나 부부 사이의 문제였기에 사제들은 성도덕과 관련된 사건에는 개입하지 않으려고 했습니다. 하지만 국가가 출산율 저하로 낙태와 피임 문제에 주목하자 교회도 도덕적인 문제

---

27) Une affaire de femmes: 1988년 클로드 샤브롤이 연출하고 이사벨 위페르와 프랑수아 클루제가 주연한 영화로 나치의 프랑스 점령 시기 한 여인의 삶을 그렸다. 위대한 가수가 되는 것이 꿈이었던 젊은 여인 마리는 궁핍하고 원치 않게 임신한 여인들에게 낙태 수술을 해주며 생계를 유지한다. 그녀는 그렇게 벌어들인 돈으로 남편에게 비밀로 하고 매춘부 친구인 룰루를 돕기도 한다. 남편을 사랑할 수 없는 마리는 젊은 남자와 성관계를 맺고 이 사실을 알게 된 남편은 잔인한 복수를 결심한다는 내용이다.

에 주목하게 되었습니다. 육체와 죄악은 교회가 나서야 할 영역이니까요! 바티칸에서 주교들에게 지시가 하달되고 교구 신부들에게 통보되었죠. 그렇게 여자들에게 낙태는 물론이고 피임도 해서는 안 된다는 엄명을 내립니다. 물론 이런 명령을 거북하게 받아들인 사제들도 있었습니다. 교회가 사생활에 간섭할 필요는 없다고 확신했으니까요. 그러나 이때부터 교회와 국가는 경쟁적으로 국민의 성생활과 여성의 육체를 통제의 대상으로 삼기 시작합니다.

유혹당하고 버림받다

바사랑 아이를 돌볼 수 없는 형편에서 피임도 낙태도 할 수 없는 여자에게는 비극적이지만 '영아 살해'라는 최후 수단이 남아 있었죠. 이것 역시 말씀하신 대로 세상만큼이나 오래된 관습이잖아요.

페로 앞서 말씀드렸지만, '아기'는 새롭게 생긴 가치였습니다. 갓 태어난 신생아는 더욱 그랬습니다. 고대 로마에서 아기의 '소유주'인 아버지는 아기를 자기 마음대로 처분할 수 있었고, 오랜 세월 그렇게 잉여의 아이들이 버려졌습니다. 그리고 태아의 마지막 단계인 갓난아기는 인간으로 여겨지지 않았죠. '조산아'라든가 '사산아'라는 구실을 대고 영아를 살해해도 아무도 문제 삼지 않았습니다. 그러다가 중세 시대가 되어서야 영아 살해를 범죄로 간주하기 시작했습니다. 갓난아기가 운다는 것은 그 아기에게 영혼이 있다는 증거로 판단했기에 영아 살해를 죄악시하기 시작한 겁니다. 따라서 영아는 세례를 받아야 했습니다. 그래야만 지옥에 가지 않고 최소한 '연옥'으로 갈 수 있으니까요. 이곳에서는 비록 하나님을 볼 수는 없지만, 고통을 느끼지는 않는다고 믿었습니다. 15세기에는 왕이 칙령을 내려 영아 살해를 벌하기 시작했습니다. 그러나 영아 살해의 관행은 아주 광범위하게 퍼져 있었기에 처벌에 별로 주목하지 않았죠. 그러다가 세월이 흐르면서 국가는 이 문제에 대한 간섭을 강화했고 사람들도 관심을 보이기 시작했습니다. 이것은 아기의 위상에 대한 자각과 궤를 같이합니다. 마을에서는 사람들이 서로 감시했고, 소문이 돌았으며, 다양한 계층의 여자들이 영아 살해를 저지른다는 사실에 경악하기도 했습니다. 그리고 헌병대에 고발도 했습니다. 제2제정 시대에는 일 년에 약 천 명의 여성이 영아 살해로 유죄 선고를 받았습니다. 사법 기관의 고문서를 들여다보면 그들의 참상을 잘 알 수 있습니다. 실제로 기혼녀들은 눈감아주는 사례가 많았고, 법정에 끌려간 80퍼센트의 여성은 농가의 가난한 처녀들이었죠.

바샤랑 남자들에게 유혹당해 임신하고, 아이를 낳자 버림받은 거군요.

페로 그렇습니다. 그들은 하녀와 머슴들이 혼숙하는 외양간이나 공동 숙소에서 거주하며 성적 노리개가 되어버린 어린 처녀들이었습니다. 주인, 머슴, 행상들이 집 안이든, 집 밖이든, 밭에서든 그들을 겁탈했죠. 그들은 자신을 지켜내지 못했습니다. 임신하면 버림받고 이후의 일은 자신이 알아서 처리해야 했습니다. 상대가 유부남이면 더욱 그랬죠. 그럴 때 그들은 유산하려고 애썼지만, 대부분 낙태에 실패했습니다. 그러면 쫓겨나지 않으려고 펑퍼짐한 앞치마를 두르고 점점 부풀어 오르는 배를 감추며 임신 사실을 숨겼습니다. 출산일이 되면 숨어서 아이를 낳고 몰래 버렸습니다. 그리고 다음 날 다시 일을 시작했죠. 주위 사람들은 대부분 사정을 알면서도 눈감아줬습니다. 그러나 개중에는 고발하는 사람도 있어서 헌병대가 조사에 착수하고, 영아의 시체를 발견하면 불쌍한 어린 엄마는 법정으로 끌려갔습니다.

바사랑 그들은 어떤 처벌을 받았나요?

페로 원칙적으로 영아 살해는 살인죄이니 사형당할 수도 있었죠. 그러나 법관들은 상당히 관대했던 것 같습니다. 영아 살해를 저지른 어린 처녀들은 대부분 희생자였고, 또 이런저런 상황에서 혼외정사로 태어난 아이들은 별로 중요하게 여기지도 않았습니다. 19세기 중반부터 영아 살해범의 형량은 사형에서 강제노동으로 감형되었습니다. 그래서 이런 여자들을 아프리카의 기니나 태평양에 있는 섬 누벨칼레도니로 보냈습니다. 그곳에서 형기를 마치고 추방당한 상태에 있는 전과자들에게도 여자들이 필요했기 때문이죠. 그렇게 그들이 가정을 이룰 수 있게 국가에서 주선했던 겁니다.

바사랑 서글픈 이야기지만, 여성이 아기를 원하지 않을 때 낙태나 영아 살해 외에 아기를 유기(遺棄)하는 방법이 있었겠죠?

페로 사실입니다. 아기를 버리는 일은 허락되지 않았기에 은밀하게 이루어졌죠. 중세 시대에는 수녀들이 이처럼 버려진 영아들을 떠맡았습니다. 영혼이 있는 신생아를 죽게 내버려 둬서는 안 된다고 생각했기 때문이죠. 유기된 아기를 거두는 방법은 17세기부터 훨씬 더 체계적으로 조직화했습니다. 그래서 고안한 것이 바로 '회전문(tour)'이었습니다. 수녀원 문에 칸이 달린 회전문을 설치해서 여성이 거기에 익명으로 아기를 넣어두면 수녀들이 그 문을 돌려 아이를 받았던 겁니다. 유럽에서는 19세기 중반까지 이런 체계가 작동했습니다만, 프랑스에서는 나폴레옹 3세가 이 장치의 설치를 금지했습니다. 아무리 수치스럽고 곤란해도 미혼모가 자기 아이를 돌보는 것이 옳다고 판단했기 때문이었죠. 그래서 사람들은 미혼모를 도와주기 시작했습니다. 왜냐면 고아원에서는 실제로 대량 학살이 일어나기도 했고, 수없이 많은 아이가 죽었기 때문입니다. 제3공화국은 빈민 구제 사업을 조직해서 익명의 분만을 인정하고 아이들을 시골로 데려갔습니다.

혼자되거나, 망신당하거나

바사랑 어느 시대, 어느 나라에서나 여성이 특히 약해지는 시기, 즉 중년과 노년이 찾아옵니다. 과거에 여성은 이 시기를 어떻게 살아갔나요?

페로 여성에게 노년은 늘 두려움의 대상입니다. 고독과 비참을 의미하기 때문이죠. 독신녀든 기혼녀든 여성은 언제나 여성으로서의 매력을 잃어버릴까 봐 전전긍긍합니다. 19세기 '노쇠'에 대한 두려움은 눈에 띄게 사회를 동요하게 합니다. 당시에 사실주의 걸작품을 여러 편 남긴 모파상의 소설에서 여자들은 물론 남자들도 거울 앞에 서서 변해가는 자신의 육체를 바라보고, 하얗게 센 머리카락을 응시하며 서글퍼합니다. 발자크는 당시에 서른 살이 된 여자는 이제 여자로서 존재하지 않는다고 말했는데, 사실 이것은 그의 생각이 아니었습니다. 그의 여자 친구 한스카 부인은 그보다 훨씬 연상이었죠. 『골짜기의 백합』의 여주인공 모르소프 부인은 중년의 아주 매력적인 여성입니다. 어린 시절 어머니의 사랑을 모르고 자랐던 젊은 남자 주인공 펠릭스는 어느 날 사교계의 무도회에 처음으로 나갔다가 연상의 이 낯선 귀부인을 보자 미친 듯이 사랑에 빠집니다. 짧은 만남 뒤에 모르소프 부인을 잊을 수 없었던 펠릭스는 그녀를 찾아 헤매다가 결국 재회하게 됩니다. 부인은 펠릭스에게 마음이 끌리면서도 끝내 정조를 지키지만, 그가 다른 여성의 유혹에 빠지자, 마음의 병을 얻고 펠릭스에게 '당신에 대한 추억 속에서 영원한 백합처럼 살고 싶었다.'고 말하며 죽어갑니다. 발자크는 소설에서 그녀가 다른 선택을 할 수 있었으리라고 암시하죠. 플로베르의 소설에서도 사례를 찾아볼 수 있지만, 발자크에게도 중년 여성은 매력적인 존재입니다. 하지만 그들은 아마도 중년 여성에서 여성적인 매력보다는 모성애를 추구했던 것이 아닌가 싶어요. 어쨌든, 여성에게 중년은 흔히 '상실'을 의미했습니다.

바사랑 독신녀는 당연히 홀로 남게 되고, 기혼녀들은 과부가 되기도 하죠.

페로 나이 든 여성은 혼자되면 흔히 비참한 상황에 놓이거나 의존적인 상태에 빠지죠. 그리고 통계적으로 홀아비보다는 과부가 훨씬 많았습니다. 이것은 부부의 나이 차이, 성별에 따른 수명의 차이에서 비롯한 결과입니다. 그리고 홀아비는 대부분 혼자 살지 않고 재혼하죠.

바사랑 남성과 여성의 평균수명 차이는 어디서 비롯한 거죠?

페로 이것이 자연적인 현상은 아닙니다. 남녀의 서로 다른 생활 방식과 일상에서 겪는 위험한 상황에 달린 문제죠. 오늘날 남녀의 평균수명 차이는 약 8년입니다. 그러나 처음 통계를 낸 시대인 18세기 중반으로 거슬러 올라가도 여성은 남성보다 수명이 2년 더 깁니다. 19세기와 20세기 말에는 이 차이가 더욱 확연해집니다. 특히 제1차 세계대전을 겪으면서 남성의 사망률은 극단적으로 높아집니다. 산업혁명 역시 차이를 두드러지게 했죠. 여자들은 집에서 가사를 돌봤지만, 남자들은 사고가 자주 일어나는 공장에서 일했습니다. 게다가 남성의 정체성은 '위험을 감수한다.'는 의식을 바탕으로 형성됩니다. 사회 통념상 위험을 무릅쓸 줄 모르는 남자는 남자가 아니라고 생각한다는 거죠. 이와 반대로 여성의 정체성은 신중함으로 기웁니다. 여성이 위험하거나 과격한 일을 하는 경우는 드물죠. 그리고 예전 여자들은 흡연도 음주도 거의 하지 않았습니다. 서민층에서는 술에 취한 여자를 가끔 볼 수 있었지만, 여자들에게 음주는 흔한 일이 아니었어요. 그리고 여자들은 출산 전후로 의사의 진찰을 받는 등 남자들보다는 더 자기 몸에 신경을 썼죠.

바사랑 여성의 수명은 출산 횟수나 분만 환경 같은 요소와 관련이 있었나요?

페로 그렇습니다. 여성의 수명에 악영향을 미치는 요소는 잦은 임신, 열악한 분만 조건, 내출혈과 감염 같은 부작용이거든요. 그러나 부부는 차츰 효과적으로 피임할 수 있게 되어서 이미 오래전부터 출산에 간격을 두게 되었습니다. 그렇게 여성은 출산의 부담에서 많이 벗어났고, 위생학과 의학도 현저하게 발달했습니다. 그러나 분만 중에 꽤 많은 여성이 사망했죠.

바사랑 젊은 아내가 분만 중에 사망했다면 젊은 홀아비는 오랫동안 혼자 살지는 않았겠죠?

페로 젊은 홀아비만이 아니라 늙은 홀아비도 마찬가지였죠! 요즘도 늙은 홀아비들은 흔히 자기보다 훨씬 어린 여자와 재혼하죠. 교회를 포함해서 모든 사람이 남성에게 성생활은 꼭 필요하다고 생각했기에 이 새로운 결합을 당연하게 인정했습니다. 그렇지 않으면 홀아비는 방황할 위험이 있고, 가족의 재산을 탕진할 수도 있었으니까요. 그리고 가정을 유지하려면 여성은 꼭 필요한 존재였습니다.

바샤랑 만약 과부가 재혼을 원한다면 어떻게 되죠?

페로 그런 경우는 마치 불륜이라도 저지른 것처럼 몹시 부정적인 시선을 보냈습니다. 물론 과부가 아주 젊고 남편이 죽은 다음 충분히 오랜 시간이 흘렀다면 재혼이 허락되었죠. 그러나 과부가 꽤 나이 들었다면 가족이 재혼을 허락하지 않았고, 자식들도 격렬하게 항의했습니다. 게다가 성생활을 원하는 나이 든 여자는 정신병자 취급을 받았습니다. 교회도 사회 윤리도 이런 욕망을 비난했죠. 전통적으로 폐경은 여성성의 종말과 다름없었습니다. 그러나 성생활과 여성적인 매력과 결별하는 나이가 되면 어떤 여자들은 새로운 자유를 얻기도 했습니다. 마치 성과 권력 사이에 교환이 이루어진 것처럼 그런 여자들은 가족의 이해관계나 자식의 결혼, 공동체의 관심사에 발언권이 있다고 인정해주었죠. 마치 남성의 위상에 접근한 것과 같다고 할까요?

눈물의 공유

바샤랑 홀로 남은 과부는 어떻게 되었나요? 자식 집에 얹혀살았나요?

페로 부르주아 사회에서는 흔히 죽은 남편의 재산에 대한 부인의 권리가 인정되었기에 재정적인 어려움은 없었습니다. 심지어 남편이 죽은 뒤에 활짝 핀 꽃처럼 화려한 시절을 보내기도 합니다. 그러나 자식들은 유산의 중요한 부분을 빼앗겼다고 여겨서 과부 시어머니와 재산을 탐하는 며느리 사이에 갈등이 빚어지기도 합니다. 이런 며느리는 시어머니가 죽기만을 기다리겠죠. 이와 반대로 죽은 남편의 재산을 상속받을 아내의 몫이 계약으로 규정되지 않았다면 자식들이 우선 상속자가 되었습니다. 과부가 이렇게 경제적 위상을 잃으면 생계를 유지할 수조차 없을 때가 잦았습니다. 그래서 자식들 집 단칸방에서 처량하게 사는 늙은 과부도 꽤 많았죠.

바샤랑 서민층에서는 상황이 어땠나요?

페로 나이 든 여자들은 살아가기가 몹시 고달팠죠. 전쟁미망인을 제외한 과부들에게는 연금이 지급되지 않았거든요. 프랑스에서 노동자와 농부 배우자들의 연금에 관한 첫 법률은 1910년에 제정되었습니다. 그러나 많은 사람이 그런 권리에서 제외되었죠. 게다가 직업이 없는 여자들에게는 아무것도 없었습니다. 그들은 노동하고, 소를 기르고, 땔감을 모아 간신히 생활고에서 벗어났습니다. 하지만 늙고 쇠약해지면 헤어날 수 없는 비참한 상황에 놓였죠. 집안에서도 군식구 취급을 받았고, 자주 구박을 받았죠. 일부 시골에서는 작은 오두막집에 그들을 격리해놓고 개에게 먹이를 주듯이 음식을 가져다주었죠.

바샤랑 소름 끼치는 이야기군요.

페로 이렇게 가난에 직면한 여자들은 함께 모여 살려고 하죠. 젊은 과부는 아이들과 함께 작은 집이나 아파트를 다른 사람들과 공유하기도 합니다. 19세기 중반부터 점차 핵가족 사회가 되어가면서 자식들은 집에서 부모를 모시지 않게 되었고, 수녀들이 운영하는 양로원이 문을 열었습니다. 그곳에 사는 사람들은 대부분 비참한 환경에서 연명하는 노파들이었죠. 오늘날에는 제3의 연령인 노년기가 아니라 제4의 연령인 고령기에 있는 사람도 흔히 보게 되는데, 이들은 대부분 여성이고 대부분 병을 앓고 있으며, 저급한 일자리에서 임시로 일하는 세대에 속합니다. 그들은 아주 적은 연금으로 가난하게 살아가죠.

바샤랑 그래도 할머니는 가정에서 사랑받고, 가족의 기둥이잖습니까? 늘 그렇지 않았나요?

페로 물론이죠. 오늘날 60~70대 여자들은 아주 활동적이고 소속 집단에서 역할도 맡고 있습니다. 또, 남편과 손자를 돌보고 90대 나이의 자기 부모까지 돌봅니다! 그러나 이런 할머니의 위상은 최근에나 볼 수 있는 현상입니다. 19세기 소설과 자서전을 보면 할머니의 권위가 점차 상승하는 현상이 눈에 띕니다. 이런 이야기에서 할머니는 집단생활은 물론 개인 생활에서도 중요한 역할을 합니다. 할머니는 과거의 기억을 전달하는 여성입니다. 조르주 상드는 『내 인생 이야기』에서 할머니가 핵심적인 역할을 했던 자기 어린 시절을 무대로 삼습니다. 그녀의 할머니는 앙시앵 레짐[28]에서 살았죠. 그리고 자기 손녀에게 풍요로운 문화적 유산을 남겼습니다. 60년 후에 프루스트도 자신의 할머니를 『잃어버린 시간』의 증인이자 핵심 인물로 설정했습니다.

바샤랑 여자들은 기억을 전달합니다. 그리고 죽음과 관련된 모든 것을 떠맡죠.
그들은 출산을 돕기도 하지만, 임종을 돕기도 합니다.

페로 고대부터 여러 종교에서 발견할 수 있는 여성의 역할이죠. 고대 그리스
작품에는 영웅이 탄생할 때 여성의 역할은 거의 없지만, 전쟁하러 떠나는 전사
들을 배웅하고, 전장에서 죽은 이들의 시체를 찾으려고 성곽 문 앞에서 기다리
는 여자들이 등장합니다. 그들은 영웅의 죽음에 눈물을 흘리고 고통스러워하
면서 장례 행렬을 따라가죠. 이런 전통은 오늘날의 지중해 문화에서도 여전히
찾아볼 수 있습니다.

바샤랑 인류 역사를 통틀어 여성은 눈물을 '공유'하는군요.

페로 그렇죠. 우는 남자는 남자가 아니듯이 울지 않는 여자는 여자가 아니죠!
여자는 죽어가는 사람을 돌봐 주고, 눈을 감겨주고, 염을 하고, 밤샘하고, 마지
막으로 그들을 매장하는 역할을 합니다. 여자들은 죽은 자들에 대한 기억을 보
관하고, 가족과 조상의 기억을 전달합니다. 실제로 여성은 출생에서 죽음까지
인간의 사생활을 도맡은 존재죠.

---

28) ancien régime: 프랑스어로 '옛 제도'를 의미한다. 일반적으로 프랑스 혁명 전의 '구제도'를 뜻한다. 정치
적으로 왕권신수설에 바탕을 둔 군주제로서 의회도 거의 열리지 않았고 고등법원도 억압을 받았다. 사회적으
로는 관습이 지배하는 신분제 사회였고, 문화적으로는 가톨릭이 지배하는 체제였다.

교회는 남자들이 접수한다

바샤랑 우리가 지금까지 살펴본 여성의 역사를 보면, 그토록 오랜 세월 연령대
에 따라 여성에게 강요되었던 사회적 질서가 있었음을 확인할 수 있습니다. 그
에 맞서 어떤 여자들은 자신에게 예정된 운명에 저항했고, 결혼, 부부 생활, 출
산, 그리고 때로는 단순히 남자들에게서 벗어나려고 했죠. 억압 때문이었든,
자발적이었든, '여자의 운명'에서 벗어나 거리를 유지했던 특이한 여자들을 잠
시 살펴보기로 하죠. 여자가 이처럼 거리를 둘 수 있는 유일한 방법은 바로 종
교에 귀의하는 것이었습니다. 그러나 종교에 귀의했다고 해서 남자와 같은 위
상을 누릴 수 있었던 것은 아니었죠. 고대 신화에서도 여신은 남신과 동등한
존재는 아니었잖습니까?

페로 그렇죠. 하지만 다산의 여신, 사랑의 여신, 지혜의 여신 같은 매우 중요한

여신들이 있었죠. 일반적으로 여신은 여성의 역할을 이상화한 존재였지, 신들의 위계를 전복한 존재는 아니었습니다. 남성과 여성 사이에 평등은 없었습니다. 최고신인 제우스와 견줄 만한 여신은 없었죠. 프랑수아 에리티에 선생이 언급한 아마존 여인들처럼 폭력적인 형상은 오히려 잠재적 여성 권력에 대한 남성의 두려움을 표현한 것으로 볼 수 있습니다. 디오니소스의 여성 수행자 마이나데스[29]는 '디오니소스적인 착란 상태'에 빠져 있죠. 취한 상태로 위험한 일을 벌이는 이들은 언제라도 도시를 휩쓸 수 있는 위험과 무질서를 형상화합니다. 이처럼 여성은 혼란과 위험을 내포하고 있다는 거죠. 질투에 눈이 멀고 소유욕과 권력욕으로 자기 아이들을 죽인 메데이아[30]처럼 여신들은 신들의 세계에 혼란을 일으킵니다.

바샤랑 잘 알다시피, 니체는 『비극의 탄생』에서 고대 그리스 비극에 아폴론형과 디오니소스형이라는 두 가지 대립하는 요소가 있다고 했죠. 빛과 젊음, 이성과 문화, 조화와 덕성을 상징하는 아폴론과는 상대적으로 디오니소스형은 몰이성(沒理性)과 야만, 부조화와 광기를 드러낸다고 보았던 겁니다. 이런 체계에서 여성은 아폴론적 세계와 정반대되는 디오니소스적 세계에 속하는 존재로 인식되었기에 종교 의식에서는 아주 중요한 역할을 하잖습니까?

---

29) Maenades: 술의 신 디오니소스를 수행하는 여자들. 마이나데스는 '광란하는 여자들'이라는 뜻이다. 짐승의 가죽을 걸친 그들은 나뭇가지로 만든 관을 쓰고, 한 손에는 뱀이나 포도송이를, 다른 손에는 '티르소스'라는 디오니소스 숭배의 표식인 지팡이를 든 채 노래하고 춤추면서 산과 들을 뛰어다님으로써 인간의 습관이나 두려움을 잊고 지냈다. 그들의 몸속에는 신의 영력이 넘치기에 괴력을 발휘하여 나무를 뿌리째 뽑는가 하면 야수를 갈가리 찢어 먹었다고 한다.

30) Medeia: 콜키스의 왕 아이에테스와 왕비 에이디아의 딸. 이아손을 연모하여 그가 부왕에게서 받은 어려운 과제를 수행하는 데 조력하여 성취하게 했다. 이아손과 함께 아르고호에 타고 콜키스를 탈출하면서, 추적하는 아버지를 떨치려고 동생 아프시르토스를 죽여 바다에 던졌다. 이아손이 왕위를 빼앗은 숙부 펠리아스를 죽이고 코린토스 왕인 크레온의 딸 글라우케를 아내로 삼으려고 했기에, 이아손과의 사이에서 낳은 자식을 살해하고, 왕과 글라우케도 죽였다.

페로 맞습니다. 로마인들에게 여성은 불(火)과 가정의 수호자이며, 무녀이고 사제였습니다. 망자들을 매장하고 그들에 대한 기억을 보존하는 것도 여성의 몫이었죠. 여성은 신의 세계, 사자(死者)의 세계는 물론이고 혼령의 세계와도 특별한 관계를 맺고 있다고 믿었습니다. 중세 시대에도 그런 믿음은 계속됩니다. 마녀가 등장하고, 몽유병자와 강신술사가 등장하죠. 과학이 빠르게 발전한 19세기에는 신령의 힘으로 테이블을 움직이는 기술이 사랑받고 강신술도 유행했는데, 여자들은 이런 장면에 자주 모습을 드러냈습니다.

바샤랑 교회에도 자주 모습을 드러냈죠. 그러나 늘 부차적인 역할을 맡았죠?

페로 그리스·로마 시대 정치가 그랬듯이 교회의 모든 제식은 오로지 남성에게만 허용된 일이었습니다. 그런데 예수는 당시 남자들과는 전혀 다른 태도로 여자들을 대했습니다. 그의 어머니를 비롯하여 '성녀들', 그를 따르는 여자들은 분명히 전통적으로 여성에게 부여된 지위에 있었습니다. 다시 말해 그들은 예수와 사도들을 '섬기기 위해' 거기에 있었죠. 그러나 예수는 그들에게 매우 다정하고 예의 바르게 행동했습니다. 예수가 베다니에 사는 마리아와 그의 언니 마르다, 그리고 오빠 나사로의 집을 방문했을 때 마르다가 손님 맞을 채비로 분주히 움직이는 동안 마리아는 예수의 발치에서 그의 이야기를 듣습니다. 그러자 마르다는 예수에게 가서 마리아가 일을 거들어줬으면 좋겠다고 말하지만, 예수는 '마리아는 이 좋은 편을 택하였다.'고 말합니다. 다시 말해 손님의 가르침을 듣는 일이 집안일보다 더 중요하다는 뜻이었죠. 이 일화는 당시 여성에게 강요되었던 지위와 이를 다르게 생각했던 예수의 생각을 대조적으로 보여줍니다. 또한, 예수는 당시 사회에서 배척당하던 여자들에 대한 관용의 본보기를 보여줍니다. 그는 간음한 여인에게 폭력을 행사하려는 사람들에게 "죄 없는 자가 먼저 이 여인에게 돌을 던지라."고 말합니다. 예수는 간음한 여자는 물론 매춘부들마저도 보호했죠. 그는 남자들이 자기 아내를 속이고 다른 여자들과 불륜을 저지르고, 매음하고 있다는 사실을 잘 알고 있었던 겁니다.

바사랑 예수는 성 문제에서 남자들의 이중적인 윤리를 인정하지 않는군요.

페로 물론입니다. 예수는 '행실이 좋지 않은' 막달라 마리아에게 더는 매음하지 말라고 하면서 그녀를 개종시켰죠. 막달라 마리아는 예수의 여제자들과 합류하고, 성모 마리아와 함께 예수의 죽음과 매장을 지켜보았습니다. 그리고 예수 부활의 증인이 되었죠. 그 후 그녀는 프랑스 남부 프로방스 지방에서 복음을 전하며 사도의 역할을 했습니다. 그리고 자기 죄를 회개하면서 아무도 모르는 곳에서 은둔 생활을 하다가 죽었습니다. 그러나 우리가 앞서 말했듯이 그녀는 여성적인 매력을 발산하는 멋진 머리카락을 평생토록 길렀습니다.

바사랑 그런 점에서 예수는 혁명가처럼 보입니다. 그러나 예수의 죽음 이후 기독교 교회에서는 남녀 간의 평등을 존중하지 않았잖아요?

페로 교회를 설립한 베드로는 남성만을 성직자로 인정했습니다. 사제의 서품이 문제시되자 그는 여성은 사제가 될 수 없다는 결정을 명백히 밝혔습니다. 사제직에서 여성을 제외한다는 것은 남녀 사이의 근본적인 불평등을 확정한 셈이었죠. 이어서 바울은 결혼을 종교적인 성사(聖事)로 규정하고 하나님 앞에서는 남녀가 평등하다고 선포했습니다. 천국에서는 남자도 여자도 없다는 논리였죠. 그러나 이런 태도는 매우 모호합니다. 왜냐면 그가 선포한 평등은 천국에 들어간 영혼에만 효과가 있는 평등이니까요. 다시 말해 지상의 교회에서는 남녀 사이의 평등이 적용되지 않는다는 겁니다.

바샤랑 「에베소서」에서 성 바울은 "여자들아, 주님께 하듯 남편에게 복종하라!"라고 명령하죠.

페로 그리고 그는 「고린도 전서」에서 여자들에게 머리에 베일을 쓰라는 말도 덧붙였습니다. "만일 여자가 베일을 쓰지 않으면 머리카락을 자르고, 머리카락을 자르거나 밀어버린 여자가 부끄러움을 느낀다면 베일을 쓰라."고 했죠. 이처럼 교회는 늘 여성의 매력적인 머리카락에 대해 강박관념을 드러냅니다. 교회에 출석한 여자들은 어떤 발언도 해서는 안 되었죠. 적어도 고대 무녀의 후예로서 예언을 전하는 경우가 아니라면 말입니다. 이때에도 물론 머리에는 베일을 써야 했죠. 이처럼 성과 속은 엄격히 분리되어 있었고, 여성의 성은 철저히 통제되고 관리되어야 했습니다. 교회에서도 세속에서도 여자들은 위험한 존재였던 겁니다.

바샤랑 하지만 로마 시대에도 그랬듯이 여성은 남성보다 종교 활동에 더 적극적이지 않았습니까?

페로 그랬죠. 초기 기독교 교회에서는 여성 신도의 수가 남성보다 많았고 더 적극적이었습니다. 지하 묘지에서 기도하는 여자들은 손을 뻗치고 큰 목소리로 기도했습니다. 그러다가 중세 시대부터 교회에서 여성의 역할이 제한되었죠. 여집사나 성기(聖器)를 관리하던 수녀들은 이후 교회에서 보조적인 기능만을 수행하게 되었습니다. 그리고 교회지기의 일도 여성보다는 남성이 도맡게 했습니다. 그리고 이 시기에도 여자들은 여전히 머리에 베일을 써야 했습니다. 자신의 여성성을 감춰야만 너그러운 대접을 받을 수 있었죠.

이브, 동정녀에게 지다

바샤랑 이런 사실은 수녀원에서 더욱 명확하게 드러났죠. 그런데 교회는 언제부터 수도 생활과 규범을 조직화하기 시작했나요?

페로 일찍이 교회는 여자에게나 남자에게나 순결을 최고의 가치로 제시했습니다. 초기 교황들은 성에 대해 강박관념이 심했죠. 4세기 성 아우구스티누스는 모든 죄 중에서 육체의 죄가 가장 무겁고, 인간의 몸을 악의 가장 중요한 매개체로 보았습니다. 인류 최초의 여성인 이브는 아담이 창조되고 나서 그의 갈비뼈 덕분에 태어났습니다. 그런 여성은 유혹자, 퇴폐한 자, 타락시키는 자, 악마의 말에 귀 기울이며 세상에 최초로 죄악을 불러온 존재였죠. 그때부터 여자에게 부과된 가장 중요한 임무는 속죄였습니다. 다행히 성모의 존재는 여자들을 이런 위치에서 벗어나게 해주었죠. '아베 마리아'는 이브에 대한 승리의 찬가였습니다. 마리아를 향한 경배는 이브를 극복하는 길이었죠.

바샤랑 달리 표현하면 육체적으로 남성에게 종속된 이브의 여성성보다는 동정녀 마리아의 영원한 처녀성에 가치를 부여했군요.

페로 고대에는 인정받지 못했던 처녀성에 중세 시대는 지고의 가치를 부여했습니다. 물론 교회는 결혼을 남녀 사이의 정상적인 상태로 여겼고, 성 바울은 결혼한 부부는 하나님 앞에서 구원받을 수 있다고 설파했습니다. '성장하고 번성하라.'는 것이 신의 뜻이었습니다. 그러나 성스러움을 추구하고 하나님께 헌신하고자 하는 사람들은 독신으로 순결하게 지내야 했습니다. 교황들은 성생활을 죄악시하고 여자를 위험한 유혹자로 간주했죠. 남자를 모른 채 예수를 낳은 동정녀 마리아는 이 세상 어떤 여성도 현실적으로 실현할 수 없는 본보기였습니다. 순결을 지키고도 아이를 출산한다는 것은 여자들에게 얼마나 지옥 같은 함정입니까! 동정녀를 모방하기 위해 어떤 여자들은 수녀가 되었습니다. 결혼할 여자들은 비록 잠정적이지만, 자신의 순결을 무엇보다도 중요하게 여겼습니다. 중세 시대에는 처녀를 한 번도 성관계를 한 적이 없는 숫처녀(virgo), 즉 '퓌엘라(puella)'라고 불렀습니다. 사람들은 숫처녀를 최상의 가치가 있는 여성으로 여겨 심지어 기적을 낳을 수 있는 존재로 간주했습니다. 오를레앙의 처녀 잔 다르크 역시 동정녀였습니다. 그녀가 민중의 소리를 듣고, 신이 그녀에게 사명을 부여하고 프랑스를 구할 수 있었던 것도 그녀가 숫처녀였기에 가능한 일이었습니다.

바샤랑 성녀이자 여전사인 잔 다르크는 신비주의자들처럼 어쩌면 '여자'에게 전통적으로 부과되었던 운명에서 벗어나고자 했는지도 모르죠. 그런데 순결은 여성에게만 강요되었던 것이 아니잖습니까? 가톨릭 성직에 있는 남성에게도 순결이 요구되는데, 적어도 그런 점에서는 남녀가 평등했던 것이 아닌가요?

페로 원칙적으로는 그렇겠지만, 순결에 가치를 부여하는 것은 매우 드문 문명

현상이라는 점에 주목해야 합니다. 그런 현상을 불교 승려들에게서도 볼 수 있는데 그들은 순결을 지켰고, 여승과 남승은 섞이지 않았습니다. 그러나 이런 현상은 전체 인구를 두고 볼 때 매우 예외적인 현상입니다. 『코란』은 성생활이 남녀 모두에게 좋은 것이고 성생활을 하지 않는 것이 잘못이라고 가르칩니다. 달리 말하면 남자도 여자도 결혼해야 하고, 하렘은 있어도 독신자를 위한 장소는 없습니다. 남편이 없고, 성행위를 하지 않고, 출산하지 않는 여자는 상상할 수도 없었죠. 서구는 성에서 벗어나게 해주는 '독신'이라는 상태와 '수녀원'이라는 장소를 만들어낸 유일한 사회입니다.

수도원의 내막

바샤랑 은둔을 선택한 여자들에게 수녀원은 실제로 어떤 공간이었나요? 공부하고, 기량을 발휘하고, 원치 않는 출산을 피할 수 있는 장소였나요? 아니면 반항적인 딸들을 가둬두는 감옥이었나요?

페로 수녀원은 아주 모호한 장소였습니다. 제1차 세계대전 때까지도 계속 그랬죠. 오늘날에는 여성이 자신의 선택에 따라 수녀원에 들어가지만, 예전에는 자발적 선택이 아니라 상황 때문에 수녀원에 들어가는 사례가 많았죠. 우선 집안에서 처녀를 수녀원에 보냈는데, 지참금이 없다는 등 딸을 결혼시킬 수 없었기 때문이었습니다. 귀족 계급에서는 결혼 전략을 세우는 데 문제가 있는 딸을 수녀원에 보냈고, 농부들도 그런 경우가 있었습니다. 몸이 쇠약한 딸, 신체가 불구인 딸, 노동하거나 아이를 낳을 만큼 튼튼하지 않은 딸을 수녀원에 보냈죠. 그 반대 경우도 있었습니다. 성직을 원하는 딸은 강제 결혼을 피해 자발적으로 수녀원에 들어갔던 겁니다. 이럴 때 성적 경험이 없는 순결한 처녀여야 한다는 것이 필수 조건이었습니다. 그러나 과부도 수녀원에 들어갈 수 있었습니다.

바샤랑 하지만 수녀원은 공부하고 영성을 수련하는 장소이기도 하지만, 권력의 장소이기도 했죠?

페로 시간이 지나면서 교회는 예수의 가르침을 거스르며 지극히 남성 우월적인 태도를 보였습니다. 여성은 종교 조직에서 아무런 영향력이 없었고, 여성 수도회는 늘 남성이 결정권을 쥐고 있는 기관에 복종해야 했습니다. 하기야 여성 수도회는 대부분 남성 수도회의 복제품에 불과했으니까요. 1537년 이탈리아에서 설립되어 수녀들이 교육에 헌신했던 성 우르술라 수녀회처럼 여자들이 설립한 종교 기관들은 언제든지 주교의 부름에 순종해야 했습니다. 그러나 일부 수녀원에서는 원장 수녀가 권력을 행사하고 지도신부를 자신의 지배하에 두기도 했죠. 그렇게 수녀와 신부 사이의 권력 다툼이 벌어지기도 했습니다. 실제로 '수녀원'이라는 세계는 청순함과 거리가 멀었습니다. 그곳은 수녀들이 서로 경쟁하는 곳이며, 비슷한 옷을 입은 신부와 수녀 사이에서 세력 다툼이 벌어지는 곳이기도 했습니다. 어떤 원장 수녀들은 바티칸에 도움을 청하고 주교들을 제압하려고 했지만, 교황 역시 남성이었죠! 12세기 초 아르브리셀의 로베르는 여성에게 남성과 똑같은 역할을 부여하면서 여성 수도원의 지위를 향상하는 데 큰 역할을 했습니다. 아시시의 성 프란체스코 역시 성녀 클라라와 친구였고, 성 클라라회의 수녀들은 신비주의 신앙을 발전시켰죠. 성 프란체스코의 수도사와 분명히 분리되어 있었지만, 똑같은 성격의 신비주의를 신봉하고 있었던 겁니다. 그러나 남성의 권력에서 벗어나 독립한 여성 수도회는 한 군데도 없습니다.

바샤랑 위대한 성녀들은 수녀원은 물론, 세속에도 영향을 미치지 않았나요?

페로 실제로 어떤 성녀들은 수녀들에게 엄청난 영향력이 있었습니다. 그런 영향력은 자신이 설립한 수녀회나 수도원의 울타리를 넘어 세상에 퍼졌죠. 예를 들어 신비로운 후광에 둘러싸인 아빌라의 테레사[31]가 쓴 글은 널리 읽히고 숭배되었고, 주교와 신도들이 그것을 열람하고자 멀리서 찾아왔다고 합니다. 스물네 살에 세상을 떠난 '아기 수녀' 리지외의 테레즈[32]는 믿을 수 없을 만큼 열정적인 신앙심을 불러일으켰고, 그녀가 쓴 자서전은 베스트셀러가 되었죠.

바샤랑 하지만 성녀들은 의심의 대상이 되기도 했죠?

---

31) Teresa d'Avila(1515~1582): '예수의 테레사'라고도 한다. 아빌라에서 태어나 카르멜회 앤카르나시온 수도원에 들어갔다. 말라리아에 걸려 요양하던 중 종교적 황홀감을 체험하고 수녀원으로 돌아가 수도 생활의 쇄신을 시작했다. 이후에도 성모와 성 요셉, 천사의 현신을 목격하는 등 신비주의적 체험과 환시를 경험했다. 교황청으로부터 카르멜 여자 수도원 창립 인가를 받고 창립한 아빌라의 성 요셉 수녀원을 시작으로 모두 15개의 남자 수도원과 17개의 여자 수도원을 설립했다. 1617년 스페인 의회는 그녀를 스페인의 수호자로 선언했으며 1970년 교황 바울 6세는 그녀를 여성으로서는 최초로 교회학자로 선포했다.

32) Thérèse de Lisieux(1873~1897): 본명은 마리 프랑수아 테레즈이며 노르망디의 알랑송에서 출생했다. 리지외의 카르멜회에 들어가 서원하고 수녀원장 보조 수녀로 있다가 결핵으로 24세의 젊은 나이에 세상을 떠났다. 짧은 수도 생활 중에 신에 대한 절대적인 신뢰와 복종으로 많은 사람에게 감동을 주었다. 밝고 소박하며 가난한 이웃에게 애정을 쏟았으며, 순결하고 경건한 삶을 살았다. 1925년 '아기 예수와 성안(聖顔)의 성 테레사'라는 이름으로 시성되었으며 선교 사업의 수호성인이다. 자서전 『영혼의 이야기』를 남겼다.

페로 네. 교회는 성녀들을 숭배했지만, 한편으로 경계하기도 했습니다. 이런 여자들은 하나님과 직접 소통하는 것 같았고, 성서 해석에서도 신부들과 경쟁하는 것처럼 보였기 때문입니다. 특히 아빌라의 테레사는 당시 교회를 엄격하게 비판했습니다. 사람들은 여성의 광기나 거식증, 히스테리를 경계했습니다. 수도원으로 피신한 신비주의자 수녀들은 명상, 기도, 고행, 그리고 특히 금식을 중요하게 여겼습니다. 시엔의 카트린[33]이 대표적인 경우죠. 그녀는 거식증에 시달리는 모든 여성의 어머니였습니다. 19세기에 리지외의 테레즈는 주위 사람들의 탄원에도 불구하고 먹기를 거부했습니다. '거식증'이라는 용어는 19세기에야 알려지기 시작했고 1차 대전 이후에야 이 증세를 심리적인 장애로 인식하게 되었죠.

침투당하기를 거부하다

바샤랑 거식증의 역사는 아주 오래되었죠. 선생님 말씀대로 신비주의에 귀의한 여자들은 본능적인 절제를 통해 자신의 성을 거부했던 걸까요?

페로 의식적이든 무의식적이든 아마도 여자의 육체를 불순하다고 느꼈던 거겠죠. 일신교에 속하는 모든 종교에서는 생리 기간을 불순한 시기로 여깁니다.

---

33) Catherine de Sienne(1347~1380): 신비주의 경향의 도미니크 수도회 성녀이자 교회 박사로 가톨릭 교회에 큰 영향을 미쳤다. 일찍이 신비를 체험했으며 아비뇽에 있던 교황 그레고리 11세에게 상당한 영향력을 발휘하여 로마로 귀환하게 했다. 교황은 그녀를 피렌체로 보내 교황에 반대하던 세력과 평화를 협상하도록 했다. 그레고리 11세의 선종 이후 그녀는 우르바노 6세에 대한 복종을 독려하는 여러 장의 편지를 제후와 추기경들에게 보내기도 했다. 금욕과 금식으로 쇠약해져 사망했다. 로마와 이탈리아의 수호 성녀로 시성되었다.

여자의 육체가 더러워지면 접촉을 피해야 하죠. 비록 여성의 피가 생명과 관련이 있더라도 그것은 불경한 피입니다. 전쟁에서 흘린 영광스러운 남성의 피와는 비교할 수 없죠. 예전에 어머니들은 어린 딸에게 앞으로 닥칠 일을 알려주는 경우가 거의 없었습니다. 최근까지도 처음 생리를 경험한 소녀들은 몹시 괴로워했습니다. 생리에 대해 아무런 정보가 없으니 이것을 수치스럽게 여기면서 아무도 모르게 스스로 처리해야 했으니까요. 얼마나 많은 처녀가 하나님을 찾고 이 불순함을 씻어버리기 위해 자신의 육체를 거부하면서 신비주의 수도원에 몸을 맡겼을까요? 더구나 먹지 않으면 생리가 멈춥니다. 무월경이 되죠.

바사랑 거식증이 종교적 위기를 맞은 처녀들에게서만 나타났다고 볼 수는 없잖습니까?

페로 그렇습니다. 19세기에 의사들은 거식증의 사례를 수집하고 정리했는데 꽤 많은 환자가 있었던 것 같습니다. 특히 강제 결혼 때문에 환자가 많이 생겼죠. 당시에 강제 결혼은 여전히 사회적 규범으로 작동하고 있었고, 중세 시대 성녀들이 등장한 이래 거식증에 걸린 처녀들도 여전히 사라지지 않았습니다. 왜냐면 생리와 불순한 피에 대한 거부감 외에도 처녀들은 본질적인 모순에 사로잡혀 있습니다. 한편으로 사회는 그들의 처녀성을 찬양하면서 다른 한편으로는 그들에게 '너의 유일한 운명은 결혼뿐이다!'라고 말하기 때문이죠. 또한, 강제 결혼 후에는 '이제부터 남편은 네 몸 안으로 깊숙이 들어갈 권리가 있다!'고 선언합니다. 이것이 바로 '아내의 의무', 즉 남편이 원하면 언제든지 몸이 '침투'당하는 것을 감수해야 하는 여성의 의무였죠. 그러나 거식증에 걸리면 성적으로 '쓸 만한' 몸이 되는 것을 막을 수 있죠. 자신을 기아 상태로 몰아가서 몸이 야위고, 불임이 되고, 성적 매력이 사라지면 젊은 여자는 자기 운명에서 도망칠 수 있었습니다. 그렇게 젊은 아내는 오직 출산의 도구일 뿐이었던 상태에서 벗어났습니다.

바사랑 교회는 경계했지만, 성녀들은 성인품에 올랐습니다. 성녀는 마녀와 다르게 행동했지만, 마녀도 초월적인 세계와 연결된 존재로 여겨졌죠.

페로 루됭의 악령 사건[34]처럼 마녀와 성녀 사이에 경계가 그어진 적이 몇 차례 있었습니다. 1632년 성 우르술라 수녀회 수녀들이 고해신부가 자신들을 유혹하려고 마술을 걸었다며 종교재판소에 제소한 사건이 있었습니다. 유죄를 선고받은 신부는 화형당했고, '마법에 걸렸던' 수녀들은 악마의 손아귀에서 벗어났습니다. 말하자면 그들은 마법의 경계에 있었던 겁니다. 하지만 그들과 달리 자발적으로 악마와 거래하는 것으로 의심받는 마녀들에게는 동정의 여지가 없었습니다. 사람들은 마녀의 목에 돌을 매달아 강에 던져버리고 유죄나 무죄 판결을 내리곤 했죠. 마녀가 강바닥으로 가라앉으면 무죄였고, 수면으로 올라오면 악마와 내통했음이 입증되었습니다. 그럴 때면 장작더미에 올려놓고 마녀를 화형에 처했죠. 마녀를 불에 태워 죽인 것은 마녀의 몸에서 아무것도 남아 있지 않게 하려는 의도에서 비롯했습니다. 16~17세기에는 특히 영국, 프랑스, 독일, 보헤미아, 폴란드에서 화형당한 여자가 많았습니다. 마법은 계몽주의 시대에 도약했던 과학 정신과도 양립할 수 없었죠.

....

34) L'affaire des possédées de Loudun: 프랑스에서 1630년대 리슐리외 추기경이 루됭 교구의 위르뱅 그랑디에 신부를 상대로 시도한 '마녀 사냥'. 그랑디에는 악령이 들린 우르술라 수녀원의 수녀들이 입신 상태에서 그의 이름을 불렀다는 이유로 악마와 교통했다는 혐의를 받았다. 이 사건은 당시 여러 도시를 휩쓸던 마녀 사냥 광풍의 한 사례였다. 이런 일련의 사건은 한편으로 당시 가톨릭교회가 개혁 세력을 상대로 전개한 탄압의 하나였으며 다른 한편으로는 리슐리외가 국가의 이름으로 개신교도들과 가까운 신부들을 제거하고자 벌였던 정치적 조작이었다.

영성을 책임진 지도신부

바사랑 일단 마녀로 의심받으면 물속으로 가라앉든, 물 위로 떠오르든 목숨을 잃었군요. 이것이 계시를 전하려던 여자들의 종말이었습니다! 수녀, 마녀, 처녀, 기혼녀가 모두 교회와 남자들의 권력에 희생되었군요.

페로 그렇죠. 가톨릭교회는 남성의 지배를 확인하는 기관이었습니다. 신부들은 성사를 집전하고, 미사를 올리고, 화체 집례를 하고, 영성체를 주고, 고해성사를 하고 영성을 지도했습니다. 지도신부는 수녀원에서 수녀들 곁에, 그리고 세속에서 처녀들과 기혼녀들 곁에 있었습니다. 그리고 고해성사를 통해 그들의 의식과 행동에 지대한 영향을 주었죠. 교회는 이들 지도신부를 통해 신자들을 관리했고 이런 관행은 17세기부터 반개혁적인 엄격한 명령으로 더욱 강화되었죠. 그런데 어떤 사람들은 이런 방식의 교회 지배를 불신합니다. 몰리에르의 『타르튀프』[35]를 떠올려보세요. 개신교에 더 가까웠던 얀선주의[36] 신도들은

---

35) *Tartuffe*: 1664년 베르사유 궁전에서 초연되었으나 상연과 동시에 금지되어 개작했다. 1667년 재상연했으나 다시 공개 금지, 1669년 또다시 공개하여 대성황을 이루었다. 이처럼 공개가 금지되었던 이유는 당시 교회의 고위 교직자들의 부패와 타락상을 폭로했기 때문이었다. 파리의 부유한 시민 오르공은 타르튀프에게 속아 이미 애인이 있는 아가씨를 강제로 그와 결혼시키려 한다. 그러나 타르튀프는 오르공의 젊은 후처 에르밀을 유혹한다. 오르공의 아들 다미스는 타르튀프의 계략을 알게 되었으나 오르공은 그 사실을 전혀 모른다. 결국 타르튀프의 정체는 에르밀의 간계로 폭로되고 타르튀프는 오르공이 맡겨놓은 비밀 문서를 증거로 당국에 고발하지만, 국왕으로부터 은밀히 명령을 받은 경찰은 오르공이 아니라 타르튀프를 체포하여 오르공 일가는 위기를 모면한다. 타르튀프는 프랑스어에서 '위선자'라는 보통명사로 사용될 정도로 유명하다.

36) Jansenism: 얀선의 교의를 계승한 아르노와 케넬이 파리 교외의 포르루아얄 수도원을 중심으로 전개한 종교운동이다. 17~18세기의 프랑스 교회 내에서 격렬한 논쟁을 일으켜 로마 교황으로부터 여러 차례 이단으로 규정되었고 교회 분열의 위기로 정치 문제가 되어 루이 14세에게도 배척받았다. 초대 기독교회의 엄격한 윤리로 돌아갈 것을 촉구하고, 인간의 본성에 대한 비관적인 견해로 하나님의 은혜를 강조했으며 인간의 자유의지를 부정하는 주장을 내세웠다. 특히 예수회 학자들과 격렬하게 논쟁했으며 파스칼이 얀선주의 입장에서 『시골 친구에게 보내는 편지』를 써서 예수회 회원의 도덕론을 공격했던 일화는 유명하다.

함께 대화할 수 있는 지도신부를 원했습니다. 그러나 반개혁적 통치자인 루이 14세는 눈곱만큼의 대립도 참지 못했고, 포르루아얄 수도원을 폐쇄하고 수녀들을 추방했습니다. 프랑스 혁명 이후, 교회는 여자들을 '보호하기' 위해 지도신부들에게 큰 기대를 걸었습니다. 또 19세기 역사가 미슐레와 같은 공화주의자들은 여자들을 통해 각 가정에서 일어나는 일을 알려고 했던 이 신부들을 불신했죠.

바샤랑 개신교에는 지도신부 같은 제도가 없잖습니까?

페로 루터는 사제 신분제를 고수했고, 칼뱅은 폐지했습니다. 칼뱅은 성찬(聖餐)에 그리스도가 현존한다는 주장을 인정하지 않았기에 거양 성체도, 신부의 중재도 필요 없다고 보았죠. 그러나 개신교 목사도 남자였고 루터도 칼뱅도 결혼과 사생활을 가부장적 형태로 구상했습니다. 그럼에도, 개신교는 강압적인 기독교 사회에서 살아가는 여성에게 숨통을 틔워주는 산소 같은 것이 되었죠.

바샤랑 앞서 우리는 개신교 덕분에 여성이 읽기와 쓰기를 배우게 된 정황을 살펴보았습니다. 교회 안에서 여자들은 자신을 드러낼 수 있게 되었나요?

페로 교회에서는 오로지 남자들만이 자기 목소리를 낼 수 있었습니다. 그럼에도 신교도 사이에서는 여자들이 자신의 존재를 드러낼 작은 틈새가 조금씩 열리기 시작했습니다. 예를 들어 신자들이 신실한 신앙심으로 회귀하는 신앙 부흥회가 열릴 때면 여자들은 전면에 나서서 자신의 신앙을 간증했습니다. 구교와 달리 신교에서 주된 관심은 이단의 문제가 아니라 '유익한 관용'에 있었습니다. 독일의 경건주의자들, 영국의 청교도들, 감리교인들, 그리고 일부 장로교 신자들에게서 이런 면모를 확인할 수 있죠. 뉴잉글랜드와 미국에서는 때로 설교자들이 수많은 청중을 모았고, 개신교의 이런 현실적인 측면은 비록 부차적이었지만, 분명히 존재하는 특징이었습니다. 그러나 가톨릭교회는 이런 영역에서 모순을 드러냈습니다. 즉, 개신교 교회보다 훨씬 더 밀착해서 교구의 여성 신도들을 관리하면서도 정작 그들에게 글을 가르쳐준 곳은 '수녀원'이라는 폐쇄적인 공간이었으니까요. 그러나 여자들은 결코 수동적이지 않았습니다. 남성이 지배하는 중세 사회에서, 그리고 남성으로 대표되는 교회에서 그들은 자유, 문화 권력, 쾌락, 욕망(그것이 설령 신을 향한 욕망이라고 하더라도)의 환경에 적응해서 그것을 스스로 내재화할 수 있었습니다. 수녀들은 여성을 교육하는 수도원을 더욱 발전시켜서 성 우르술라 수녀원 같은 곳에서는 대혁명 전에 큰 영향력을 발휘하기도 했습니다. 19세기에 수도회에서는 여성을 위한 교육 수도원의 수를 꾸준히 늘렸고 가정에서 행사하는 여자들의 영향력을 의식한 교회는 그들의 교육에 전념했습니다. 물론 사회 계층에 따라 교육의 수준과 정도를 조정했죠. 귀족 처녀에게는 여성 가정교사가 있었고, 부르주아 처녀는 수녀원의 기숙학교에 들어갔습니다. 플로베르의 소설 『마담 보바리』[37]의 주인공 엠마 보바리가 바로 그런 경우죠. 그리고 서민층 처녀는 수녀원 같은 곳에서 운영하는 '아틀리에'에서 실용적인 지식을 배우기도 했습니다.

---

37) *Madame Bovary*: 1857년에 출간된 귀스타브 플로베르의 소설. 평범한 시골 의사 보바리는 첫 번째 아내가 죽고 홀아비로 지내다가 젊은 엠마를 후처로 맞이한다. 엠마는 처녀 시절 수녀원에서 기숙하면서 교육받았고, 낭만주의 소설을 탐독한 몽상적인 성격의 소유자다. 결혼 후 낭만과는 거리가 먼 지루한 남편에게 실망한 그녀는 부유한 지주인 로돌프, 공증인 사무소 서기 레옹 등과 밀회를 거듭하고, 남편 몰래 돈을 빌리면서 빚이 늘어나 감당할 수 없게 되자 마침내 비소를 먹고 자살한다. 당시로서는 놀랄 만큼 노골적으로 여주인공의 행동을 묘사한 이 소설은 출간되자 풍기 문란 혐의로 기소되었다가 결국 무죄로 판결되었다. 이 작품은 정교한 문체와 긴밀한 구성으로 프랑스 사실주의 소설의 첫 걸작이 되었다.

잉여녀

바사랑 수녀들은 수녀원에서 젊은 여자들을 교육하고, 세속에서 가난한 사람들을 돌보기도 했는데, 이런 과정에서 사회적 권력을 획득하지는 않았나요?

페로 사회봉사는 주로 수녀원 밖에서 사는 수녀들이 관여했습니다. 그리고 여성 가톨릭 신자들, 특히 '자선사업을 후원하는 귀부인'들이 맡았습니다. 이들은 가난한 사람들을 찾아가 도움을 베풀고, 환자들을 간호하고, 병원에서 죽어가는 사람들의 눈을 감겨주었습니다. 그래서 이처럼 자선사업에 헌신하는 부인들은 권력을 얻고 사회적 지식도 갖추게 되었죠. 물론 자선을 귀찮게 여기고 가난한 사람들과 접촉하기를 꺼리는 부유한 여자들도 있었지만, 귀부인들이 이런 역할을 진지하게 받아들이자 차츰 '빈민에 대한 지식'이 생깁니다. 19세기에 그들은 극빈자를 위한 무료 급식소를 열고, 종교와 상관없는 박애주의가 사회에서 비약적으로 발전합니다. 기업가의 아내들은 남편에게 가난한 노동자들 삶의 현실을 알려주기도 했죠.

바사랑 결국, 그들은 사회 복지 사업의 개척자가 되었군요.

페로 그렇습니다. 그들은 점차 능력을 계발하면서 의학, 사회복지학, 심리학 등에 입문했죠. 또한, 단체를 만들고 자선 바자를 조직하는 등 다양한 활동을 펼쳤는데 이는 매우 의미 있는 일이었습니다. 이렇게 여성은 사회경제적 삶에 개입하기 시작했고, 19세기 개신교도들에게 구세군[38]은 광범위한 사업이었습니다. 창설자 윌리엄 부스와 그의 아내에게는 여러 명의 딸이 있었는데 이들이 빠르게 세력을 장악했습니다. 구세군은 군대식으로 조직되었기에 여성이 소령, 대령이 되었죠. 그리고 여단에 편입된 다른 여자들은 모두 제복을 입었습니다.

바샤랑 여자들은 사회적으로 권리를 확보하기 위해 모든 수단을 동원했군요. 아주 작은 여지가 생기면 그것을 곧바로 확대해갔으니까요.

페로 그렇죠. 그리고 종교의 영향력을 무시할 수 없었습니다. 여성의 지위는 사회생활 전반에 걸쳐 매우 불확실했지만, 여자들이 종교 생활을 통해 조금씩 권력을 확보해갔던 것은 분명한 사실입니다. 그럼에도, 그들은 항상 아버지나 남편이나 주교나 신부와 같은 남성의 보호 아래에 놓여 있었죠. 이런 보호막이 없는 여자는 곧바로 위험에 노출되었으니까요.

바샤랑 결혼도 하지 않고, 수녀원에 들어가지도 않은 처녀는 어떻게 되었나요?

페로 그런 여자는 별로 많지 않았습니다만, 그럴 때에는 자기가 태어난 집에 그냥 눌러앉았죠. 성질이 괴팍한 독신 아주머니, 발자크 작품에 나오는 사촌 베트[39] 같은 유형이죠. 남자를 찾지 못한 여자, 남자에게서 선택받지 못한 여자는 늘 수상쩍다는 인상을 주었습니다. 그러나 남성에게서 거부당한 여자가 아니라 남성에게 반항하는 여자, 결혼을 거부하는 여자도 있었습니다. 19세기 말

---

38) Salvation Army: 1865년 영국 런던에서 당시 감리교 목사이던 윌리엄 부스(William Booth)와 그의 아내 캐서린 부스(Catherine Booth)가 창시했다. '기독교 전도회'라는 이름으로 빈민가 등을 찾아가 노방(路傍)전도를 한 데서 시작했다. 기독교 신앙의 전통을 따르는 교리를 바탕으로 선도와 교육, 가난 구제, 기타 자선 및 사회사업을 통해 전인적 구원을 이루는 것을 목적으로 하며, 1878년 구세군으로 개칭했다.

에 이런 부류의 여자들이 상당히 늘어나고 이런 현상은 여성 교육의 발달과 궤를 같이합니다. 그들은 고용 시장에서 자신이 받은 교육을 밑천 삼아 생계를 유지하는 교사, 가정교사, 샤프론[40] 같은 직업에 종사하는 사람들이었습니다. 영국에서는 이처럼 교육을 받은 여성을 조롱하는 의미에서 '블루 스타킹'[41]이라고 불렸습니다. 또 처치 곤란한 '잉여녀(redundant woman)'라는 부류도 있었는데 이들은 남자의 권위 아래 보호받지 못하는 여성으로 기존의 여성 본보기와 일치하지 않는, '쓸모없이 남아도는' 여자로 간주되었죠.

일상적 강간

바샤랑 남자에게 속하지 않은 여자는 늘 위험인물로 간주했는데 역설적으로 그런 여자야말로 오히려 사회의 여러 가지 위험에 노출되지 않았나요?

페로 네. 그 위험의 구체적인 형태는 바로 강간이었습니다. 강간이 늘 여성을 위협했다고 믿을 만한 분명한 근거는 얼마든지 있습니다. 물론 고대에는 상황

---

39) *Cousine Bette*: 발자크의 소설 『사촌 퐁스』와 짝을 이루는 작품으로, 가난한 친척이 부유한 친척을 질투와 굴욕감에서 파멸로 이끄는 이야기이다. 주인공 베트는 사촌 언니가 자신과 같은 신분 출신인데도 미모 덕분에 상류층에 진입하여 활기차게 살아가는데, 자신은 얼굴이 예쁘지 않기에 사촌 언니 일가의 비호를 받으며 가난한 노처녀 신세를 면치 못하고 있다고 생각한다. 심한 열등감에 빠진 베트는 자신이 호감을 품고 있는 젊고 잘생긴 예술가를 사촌 언니의 딸에게 빼앗기자 사촌 언니 집안사람들을 하나하나 파멸시킨다.

40) chaperone: 젊은 미혼 여성을 보호자로서 동반하며 돌봐 주는 여성.

41) blue stocking: 1750년경 런던에서 재색을 겸비한 사교계 재원인 몬터규 부인, 비제 부인, 오드 부인 등이 개설한 문학 살롱의 별명에서 유래했다. 그중 한 사람이 당시의 풍습에 맞지 않게 청색 모직 양말을 신은 데서 이런 이름이 붙었다고 한다.

이 어땠는지 알려진 바가 별로 없습니다. 왜냐면 당시의 여자들은 유년기에서 성인기로 곧바로 넘어갔기 때문입니다. 그들은 심지어 사춘기 이전에도 결혼했습니다. 중세 교회에서는 강간을 죄로 명백히 규정하고, 기사도 윤리는 위험에 노출된 과부, 고아, 처녀를 보호해야 한다고 가르칩니다. 하지만 실제로 민간의 풍습은 전혀 달랐습니다. 남자아이들은 일찍부터 여자아이들을 강간하면서 자신의 남성성을 확신했습니다. 특히 불쌍한 여자들을 집단으로 강간하고, 그것을 대단한 무훈이라도 되는 양 으스대곤 했죠. 그리고 이런 '범죄 행위'는 그들 무리의 결속을 강화해주었습니다. 특히 숫처녀를 강간하면 더욱 기고만장했습니다. 여성은 자신을 지키고 스스로 처녀성을 보존해야 했고, 정복자인 남성은 요새를 정복하듯 여성을 정복하려고 했습니다. 그렇게 남성은 처녀, 성, 정복을 남자다움을 표현하는 의식의 대상으로 삼았던 겁니다. 그런 점에서 남성에게 강간은 일종의 전쟁이었죠.

바사랑 강간당한 처녀는 항의할 수 있었나요?

페로 강간당한 처녀는 오히려 죄인이 되었습니다. 강간당한 여자는 남자의 요구에 응했다는 의심을 받았기 때문입니다. '원했기에 강간당했다.'며 오히려 강간당한 여성을 비난한 겁니다. 예를 들어 위험한 곳에 가서는 안 되었는데 스스로 그곳에 갔으니 강간당한 것이 당연하다는 식으로 이런저런 이유를 대면서 언제나 여성에게 책임을 돌렸던 겁니다. 강간당한 여자는 명예가 실추되고, 온 마을에 소문이 나고, 처녀성을 빼앗겼으니 결혼할 수도 없었습니다. 그런 여자는 도시로 나가 매춘부가 되는 수밖에 없었죠.

바샤랑 강간범은 언제부터 법적으로 처벌받기 시작했나요?

페로 19세기에 강간과 관련된 '폭행 상해' 소송이 몇 건 있었습니다. 그러나 실제로 처벌받은 경우는 집단 강간뿐이었죠. 법정에서는 처녀 혼자서 여러 명의 남자에게 맞섰으니 폭력에 저항할 수 없었다고 인정한 거죠. 하지만 만일 남자와 여자가 일대일의 상황에 있었다면 여자가 자기 몸을 '방어할 수 있었다.'고 간주해서 강간범을 처벌하지 않았습니다. 부모는 폭행당했다는 딸의 말을 믿고 가해자에게서 배상을 받으려고 애쓰지만, 합의에 도달하기 어려웠습니다. 왜냐면 사회에서는 혐의를 부정하는 강간범의 변명이 피해자의 호소보다 더 설득력 있게 받아들여졌기 때문입니다. 이것은 강간을 이유로 고소 고발이 거의 제기되지 않았던 이유이기도 합니다. 게다가 강간당하고 나서 의사의 검진을 받는 것도 몹시 고통스러운 일이어서 대부분 피해자는 침묵했고, 그녀가 바라는 최선은 단지 임신하지 않는 것뿐이었습니다. 사회학자 조르주 비가렐로는 『16~20세기 강간의 역사』에서 이런 상황을 잘 설명하고 있는데, 어린이를 강간한 경우를 제외하면 사회는 강간 범죄에 대해 침묵해왔습니다.

바샤랑 게다가 전쟁이 일어나면 점령지 여성에 대한 강간은 일종의 '공격 수단'으로서 늘 자행되지 않았습니까?

페로 맞습니다. 전쟁에서 강간은 약탈과 마찬가지로 정복의 한 부분이죠. 정복군은 주민에 대한 모든 권리를 독점합니다. 특히, 정복당한 지역 여자들의 육체에 대한 권리는 정복자의 몫이 되죠. 지휘관들도 병사들의 만행을 제지하지 않습니다. 내전은 상황이 더욱 나쁩니다. 마을이 점령당하면 여자들은 정복군에게 강간당하고, 다시 마을이 탈환되면 정복군에게 강간당했던 여자들은 아군에게 보복적으로 다시 강간당합니다. 모든 전쟁에서 여자들은 이렇게 희생되고 많은 여자가 자살하거나 영원히 입을 다물었습니다.

바사랑 전쟁 상황이 아니더라도 여자들은 남자들에게 성희롱을 당해도 침묵합니다. 그리고 성희롱은 흔히 강간으로 이어지죠.

페로 옛날에는 '초야권(初夜權)'[42]이라는 것이 있었죠. 이것은 영주가 지배하는 장원 내에서 첫날밤을 맞는 농민의 신부와 영주가 먼저 성관계를 맺는 권리를 말하는데, 역사가들은 이런 권리가 존재한 적이 없다고 주장합니다. 교회도 여기에 동의한 적이 없습니다.

바사랑 그렇다면 현실은 어땠나요?

페로 실제로 영주는 하인들의 주인이었죠. 주인의 권리를 행사한다는 것은 피지배 여성의 몸에 대해서도 권리를 행사할 수 있음을 의미했습니다. 성에서 하녀들의 침실은 사방으로 열려 있었기에 남자들은 어렵잖게 그들을 강간하거나 희롱했습니다. 가난한 여자들 역시 일터에서 주인에게 공공연히 희롱당했고, 소작농도 하녀가 몸을 주지 않으면 협박했습니다. 때로는 안주인이 성폭력

---

42) Droit du seigneur: 결혼 첫날밤에 신랑 이외의 남자가 신랑보다 먼저 신부와 동침하는 권리. 미개 민족에게서 볼 수 있는 습속으로 중세 유럽에서도 영주가 농민의 결혼을 승인하는 조건으로 행사했다고 전해지지만, 역사적 근거를 찾아볼 수 없다. 성직자, 인도의 승직 브라만, 캄보디아의 불교·도교의 승려들이 의식적으로 행한 예가 있다. 처녀막의 출혈이 신랑에게 재앙을 가져온다고 보고 이를 방지하기 위해 이런 관습이 생겼다는 설도 있다.

의 공범이 되기도 했습니다. 아들이 매음굴 매춘부에게서 병을 옮는 것보다는 시골에서 갓 도착한 어린 하녀를 겁탈하는 편이 낫다고 판단했기 때문이죠. 사회적 신분이 낮은 여성은 권리가 있다고 여기는 남자의 욕망에 대항해서 자기 몸을 보호하기가 몹시 어려웠습니다.

바샤랑 오늘날에도 사무실, 공장, 상점 등 어디서나 여성에 대한 여러 가지 형태의 성폭력이 자행되고 있잖습니까?

페로 그렇습니다. 기업체의 대표나 임원이 여직원을 성적으로 농락하는 것은 물론이고 매장 관리자나 작업반장이 부하 여직원들을 성희롱하는 사례가 비일비재합니다. 심지어 이들 관리자가 마치 중세 시대 영주처럼 '초야권'을 행사한 어이없는 사례도 있었죠. 실제로 초야권과 관련해서 1905년 리모주에서 유명한 파업 사건이 일어났습니다. 이 사건은 클랑시에가 쓴 소설 『검은 빵』의 소재가 되기도 했죠. 어느 도자기 공장의 부사장이 조직적인 방법으로 여공들을 대상으로 '초야권'을 행사하자, 한 처녀가 그를 고소했고, 동료 노동자들도 들고일어났습니다. 이후에 이들의 파업은 근무 조건 개선을 위한 투쟁으로 발전하긴 했지만, 경영자의 '초야권'에 노동자들은 몹시 분노했습니다.

나라고 얻어맞는 게 좋겠어?

바샤랑 의지할 데 없는 처녀나 반항적인 처녀는 견디기 어려운 위협에 늘 노출되어 있었죠. 그들은 강간, 폭행, 때로는 살인의 희생자가 되곤 했습니다.

페로 처녀만이 아니라 주부도 마찬가지였죠. 주부에게 폭력을 행사하는 사람은 남이 아니라 바로 남편입니다. 중세 시대에는 남편이 아내를 때리는 것이 당연시되었습니다. 그것은 남편에게 부여된 권리였죠. 여자는 이성이 있는 존재로 간주하지 않았기에 어린아이나 동물과 다를 바 없었습니다. 나중에 나폴레옹 법전은 아버지와 남편의 이런 권리를 암묵적으로 인정했습니다. 남편은 권위를 장악하고 아내와 아이들에 관한 모든 권리를 독점했죠. 만일 아내가 남편의 명령에 거역하면 그는 당연히 아내를 구타할 수 있었습니다. 사회 전반에 퍼져 있던 관습이나 도덕도 남편의 그런 권리를 인정했죠. 너무 지나치지만 않다면 괜찮다는 식이었습니다. 특히 서민층에서는 가정 폭력이 용인되었습니다. 옆집에서 여자의 비명이 들리면 이웃 사람은 '아, 아무개, 오늘도 또 시작이군! 또 아내가 말을 듣지 않은 모양이야!'라고 대수롭지 않게 말했습니다. 술에 취해 돌아온 남편은 아내를 폭행하면서 하루를 마감하곤 했습니다. 부르주아 계층에서도 가정 폭력은 생각보다 심각했습니다. '나라고 얻어맞는 게 좋겠어?' 라는 몰리에르 극의 유명한 대사는 당시에 아내가 남편의 폭력을 어떻게 받아들였는지를 말해줍니다. 여자들은 남편에게 얻어맞으면서도 누군가가 문제를 제기하면 '남의 일에 참견하지 마세요!'라고 하면서 어떻게든 부부 생활을 보호하고 상황을 정당화하려는 성향을 보입니다.

바샤랑 '얻어맞는 아내'는 자신을 보호해주려는 사람들에게 자주 등을 돌리죠?

페로 그렇습니다. 남자의 요구에 응하고 끝까지 복종하는 여자들을 보면 놀랍기 그지없습니다. 물론 남편의 폭력이 너무 '지나치다'고 판단되면 여론의 비난을 받았죠. 하지만 그런 경우가 아니라면 아무도 폭행당하는 아내를 옹호하지 않았습니다. 남편의 폭력을 견디지 못하고 소송을 제기하는 아내도 있었지만, 이는 아주 드문 경우였습니다. 그러나 18세기부터 소송은 더욱 빈번해지죠. 이혼이 존재하지 않는 사회였으니 여자들은 판사에게서 '별거' 선고를 받아내려고 남편의 가혹 행위를 구실로 내세우기 시작합니다. 그렇게 사회 전반적으로 분위기가 변하고, 여자들도 구타당하지 않을 권리가 있다고 생각하기 시작하죠. 어쨌든 '너무 심하게' 구타당하지 않을 권리를 요구하게 된 겁니다. 그러나 여자들이 폭력에 맞서 싸우기 위해 집단행동에 나서기까지는 긴 세월이 흘러야 했습니다. 한 가지 흥미로운 점은 여성해방운동가들마저도 가정 폭력의 근절을 당면 과제로 삼는 경우가 드물었다는 사실입니다. 오늘날에도 여전히 강간 사건의 5퍼센트만이 소송의 대상이 된다고 합니다. 특히 온갖 성격의 폭력이 부부 사이의 은밀한 공간에서 자행되고 있는 만큼, 저는 이 문제에 관한 사회의 침묵이 너무 크다고 생각합니다. 최근의 설문조사에서 볼 수 있듯이 여자들은 지속적으로 강간, 구타, 성희롱과 같은 심각한 폭력의 희생물이 되고 있습니다.

바샤랑 게다가 '부부 강간'이라는 새로운 개념이 등장했죠.

페로 부부 사이의 성폭력을 범죄로 간주한 지 이제 겨우 20년쯤 되었습니다. 예전에는 '부부 강간'이라는 개념은 상상조차 할 수 없었습니다. '부부간의 성적 의무'만이 존재했으니까요. 여자는 결혼한 순간부터 남편의 성적 요구를 충족해야 할 의무가 있었습니다. 이를 거부하는 것이 오히려 위법이었죠.

바샤랑 그리고 그 유명한 '치정 범죄'가 정당화되었죠.

페로 원칙적으로 치정 범죄는 법의 심판을 받았습니다. 그러나 도덕적·사회적으로 묵인되었고, 명예 회복을 위한 자구적 행위로 여겨졌죠. 불륜을 저지른 아내를 죽인 남자는 대부분 형을 면제받았습니다. 프랑스에서는 1875년이 되어서야 이 문제를 두고 공식적인 논쟁이 벌어졌습니다. 그런 다음에야 법원은 치정 범죄를 단죄해야 한다고 판단했습니다. 그러면서도 여전히 남자들에게 변명거리를 찾아주었죠. 유죄 판결이 내려지기도 했습니다만, 『춘희』로 유명한 작가 알렉상드르 뒤마 피스가 '자신의 명예를 지키는' 남자들을 옹호하는 글을 쓰겠다고 선언했듯이 19세기 말까지 서구 사회는 아내에게 배반당한 남편이 저지른 치정 사건에는 매우 관용적인 태도를 보였습니다.

매춘부

바사랑 아내의 성적 의무, 남편의 방탕과 구타, 심지어 살해를 피하려고 결혼을 거부한 여자들의 심정을 이해할 것 같습니다. 그러나 재산도, 가족도 없는 여자나 '능욕당한' 처녀가 이 사회에서 살아남는 길은 매음밖에 없지 않았을까요?

페로 그렇죠. 매춘부는 대부분 유린당하고, 버림받은 비극적인 과거가 있는 여성입니다. 강간당하거나 가족이 등을 돌려 처참하게 궁지에 몰린 여성이죠. 모든 시대, 모든 문화권에서 비록 사회적 계층은 달라도 매음이 성행했습니다. 에리티에 선생은 고대 그리스에서는 유녀들의 지위가 오히려 높았다는 점을 지적합니다. 로마에서도 규범에 따라 남편에게 아이 셋을 낳아준 아내에게는 성생활을 거부할 권리가 있었습니다. 이것은 매우 흔한 경우였으며, 아내에게 성생활이 별로 행복하지 않았음을 짐작하게 해주는 관습입니다. 그때부터 아내는 자기만의 공간에 은신하고 남편은 유곽에서 유녀들과 성욕을 해결합니다. 심지어 남편은 유녀들을 집으로 데려올 수도 있었고, 아내는 이를 용인해 줘야 했습니다. 중세 시대에는 매춘부들이 사회적 비난의 대상이 되었고 교회는 이들에게 유죄 판결을 내렸지만, 대부분 매음을 눈감아줬습니다. 결국, 매음은 사회의 '필요악'이니까요. 이런 관용은 남성의 성욕에 대한 사회적 통념에 바탕을 두고 있는데, 남자의 성욕은 언제나 정당하고 합법적인 '필요'와 같은 것으로 인식되었던 겁니다. 매춘부는 욕구불만을 느끼는 남편들을 위로하고 젊은이들을 성의 세계에 입문하게 해주었습니다. 사창가는 늘 도시 외곽이나 마을 한복판 수상쩍은 거리에 자리 잡고 있어서 남자들은 언제든지 어렵잖게 성욕을 해결할 수 있었습니다. 매음과 관련해서 사람들이 함구하는 이런 암묵적인 인정은 19세기에 처음으로 재검토되었습니다. 왜냐면 국가가 '정자의 하수구'를 관리하고 규제하기로 정했기 때문이었습니다. 거기에는 특히 위생학적인 고려가 중요하게 작용했습니다. 이런 조처는 영국에서 처음 시작되었고, 그다음으로 '파랑 뒤샤틀레'[43]라는 의사가 1836년 『파리의 매음에 관하여』라는 책을 쓴 프랑스에서도 시작되었습니다. 이 책은 매음에 관한 매우 중요한 자료로서 사회학적 관점에서 이 문제에 접근한 최초의 연구서였습니다. 의사가 집필한 이 책은 당시 의학의 영향력과 위생에 관한 일반의 관심을 반영하는데, 뒤

---

43) Alexandre Jean-Baptiste Parent du Châtelet(1790~1836): 프랑스의 보건위생 의사. 파리에서 의학을 공부하고 박사학위를 받았다. 공중위생 분야에 관심을 보여 파리의 하수 시설을 조사하고 생활쓰레기가 공중위생에 끼치는 영향에 관한 논문을 발표했다. 그의 사후에 출간된 『파리의 매음에 관하여』는 매음을 공중위생과 도덕과 행정 사이의 관계를 통해 분석한 기념비적인 저작으로 매음의 역사에 관한 대표적인 저서일 뿐 아니라 실증적이고 사회학적 방식으로 진행된 최초의 조사 결과였다는 점에서 매우 중요한 자료이다. 저자가 8년 동안 경찰 문서보관소 자료를 분석하고 현장에서 매춘부들을 직접 취재하고, 방대한 통계 자료를 검토하여 완성한 이 저서는 매음의 역사와 파리의 범죄에 관한 대표적 연구서가 되었다.

샤틀레는 이 연구에서 현대적인 방법론을 적용하려고 노력했습니다. 그는 통계 방법을 도입하고, 특히 매춘부들을 직접 취재했습니다. 그들을 만나는 일이 쉽지 않았기에 뒤샤틀레는 경찰을 한 명 동반했는데 이 때문에 대화가 약간 혼란스러웠습니다. 그럼에도, 그는 매춘부들의 증언을 듣고 상황을 이해하려고 노력했죠.

바샤랑 뒤샤틀레는 매춘부를 어떻게 생각했나요?

페로 그는 매춘부들에 대해 비판적인 태도를 보이지는 않았습니다. 오히려 다른 선택의 가능성이 없었던 이 가엾은 여자들을 보고 동정을 느꼈다고 고백했습니다. 그는 실증적인 방법을 통해 매춘부들의 현실을 조사했고 매음이 이루어지는 환경을 정확하게 이해했습니다. 실제로 매춘부들은 남성 고객들에게 몸을 팔면서 전혀 쾌락을 느끼지 못했기에 여자끼리 사랑을 나누는 동성애 관계를 유지하는 경우가 많았다고 합니다. 그리고 그들 중 몇몇은 아이를 낳아 기르며 정성껏 돌보기도 했답니다. 또 어떤 매춘부들은 몸을 팔아 모은 돈을 저축해서 결혼할 계획도 세웠다고 합니다.

바샤랑 그것이 가능한 일이었나요?

페로 우리가 생각하는 것과는 달리 그런 경우는 자주 있었고, 그들에 대한 대중의 비난도 그리 심하지 않았습니다. 매춘부들은 일단 결혼하고 나면 다른 여자들처럼 정숙한 여자가 되었습니다. 뒤샤틀레는 사람들이 매춘부에 대해 품고 있던 환상을 걷어냈고, 당시의 통계에서 심하게 부풀려졌던 매춘부들의 수도 현실적으로 수정해놓았습니다. 19세기에는 파리를 마치 고대 로마나 바빌론의 사창가처럼 묘사하기 일쑤였죠. 하지만 1835년 파리 인구 80만 명 중에서 대략 1만 2천 명 정도의 매춘부가 있었습니다. 그리고 국가가 나서서 매음을 규제하기 시작했기에 매음굴은 은밀하게 영업하거나 경찰청이 발급한 허가증을 소지한 사람만이 운영할 수 있게 되었죠. 흔히 전직 매춘부들이 이 사업을 운영했는데 그들은 자신이 고용하고 통제하는 어린 매춘부들에게 '선한 삶과 풍습'의 본보기를 보여줄 의무가 있었습니다. 매춘부들은 반드시 허가증을 소지해야 했고, 지정된 보건소나 병원에서 정기적으로 검진을 받아야 했습니다. 예를 들어 파리의 생 라자르는 병원이자 매춘부들의 수용소였습니다.

바사랑 매춘부의 허가증은 일종의 노동 허가증이었군요. 국가의 통제를 받았으니 매춘은 합법적인 사업이 되었겠군요, 아닌가요?

페로 맞습니다. 그렇게 꾸준히 일하면서 국가의 관리를 받는 '착한' 매춘부들이 생겨났습니다. 그들은 매독 같은 성병을 옮기지도 않고, 남자들에게 위생과 피임의 충고까지 해주는 직업 매춘부들이었죠. 그리고 불법 매춘부들, '법을 따르지 않는 반항적인 여자들', 위험한 여자들이 있었는데 그들은 거리에서 호객 행위를 하고 규제되지 않은 숙박 시설에 드나들었죠. 경찰은 그들을 가차 없이 처벌했습니다. 이 모두가 그들을 통제된 매음으로 몰아가기 위해서였죠.

만남의 집

바샤랑 당시에는 불행한 불법 매춘부에서부터 사치스러운 '첩'에 이르기까지 매음도 계급화되어 있지 않았습니까?

페로 매음을 넓은 의미에서 '결혼하지 않은 상대에게서 돈과 이득을 얻기 위해 자신의 육체를 통해 쾌락을 제공하는 행위'라고 정의한다면 극도로 계급화되어 있었죠. 사회가 도시화하고 복잡해질수록 사회 여러 계층에서 매음은 더욱 다양화하고, 계급화 역시 더욱 심화했습니다. 19세기에 시골에서 일거리를 찾아 파리로 온 가난한 노동자들은 싸구려 매음굴을 찾아갔습니다. 그리고 매번 같은 매춘부와 관계를 맺는 단골이 되었죠. 그러나 결혼할 때가 되면 고향 마을에 있는 '순결한 처녀'를 아내로 맞으려고 했습니다. 어떻게 해서든 '악의 수도' 파리에서 결혼하지 않으려고 했죠. 반면에 가정에서는 강렬하고 모험적인 성생활을 즐길 수 없다고 불평하는 부르주아 남자들은 즐겨 '만남의 집'에 드나들었습니다. 당시에는 지방 도시마다 약간 고급스러운 유곽이 있었습니다. 모파상의 단편 「텔리에 부인의 유곽」[44]에 나오는 유곽이 그 좋은 예입니다.

바샤랑 만남의 집은 매음굴보다는 덜 노골적인 곳이었죠?

---

44) *La Maison Tellier*: 1881년 같은 이름으로 출간된 모파상의 단편집에 수록된 작품. 노르망디의 작은 마을에서 텔리에 부인이 운영하는 유곽은 매춘부들이 그녀의 조카 콩스탕스의 첫 영성체에 참석하러 마을을 떠나는 바람에 잠시 문을 닫는다. 기차 여행 끝에 목적지에 도착한 매춘부들은 콩스탕스를 만나고 다음 날 교회에서 영성체 행사를 참관하면서 크게 감동한다. 마을 사람들은 이 여자들을 고상한 귀부인으로 착각하여 선망의 시선을 보낸다. 영성체 행사가 끝나고 텔리에 부인의 동생 조셉 리베는 딸의 영성체에 참석하러 찾아온 이 여자들을 위해 잔치를 베푼다. 여행을 마치고 돌아온 텔리에 부인은 유곽의 문을 열고 애타게 기다리던 남성 고객들에게 샴페인을 대접하고 화대를 깎아준다.

페로 그렇죠. 그곳에는 정부(情婦)들이 자기 단골 애인을 맞아들이는 작은 방들이 있었습니다. 이런 부류의 여자들은 여러 남자와 지속적인 관계를 맺었습니다. 하지만 일반적인 매춘부보다는 훨씬 적은 숫자의 남자들을 상대했죠. 가장 큰 차이점은 남자와 함께 보내는 시간입니다. 이들은 애인과 사랑을 나눌 준비를 하고, 그와 대화하고, 서로 애무하고, 은밀한 장난을 하는 데 많은 시간을 보냈습니다. 남자들에게 단순하고 빠른 성교보다는 세련된 에로티시즘을 제공했던 거죠. 당시에 리안 드 푸기나 클레오 드 메로드처럼 아름다운 화류계 여자들은 대단한 인기를 누렸고 영향력도 컸습니다. 심지어 자유로운 삶을 원하는 여자들에게 본보기가 될 정도였습니다. 콜레트는 클레오 드 메로드가 어떻게 자신에게 자유로운 삶을 꿈꾸게 해주었는지를 고백한 적도 있습니다.

바사랑 이런 부류의 여성은 프루스트의 소설에도 등장하잖습니까?

페로 그렇죠. 「스완의 사랑」[45]에서 샤를 스완은 이전에 배우였던 오데트 드크레시를 보자 한눈에 반해 사랑에 빠집니다. 이전에 다른 사람들과 맺었던 관계에 싫증을 느낀 오데트는 스완과의 사이에서 아주 우아하고 세련된 연애를 원합니다. 스완은 그녀를 만나러 갈 때 '사랑한다'는 표현 대신에 '난초 한다'는 표현을 사용합니다. 난초는 오데트가 가슴에 달고 다니는 꽃으로 스완은 오데트와 사랑을 나눌 때 먼저 난초를 제자리에 놓아달라는 허락부터 받죠. 이런 표

---

45) *Un amour de Swann*: 프루스트의 대하소설 「잃어버린 시간을 찾아서」의 1권 『스완네 쪽으로』의 2부이다. 여기서는 베르뒤랭 부부 살롱의 속물적 광경과 오데트에 대한 스완의 사랑이 싹트고 소멸하는 과정을 그린다. 친구의 소개로 우연히 알게 된 오데트의 소개로 스완은 베르뒤랭 부인의 작은 동아리에 가입하고 그곳 살롱에서 뱅퇴유의 소악절을 듣고 이것을 오데트에 대한 사랑의 상징으로 여긴다. 그러나 오데트는 포르슈빌 백작과도 관계를 맺고 있었고, 그녀에 대한 사랑과 질투로 갈등하던 스완은 그녀가 많은 남자와 여자의 정부였음을 고발하는 익명의 편지를 받는다. 그는 자신과 어울리지 않는 여자 때문에 세월을 낭비했음을 깨닫는다.

현은 두 사람 관계가 얼마나 세련되고 섬세한지를 말해줍니다. 그러나 오데트의 집에 다른 남자들이 드나드는 것을 알고 스완은 몹시 괴로워합니다. 그래서 오데트를 혼자 차지하기 위해 그녀와 결혼하죠. 하지만 바로 그 순간부터 스완은 그녀를 사랑하지 않게 됩니다.

바사랑 문화가 지극히 섬세하고, 정치하고, 체계적이었던 빅토리아 시대에 남녀 관계 역시 얼마나 숨 막히고 또 고통스러울 수 있었는지 느껴지는군요.

페로 그렇습니다. 예를 들어 프란츠 카프카는 자신을 매료한 젊은 여인들을 순결과 아름다움의 상징처럼 생각합니다. 그는 그 여인들에게 접근하고 싶어 하고, 그중 한 여인과 사귀고 싶어 하고, 사랑으로 맺어진 결혼을 꿈꿉니다. 그러나 그 여인에 대한 생각이 너무 많고 복잡해서 현실적으로 행동하지 못합니다. 결국, 카프카는 매음굴에 가서 창녀들과 성관계를 갖습니다. 그런 여자들에 대해서는 존중하는 마음이 없기에 훨씬 수월하게 행동할 수 있었던 거죠.

가엾은 어린 쥐들

바사랑 19세기는 순결과 방탕의 공존한 모순의 시대였다는 생각이 드는군요.

페로 19세기에는 한편으로 성(性)에 대해 폐쇄적이고 경직된 처녀들과 정숙한 부인들에게 볼 수 있는 순결성이 있었습니다. 그리고 다른 한편으로 매춘부들과 그들의 고객에게서 볼 수 있었던, 생경하고 노골적으로 표출되던 아주 자유

로운 성 풍속이 있었습니다. 남자들은 열심히 매음굴을 드나들며 만나는 화류
계 여자들과의 성관계를 과시하기도 합니다. 당시 어느 여배우의 고백을 보면
남자가 '매우 흥분된 상태로' 도착하면 여자는 즉시 의자에 올라가 성교 자세를
취했다고 합니다. 전희고 뭐고 없이 곧바로 성관계로 돌입했던 거죠. 이처럼
여배우, 무희, 여가수를 중심으로 하나의 성적인 세계가 형성되어 있었던 겁니
다. 특히 여배우들의 세계는 계층화되었고, 그들이 남자들과 맺는 관계는 거의
매춘에 가까웠습니다. 상류층 사교계 남자들은 유명한 여배우의 관심을 끌려
고 애썼습니다. 마리 도르발,[46] 폴린 비아르도,[47] 사라 베르나르[48]처럼 인기 있는
여배우나 여가수를 동반하고 사람들 앞에 나타나는 것을 대단한 영예로 여겼
기 때문이었죠. 사라 베르나르는 보잘것없는 집안 출신이었지만, 남자들에게
실질적인 지배력을 행사하면서 그들 위에 군림했습니다. 어떤 의미에서 보면

---

46) Marie Dorval(1798~1849): 프랑스 여배우. 어려서 고아가 되어 릴 지역의 극단에서 아역을 연기했다.
 열다섯 살 때 발레단장 알랑 도르발과 결혼했으나 5년 뒤에 남편이 죽었다. 여러 극단을 돌
아다니며 연애극이나 코미디 오페라에 출연했다. 연극 「30년」을 통해 유명해졌으며 기자였
던 장 투생 메를르와 결혼했으나 소설가 알프레드 드비니와 연인 관계로 지냈다. 이어 조르
주 상드와 친밀한 관계를 유지하며 그녀와 함께 쓴 작품 「코지마」에 출연했다. 말년에 오데
옹 극장에서 고전극에 출연했으며 페드르와 에르미온 역을 맡기도 했다.

47) Pauline Viardot(1821~1910): 프랑스의 오페라 배우, 음악가. 어릴 때 프란츠 리스트에게서 피아노를,
 안톤 라이하에게서 작곡을, 그리고 어머니로부터 성악을 배웠다. 아버지는 성악가이자 작
곡가였던 마누엘 가르시아였고, 언니 마리아 말리브란도 유명한 소프라노 가수였으며 오빠
마누엘 가르시아 2세는 성악 교사였다. 17세 때 로시니의 『오셀로』에서 데스데모나 역을 맡
아 오페라에 데뷔했다. 폭넓은 음역으로 주목받았는데 소프라노와 콘트랄토 두 가지 역을
모두 소화할 수 있었다. 상트페테르부르크에서 여러 차례 오페라에 출연했으며 러시아의
음악을 서유럽에 소개한 최초의 음악가 중 한 사람이기도 했다. 파리의 지식층과 어울리게
되어 브람스, 생상스, 슈만, 포레 등이 그녀를 위해 작품을 썼다.

48) Henriette-Rosine Bernard(1844~1923): 프랑스의 여배우. 국립연예학교를 졸업하고 1862년 코메디
 프랑세즈에서 데뷔했다. 그러나 곧 그곳을 나와 민간 극장을 돌아다녔으며 나중에는 스스
로 극단을 조직하여 외국에서도 공연했다. 1898년부터 테아트르 드 나시옹(지금의 사라 베
르나르 극장)을 본거지로 하여 활약했다. 아름다운 목소리와 요염한 분위기로 매력을 발산
했으며 자유분방한 생활로도 유명했다. 1914년 한쪽 다리를 절단한 후에도 무대를 버리지
않았으며 파리에서 죽자 국장(國葬) 예우를 받았다.

남자들을 굴복시키려던 그녀의 집착은 복수심의 발로였을지도 모릅니다. 사라 베르나르는 비록 여성해방운동가는 아니었지만, 남자들이 자신을 지배하는 것을 절대 용납하지 않았습니다.

바샤랑 그렇다면 오페라 극장의 아가씨들, 무희들의 상황은 어땠습니까?

페로 오페라 극장에서 '어린 쥐'라고 불리던 소녀 무희들은 대부분 몹시 가난한 서민 출신이었습니다. 딸이 무대에서 화려하게 성공하여 자신과는 다른 인생을 살아가기를 바라는 어머니는 어린 딸을 오페라 세계의 새로운 '부모' 밑으로 보냅니다. 이들은 '어린 쥐'에게 부유한 후원자를 찾아주는 일종의 중매인들이죠. 후원자는 무희와 그녀의 가족을 재정적으로 지원해주고, 물론 중매인에게도 사례비를 줍니다. 이 무희는 그 대가로 후원자에게 성적인 서비스를 제공해야 하죠. 그녀가 유명한 스타가 되기 전에는 이런 거래 관계를 벗어날 수 없습니다. 한쪽 토우(toe)로 서 있는 아름다운 자세를 당대의 어떤 무용수도 흉내 낼 수 없었던 마리 타글리오니[49]라든가 몇몇 위대한 무용수는 당시 사교계 남자들 사이에서 콧대가 높기로 유명했죠.

바샤랑 '남성'이라는 우월한 존재의 신화가 지배하는 사회에서 살아가는 '보통 여자들'은 이들 화류계 여성이나 매음하는 여성을 어떤 시선으로 바라보았을까요?

---

49) Marie Taglioni(1804~1884): 스웨덴의 스톡홀름 출생. 이탈리아의 유명한 무용가 필립포 타글리오니와 스웨덴 오페라 가수의 딸 안나 칼스텐 사이에서 태어났다. 아버지와 함께 오스트리아의 빈에서 첫 무대에 올랐으며 유럽 각지를 순회공연했다. 1827년 파리의 오페라 극장에서 발레극 「시칠리아인」으로 데뷔했다. 그 이후로 오페라 극장의 전속이 되어 「라 실피드」에서 주연을 맡아 명성이 온 유럽에 퍼졌다. 기교의 완벽성, 공기처럼 가볍고 세련되고 우아한 동작, 낭만주의 시대의 정서를 내재화한 인상적이고 생생한 표현으로 많은 이의 사랑을 받았다.

페로 페미니즘을 제외하면 매음에 대한 여성의 관점을 거의 찾아볼 수 없습니다. 페미니스트들은 흔히 매춘부들에게 '자매' 같은 태도를 보였죠. 그들은 '윤락녀들도 우리 자매이고, 우리와 같은 희생자다.'라고 말합니다. 또는 '결혼으로 몸을 파는 것이나 매춘으로 몸을 파는 것이나 매한가지다.'라고 주장하면서 한 걸음 더 나아간 페미니스트들도 있었죠. 그런가 하면 매음은 반드시 근절해야 하는 절대악, 인신매매, 노예 제도로 여긴 여자들도 있었습니다. 19세기 말 영국 여성 조세핀 버틀러[50]는 '순결 운동'을 펼쳤습니다. 세간에 알려진 이런저런 남성들이 '만남의 집'을 드나든다는 사실이 포착되면 일군의 여자들이 현장을 급습해서 망신을 주고, 세상 사람들에게 알리기도 했습니다. 1885년 조세핀은 런던에서 매춘부가 아니라 포주의 처벌을 요구하는 대대적인 시위를 벌이기도 했습니다. 매우 새롭고 중요한 주장이었지만, 실질적인 효과를 얻을 수는 없었습니다. 프랑스에서는 1946년 마르트 리샤르 법이 제정되면서 사창가는 불법화되었습니다. "자유로운 여성이 살아가는 자유로운 프랑스에서 여성의

50) Josephine Butler(1828~1906): 19세기 영국에서 여성의 권익과 자유를 위해 투쟁한 사회복지 사상가. 영국 국교도 목사의 아내이자 세 아들의 어머니였으며, 종교적으로는 지극히 경건하고 실천적인 복음주의자였다. 남성이 지배하는 사회에서 권리를 상실한 여성의 현실에 눈을 뜬 그녀는 19세기 여자들의 헌신적인 박애주의 활동이 냉소의 대상이 되었던 시기에 적극적으로 여성해방운동을 펼쳤다. 그녀는 여성이 더 높은 수준의 교육을 받을 권리를 위해 싸웠으며 특히 매춘부들의 권리와 복지를 위해 투쟁했다. 열성적인 기독교 신자였던 그녀는 매춘을 "가장 오래된 악의 뿌리이며, 도덕적 수치이며, 바람직하지 못한 것"으로 규정했고 "매춘 추방을 위해 대대적인 전쟁을 수행하는 것을 신이 내린 사명"으로 생각했고 성도덕의 이중적인 기준을 비판하고 남성의 억압에 희생되고 착취당하는 여성의 권리와 자유를 옹호했다. 1860년대 매춘을 통한 성병의 확산을 막고자 정부에서 '접촉성 전염병에 관한 법'을 제정하자 이에 반대하여 싸웠다. 이 법에 따르면 경찰은 언제든지 매춘부에게 음부 검사를 포함한 신체검사를 명령할 수 있었고, 성병에 걸린 여성을 3개월간 가둬둘 수 있었는데 이를 거절하는 여성은 감옥으로 보냈다. 수감된 여성들은 생계 수단을 잃었으며 실제로 한 사람의 매춘부가 자살하기도 했다. 버틀러는 매춘부의 음부 검사를 '외과적 강간'이라고 부르며 이 조처에 반대하는 캠페인을 벌였다. 또한, 그녀는 아동 매춘의 금지를 위해 적극적으로 투쟁하여 영국에서는 상대와 합의하여 성관계할 수 있는 나이가 13세에서 16세로 조정되었다. 버틀러는 유럽 다른 나라의 페미니스트들과 연대하여 국제적으로 투쟁을 전개했는데 예를 들어 국제낙태협회를 창설하여 낙태의 합법화를 위해 투쟁했고, 매춘법과 여성과 아동의 인신매매에 반대하여 투쟁했다. 그녀는 적극적인 페미니스트였으나 또한 열성적인 기독교인이었다. 그녀는 "신과 한 사람의 여성만으로도 다수가 될 수 있다."는 말을 남겼다.

몸을 파는 행위는 용납할 수 없다."는 상징적인 표현은 힘이 있었죠. 그러나 프랑스에 체류하는 외국 여성들의 매음은 더욱 열악한 환경에서 계속되었습니다. 통제된 매음을 인정할 것이냐, 아니면 부작용을 감수하면서라도 매음을 근절할 것이냐. 논쟁은 아직도 계속되고 있습니다.

사포의 피신처

바사랑 에리티에 선생이 지적하셨듯이 사회 전반적으로 남성의 성적 충동은 억제할 수 없는 것으로 인정되었기에 여자들은 이 근거 없는 적법성을 폐기하기 위해 어떻게든 해결책을 찾아야 했습니다. 이런 상황에서 수녀가 된다는 등 성직에 대한 소명의식도 없고, 또 매음도 거부하는 여자들은 때로 '동성애'라는 제삼의 길을 찾기도 합니다. 그러나 이 근대적 사포,[51] 여성 동성애자들은 사회에서 물의를 일으켰을 법도 한데요?

페로 시대에 따라 달랐죠. 그러나 동성애도 남녀 사이에 격심한 차이가 있습니다. 남성 동성애에 대한 금지가 훨씬 더 강합니다. 사실, 그리스인들은 남성 동성애를 당연시했습니다. 그러나 중세 시대로 넘어오면서 교회는 정액의 소모, 생식력 상실을 이유로 남성 동성애를 엄하게 금지했습니다. 반면에 여성 동성

51) Sappho(BC 612~BC 580): 고대 그리스 최고의 여류 시인. 에게 해 레스보스 섬의 미틸레네 출생. 귀족 명문 출신으로 당시의 정치적 분쟁을 피하여 한때는 시칠리아 섬에 살았으나, 생애 대부분을 레스보스 섬에서 지냈다. 소녀들을 모아 음악과 시를 가르쳤으며, 문학을 애호하는 여성 그룹을 중심으로 활약한 것으로 전해진다. 레스보스 섬 주민이라는 의미의 레즈비언은 여성 동성애자를 뜻하는 말이 되었다. 다작한 시인으로 그리스에서는 그녀를 열 번째의 시여신(詩女神)이라 칭송하며 호메로스와 더불어 대표적 시인으로 여겼다.

애에 대해서는 너그러운 태도를 보였습니다. 사람들은 그것을 남녀 간의 정상적인 성생활을 준비하는 과정으로 여겼기 때문이죠. 젊은 처녀들이 서로 농밀하게 애무한다고 해도 그것은 그리 심각한 문제가 아니었습니다. 아무튼, 너무 이른 시기에 남자와 성관계를 갖는 것보다는 낫다고 보았죠. 왜냐면 그렇게 해서 처녀성을 지킬 수 있었기 때문입니다.

바샤랑 그렇다면, 여성 커플이 공공연하게 자신이 동성애자임을 드러내면 사람들은 어떤 반응을 보였나요?

페로 그것은 전혀 다른 문제입니다! 만약 그랬다면 더는 눈감아줄 수 없었죠. 그럼에도 몇몇 여성, 특히 여성 예술가는 자신이 동성애자임을 공개적으로 '커밍아웃'했습니다. 18세기 말에 설립된 여성 동성애자 비밀 결사 아낭드린[52]에 대해 말이 많았지만, 실제로 이런 조직이 존재했는지는 확신할 수 없습니다. 19세기 여성 작가인 조르주 상드 역시 한때 양성애자였습니다. 그녀의 소설 『렐리아』의 초판본에는 여성 동성애에 대한 변호와 설명을 볼 수 있죠. 20세기 초 버지니아 울프, 비타 새크빌 웨스트,[53] 바이올렛 트레퓨시스[54] 같은 영국의 여류 작가들은 이성애와 완전히 양립한 동성애 관계를 계속 유지했습니다. 프랑스에서는 자콥 가에 있는 나탈리 클리포드 바니[55]의 살롱에서 아마존 클럽이 정기적으로 모임을 가졌습니다. 르네 비비앵[56]의 동성 연인이었던 바니는 재능 있는 여류 시인이었는데 남자 시동처럼 옷 입기를 즐겼고 새로운 예술의 온갖 판타지를 시도했죠. 역시 양성애자였던 콜레트와 뤼시 들라뤼 마르드뤼스[57]의 소설은 여성 동성애를 문학적 주제로 삼았습니다. 콜레트의 첫 남편 윌리와 의사 마르드뤼스는 자신이 그녀의 문학적 중개인 역할을 했던 만큼, 이 점에 대해

52) Anandryne: '남자 없는 여자들'이라는 의미의 그리스 어원에서 비롯한 신조어이다. 1770년 테레즈 플뢰리가 설립한 여성 동성애자 비밀 조직으로 알려졌다. 전원 여성으로 구성된 이 조직의 회원들은 파리의 부셰리 생 앙드레 거리에 있는 장소에 모여 집회를 계속했다. 남성 동성애자들의 가입 문제를 두고 내분이 일어나 1784년 해체되었다. 당시에 자유사상가로 유명한 빌레트 드샤를 마리 백작이 주도하는 '망셰트의 남자들'이라는 남성 동성애자들이 있었다. 이들 동성애자 모임은 지식인들로 구성된 사회성이 강한 집단이었다.

53) Vita Sackville-West(1892~1962): 영국의 여류 작가이며 정원사. 활발한 귀족적 사교 활동으로 잘 알려졌다.

21세 때 작가이자 정치가인 해럴드 조지 니콜슨과 결혼하여 당시 브룸스버리 그룹의 작가와 예술가들이 그랬듯이 각자 다른 사람과 자유로운 성관계를 맺으며 지냈다. 여러 명의 여성과 사귄 그녀는 특히 1920년대 후반 버지니아 울프와의 관계로 유명해졌으며 버지니아 울프는 1928년에 출간한 자전적 소설 『올랜도』를 집필할 때 일부분 그녀의 삶에 바탕을 두었다. 1927년 영국의 저명한 문학상인 호손덴 상을 받은 시집 『대지』를 비롯하여 소설 『에드워드 왕조 사람들』, 『소진된 모든 열정』, 『그랜드 캐년』 등 다수의 작품을 남겼다.

54) Violet Trefusis(1894~1972): 영국의 여류 작가·사회주의자. 영국의 왕 에드워드 7세의 연인이었던 앨

리스 케펠의 딸이다. 열 살 때 비타 새크빌 웨스트를 처음 만나 같은 학교에 다녔다. 그녀가 열네 살 때 비타에게 사랑을 고백한 이래 두 사람의 관계는 비타가 해럴드 니콜슨과 결혼하고, 다른 여성들과 연인 관계를 맺는 등 우여곡절을 겪으면서도 꾸준히 계속되었다. 제2차 세계대전 때에는 '자유 프랑스' 방송에 참여하여 전쟁이 끝나고 프랑스에서 레지옹 도뇌르 훈장을 받기도 했다. 그녀는 영어와 프랑스어로 여러 편의 소설과 수필을 썼으며 그녀의 동성애 경험은 자신의 문학작품, 편지뿐 아니라 버지니아 울프의 『올랜도』에도 묘사되었다. 그녀의 삶과 작품은 이후 많은 소설가에게 영감을 주었다.

55) Natalie Clifford Barney(1876~1972): 미국의 여류 희곡 작가·시인·소설가. 프랑스의 파리에 거주하면

서 센 강 좌안에 살롱을 열어 60여 년간 프랑스 예술가들과 '길 잃은 세대(lost generation)' 미국 작가들, 그리고 세계 각지에서 온 작가와 예술가들이 모여들었다. 그녀는 특히 여성 작가들의 창작을 독려하기 위해 남성 위주의 프랑스 아카데미에 대항하여 '여성 아카데미'를 세웠으며 레미 드 구르몽이나 트루먼 카포티 같은 남성 작가도 지원했다. 그녀는 자신이 동성애자임을 공공연히 밝혔으며 글을 통해 페미니즘과 평화주의를 지지했다. 또한, 일부일처제에 반대했으며 때로 여러 여성과 동시에 사귀기도 했다. 특히 여류 시인 르네 비비앙, 무용가 아르멘 오하니언 등과 관계를 맺었으며 화가 로메인 브룩스와의 관계는 50년이나 지속했다. 그녀의 삶과 사랑은 20세기 많은 소설의 소재가 되었다.

56) Renée Vivien(1877~1909): 부유한 영국인 아버지와 미국인 어머니 사이에서 태어나 파리와 런던을 오

가며 성장하다가 21세 때 파리에 정착했다. 그녀의 시 작품만큼이나 독특하고 기이한 옷차림과 행동으로 파리의 보헤미안 사이에서 명성을 떨쳤고, 미국 출신 부유한 상속녀이자 작가인 나탈리 클리포드 바니와의 떠들썩한 동성애 관계로도 유명했다. 자주 연인을 바꾸는 바니에게 격정과 질투와 분노를 느꼈던 비비앙은 파리에 거주하던 로칠드 가문의 대부호 헬렌 반 쥘렌 남작부인과 관계를 맺었다. 레즈비언이면서도 결혼하여 두 아들을 두었던 헬렌은 그녀에게 정서적 지지와 안정을 주었지만, 자신의 사회적 지위나 남편의 명예 때문에 오랜 세월 비밀리에 관계를 지속했다. 그러나 1907년 헬렌은 다른 여성을 만나 비비앙을 떠났고, 모욕과 상처를 받은 그녀는 술과 마약과 변태적 성애에 빠져들었다. 그리고 결국, 자살 충동에 사로잡혀 거식증에 걸렸다. 그녀는 후기 빅토리아 시대와 에드워드 시대의 여성으로서는 폭넓은 교양과 여행의 경험이 있는 여성이었다. 이집트에서 겨울을 보내고 중국을 방문하고 중동을 탐험했으며 유럽과 미국을 넘나들었다. 그녀의 시는 나탈리 클리포드 바니의 작품과 마찬가지로 동성애자였던 그리스 여류 시인 사포의 작품이 현대에 재발견되면서 새롭게 평가되었다.

아주 관대한 모습을 보였습니다. 사내처럼 옷을 입고 사내처럼 자유롭게 행동하는 '가르손(garçonne)'이라고 불리던 여자들이 거리를 활보하던 1920년대 파리는 '파리-레스보스(Paris-Lesbos)'라고 불릴 정도로 여성 동성애가 만연했던 만큼, 여성 동성애를 사회적으로 인정하게 하려는 몇몇 시도도 있었습니다. 동성애인인 앨리스 B. 토클러스와 동거하던 거트루드 스타인[58]의 플뢰뤼스 가 아파트나 오데옹 가에 있던 실비아 비치[59]의 서점 '셰익스피어 앤드 컴퍼니', 그리고 아드리엔 모니에[60]의 서점 '서적 애호가들의 집'은 여성 동성애자들이 모이던 대표적인 장소였죠.

바샤랑 이 여자들이 동성애자가 된 것은 단순히 성적 취향의 문제만이 아니라 여성의 권리와 자유를 주장하는 그들 나름의 표현 방법은 아니었을까요?

페로 물론이죠. 빅토리아 시대 영국의 중등학교와 대학교에서는 동성애나 여성 문화를 교육 과정으로 다루었습니다. 그리고 옥스퍼드와 케임브리지에 여성 전용 기숙사가 생기고, 여자대학이 설립되었죠. 여학생들은 청소년이 아니라 성인으로 존중되었으며, 용인된 동성애를 즐기기도 했습니다. 물론 사랑 때문에 극적인 사건이 벌어지기도 했죠. 어쨌든 19세기부터 제2차 세계대전기에 이르기까지 유럽에서는 남성 동성애만큼이나 여성 동성애도 명백하게 개방되었습니다. 독일에서도 마찬가지였습니다. 예를 들어 20세기 독일 작가 토마스 만의 자녀는 거의 모두 동성애자였습니다. 그중 몇 명은 '백장미 극장'[61]에서 일했는데 이곳은 반나치즘 활동가들의 근거지였고 동시에 동성애자들의 모임 장소이기도 했죠.

57) Lucie Delarue-Mardrus(1874~1945): 프랑스의 기자·작가·조각가·역사가·디자이너. 70편이 넘는 작품을 남겼다. "내 고향의 향기는 사과 속에 있다"라는 시귀는 매우 유명하다. 그녀는 글에서 여행과 자신의 고향 노르망디에 대한 사랑을 자주 표현했다. 예를 들어 『봉납』같은 작품에서 그녀는 20세기 초 옹플뢰르 지역 어부들의 삶과 그들의 환경을 그렸다. 번역자 마르드뤼스와 결혼했으나 동성애자였던 그녀는 여러 명의 여성 상대와 공개적으로 관계를 맺었다. 특히 미국 여류 작가 나탈리 클리포드 바니에게 일련의 사랑시를 썼고, 이 시들은 그녀의 사후인 1975년 '우리의 비밀 사랑'이라는 제목으로 출간되었다.

58) Gertrude Stein(1874~1946): 미국의 시인 겸 소설가. 미국에서 대학을 졸업하고 런던으로 건너갔다가 파리로 옮겨 생애 대부분을 프랑스에서 보냈다. 소설이나 시에서 대담한 실험을 시도했을 뿐 아니라 새로운 예술운동의 비호자가 되었다. 마티스, 피카소, 지드를 비롯한 많은 화가, 작가들과 교우 관계를 맺었다. 제1차 세계대전 전후에 모더니스트로서 활약한 한 사람으로 '로스트 제너레이션'이란 말을 처음 사용하기도 했다. 셔우드 앤더슨이나 어니스트 헤밍웨이와의 교유를 통하여 특히 제1차 세계대전 후의 미국 문학에 미친 영향이 크다. 주요 저서로 『3인의 생애』, 『텐더 버턴스』 등이 있다.

59) Sylvia Beach(1887~1962): 미국 출신 출판인·서적상. 미국 메릴랜드 주 볼티모어에서 태어나 아버지가 파리의 미국 교회의 부목사 겸 미국인 학생 센터 관리자로 임명되면서 온 가족이 프랑스로 이주했다. 파리에서 프랑스 현대문학을 전공했다. 당시에 오데옹 가에서 서점을 운영하고 있던 아드리엔 모니에를 만나 연인이 되어 1955년 모니에가 자살할 때까지 36년간을 함께 살았다. 모니에의 도움으로 개점한 영어책 전문 대여 서점 셰익스피어 앤드 컴퍼니는 1921년 모니에의 서점 건너편 오데옹 가 12번지로 옮겨 갔다. 서점은 제임스 조이스의 『율리시스』를 발간하면서 명성을 얻었으나 이후에

셰익스피어 앤드 컴퍼니 실내에서. 왼쪽부터 제임스 조이스, 실비아 비치, 아드리엔 모니에. 1920년경

조이스가 다른 출판사로 옮겨 가면서 운영은 더욱 어려워졌다. 1930년대 대공황의 여파로 셰익스피어 앤드 컴퍼니는 폐점하기 직전이었으나 앙드레 지드가 나서서 '셰익스피어 앤드 컴퍼니의 친구들'이라는 모임을 결성했고 200명의 회원은 연간 회비 200프랑을 실비아 비치에게 보냈다. 그렇게 서점은 제2차 세계대전 중에 파리가 독일군의 손에 넘어가는 1941년까지 개점 상태로 있었다. 그리고 독일 점령 기간에 문을 닫았던 서점을 1944년 '해방한' 사람은 바로 전쟁에 참여하여 종군한 어니스트 헤밍웨이였다. 1951년 미국인 조지 휘트먼은 파리 뷔셰리 가에 서점을 열었다. 그는 원래 '르 미스트랄'이라고 불렀던 이 서점을 실비아 비치를 기려 '셰익스피어 앤드 컴퍼니'라고 개명했다.

60) Adrienne Monnier(1892~1955): 프랑스의 여류 시인, 서적상, 출판인. 1915년 파리의 오데옹 가 7번지에 '서적 애호가들의 집(La Maison des Amis des Livres)'이라는 서점을 열었다. 프랑스에서 여성이 독자적으로 서점을 운영한 것은 매우 이례적인 일이었다. 그녀는 '빌 모니에'라는 프랑스 왕실 후손인 미국 소년이 주인공으로 등장하는 소설을 써서 프랑스 독자들에게 꽤 인기를 끌기도 했다. 1925년에는 『은으로 만든 배』라는 문학 잡지를 발행하기도 했으며 셰익스피어 앤드 컴퍼니를 운영하던 실비아 비치와 함께 T. S. 엘리엇의 작품을 프랑스어로 번역해서 출간하기도 했으며 헤밍웨이의 작품을 프랑스어로 번역하여 소개하기도 했다. 독일의 프랑스 점령 기간에 실비아 비치의 서점은 문을 닫았으나 그녀는 파리 독자들에게 꾸준히 책을 공급했으며 번역과 출간도 계속했다.

61) Die Weiße Rose: '백장미단'은 1942년 6월 창설된 독일 반나치 저항운동가 집단이다. 몇 명의 학생과 그들의 친지로 구성된 이들 집단은 1943년 2월 게슈타포에 체포되어 모두 사형당했다.

예술에서도 소외되다

바사랑 예술과 문학은 현실에서 빗겨나 거리를 두려고 했던 여자들에게 일종의 피난처가 될 수 있었습니다. 그러나 이것은 결코 쉬운 일이 아니었죠. 그들은 '창조자'로서 인정받기가 몹시 어려웠습니다. 사람들은 여자들의 주체성을 인정하기보다는 객체화하는 쪽을 택했고, 자신이 '여성'에 대해 품고 있는 환상을 수행하는 역할에 여자들을 가둬두고자 했기 때문이었죠.

페로 오랜 세월 예술에서는 여성에 대한 남성의 시각이 있었을 뿐, 남성에 대한 여성의 시각은 존재하지 않았습니다. 고대 프레스코화나 그리스의 항아리에도 남자들이 연출한 여성의 모습이 표현되어 있습니다. 중세 시대 종교화 역시 여성에 대한 교회의 인식을 반영합니다. 서민의 일상을 희화적으로 그린 미세화나 프레스코화, 기둥머리 장식에서도 여성은 남성의 관점에서 표현되었습니다. 농부들의 '월별 일별 노동'을 그린 세속화를 보면 밭에서 일하고, 곡식을 수확하고, 돼지를 잡는 남녀 농부들이 등장합니다. 거기서 여자들은 집 안, 부엌, 빨래터에 있죠. 이런 모습은 더 직접적으로 근접해서 당시의 현실을 보여줍니다.

바사랑 예술적 표현에서 여성이 '주체'가 아니라 '객체'의 역할에서 벗어날 수 없었던 것은 젠더의 요소가 개입했기 때문이겠죠?

페로 주로 남성 예술가들이 여성을 예술적으로 재현하기는 했지만, 그렇다고 해서 여자들이 완전히 수동적이었다고 말할 수 있을까요? 르네상스 시대에는 몇몇 종교화에서 세속적 관점이 나타났습니다. 예를 들어 당시에 독일 화가 루카스 크라나흐가 눈부시게 아름다운 알몸의 비너스를 그렸을 때 전혀 새로운 형태의 작품을 창작한 것은 물론이고 여성 몸에 대한 찬양을 아낌없이 보여주었습니다. 그런 여성상을 창조한 사람은 예술가이지만, 옷을 벗고 자유로워진 자신의 모습을 바라보는 여자가 느꼈을 즐거움을 누가 알겠습니까? 16세기 말 퐁텐블로 화파는 여성 누드를 마음껏 화폭에 담았습니다. 그들의 작품에는 목욕하는 여자들, 가슴을 드러낸 아름다운 아녜스 소렐,[62] 다른 여자의 알몸을 씻어주며 젖가슴을 만지는 여자를 볼 수 있습니다. 화가는 스스로 거의 동성애에 가까운 장면을 상상하면서 즐거움을 느꼈던 걸까요? 아니면 상대적으로 자유로웠던 시대의 증인으로서 귀족 계층이 화가에게 그런 상황을 재현하게 했던 걸까요? 아니면 여자의 환심을 사고 유혹하기 위해 예술가들이 그런 그림을 그렸던 걸까요? 우리는 수수께끼 같은 그림에 질문을 던질 뿐입니다.

바샤랑   그렇다면 언제쯤 여성 예술가들은 여성과 세계에 대한 자신의 고유한 사고를 표현하기 시작했나요?

페로   르네상스 시대부터 여자들은 자기 나름의 작품을 창작하기에 이릅니다. 우리가 알고 있는 진정한 여성 화가 아르테미시아 젠틸레스키[63] 역시 이탈리아

---

62) Agnès Sorel(1422~1449): 샤를 7세의 공식적인 정부로 알려졌으며 그와의 사이에서 세 명의 딸을 낳고 네 번째 아이를 낳고 나서 수은 중독으로 사망했다. 독특한 생활 방식과 옷차림과 호사스러움으로 왕비의 존재를 무색하게 했다. 베일이나 목을 가리는 깃 높은 블라우스를 벗어버리고 가슴과 어깨를 드러내는 등 노출이 심한 옷을 즐겨 입었으며 피라미드 모양으로 머리카락을 높이 쌓아 올려 시선을 끌었다. 값비싼 모피로 가장자리를 두른 8미터 길이의 옷자락을 뒤로 길게 늘어뜨리고 다니기도 했다. 뛰어난 미모로 왕의 총애를 받았으며 그녀의 모습은 장 푸케 등 당시 화가들이 앞다투어 화폭에 담았다.

태생입니다. 그녀는 자기 아버지에게 그림을 배운 재능 있는 화가였지만, 화가로서 인정받기까지 최악의 시련을 겪었습니다. 베니스의 아카데미 미술관에 가면 이 여성 화가가 그린 매우 독특한 자화상들을 볼 수 있습니다. 18세기 말 프랑스 고전주의 대표 화가 다비드의 아틀리에에는 여성 수련생들도 있었습니다. 그들은 루브르에서 주로 모사(模寫) 작업을 했고, 나중에 자신의 아틀리에를 열고 전업 화가가 되기도 했습니다. 예를 들어 비제 르브룅 부인[64]은 궁정에서 왕가 사람들의 초상화를 많이 그렸는데 특히 마리 앙투아네트의 초상화가 유명합니다. 이처럼 여성 화가들은 차츰 자신만의 고유한 표현 방식을 확립했고, 이후에 많은 여성 화가가 등장했습니다. 그중에는 베르트 모리조,[65] 메리 커셋,[66] 마리 로랑생,[67] 소니아 들로네[68] 같은 화가가 있죠. 2009년과 2010년에 퐁

---

63) Artemisia Gentileschi(1593~1656?): 1593년 이탈리아 로마에서 태어났다. 카라바조의 어두운 색조와

극적인 빛의 효과에 영향을 받았으며, 여성 화가의 일반적 규율을 깨고 성경과 신화의 주인공을 주제로 그림을 그리며 화려한 성공을 거둔, 서양 역사상 최초의 위대한 여성 화가이자 페미니스트 화가가 되었다. 당시로서는 드물게 곳곳을 여행하며 남성들과 동등한 삶을 살았지만, 열일곱 살 때 아버지의 동료 화가이자 그의 스승이기도 했던 아고스티노 타시에게 강간당하여 길고 고통스러운 재판을 치러야 했고, 이 과정에서 느꼈던 오명과 치욕감은 이후 그의 작업에 깊은 영향을 주었다. 그는 아시리아의 장군 홀로페르네스와 적진의 막사에서 동침한 후 그의 목을 베어 이스라엘을 구한 유대인 여성 유디트를 냉철하고 결단력 있는 용맹한 여인으로 그려 이전의 서양 미술사에서는 찾아볼 수 없었던 강력한 여성상을 보여주었다. 주요 작품에 「수산나와 두 늙은이」, 「홀로페르네스의 목을 베는 유디트」, 「자화상」 등이 있다.

64) Louise Élisabeth Vigée Le Brun(1755~1842): 프랑스의 여류 화가. 로코코 양식의 그림을 그렸으며

신고전주의 화가는 아니었으나 역사화보다는 신고전주의풍 의상을 입은 궁정 여자들의 초상화를 다수 그렸다. 캉탱 드 라 투르, 장 밥티스트 그뢰즈에 버금가는 초상화가로 명성을 얻었다. 열네 살 때 왕립 아카데미 회원인 가브리엘 브리아르에게 그림을 배웠으며 어머니의 소개로 알게 된 조셉 베르네에게도 그림을 배웠다. 이후 렘브란트, 반 다이크, 그뢰즈 등의 그림을 모사하며 독학으로 공부했으며 열다섯 살 때부터 고객들에게 그림을 그려주고 생계를 유지하기 시작했다. 왕가와 가깝게 지내게 되어 그 인연으로 왕족과 귀족들의 수많은 초상화를 그렸으며 마리 앙투아네트의 비호를 받게 된 그녀는 왕실의 도움을 받아 왕립 아카데미에 들어갔다. 1776년 장 밥티스트 르브룅과 결혼했다. 1789년 혁명이 일어나자 이탈리아의 피렌체, 로마, 베네치아, 오스트리아 빈 등지로 옮겨 다녔다. 후일 그녀는 "여자들이 세상을 지배하고 있었으나 혁명이 그들을 추락시켰다."고 말했다. 러시아 대사의 초청으로 상트페테르부르크로 간 그녀는 몇 년간 그곳에 머물며 러시아 상류 사회 인사들의 그림을 그리다가 나폴레옹 1세 치하의 프랑스로 돌아왔다. 이후 영국으로 건너가 바이런 경 등 유명 인사의 그림을 그렸고, 스위스 제네바 미술발전협회의 명예 회원이 되기도 했다. 그녀는 생전에 660여 점의 초상화와 200여 점의 풍경화를 남겼다.

65) Berthe Morisot(1841~1895): 프랑스의 여류 화가. 로코코 미술의 대가 장 오노레 프라고나르의 증손녀 로 어려서부터 예술적 분위기에서 유복하게 자랐다. 루브르 박물관에서 거장들의 작품을 모사하며 그림을 공부했으며 풍경화가 코로에게 배웠다. 1864년 파리 살롱전에 풍경화 두 점을 출품하여 좋은 평가를 받았으며 에두아르 마네를 만나 그에게서 많은 영감을 얻었다. 풍경화와 더불어 소박한 실내 정경, 일상의 여성과 아이들의 모습을 그렸다. 「발코니」, 「제비 꽃 장식을 단 베르트 모리조」 등 마네 작품의 모델이 되기도 했다. 특히, 마네의 막냇동생 외 젠과 결혼했다. 제1회 인상주의 전시회에 유일한 여성 화가로 참여했으며 런던의 신영국 미 술클럽이나 벨기에 20인회, 벨기에 미술협회 등 미술 단체들의 전시회에도 참여했다. 시인 폴 발레리는 그녀에 대해 "그는 그림을 위해 살았으며, 그의 인생을 그림에 담았다."고 말했다.

66) Mary Cassatt(1844~1926): 미국의 피츠버그 출생. 파리의 인상파 운동에 직접 참가한 유일한 미국인 이었다. 부호의 딸로 태어나 펜실베이니아 미술아카데미에서 공부하고 생애의 절반을 유 럽의 상류 사회에서 보냈다. 가족의 반대를 무릅쓰고 회화를 배우고, 우연히 드가의 작품 을 본 것이 계기가 되어 인상파에 이끌려 전후 4회나 인상파전에 출품했다. 드가에 가까운 작품으로 명쾌한 색조와 경쾌한 터치가 특징이었으며, 주로 어머니와 아들을 중심으로 하 는 중류 가정의 정경을 주제로 삼아, 딱딱한 사교 생활로 일생을 독신으로 지낸 그녀의 불 만스러운 회포가 반영되었다. 무명 시절 인상파 화가들의 작품을 많이 사준 후원자였으며 인상파를 미국에 소개하는 데에도 크게 이바지했다. 그러나 자신은 화가로서 인정받지 못한 채 실명 상태로 세상을 떠났다.

67) Marie Laurencin(1883~1956): 프랑스의 화가. 평범한 중류 가정에서 태어나 윙바르의 회화연구소에 서 소묘(素描)를 배웠다. 처음에는 툴루즈 로트레크와 마네의 작품에서 감화를 받았다. 그 러나 브라크와 피카소 등과 알게 되고, 아폴리네르와 살몽 등의 시인들과도 접하여 입체파 운동이 일어나는 와중에서 가장 첨단적인 예술론에 촉발되면서 자랐다. 그러나 본질적으로 큐비스트는 되지 못하고, 형태와 색채의 단순화와 양식화 속에 자기의 진로를 개척하여, 감 각적이며 유연하고 독특한 화풍을 만들어냈다. 1912년의 첫 개인전에서 실력을 인정받아 파리 화단에서의 지위를 확보하고 1920년 로마의 개인전에서도 성공을 거뒀다. 흑인 예술 이나 페르시아의 세밀화에 영향을 받아 점차 자유로운 화풍으로 여성다운 섬세한 관능을 표현했다. 소박하고 유연한 묘법(描法)과 담홍 · 담청 · 회백색의 유려하고 감미로운 색채 배합이 특징이며, 꿈꾸는 듯한 소녀상을 주제로 하여 환상적이고 감상적인 작품을 남겼다. 그녀는 또 양탄자와 벽지의 무늬를 고안하거나, 책의 삽화, 석판화, 발레의 무대 장치를 그리거나 복식(服飾) 도안도 하여 다채로운 활동을 펼쳤다.

68) Sonia Delaunay(1885~1979): 우크라이나 출생. 본명은 사라 이리니치나 스테른이다. 법률가인 외삼 촌 헨리 테르크의 양딸이 되면서 소냐 테르크로 개명했다. 독일 칼스루에 미술학교에서 공 부했고 파리의 팔레트 아카데미에서 수학했다. 특히, 고흐, 고갱, 앙리 루소와 같은 후기 인 상주의 화가들과 마티스, 드랭을 포함한 야수파 화가들에게서 강한 인상을 받았다. 로베 르 들로네와 재혼하여 낳은 아들을 위해 색색의 조각 천을 잇대 만든 이불은 오늘날 최초의 추상적 콜라주로 미술사에 기록되었다. 그녀는 남편과 함께 입체파에서 파생된 '오르피즘 (Orphism)'이라는 새로운 유파를 발전시켰다. 이것은 스펙트럼의 모든 색채를 화면 안으 로 끌어들여 시적이며 음악적인 리듬에 바탕을 둔 화풍이다. 그녀는 빛과 공간, 연속적인 움직임을 색채의 대 비로 표현하는 새로운 기법을 개발하여 응용미술 분야에 도입함으로써 유명해졌다. 남편이 암으로 세상을 떠 난 후에도 화가 겸 디자이너로 활동했으며 1964년 생존하는 여성으로는 처음으로 루브르 박물관에서 전시회 를 열었다. 1975년 레지옹 도뇌르 훈장을 받았다.

피두 센터에서는 개성이 다양한 20세기 여류 예술가들의 작품 백여 점을 모아 전시하기도 했습니다.

바샤랑 그들은 자기 이름으로 작품에 서명했습니까?

페로 최근에야 여성 예술가들이 자기 이름을 알릴 수 있게 되었지만, 이전에는 그렇게 하기 어려웠죠. 음악 분야와 마찬가지로 미술 분야에서도 여성은 가족 울타리 안에서만 활동할 수 있었습니다. 처녀가 취미 삼아 스케치나 크로키를 하는 정도는 뭐라고 하지 않았죠. 나중에 결혼해서 아이가 생기면 그림을 그려 주고 또 친지에게 자기 그림을 선물할 수도 있었으니까요. 그러나 정식으로 미술을 공부하거나 공공장소에서 작품을 전시하는 일은 있을 수 없었죠. 프랑스에서 여성은 1900년까지 미술학교에 입학할 수 없었습니다. 특히 18세기 말부터 예술가들에게 중요한 활동 공간이 되었던 살롱에 접근한다는 것은 상상할 수도 없는 일이었습니다. 그런데 화가로서 인정받으려면 대중의 눈에 띄어야 했고 영향력이 점점 커지던 비평가들의 관심을 끌어야 했죠. 하지만 여성이 이런 영역에 접근하는 것을 사회는 용납하지 않았습니다. 살롱의 심사위원들은 모두 남성이었고, 여자의 그림을 잔재주나 부리는 저급한 수준의 작품으로 치부했습니다. 예를 들어 마리 바슈키르체프가 쥘리앙 아카데미[69]에 다닐 때 그

---

69) Académie Julian: 1868년 로돌프 쥘리앙이 파리에 설립한 사립 미술 아카데미. 에콜 데 보자르 입학 준비생뿐 아니라 개인적으로 미술을 공부하려는 지원자도 받았다. 에콜 데 보자르에서는 여학생의 입학을 허가하지 않았기에 여성에게는 미술을 공부할 수 있는 대표적인 교육 기관이 되었다. 여기서 남학생과 여학생은 따로 수업했지만, 기초 지식에서부터 드로잉, 채색, 누드화 등 교육하는 내용은 똑같았다. 이곳에는 프랑스인뿐 아니라 전 세계에서 찾아온 지원자들이 함께 공부했으며 특히 미국 학생이 많았다. 쥘리앙 아카데미 학생은 로마상에 응모할 자격이 있었기에 젊은 화가들에게는 이곳에서의 교육이 대중적 성공을 기대할 좋은 기회가 되었다. 이후 쥘리앙 아카데미는 파리 여러 곳에 분교를 개설했으며 파리 2구에 있는 분교에서도 1880년부터 여학생을 받았다.

녀의 그림에 대해 선생이 해준 가장 큰 칭찬은 '이것은 꽤 남성적인 작품이군!'이라는 평가였습니다.

바샤랑 진짜 예술은 '남자다워야' 하는군요. 그러니까 창작은 남성의 영역이고, 작품에는 남성적 암시가 들어 있어야 하는군요.

페로 그것은 지상명령이죠. 넓은 의미에서 창작은 말씀이고, 신입니다. 세상에서 뭔가를 새로이 창조하는 일은 신적이고, 성스러운 영역에 속합니다. 최초에는 하나님만이 창조자였죠. 만약 하나님이 자기 권능을 위임한다면 피조물 중에서 가장 고귀한 자, 바로 남자에게 하겠죠. 고대 이래 모든 철학은 여자를 아무것도 창조할 능력이 없는 존재로 간주합니다. 여자가 할 수 있는 일은 오로지 모방하고, 인용하고, 통역하는 것뿐이라는 거죠. 통역사는 항상 여자들에게 어울리는 직업으로 여겨졌습니다. 여자는 남자들의 생각을 한 언어에서 다른 언어로 옮기는 일이나 할 수 있다는 거죠. 여성이 스스로 글을 쓰거나 그림을 그리거나 음악을 작곡하는 것은 금기 사항이었습니다. 왜냐면 특히 음악은 신의 언어이기 때문입니다. 여자는 자기 응접실에서 남자가 창작한 곡을 피아노로 연주하거나, 위대한 남성 음악가를 후원하는 정도에 만족해야 했죠. 여성에게는 그것으로 충분했습니다! 이런 인식은 특히 창조자 부부에게 예민한 문제가 되었습니다. 오스트리아 음악가 구스타프 말러는 약혼녀 알마에게 작곡을 포기하라고 설득할 요량으로 그녀에게 비장한 편지를 썼죠. 알마는 위대한 예술가였고 아마 말러만큼이나 훌륭한 작품을 창조했을 겁니다. 그러나 알마는 작곡을 포기했습니다. 사람들은 그들의 결혼이 행복하지 않으리라는 것을 이미 짐작했죠. 로베르트 슈만의 아내 클라라 역시 재능이 매우 뛰어난 음악가였습니다. 그러나 남편은 만약 그녀가 창작을 계속한다면 자신과 늘 경쟁 관계에 있어야 하고, 부부 생활은 파국을 맞으리라고 생각했죠. 그는 클라라가 자신을 사랑한다면 당연히 작곡을 포기해야 한다고 믿었습니다. 아버지의 반대를 무릅쓰고 결혼했던 그녀로서는 어쩌면 그것이 치러야 할 대가였는지도 모르죠. 어쨌든, 클라라는 남편이 수많은 걸작품을 창작하게 한 원동력이 되었고, 그녀 자신도 프란츠 리스트에 뒤지지 않는 명연주가라는 평판을 들었습니다.

남성 전용 글쓰기

바샤랑 창조하는 남자는 모든 것을 다 가질 수 있군요. 경력, 영광, 가정, 아내, 아이들, 그리고 다른 여자들까지도!

페로 창조하는 남자는 모든 여자를 지배하고, 이것은 그가 발산하는 매력의 하나가 됩니다. 빅토르 위고가 완벽한 본보기인데, 그는 당시 배우였던 쥘리에트 드루에에게 직업을 포기하고 오로지 자신에게만 헌신하라고 요구했습니다. 드루에는 자신의 모든 경력을 포기하고 마치 수녀 같은 열정으로 오로지 위고만을 돌보며 그의 곁에서 폐쇄적인 생활을 했습니다. 그녀는 위고의 비서였고, 애인이었고, 동반자였고, 심지어 그가 추방당했을 때 여러 해 동안 유배지에서 함께 생활하기도 했습니다.

바샤랑 선생님 말씀을 들어보니 사랑을 선택한 여자는 창작을 버려야 했군요. 그렇다면, 예술을 선택한 여자에게 창작과 사랑을 양립하게 할 가능성은 전혀 없었나요?

페로   스탈 부인[70]은 "영광은 행복의 눈부신 죽음이다."라는 끔찍한 말을 남겼죠. 『코린』[71]에서 그녀는 사랑에서 행복을 찾을 수 없는 여성 창작자의 비극을 그렸습니다. 실제로 스탈은 많은 남자를 사랑했는데 그중에도 소설 『아돌프』를 쓴 보수적 자유주의자 벤자맹 콩스탕은 그녀의 진정한 연인이었죠. 그녀는 자신의 문학적 열정을 희생하고 싶지 않았기에 우여곡절을 겪어야 했지만, 창작의 세계에서 글쓰기는 그나마 여자가 비교적 쉽게 접근할 수 있는 분야였죠.

바샤랑   여자가 글을 읽고 쓸 줄 아는 순간부터 여자에게 글쓰기를 금지하기는 실제로 어려운 일이었겠죠!

페로   글을 쓰는 데에는 책상 하나면 충분하죠. 조금 더 욕심을 낸다면 자기 방

---

70) Germaine de Staël(1766~1817): 프랑스 19세기 초 비평가이자 소설가로 『독일론』, 『문학론』과 같은 작품을 발표해서 프랑스 낭만주의에 선구자적인 역할을 했다. 루이 16세 때 재정가·정치가 J. 네케르의 딸로 파리에서 태어났으며, 주프랑스 스웨덴 대사 스탈 남작과 결혼했다. 소녀 시절에 어머니의 살롱에 모이는 계몽사상가들과 교유한 영향으로 자유주의·민주주의 사상을 수용했으며 프랑스 혁명 시기에 입헌 군주주의를 신봉했다. 이런 성향 때문에 여러 차례 국외로 피신해야 했다. B. 콩스탕과 친하게 지냈고, 자유사상을 탄압한 나폴레옹과의 불화로 1803년 국외로 추방되어, 독일·이탈리아를 거쳐, 장기간 스위스의 코메에 체재하면서 그곳에서 작품 활동을 했다. 저서로는 『델핀』, 『코린』 등의 소설과 『독일론』 등의 논문이 있다.

71) Corinne: 스탈 부인의 작품으로 '이탈리아 이야기'라는 부제가 달린 것처럼 18세기 이탈리아의 풍토, 종교, 예술을 배경으로 오스왈드와 코린의 사랑을 그렸다. 신병 요양차 이탈리아로 간 스코틀랜드의 귀족 오스왈드는 미모의 시인 코린을 만나 사랑에 빠진다. 코린은 이탈리아 최고의 여류 시인으로 출신이 베일에 가려진 채 단지 옛 그리스의 서정 시인의 이름을 딴 필명 코린나로만 알려져 있다. 오스왈드와 코린은 서로 사랑하지만, 둘 사이에는 건너지 못할 장애가 생긴다. 코린은 이탈리아인 어머니와 영국인 아버지 사이에서 태어났는데 오스왈드의 부친이 그들의 결혼에 반대한 것이다. 결국, 오스왈드는 부친의 뜻에 따라 코린의 이복동생 루실과 결혼한다. 코린은 절망하여 시인으로서의 재능마저 잃은 채 쓸쓸히 세상을 하직한다. '여성주의 소설'의 선구적 작품으로도 평가받는 이 소설은 여성의 사회적 지위를 신장시키려는 차원을 넘어 본질적 의미에서 여성의 힘을 예찬하고 있다. 작가는 이 소설에서 여성=예술=이탈리아, 남성=정치=영국이라는 대립 구도를 설정한 뒤 자연과 재능을 사랑하는 이탈리아를 옹호함으로써 여성의 숨은 잠재력을 드러내려 했다.

하나면 충분하겠죠. 일기를 쓰거나 너무 긴 시간이 필요하지 않은 글쓰기를 한다면 아무 문제 없습니다. 그러나 만일 원고를 책으로 출간한다든가, 대중 영역으로 들어갈 생각이 있다면 상황이 전혀 달라집니다. 여성에게는 여러 길이 막혀 있었습니다. 음악에 가까운 시는 남성을 위한 예술로 간주했습니다. 여자들에게는 '애가(哀歌)'라는 장르가 있었지만, 눈물이나 짜는 경박한 문학으로 간주했죠. 위대한 시, 진정한 시는 빅토르 위고의 「세기의 전설」이었습니다. 이 연작시는 서사적·서정적 문체로 위대한 인간의 역사를 과감하게 담아낸 걸작이요 역작으로 평가되었죠. 이것은 여자들이 규방에서 눈물을 짜며 읽는 '애가' 따위와는 비교할 수 없는 문학작품이었습니다. 19세기 여류 시인 마르슬린 데보르드 발모르는 '나는 여자가 글을 써서는 안 되는 것으로 알고 있다. 그러나 나는 쓴다'는 말을 남겼습니다. 연극 분야에서도 여성이 희곡 작가가 되기는 매우 어려웠습니다. 연극은 대중적인 예술이었기 때문이죠. 여성이 쓴 희곡이 공연되는 경우는 극히 드물었습니다. 그 예외가 바로 조르주 상드였죠. 일반적으로 여성의 글쓰기가 인정받는 장르는 소설이었습니다. 여성이 자신을 거의 드러내지 않던 시대에 크리스틴 드 피장, 세비네 부인, 라파예트 부인[72] 등 몇몇 여류 작가는 꽤 널리 알려졌습니다. 그러나 라파예트 부인이 『클레브 공작부인』의 저자라는 사실이 알려지기까지는 오랜 세월이 흘러야 했습니다. 여성이

---

72) Madame La Fayette(1634~1693): 본명은 마리 마들렌 피오슈 드라베르뉴. 일찍이 상류 귀족층의 문학 살롱에서 높은 교양과 재능을 인정받았다. 작품으로 28세 때 발표한 『몽팡시에 공작부인』, 『자이드』 등이 있으나 대표작은 『클레브 공작부인』으로, 연애 심리의 진실을 묘사하여 프랑스 심리 소설의 전통을 창시한 불후의 걸작으로 꼽는다. 이 소설은 어린 나이에 어머니의 권유로 클레브 공작과 애정 없는 결혼을 한 샤르트르가 루브르 궁전 무도회에서 미남 청년 느무르 공작을 만나면서 벌어지는 사랑과 의무 사이의 갈등을 그린 작품이다. 공작부인은 흔들리는 마음을 다잡기 위해 느무르 공작을 피하지만, 어쩔 수 없이 그에게 끌리고 아내로서의 충실함을 증명하기 위해 자신의 마음을 남편에게 고백한다. 아내를 사랑하는 클레브 공작은 아내의 부정을 오해해 병석에 눕고 이윽고 세상을 떠난다. 느무르 공작은 남편을 잃고 혼자 남은 공작부인에게 구애하지만, 그녀는 수녀원에 들어가 여생을 마친다. 봉건 시대 윤리적 사회에서 이루어질 수 없는 사랑과 번민을 섬세한 심리 묘사로 그린 이 작품은 프랑스 심리 소설의 원천으로 꼽는다.

창작의 세계에 들어가기가 얼마나 어려운지를 보여주는 사례죠. 19세기까지도 '블루 스타킹'에 대한 편견은 심각했고, 사회는 여성 '창작자'를 인정하지 않았기에 많은 여성 작가가 남성의 필명을 사용했습니다. 뤼실 오로르 뒤팽이 사용했던 '조르주 상드'라는 남자 이름도 그렇고, '다니엘 스턴'이라는 남자 이름을 필명으로 사용한 다구 백작부인,[73] '조지 엘리엇'이라는 남자 필명을 사용한 메리 앤 에번스[74] 등 이런 사례는 셀 수 없이 많습니다.

바샤랑 그래도 19세기에 조지 엘리엇이나 브론테 자매[75] 같은 영국의 위대한 여류 소설가들은 공식적으로 인정도 받았고, 두꺼운 독자층이 있었잖습니까?

페로 그렇죠. 여성 작가들에게는 영국에서 진정한 돌파구가 열렸습니다. 1900년경 신문 연재 소설가의 15~20퍼센트가 여성 작가였습니다. 프랑스에서는 10

---

73) Marie Catherine Sophie, Comtesse d'Agoult(1805~1876): 프랑스의 여성 작가로 '다니엘 스턴'이라 는 필명으로 알려졌다. 프랑스로 이주한 독일 귀족 알렉상드르 빅토르 프랑수아 드플라비니와 독일 은행가의 딸 마리아 엘리자베스 베트만 사이에서 태어났다. 어린 시절을 독일에서 보내고 부르봉 왕정복고 시절에 프랑스의 수녀원에서 교육받았다. 일찍이 샤를 루이 콩스탕 다구 백작과 결혼하여 두 딸을 낳았으나 8년 만에 이혼하고 그녀보다 다섯 살 어린 피아니스트이며 당시 떠오르는 스타였던 프란츠 리스트와 결혼하지 않고 함께 살면서 세 명의 딸을 낳았다. 그녀는 '다니엘 스턴'이라는 필명으로 『1848년 혁명의 역사』를 저술하여 유명해졌으며 프랑스와 네덜란드, 이탈리아의 역사에 관한 저술과 『마리 스튜어트의 3일』 등의 작품을 남겼다.

74) Mary Ann Evans(1819~1880): 빅토리아 시대를 대표하는 작가의 한 사람으로 '조지 엘리엇'이라는 필명을 사용했다. 시골에서 감리교의 종교적 분위기에서 성장하다가 자유사상을 접하면서 사고의 전환을 겪었다. 유럽 여러 나라를 여행하고 돌아와 런던에 있는 웨스트민스터 평론 잡지사에서 편집자로 일했으며 스펜서의 영향을 받아 포이어바흐의 『그리스도교의 본질』을 번역했다. 유부남이었던 비평가 조지 헨리 루이스와 내연 관계를 맺었기에 친구와 친척으로부터 완전히 따돌림당했지만, 그녀의 의지는 꺾이지 않았을 뿐 아니라 루이스의 조언과 격려의 덕으로 마침내 소설가 엘리엇이 탄생했다. 1857년 영국 중부 워릭셔의 전원 생활에서 취재한 『성직자의 생활』을 발표했다. 이어서 『애덤 비드』, 『플로스 강변의 물레방아』, 『사일러스 마너』 등의 대표적 작품을 썼는데, 어느 것이나 전원 생활을 배경으로 한 자전적 요소가 강한 것들이다. 그 밖에 『미들마치』, 『다니엘 데론다』 등이 있다. 빅토리아 시대 문단을 대표하는 지성적인 작가로 도덕적인 인생의 스승, 시대 사조의 지도자였던 그녀는 진지한 연구 대상이 되고 있다.

퍼센트 미만이었죠. 그럼에도, 처음에 여성 작가의 독자는 여성뿐이었다는 사실을 말하지 않을 수 없군요. 개신교 국가에서는 여성이 일찍이 독서에 접근할 수 있었다는 점이 영국 같은 경우, 독자층 구축에 큰 도움을 주었습니다. 프랑스에서도 여성 독자들은 조르주 상드의 『앵디아나』[76]나 『렐리아』[77] 같은 작품을 탐독했죠. 자신의 여성성을 부각하지 않은 조르주 상드는 남성 독자들에게

---

75) Brontë family: 1840년대에서 1850년대까지 활동한 영국의 세 자매 작가로 샬럿, 에밀리, 앤 브론테를 말한다. 이들 세 자매의 아버지 패트릭 브론테는 아일랜드 출신으로 요크셔의 작은 도시 하워스의 성공회 사제였으며 어머니는 일찍이 사망했다. 패트릭은 딸들을 기숙학교에 보냈으나 지나치게 엄격한 규율 때문에 이들은 학교를 몹시 싫어했다. 당시 기숙학교의 생활상은 훗날 샬럿(1816~1855)의 『제인 에어』에 생생하게 묘사되었다. 세 자매 중 장녀였던 그녀는 독학으로 공부하여 기숙학교에서 3년간 교사 생활을 하며 가난 속에서 동생들과 함께 문학에 전념했다. '커러 벨(Currer Bell)'이라는 필명을 사용했으며, 대표작 『제인 에어』 외에도 『셜리』, 『빌레트』 등의 작품을 남겼다. 에밀리(1818~1848)는 언니의 소설 『제인 에어』가 큰 반향을 일으키자 '엘리스 벨(Ellis Bell)'이라는 필명으로 비극적인 사랑을 그린 『폭풍의 언덕』을 썼으며 다수의 시 작품을 남겼다. 앤(1820~1849)은 '액턴 벨(Acton Bell)'이라는 필명으로 언니들과 함께 작업한 『커러, 엘리스, 액턴의 시집』을 출간했으며 『애그니스 그레이』, 『와일드펠 홀의 소작인』 등의 작품을 남겼다.

76) Indiana: 프랑스령 식민지 출신의 귀족 여성 앵디아나는 거칠고 나이 든 전역 대령 델마르와 원하지 않는 결혼을 한다. 지방의 한 저택에서 우울하게 살아가는 그녀에게 위안이 있다면 젖을 함께 먹고 자란 눈과 가끔 찾아오는 사촌 랄프의 방문. 이때 눈을 유혹한 바람둥이 레이몽 드 라미에르가 등장하고 눈에게 싫증 난 그는 앵디아나를 유혹한다. 이 사실을 알게 된 눈은 자살한다. 레이몽은 결국 앵디아나의 마음을 빼앗지만, 이내 싫증을 느낀다. 한편 몰락한 앵디아나의 남편 델마르는 부르봉 섬으로 떠나버리고 남편의 폭력에 시달리던 앵디아나는 한 점의 후회도 없이 그와 사귀기 시작한 레이몽은 앵디아나를 버리고, 그녀는 절망 속에서 사촌 랄프와 함께 이미 작고한 남편 델마르가 살았던 부르봉 섬으로 향한다. 동반 자살을 계획했던 두 사람은 부르봉 섬의 아름다운 자연 경관에 감탄하며 자살 계획을 포기하고 새로운 삶을 꿈꾼다.

77) Lélia: 시인인 스테니오는 렐리아 달로바를 열정적으로 사랑한다. 그러나 어린 시절에 불행한 사랑을 경험한 적이 있는 렐리아는 육체적 쾌락보다는 명상의 기쁨과 고통에 몰입한 여성이다. 렐리아는 스테니오를 사랑하면서도 그를 밀쳐낸다. 그녀에게는 예전에 유형수였던 트랭모라는 친구가 있다. 스테니오는 처음에 그를 질투했으나 렐리아가 콜레라에 걸려 쓰러졌을 때 병상을 지키던 그를 보고 감동하여 두 사람은 친구가 된다. 그들은 수도자 마그누스와 함께 렐리아를 살리려고 애쓴다. 결국, 그녀는 병마를 이겨내고 다시 일상으로 돌아온다. 렐리아는 스테니오에게 몸을 허락하겠다고 약속하지만, 만나기로 한 장소에 자신의 여동생을 내보낸다. 절망한 스테니오는 마그누스가 있는 수도원에서 자살하고, 스테니오를 만나러 렐리아가 찾아왔을 때 마그누스는 렐리아의 목을 졸라 죽인다. 이것이 상드가 쓴 1833년 버전의 『렐리아』 줄거리였지만, 그녀는 이후에 이 소설의 결말을 긍정적인 이야기로 바꾸어 개작했다. 새로운 버전에서 렐리아는 수도원에서 조화로운 모임을 구성하고 스테니오는 거기서 그녀와 오랫동안 대화하고 나서 자살한다. 마그누스는 렐리아가 수녀원에 갇혀 살아가게 하고, 그녀가 죽자 트랭모는 스테니오 곁에 묻어준다.

서도 찬사를 받았습니다. 그중에는 발자크도 있었고, 여성 혐오자였던 플로베르도 있었습니다. 플로베르는 처음에 주저했지만, 결국 그녀와 매우 각별한 사이가 되었죠. 당시에 조르주 상드의 나이는 쉰 살이 넘었고 자신을 가리켜 '더는 여자가 아닌 나'라고 했다는 점이 주목할 만합니다. 그녀는 작품에서 때로 아주 전통적인 성을 그려놓았습니다. 플로베르는 그녀에게 '제3의 성(性)인 당신'이라고 말했죠.

바샤랑 다시 말해 여성도 창작할 능력이 있다는 사실을 인정받은 셈이군요. 그러나 이것은 새로운 사고와 이념을 제시하는 철학적인 작업과는 거리가 있지 않나요?

페로 조형예술이나 음악처럼 철학은 여자들이 접근할 수 없는 분야였습니다. 시몬 베유[78] 같은 철학가가 나온 것도 제1차 세계대전 이후입니다. 지금도 중등학교 교과서에는 한나 아렌트와 시몬 베유만이 소개되어 있습니다. 시몬 드 보부아르조차 교과서에서 자리를 찾지 못했죠. 한나 아렌트는 다른 정치사상가들과 동등하게 공부한 유일한 여성 철학자입니다. 하이데거와 관련해서 그녀는 여전히 복잡한 위치에 있습니다. 그녀는 그의 분신(alter ego)이자 제자였고 연인이었죠. 이 모든 것은 자신을 표현하고 글을 쓰려는 여성의 욕망을 보여줌

78) Simone Weil(1909~1943): 유대인 집안에서 태어나 고등사범학교를 졸업하고 교사가 되었다. 노동운동에 깊은 관심을 보여 공장으로 들어가 노동자들과 함께 생활했으며 스페인 내전에 참여했다. 제2차 세계대전 중에 미국으로 망명했으나 레지스탕스 운동에 참가하려고 귀국을 시도하던 중 런던에서 객사했다. 말년에는 인간의 근원적 불행의 구제를 목표로 그리스도교적 신비주의의 경향을 보였다. 그녀의 생애는 억압당한 사람들에 대한 사랑과 봉사로 일관되었으며 이를 위해 평생을 바쳤다. 사후에 출판된 저서는 전후 사상에 큰 영향을 주었다. 주요 저서로 『억압과 자유』, 『뿌리를 갖는 일』 외에 종교적 명상을 기록한 『중력과 은총』이 있다.

니다. 조르주 상드는 자신을 사로잡은 '글쓰기의 광기'에 대해 말한 적이 있죠. 하지만 오늘날도 여전히 그들의 위치는 주변부에 머물러 있을 뿐입니다.

바샤랑 하지만 오늘날 문단에서는 '여성 작가의 문단 점령' 운운하잖습니까?

페로 정말 그럴까요? 신문과 잡지를 보면 언제나 여성보다는 남성 작가에 대한 기사가 훨씬 더 많습니다. 여자들이 글을 적게 쓰는 걸까요? 아니면 비평가와 출판업자와 기자들이 무의식적으로 여성의 글을 걸러내는 걸까요? 여자가 문학상을 받으면 사람들은 '이번 시상은 망했다'고 생각합니다. 따라서 여성 작가는 '여성적 장르'에 갇히지 않도록 주의해야 합니다. 저도 여성이 자신의 성을 진정한 자기 것으로 수용했으면 좋겠습니다. 그렇게 하지 않을 이유가 없잖습니까? 저는 때로 남자들이 마치 호의를 베풀듯이 여성성을 여자들에게 남겨주겠다는 식으로 행동한다는 인상을 받습니다. 남자들은 공동의 관심 영역을 다루는 사회적이고 정치적인 소설을 자신들의 독점 분야로 만들어버렸습니다. 그들은 남성이기에 '최상의 영역'으로 간주하는 분야를 독점하고 구성할 권리가 있다고 생각하죠. 이처럼 오래된 성향에는 끈질긴 생명력이 있습니다.

9장
—
노동의 정복

가엾은 어린 하녀 베카신

바샤랑 이제 가정과 사적 공간을 떠나 집 밖과 공동생활에서 여자들이 남긴 흔적을 따라가 보죠. 유부녀든 독신녀든 여자들은 늘 노동했습니다. 그러나 이 노동이 사회적 인정을 받고, 보수를 받기까지 여자들은 얼마나 많은 싸움을 벌여야 했던가요!

페로 여자들의 노동은 언제나 의무였고 필요였습니다. 여자들은 밭에서 일했고, 집 안에서 살림하고, 아이들을 돌봤습니다. 실을 잣고, 바느질하고, 빨래하고, 청소하고, 집안 대소사를 감당했죠. 어느 시대, 어느 나라에서든 여자들의 노동 없이는 인간 집단의 생존을 상상할 수 없습니다. 남편이 상인이거나 장인이면 여자는 남편을 도와 일했습니다. 예를 들어 온 가족이 일하는 양복점 작업장에서 남자는 디자인을 구상하고 천을 재단했습니다. 재단사는 언제나 남성이었죠. 여자는 재봉을 맡았습니다. 창조적인 작업에는 접근하지 못했죠. 오늘날도 여전히 모든 일을 이런 식의 공동 작업으로 진행합니다. 빵을 만드는 것은 남자 제빵사이고, 빵을 파는 것은 빵집 안주인입니다. 이 경우에는 한 가지 요소가 지금까지 우리가 보았던 것과는 다른 구도를 보여줍니다. 빵집 안주인이 밖에서 대중을 상대하고 남편은 안에서 일하죠.

바샤랑 최근까지도 여자 상인과 여자 장인들은 공식적인 직업인으로 인정받지 못했습니다. 역사적으로 보면 중세 시대와 마찬가지 아닙니까?

페로 항상 그랬습니다. 중세에는 여성이 동업 조합에 들어가는 경우가 극히 드물었습니다. 여성은 직업 현장에서 조직적으로 제외되어 18세기 말에는 조합에 여자가 전혀 없었죠. 예외가 하나 있었다면 과부였습니다. 예를 들어 지극히 남성적인 직종이었던 인쇄업에서는 인쇄공이 죽으면 아내가 남편이 하던 일을 계속하는 것을 당연시했습니다. 그런 여성은 동업 조합에서도 대표권이 있었지만, 아들이 성인이 되면 아들에게 자리를 양보해야 했습니다.

바샤랑 어쨌든 이런 여성은 그나마 유복한 편이었죠. 일하지 않으면 생계를 유지할 수 없었던 대부분 여자는 어떻게 했나요?

페로 아득한 옛날부터 가난한 처녀들은 하녀로 일했는데 이것이 바로 전형적인 '여자의 일'이었습니다. 그들은 농가에서 하녀로 일하다가 도시 개발과 더불어 도시 가정에 들어가 '무슨 일이든' 시키는 대로 했습니다. 1914년 이전 프랑스에서는 밖에서 일하는 여자의 절반 이상이 남의 집에서 일하는 하녀였습니다. 앞서 우리는 하녀들의 비참한 운명과 열악한 생존 환경을 살펴봤죠. 봉건적인 구속 체제에서 그들은 대부분 죽을 때까지 문맹으로 지냈습니다. 도시에서 어린 하녀들은 남의 집에서 형편없는 수준의 숙식을 하면서 모은 급료를 고향에 있는 부모에게 맡겼고 나중에 결혼할 때 그 돈을 지참금에 충당했습니다. 다행히 좋은 주인을 만나면 여주인에게 옷가지를 얻어 입고, 안락한 환경에서 교양을 쌓을 수도 있었습니다. 그러나 대부분 그들 삶의 조건은 열악했고, '주인이 시키면 무슨 일이든 한다.'는 것은 흔히 '주인에게 몸을 허락한다.'는 것을 의미했습니다. 그러다가 혹시라도 아이가 생기면 쫓겨났습니다. 이것이 바로 하녀로 살아가는 여성의 어두운 측면이었죠.

바사랑 어린 하녀의 전형으로 만화 주인공 '베카신(Bécassine)'이 유명하죠?

페로 베카신은 만화의 역사에서 최초의 여성 주인공으로 알려졌습니다. 어쨌든 베카신은 브르타뉴 사람들이 끔찍하게 싫어하는 풍자적인 인물이죠. 19세기에 브르타뉴 지방은 몹시 가난했습니다. 남자들은 돈을 벌기 위해 파리의 식료품 공장, 화학 공장, 금속 공장, 자동차 공장으로 가서 일했죠. 특별한 기능이 없으니 대부분 단순노동을 했습니다. 처녀들은 부르주아 집에 일자리를 잡았습니다. 베카신은 1905년에 창간된 어린이 잡지 『쉬제트의 일주일』에 연재한 만화입니다. 베카신은 귀는 있어도 입이 없습니다. 왜냐면 주인의 명령을 듣기만 하고 말을 해서는 안 되기 때문입니다. 베카신이 자아내는 희극적인 상황은 보기에 안쓰럽습니다. 그녀는 순진하고 교육받지 못한 처녀인데 주인이 내리는 명령도, 말장난도 이해하지 못하고 끊임없이 실수를 저지르죠. 이런 만화의 희극적인 상황과 달리, 현실 세계에서 딸을 도시로 보낸 부모는 몹시 불안해하고, 혹시 임신이라도 할까 봐 늘 걱정했습니다. 파리는 평판이 나쁜 도시였죠. 그러다가 브르타뉴 사람들의 생활 수준이 조금씩 개선되자, 부모들은 딸을 고향에 붙잡아 두었고, 처녀들은 고향의 생선 가게나 통조림 공장에서 일했습니다. 1차 대전이 끝날 무렵 부르주아 가정의 여주인들은 '이제는 하녀마저 구할 수 없게 되었다.'고 불평하게 되었죠.

여공, 불경한 말!

바샤랑 산업혁명이 일어났을 때 다른 일자리를 찾지 못한 여자들이 공장에 들어갔나요?

페로 네. 공장이 생길 때부터 남자만이 아니라 여자와 아이들도 고용되었습니다. 모자나 모녀가 함께 같은 작업장에 다니는 경우도 흔했습니다. 이처럼 산업혁명 초기 작업장에서는 온 가족이 함께 일하는 경우가 흔했습니다. 이런 작업 방식은 방적 분야에서 시작되었죠. 작업 책임자인 직조공 아버지가 가장 중요하고 어려운 일을 맡고, 아내와 아이들은 실을 잣고 잇는 등 보조적인 역할을 하며 가장을 도왔죠. 실제로 이런 생산 방식은 조혼과 다산을 부추겼습니다. 왜냐면 여성과 아이들의 노동이 매우 중요했으니까요. 그러나 경영자는 작업장에서 일하는 마을 사람들이 작당해서 자기 재산을 사취할지도 모른다고 의심했기에 생산력과 생산 일정을 관리하는 공장으로 노동자들을 끌어들이는 쪽을 선호했습니다. 그래서 가족 단위의 작업장들은 하나씩 문을 닫았고 온 가족이 공장으로 나갔죠. 그곳에서는 아이들이 여덟 살 때부터 부모 곁에서 수습 과정을 거쳤습니다. 처음에 직조공들은 공장에 들어가지 않으려고 저항했지만, 다른 선택이 없었습니다.

바샤랑 언제 처음으로 아이들의 노동과 관련된 법이 제정되었나요?

페로 1841년에 제정된 법에는 여덟 살 미만의 아이는 공장에서 노동할 수 없다고 명시되어 있었습니다. 이것은 여덟 살 미만의 아이들이 노동하는 사례가 있었음을 말해주는 증거입니다. 또한, 법은 아이에게 여덟 시간 이상 노동하게 해서는 안 된다는 점도 명시했습니다. 이런 규정 역시 당시에 아이들이 여덟 시간 넘게 노동했다는 사실을 말해줍니다. 고용주는 노동 시간에 대한 보완으로 아이들에게 학교에 가는 것을 허락하거나 공장 안에 학교를 개설했습니다. 1881년에는 모든 국민이 열두 살까지 의무교육을 받아야 한다는 법이 제정됩니다. 그렇다고 해서 이 법이 아이들이 학교에서 공부만 하도록 하고, 공장에서 일하는 것을 금지한 것은 아니었습니다. 대부분 가정에서는 법을 어길 수 없어 마지못해 아이들을 학교에 보냈죠. 그리고 부모는 아이들이 학교에 다니는 것보다는 공장에서 일하기를 바랐습니다. 당시에 부모들은 자녀 교육이 별로 중요하지도, 이롭지도 않다고 생각했고, 그보다는 아이들이 공장에서 받아오는 임금이 더 절실했습니다. 그래서 여자아이들은 아주 어려서부터 일을 시작해서 결혼할 때까지 일터에 남았습니다. 부모는 딸의 결혼을 서두르지 않았습니다. 왜냐면 딸이 일터에서 벌어오는 돈을 포기하기 싫었기 때문이죠.

바샤랑 하지만 공장에서 일하는 딸의 품행이 걱정스러웠을 텐데요.

페로 물론이죠. 공장에서 일하는 딸은 평판이 아주 나빴으니까요. 그래서 노동자들은 대부분 여자끼리 일하는 작업장에 딸을 보내고 싶어 했습니다. 작업반장의 성희롱만이 아니라 사내아이들과 함께 일할 때 생기는 불장난도 걱정했으니까요. 졸라는 『제르미날』[79]에서 성생활이 문란한 탄광촌의 세계를 묘사합니다. 등장인물 중에서 '라 무케트'라는 처녀는 아무 남자에게나 몸을 허락하죠. 작가는 이들을 거의 야만의 상태에 있는 것처럼 묘사했습니다. 미슐레는 어느 글에서 '여공, 불경한 말!'이라고 쓴 적이 있습니다. 그는 여자들이 공장에서 위험에 노출되어 있다고 보았습니다. 여성에게 공장의 노동 환경은 더럽고, 거칠고, 난폭해서 여성성과 맞지 않는다고 보았던 겁니다. 게다가 공장에서는 여성에 대한 성폭행이 흔하게 일어났죠. 따라서 어떤 고용주들은, 특히 가톨릭 신자인 고용주들은 이런 점을 염려해서 남녀가 따로 일하도록 작업장을 구분했죠. 그리고 남녀 노동자가 일을 마치고 나서 서로 마주치지 않도록 각기 다른 문을 통해 작업장을 나가게 했습니다. 제1차 세계대전 중에는 공장에서 일하는 여자의 수가 남자보다 훨씬 더 많았습니다. 남자들이 전선으로 떠났으니까요. 그리고 여자들이 '공장 감독관'으로 임명되었죠. 그런 여자들은 대부분 가톨릭 부르주아 중산층 출신이었는데 여공들을 감시하는 자리에 있었습니다. 그리고 젖먹이 아이들을 데리고 와서 일하는 여자들을 위해 수유실을 만들

---

79) *Germinal*: 1860년대 프랑스 북부의 광산 지대를 배경으로 계급 투쟁과 산업화 시대의 불온을 그린 에밀 졸라의 1885년 작품이다. 고용주의 따귀를 때렸다는 이유로 해고당한 에티엔 랑티에는 북프랑스 몽수의 광산에 취직한다. 광부 가족 마외 일가를 알게 되고 젊은 딸 카트린과 사랑에 빠진다. 그러나 카트린은 난폭한 광부 샤발의 애인이었기에 모호한 태도를 보인다. 광산주가 호화로운 삶을 즐기면서도 회사의 경제난을 이유로 들며 광부들의 임금을 깎자, 에티엔은 광부들을 파업으로 선동한다. 파업이 시작되자 광산회사는 강경하게 대응하고 몇 주에 걸친 투쟁에 굶주린 노동자들은 생계에 어려움을 겪고, 군인들이 개입하여 발포하자 소요는 과격해지고 마외가 살해당한다. 광부들은 결국 다시 일을 시작하지만, 무정부주의자 수바린이 광산을 폭파하고 광부들이 사망한다. 에티엔과 카트린과 그 애인 샤발은 광산에 갇히고, 에티엔을 도발한 샤발은 그에게 살해당한다. 카트린은 구조원들이 도착하기 전에 에티엔의 품 안에서 사망하고, 이 지옥에서 빠져나온 에티엔은 파리로 떠난다.

기도 했죠.

바샤랑 그럼에도, 여성 노동에 관한 법률은 작업반장의 권력 남용을 막는 쪽보다는 출산을 보호하는 쪽에 더 밀접한 관련이 있었죠.

페로 그렇습니다. 1860년대에 여성의 권리에 관련된 법이 처음으로 영국에서, 그리고 조금 늦게 프랑스에서 제정되었습니다. 『제르미날』의 시대 배경은 제2제정 때인데, 그리고 보면 졸라는 광부의 노동 현실을 정확하게 묘사하지는 않았던 것 같습니다. 왜냐면 이 소설에 등장하는 라 무케트 같은 여자들은 지하탄광에서 일하는데, 사실 제2제정 때 여자 광부들은 지상에서 선별 작업을 했거든요. 여자가 지하 갱내로 내려가는 것은 금지되었죠. 미래의 어머니들에게 탄광 작업은 너무 고된 일이었습니다. 그래서 여성 노동에 관련된 최초의 법률도 특히 광산에서 일하는 여성 광부들의 현실을 고려해서 제정되었습니다. 1981년, 제3공화국은 여성의 노동 시간을 열 시간으로 줄였지만, 이 법이 노동현장에서 제대로 적용되기는 쉽지 않았습니다.

바샤랑 왜죠?

페로 기업가들이 이 법에 불만을 품고 여성 노동자들을 해고했기 때문이죠. 여자들도 직업을 잃기보다는 차라리 열두 시간이라도 일하는 편이 낫다면서 정부에 항의했습니다. 사실 이 분야에서 프랑스는 그리 진보적이지 못했습니다. 독일은 의료 보험에 관한 비스마르크 법이라든가 여성 보호와 노동 현장의 안전에 관한 규정 등으로 훨씬 앞서 가고 있었죠. 이런 점에서도 개신교는 중요한 역할을 했습니다. 박애 정신이나 이익에 대한 인식에 따라 개신교 경영자는 노동 계급을 착취해서는 안 된다고 생각했습니다. 독일은 물론 영국이나 네덜란드 같은 개신교 국가에서는 다른 나라보다 먼저 노동자 보호법을 채택했습니다. 징집 대상 젊은이들의 신체검사 결과를 보니 건강 상태가 좋지 않았기에, 구체적인 조사를 통해 방적 공장에서 일하는 젊은 노동자들이 진폐증, 결핵을 앓고, 몸이 변형된 사실을 확인했습니다. 따라서 노동 환경을 개선해야 할 필요를 느꼈던 겁니다. 프랑스에서는 이런 관심이 뒤늦게 생겼죠. 1890년 노동 감사관 제도를 설립했고, 여성 노동자들을 위해서는 별도로 여성 노동 감사관이 임명되었죠.

바샤랑 드디어 직장에서 권력을 획득한 여성이 생긴 건가요?

페로 처음 있는 일이었죠. 여공들은 남성의 감시를 원치 않았습니다. 그리고 여성 노동 감독관은 여성 보호권을 확보하려고 애썼습니다. 특히 임신부를 보호해야 했죠. 그리고 1909년 프랑스에서는 마침내 출산휴가 제도(무급 8주)가 신설되었습니다. 이 제도는 담배 제조업 분야처럼 노동력의 80퍼센트가 여성인 대규모 국영 공장에서부터 적용되었죠. 이런 공장은 여성에게 이상적 일터였습니다. 왜냐면 그곳에서 평생 경력을 쌓을 수 있었고, 또 출산하고 나서도 업무에 복귀할 수 있었으니까요. 출산휴가는 일하는 여자들에게 실질적인 의미가 있었습니다. 이 제도는 점차 모든 분야에서 의무화되었고, 고용자 측에서도 노동 시간에 관한 문제보다는 반대가 적었습니다. 이처럼 프랑스에서는 1900년대부터 국가가 노동자의 근무 환경이나 건강 문제에 주목하게 되었는데, 이것은 인구가 급증하던 독일과 반대로 프랑스에서는 출산율이 심각하게 감소하고 있던 현상을 우려한 결과이기도 했습니다.

좋은 여자 경영자

바사랑 공장에서 출산휴가를 주든 말든, 사명감으로 작업대에서 일하는 여성
이 몇이나 되었을까요? 생계 때문에 돈벌이하러 일터에 나갔던 거겠죠. 여자들
은 되도록 집에 남아서 가족을 돌보고 싶어 하지 않았나요?

페로 물론 공장에서 일하지 않아도 될 형편이었다면 당장 떠났겠죠. 산업혁명
과 함께 '안'과 '밖'이 명확하게 분리되었습니다. 이전 가내수공업 형태의 사회
에서는 남편과 아내가 가정에서 함께 일했죠. 그러나 노동자가 된 사람들은 임
금을 '밖에서' 벌어들였습니다. '집 밖에서 임금을 받는 노동자 남편과 '집 안'을
관리하는 아내가 동시에 출현한 거죠. 하지만 서민층에서는 여성의 노동을 반
대하지 않았습니다. 가족을 먹여 살리는 경제 수단은 오로지 가장의 봉급뿐이
었기에 모자란 생활비를 보충하기 위해 아내가 벌어들이는 부수입을 마다할
수 없었던 거죠.

바사랑 여자들은 자진해서 일했나요?

페로 여자들은 빠듯한 살림에 도움이 된다면 하찮은 일도 마다하지 않았습니
다. 남의 집에 가서 바느질, 다림질, 청소, 세탁을 해주고, 아이들을 봐주고, 음
식을 만들기도 했습니다. 노동자 남편이 돈을 충분히 벌어오면 그렇게 번 돈을

저축하면서 자신이 일하고 있다는 사실을 감췄죠. 가정 경제에 이바지하는 여자들은 상당히 자부심을 느꼈던 것 같습니다. 다시 말해 생계비를 벌어야 하는 책임에서 제외되는 것을 자랑스럽게 여기지 않았던 겁니다. '노동하지 않는' 주부는 자신이 가치 없는 존재라고 느꼈죠. 모든 것을 돈으로 환산하는 '시장경제' 시대가 시작되었는데 돈을 벌지 못하는 사람은 자신이 쓸모없는 인간이라는 생각이 들게 마련이죠.

바샤랑 하지만 부르주아 계층에서는 오히려 일하는 여자를 부끄럽게 여기지 않았습니까? 아내가 돈을 벌면 남편을 실패한 인물로 간주했기 때문이었겠죠?

페로 맞습니다. 19세기 부르주아 사회에서는 '고상한 삶은 돈벌이하지 않는 삶이다.'라는 귀족 사회의 낡은 규범을 그대로 수용합니다. 실제로 돈벌이하는 귀족은 작위를 내놓아야 했죠. 따라서 부르주아 여성이 일한다는 것을 수치로 여겼습니다. 부르주아 계급에서는 남편과 아내의 영역이 엄격하게 분리됩니다. 물론 남자는 일했습니다. 직접 노동한 것이 아니라 자본을 이용해서 이익을 남기는 기업체를 운영했죠. 그리고 아내는 일하지 않았습니다. 품위 있는 집안의 안주인으로 자녀와 하인들, 가족 삶의 질을 관리하면서 만찬과 피로연을 잘 계획하고 조직해야 했습니다. 이것이 바로 부르주아 삶의 방식이었습니다. 남편이 작은 규모의 기업을 운영할 때에는 아내가 서류 작업과 회계를 담당하기도 했는데, 이것은 그들의 교육 수준이 꽤 높았음을 보여줍니다. 그러나 사업 규모가 커지면 남편은 곧바로 직장과 가정을 분리하고 아내는 오직 집안일에만 전념했죠. 이런 상황은 프랑스 북부의 부르주아 사회에서 흔히 볼 수 있었습니다. 19세기 전반 고용주들은 공장 안에 있는 안락한 저택에서 살았는데 거기서 남편은 아침이면 노동자들을 기다리고 아내는 회계를 맡았습니다. 그리고 산업이 발전하면서 남편은 회계사를 두고 가정은 공장 주변을 벗어나 주택가에 있는 아름다운 저택으로 옮겨 갔습니다.

여자 전화교환수

바사랑 '공식적으로' 일하는 여성은 집안일과 공장 일 말고 다른 일을 할 수는 없었나요?

페로 19세기부터는 그럴 수 있었죠. 서비스업 분야가 여자들을 구해주었습니다. 우선 상업 분야에서 백화점이나 작은 의류점에서 처녀들을 점원으로 고용하기 시작했죠. 매장에서는 규율만큼이나 근무 시간을 엄격히 규정했고, 여점원들은 엄중한 감시를 받았으며 늘 정직성을 의심받았습니다. 백화점에서는 통제 체계가 확고하게 서 있어서 매장 책임자가 마음대로 할 수 없었습니다. 대표적인 사례로 전통적인 가톨릭 집안이었던 부시코 가문에서 운영한 봉마르셰 백화점을 들 수 있습니다. 또한, 19세기는 '우체국 아줌마'의 시대이기도 했습니다. 이들은 접수대에서 손님을 맞이했기 때문에 정직성 문제 따위는 제기되지 않았습니다. 시골에서는 우체국 직원이 꽤 인기 있는 직업이었고, 흔히 장교나 공무원의 과부들이 이 일을 맡았습니다. 그러다가 전화교환수가 생겼죠. 사람들은 남자보다는 여자 목소리를 좋아합니다. 고객을 직접 상대하지 않았기에 여성이 위험에 노출될 일도 없었죠.

바샤랑 노동 시장에 여성이 진출했을 때 남자들은 어떻게 반응했나요?

페로 일하는 여자들이 점점 늘어나자 남자들은 일자리를 빼앗길까 봐 불안해
하면서 처음에는 반감을 표출했습니다. 그러나 노동 시장에 여성이 진출하면
서 남녀 간의 경쟁 관계가 형성된 것이 아니라 오히려 남성에게 승진의 기회가
열렸습니다. 직급 체계가 재구성되어, 봉급도 많고 유리한 업무는 모두 남성이
차지하게 되었던 거죠.

바샤랑 의료 부문에서 의사와 간호사 사이의 계층 분화 같은 것이 일반화했다
는 말씀이군요.

페로 그렇습니다. 간호사는 대표적인 여성적인 직업으로 여겨졌죠. 간호 분야
의 선구자는 영국 출신 간호사 플로렌스 나이팅게일[80]입니다. 그녀는 간호사들
을 데리고 크림전쟁에 참여하여 영국 부상병들을 간호했고, 제대로 된 보건위
생 교육의 필요성을 절실히 깨달았습니다. 그리고 간호 서비스가 무보수 자원
봉사가 아니라 진정한 직업으로 인정받게 하려고 노력했죠. 그때부터 영국 부
르주아 중산층의 처녀들이 간호학을 공부했고 괜찮은 보수를 받게 되었습니
다. 이렇게 앵글로색슨 전 지역에서 간호 분야가 발달하게 되었습니다.

---

80) Florence Nightingale(1820~1910): 영국의 부유한 가정의 딸로 태어나 영국과 독일에서 간호사 교육
을 받았다. 이후 의료 시설에 관심을 보여 유럽, 이집트 등지를 견학하고 귀국하여 간호학 교
육을 받고 런던 숙녀병원의 간호부장이 되었으며 1854년 크림전쟁이 일어나자 38명의 간호
사를 데리고 이스탄불로 가서 야전병원장으로 활약했다. 귀국 후 나이팅게일 간호사 양성
소를 창설했고 의료 구호 제도 개선에 힘썼으며 간호사 직제의 확립과 의료 보급의 집중 관
리, 오수 처리 등으로 의료 효율을 일신하여 '광명의 천사'로 불렸다.

바샤랑 프랑스의 상황은 어땠나요?

페로 프랑스의 상황은 완전히 달랐습니다. 늘 그랬듯이 수녀들이 병원에서 의사 보조로 봉사했죠. 그러나 제3공화국 때부터 의사이며 국회의원이었던 부른빌[81]의 노력으로 의료 기관은 종교에서 분리되었습니다. 프리메이슨[82] 단원이자 급진 사회주의자이며 무엇보다도 위생학자였던 부른빌은 간호사로 수녀들을 원하지 않았습니다. 수녀들은 간호사로 일하기에는 위생 관념이 부족했기 때문이었죠. 그러나 영국인 간호사를 대중 구호 기관에서 고용하기에는 비용이 너무 많이 들었습니다. 그래서 부른빌은 민간 모집 쪽으로 방향을 돌렸습니다. 평민 출신의 처녀들을 찾았죠. 그들은 오늘날의 간호조무사 교육과 비슷한 현장 교육을 속성으로 받게 되었습니다. 부른빌은 하녀보다는 간호사가 되겠다는 브르타뉴 지역 처녀들을 동원했죠. 이 젊은 여자들은 모두 독신이었고 병

---

81) Désiré-Magloire Bourneville(1840~1909): 프랑스의 신경과 의사. 파리에서 정신지체가 있거나 간질이 있는 어린이들을 돌보는 기관을 설립했다. 아미앵 지역에 콜레라가 발생했을 때에는 자원하여 환자들을 치료했고, 파리 코뮌 시절에 혁명분자들이 부상한 적들을 사형하려 하자, 위험을 무릅쓰고 개입하여 그들을 살려냈다. 1870년대에는 국회와 파리 시의회 의원으로 선출되어 의료 체계 개혁을 주장했다.

82) Freemason: '로지(작은 집)'라는 집회를 단위로 구성되어 있던 중세의 석공(石工: 메이슨) 길드에서 비롯되었다. 1717년 런던에서 몇 개의 로지가 대(大)로지를 형성한 것이 그 시초이다. 18세기 중엽 전 영국으로 확산되었을 뿐 아니라, 유럽 각국과 미국까지 퍼졌는데, 이때는 이미 석공들만이 아닌 지식인·중산층 프로테스탄트들을 많이 포함한 조직이었다. 계몽주의 사조에 호응하여 세계시민주의적인 의식과 함께 자유주의·개인주의·합리주의적 태도를 보였다. 종교적으로는 관용을 중시하며, 그리스도교 조직은 아니지만, 도덕성과 박애정신 및 준법을 강조하는 등 종교적 요소를 포함하고 있다. 그 때문에 기존의 종교 조직들, 특히 가톨릭교회와 가톨릭을 옹호하는 정부로부터 탄압받아 비밀결사 성격을 띠게 되었다. 20세기에는 정치와 연관성이 거의 없어졌고, 국가 또는 지역 단위의 대로지 밑에 몇 개의 로지를 두는 식의 회원 상호 간 우호와 정신 함양 및 타인에 대한 자선·박애 사업을 촉진하는 세계동포주의적·인도주의적인 단체를 표방한다. 그러나 일부 지부에서는 유대인과 가톨릭교도 및 유색 인종을 기피하는 편견이 있기도 하다. 절대자의 존재와 영혼의 불멸을 믿는 성인 남자에게만 가입이 허용되는 조직으로 사회적 오락 기구의 성격을 띠는 많은 부속 조직을 포함하고 있으며, 이런 조직을 통해서 박애 사업과 회원 간의 우호를 증진한다. 영국의 조직들은 회원들이 다른 어떤 오락 단체나 유사 조직에 가입하는 것을 금지하고 이를 어기면 회원 자격을 박탈한다.

원이 숙식을 해결해주었습니다. 이런 기숙 제도는 이 젊은 여자들의 외출이나 이성 교제를 엄격하게 통제하는 수단이 되기도 했죠. 그리고 헌신과 자선을 강조하는 종교적 전통 역시 의료 분야에 오랜 기간 영향을 미치게 됩니다. 그래서 간호사들도 종교와 무관했지만, 베일을 착용해야 했습니다. 간호사 지망자가 전문학교에서 정식 교육을 받고 제대로 봉급을 받게 되기까지에는 긴 투쟁의 기간이 필요했습니다.

동일한 노동에 동일한 임금?

바샤랑 이처럼 여성이 진출한 노동 현장에는 상점, 우체국, 병원이 있었는데, 그 밖에도 사무실에서 일하는 여성이 점점 늘어나지 않았습니까? 거기서도 여성은 남성의 조수나 보조 역할을 했겠죠?

페로 여성의 사무실 노동의 확대는 여자들이 노동 시장에 대거 진출하는 계기가 되었습니다. 20세기 초부터 양차 세계대전 시기에 이르기까지 대부분 여성은 산업체에 들어가서 특별한 자격이 필요 없는 단순 생산직에서 일했습니다. 그러다가 제2차 세계대전 때부터 사무실 노동의 규모가 거대해졌습니다. 유럽의 모든 도시에 미로처럼 복잡하게 사무실 건물들이 들어섰고 그때부터 대부분 여성이 사무 공간에서 일하게 됩니다. 경기 침체기에도 여성은 계속 일하기를 원했습니다. 왜냐면 가정은 이전보다 더 많은 돈이 필요했기 때문이죠. 사무 직종으로는 비서, 전화교환수, 속기사 등이 있었는데 선망 직책은 역시 사장 비서였죠. 사장의 여비서는 가정의 여주인처럼 꼿꼿이도 하고, 음료도 준비하고, 조간신문을 챙기고, 사장이 두통을 느끼면 아스피린을 가져다주기도 했죠. 여비서는 그렇게 남성 관리자들을 위해 '세심한 배려'를 해야 했습니다. 이것은 전형적인 여성의 역할이었죠.

바샤랑 여성 사무직원들을 지휘하는 관리직 여성은 일찍이 등장했죠. 그렇다면 남성 직원들을 지휘하는 여성 관리자는 언제 등장합니까?

페로 직업이 여성화하던 시기에 산업체에 여성 관리자가 등장하기 시작합니다. 예를 들어 1914년 이전부터 생테티엔 지역에서 리본이나 장식끈, 레이스 제품을 생산하는 작업장은 늘 고용이 불안정했습니다. 보수가 적었기에 남자들이 대우가 좋은 광산이나 제련소로 떠났기 때문이죠. 따라서 여자들이 작업반장이 될 수 있었고 어린 사내아이들을 관리했습니다. 이 어린 노동자들은 내복, 양말, 편물, 모자 따위의 제품을 생산할 때 실을 잇는 등의 단순노동을 했습니다. 그렇게 15~16세까지 일하는 과정에서 조금 더 기능적인 일을 하면서 기술 노동자가 되었죠. 그렇게 '머리가 굵어지면' 여성 작업반장에게 복종하지 않았습니다. 때로 여성 작업반장의 성희롱 등을 문제 삼아 반항하기도 했죠. 이처럼 권위적인 지위에 있던 여성 관리자들은 대부분 독신으로 지냈다는 사실도 주목할 만합니다.

바샤랑 여자도 우두머리가 되면 남성처럼 행동하잖습니까?

페로 그렇다고 할 수 있죠. 특히 공장에서 여자 반장이 여공들을 관리하면 성희롱 문제가 해결되어 지위가 더욱 확고해졌죠. 그러나 여성이 직장에서 남자들을 지휘하는 관리자가 되기까지에는 오랜 시간이 걸렸습니다.

바사랑 '여성 직종'이라는 것을 어떻게 정의합니까? 육체적으로 너무 고되지 않은 직업을 말하나요?

페로 어떤 직종이든 여성 종사자가 75퍼센트 이상을 차지할 때 그렇게 부릅니다. 여성은 대부분 특별한 자격이 필요 없고, 임금도 적은 직종에서 일했습니다. 급여는 생산성이 아니라 지위와 더욱 긴밀하게 연결되어 있습니다. 남성은 여성보다 생산성이 높기 때문이 아니라 지위가 높기 때문에 여성보다 돈을 더 많이 벌고, 사회는 이것을 당연시합니다. 남녀의 급여 체계는 생산성을 가장 중요시하는 자본주의 관점이 아니라 계급 사회적 관점에서 결정되죠. 그러나 공식적 언어로는 여성이 남성보다 덜 숙련된, 덜 전문적인 일을 하기에 급여에 차이가 있고, 여성이 맡은 일을 잘 해내는 것은 본성적으로 여성으로서 타고난 능력을 발휘한 결과일 뿐이라고 설명합니다. 그러니까, 급여 결정의 기준이 되는 것은 전문적인 업무를 수행하는 데 필요한 교육의 수준이나 의도적으로 획득한 기능성인데 여성은 그런 역량을 갖추지 못했다는 겁니다. 예를 들어 방적 공장 여공이 일을 잘하면 '저 여자는 손재주가 있어서 재봉 일을 잘하지.'라고 말합니다. 타자는 숙련 기간이 필요한 일이지만, 여자가 타자를 잘 치면 사람들은 '여자들은 원래 손놀림이 유연해서 피아노도 잘 치고, 타자도 잘 치지.'라고 말합니다. 1946년 '동일한 노동에 동일한 임금'을 지급해야 한다는 크루아자 법이 제정되기까지는 이런 식으로 여성의 노동력이 제대로 평가받지 못했습니다. 이런 상황은 오늘날에도 여전히 계속되고 있죠! 여자들은 자신의 능력을 제대로 평가받으려고 치열하게 투쟁했고, 학교 졸업장과 직업 자격증을 획득하는 단계를 거쳤습니다.

배움을 향한 열망

바샤랑 어느 시대에나 교육에 접근하는 과정은 여성이 권리를 요구하는 데 필수적이었군요.

페로 그렇죠. 왜냐면 여자들의 지식은 늘 보잘것없다고 평가되었기 때문입니다. 1836년, 7월 왕정 때 공공교육부 장관 프랑수아 기조는 나라의 교육 수준을 높여야만 한다는 사실을 인정했습니다. 그는 인구 5천 명 이상의 모든 면에 학교를 세우도록 했죠. 그러나 이런 조처는 사내아이들에게만 해당했습니다. 하지만 기조는 개신교도였고 여자아이들의 교육에 대해 가톨릭 신자들보다 개방적이었습니다. 그리고 그의 아내 역시 교육받은 사람이었는데, 여성의 교육에 관한 논문을 쓰기도 했습니다. 인구 5천 명 이상의 면에 여자 학교도 세우게 했던 인물은 제2제정 때 문부성 장관을 지낸 빅토르 뒤뤼입니다. 영국, 독일과 비교하면 프랑스는 교육 면에서 한참 뒤처져 있었죠.

바샤랑 빅토르 뒤뤼가 설립하게 한 여학교는 초등학교였나요?

페로 네. 처음에는 초등학교였죠. 그러나 1868년 그는 12세 이상 소녀들을 위한 중등 과정 역시 창설했습니다. 그때에 50여 개 학교가 대도시에 세워졌죠. 그러나 이것을 진정한 의미에서 학교 교육의 보급이라고 말할 수는 없었습니다. 어머니가 딸을 데리고 학교에 나왔고, 일주일에 한 번 몇 시간씩 수업했습니다. 과목으로는 국어, 외국어, 예능, 역사, 지리, 그리고 과학도 가르쳤죠. 정말 '최소한의 지식'이었습니다. 이런 공립 중등 교육 과정과는 별개로 훨씬 더 진지하게 아이들을 교육하는 가톨릭 학교나 사립 기숙학교도 있었습니다. 상류층에서는 딸을 2~3년간 이런 기숙학교에 보냈죠.

바샤랑 기숙학교는 수녀원과 많이 달랐나요?

페로 일종의 수녀원이었죠. 그러나 본질적인 차이는 처녀들이 그곳에 너무 오랫동안 머물지 않았다는 점입니다. 플로베르는 『마담 보바리』에서 이런 기숙학교 이야기를 들려줍니다. 홀아비가 된 엠마 루오의 아버지는 딸을 어떻게 키워야 할지 몰라서 종교 단체에서 운영하는 기숙학교로 보냅니다. 그곳에서 엠마는 행복했습니다. 왜냐면 글을 배웠기 때문이죠. 그러나 독서 취미는 엠마를 '타락' 시키고, 그녀는 분별없는 생각을 주입하는 연애소설들을 탐독합니다. 플로베르는 그렇게 기숙학교와 여성 교육에 대해 '타락'이라는 의혹을 품었던 셈입니다. 물론 그것은 낭만주의적 사고를 비웃는 작가의 의도가 반영된 설정이었죠.

바샤랑 꿈꾸는 여자, 혹은 성찰하는 여자를 조심하라는 경고였군요! 비종교인이 운영하는 기숙학교에서는 누가 교사를 선발하고 교육 내용을 결정했나요?

페로 19세기 소부르주아 계층은 돈을 잘 벌지 못했습니다. 지참금을 준비하지 못해서 여러 명의 딸을 모두 결혼시키지 못할까 봐 전전긍긍하는 부모들은 경우에 따라서 딸들이 생활비를 보조해주기를 바랐죠. 이럴 때 외국어를 번역하거나, 부유한 가정에 가정교사로 들어가거나, 젊은 여성의 샤프롱이 되는 것은 부끄럽지 않은 일이었습니다. 대부르주아는 물론 소부르주아 가정의 여자들도 교육에 대한 열정이 대단했습니다. 교육받은 젊은 여자들은 작은 학교를 열고 마을 여자들을 가르쳤습니다. 수업 내용은 현장에서 그때그때 결정되기도 했지만, 대부분 기초적인 지식이었습니다.

바사랑 당시에 '미스(Miss)' 혹은 '프로일라인(Fräulein)'이라고 부르던 여성 가정교사가 있었죠? 유럽의 이곳저곳을 돌아다니며 입주 가정교사로 일하는 여자들로 알고 있는데요.

페로 네. 이들은 부르주아 집안에서 자녀 교육을 위해 고용하던 여성 가정교사입니다. 그들은 여러 나라를 돌아다녔죠. 가르치던 아이가 자라면 다른 가정으로 자리를 옮기죠. 그들은 교양을 갖춘 여자들로 하녀보다는 나은 처지에 있었습니다. 하지만 늘 본분을 다하고, 집주인을 경계하고, 유혹에 넘어가지 말라는 충고를 받았죠. 그들이 남긴 연애담이 꽤 많습니다.

바사랑 이제 교육받은 여자들은 혼자 먼 곳을 여행하기 시작하는군요.

페로 그 시대의 여성 신문을 읽어보면 여성적 상상력으로 여행을 꿈꾸는 모습을 볼 수 있습니다. 상류 사회 여자들이 그들과 같은 계층의 여성 독자를 대상으로 발행한 잡지 『아가씨들의 신문』은 19세기에 꽤 유명했는데 예능, 회화, 재봉, 몸 관리, 패션처럼 전통적인 여성 분야에 많은 지면을 할애했습니다. 특히 외국어와 여행 관련 기사를 보면 매우 진지하게 정보를 제공하고 여성을 계몽하려는 의도에 강한 인상을 받게 됩니다. 마치 철없는 젊은 여성의 낭만적인 꿈이 결국 비극적인 사랑의 불장난으로 끝나게 내버려 두기보다는 이탈리아나 시베리아를 여행하거나 적도 지방의 숲을 탐험하는 꿈을 꾸게 하는 편이 훨썬 더 현명하다고 주장하는 듯한 인상을 받게 된다는 겁니다. 여행에 대한 여성의 이런 호기심은 영국에서 더욱 왕성해서 무모한 여성 탐험가들이 등장했습니다. 그보다 얌전한 여자들은 번역가가 되었죠. 당시에 번역은 고상한 여성에게 어울리는 일로 호평을 받았습니다. 외국어를 모르는 사람들에게 다른 언어로 표현된 사고를 전달한다는 것은 얼마나 아름다운 사명인가요! 외국어를 정복하면서 여자들은 자기 집에서 '한가한' 시간에 일할 수 있었습니다. 오늘날에도 번역가는 전형적인 여성 직업입니다.

여교사의 혁명

바샤랑 프랑스에서 여성이 가장 선망하는 직업은 역시 교사인가요?

페로 그렇죠. 여성은 '교사'라는 직업을 통해 지식, 권위, 모성을 실현할 수 있었죠. 이 문제를 두고 교회와 국가가 벌였던 싸움은 프랑스에서 매우 중요한 결과를 낳았습니다. 제2제정 시기에 대주교였던 뒤팡루는 "딸들은 교회의 보호 아래 교육받아야 한다."고 주장했습니다. 교회의 전략은 매우 치밀했죠. '수도회'라는 간접적인 수단으로 신앙을 배경으로 처녀들을 교육했을 뿐 아니라, 직접적으로 공립학교나 다른 세속 학교에서 제공하는 것보다 훨씬 더 수준 높은 지식을 제공했습니다. 그때부터 공화파는 황제에 맞서서 여성 교육에 관한 계획을 개발했습니다. 미슐레는 매우 유명한 저술이 된 『여자와 신부(神父)』에서 교회가 여성을 지배하는 현상은 위험하다는 사실을 지적했습니다. 여자들은 고해신부에게 자신의 속내를 털어놓았고, 그는 그 여자들을 통해 남자들을 감시했죠. 제3공화정은 여자들에게 종교와 무관한 공화주의적인 교육을 하면서 그들을 신부들의 세력에서 해방하려고 노력했습니다.

바사랑 제3공화정은 남자아이와 여자아이를 구분하지 않고 마침내 모든 어린 이를 위한 의무 교육을 표방했죠.

페로 1881년 쥘 페리[83]는 종교의 영향력에서 벗어난 무상 의무 교육을 주장했습니다. 학급은 혼성이 아니었습니다. 교회는 공화정을, 특히 세속 학교를 '부도덕' 하다고 비난했기에 공화주의자들은 교회에 비판의 빌미를 주고 싶지 않았던 거죠. 그래서 엄격하게 남녀 아이들을 갈라놓았습니다. 그러나 남학생과 여학생의 교육 과정은 거의 같았습니다. 수업 내용과 교과서도 비슷했고, 각기 다른 교실에서 공부할 뿐, 졸업하면 똑같은 수료증을 받았습니다. 여자아이들은 가사를 배우기도 했지만, 그것이 정규 과목으로 정해지지는 않았습니다. 가사 수업은 독일 점령 당시 비시 정부 시절에 훨씬 더 강화되었습니다. 또한, 체육 과목은 이미 1885년대부터 개설되어 있었는데 거기에는 소년들을 미래의 군인으로 양성하려는 의도가 있었습니다. 여자아이들은 그보다 우아한 리듬 체조를 배웠습니다. 이처럼 지식보다는 몸과 활동을 기준으로 남녀 구분은 계속되었습니다.

....

83) Jules Ferry(1832~1893): 파리에서 변호사로 일하다가 정치에 입문했고 제2공화국의 제정 정치를 비판했다. 보불전쟁 기간에는 임시 정부 장관으로서 센 주 주지사와 파리 시장을 역임했다. 나폴레옹 3세의 제정 정치가 종식하자 공화 정부 수립에 참여했으며 제3공화국 초기 교육부 장관으로서 탁월한 능력을 발휘했다. 초등 교육의 의무화, 무상 교육과 같은 프랑스의 현대적인 교육 제도를 수립했다. 가톨릭 사제들을 공교육 교사에서 제외하고 종교적 교육을 금지하여 교육을 세속화했다. 그는 제국주의 옹호자로서 식민지 확장을 위해 독일의 비스마르크와의 협력도 마다하지 않았다. 총리 시절 아프리카의 튀니지를 점령하고 인도차이나의 통킹만과 마다가스카르에 진출했으며 니제르와 콩고를 침략했다. 그러나 통킹 만을 정복하는 과정에서 경비의 지출이 증가하여 의회의 반발을 사서 실각했다. 후에 다시 의회에 진출하고 의장에 지명되었으나 급진파의 반대로 사퇴했다. 이것이 원인이 되어 그를 극단적으로 반대하던 광신도에게 저격당했으며 1893년 사망했다.

바사랑 여자아이들 학급은 여교사가 맡았나요?

페로 페리 법은 '여교사'라는 직업에 폭넓은 발전을 불러왔습니다. 시골에서는 남자 혹은 여자 교사가 교실 한쪽에 남학생, 다른 쪽에 여학생을 앉히고 수업을 진행했습니다. 그러다가 마을의 규모가 어느 정도 커지면 부부 교사가 고용되어 남편은 남자 학급을, 아내는 여자 학급을 맡았죠. 그때부터, 그러니까 19~20세기에 가난한 부르주아 계층에서는 교육을 영예로운 미래에 대한 약속으로 간주하게 되었습니다. 서민층에서는 교사가 성공한 신분의 본보기가 되었죠. 농부도 노동자도 모든 부모가 딸이 여교사가 되기를 원했습니다. 하지만 설령 딸이 장학금을 받아도 가난한 농부가 공부하는 딸을 지속적으로 지원하기는 쉽지 않았습니다. 딸이 위험하고 열악한 공장 일을 그만두기를 바라는 가난한 노동자들에게도 상황은 마찬가지였습니다. 1880년대 벨빌에서 했던 설문조사를 보면 '훗날 무엇이 되고 싶으냐'는 질문에 초등학교 여학생의 3분의 1이 '여교사'라고 대답했습니다. 그러나 많은 아이가 '하지만 아빠가 원치 않아요.'라고 덧붙였습니다. 왜냐고 물으니 '돈이 많이 들기 때문'이라고 대답했습니다.

바사랑 그러나 여교사들은 대가를 치러야 했죠. 많은 여교사가 '노처녀'로 남지 않았습니까?

페로 처음에는 많은 여교사가 독신으로 지냈죠. 그들은 선생이기에 앞서 지식인이었습니다. 실제로 그들은 여성 지식인의 다수를 차지했습니다. 1914년 이전부터 정치운동, 조합운동, 평화주의운동을 전개한 신맬서스주의자들[84]이거나 페미니스트들이기도 했습니다. 많은 여교사가 피임할 권리를 주장하고, 낙태 금지법에 반대하며 투쟁을 전개했습니다. 미혼 남자들은 그런 부류의 여자들에게서 두려움을 느꼈죠. 따라서 남편감을 찾기가 쉽지 않았던 겁니다. 그럼에도, 차츰 결혼하는 여교사가 늘어났죠. 특히 공화국 정부에서 교사 부부에게는 업무용 숙소를 제공하는 등 특혜를 주었으니까요. 남자 교사와 여자 교사는 공화국 이상의 대변자였습니다. 그들은 고등 교육을 받고, 종교와 무관하고, 동등한 부부 관계를 유지하고, 남자아이와 여자아이를 차별하지 않고 교육하는 시민이었죠. 그러나 여교사는 1920년대에 가서야 경제적으로도 남자 교사와 동등한 대우를 받게 됩니다.

대학입학 자격시험 최초 여성 합격자

바사랑 사범학교에서 교육받고 교사가 된 여자들은 대학입학 자격시험을 치르지도 않았고, 대학에 가지도 않았습니다. 언제 처음으로 자격자가 나왔나요?

페로 최초의 대학입학 자격시험 합격자는 1861년 제2제정 시기 어느 교사의 딸이었던 '쥘리 도비에'라는 여성이었습니다. 그녀는 독학으로 공부했고 응시할 권리를 얻기 위해 끊임없이 싸워야 했습니다. 그리고 25세가 넘어서야 꿈을 이루게 됩니다. 쥘리와 그의 부모는 생시몽주의자인 실업가 프랑수아 아를 뒤푸르

---

84) Neo-Malthusians: 현재와 미래의 인구를 위한 자원을 확보하고자 인구 억제를 옹호하는 맬서스의 생각에 기본적으로 공감하는 사람들을 말한다. 영국에서 '맬서스주의자'는 특히 예방적 차원의 산아제한을 주장하는 사람들을 지칭한다. 그러나 신맬서스주의자들은 피임법 적용을 강력히 주장한다는 점에서 맬서스의 이론과 차이를 보인다. 신실한 기독교인이었던 맬서스는 인공적인 산아제한보다는 자발적인 '절제'를 통한 산아제한을 주장했다. 또한, 현대의 신맬서스주의자들은 맬서스와는 달리 빈곤의 문제보다는 환경 오염과 천재지변에 따른 기아 문제에 더욱 큰 관심을 보인다.

같은 유력 인사들의 도움을 구했습니다. 당시에 사회주의자, 생시몽주의자들은 사회에서 억압받는 두 종류의 사람들, 그러니까 프롤레타리아와 여성의 권리를 보호해야 한다고 주장하면서 남녀평등을 지지했습니다. 그래서 아를 뒤푸르는 리옹 아카데미 원장을 설득하려 했지만, 성공하지 못했습니다. 그러자 그는 공립교육부 장관 빅토르 뒤뤼에게 도움을 청했습니다. 장관은 원칙적으로는 동의했지만, 그의 요청에 몹시 난처해했습니다. 그래서 이번에는 외제니 제후[85]에게 간청했죠. 그녀는 신앙심이 매우 깊었고, 비종교적인 사고와는 전혀 거리가 멀었지만, 페미니스트 성향이 강했습니다. 그래서 빅토르 뒤뤼 편에 서서 아카데미 원장에게 압력을 넣었죠. 이런 행동의 정치적 파장은 엄청났습니다. 교회의 든든한 지지 세력인 제후가 여성이 대학입학 자격시험을 치르는 것을 당연시했다는 것은 당시 보수 세력에는 큰 충격이었죠. 그러나 쥘리는 시험에 통과한 후에도 장관이 그녀의 합격증에 서명하기까지 오랜 시간을 기다려야 했습니다.

바샤랑 여성이 대학입학 자격시험에 응시하는 것이 언제쯤 일반화했나요?

페로 그 과정은 몹시 험난했습니다. 1880년, '카미유 세'라는 여성이 프랑스에서는 처음으로 여자 고등학교를 열었습니다. 여학생들은 거기서 자격을 갖춘 여교사에게서 종교와 무관한 일반 교육을 받았습니다. 그럼에도, 그들은 여전히 대학입학 자격시험에 응시하지 않았고, '중등 교육 수료증'을 받았을 뿐이죠.

---

85) Eugénie de Montijo(1826~1920): 스페인계 귀족으로 나폴레옹 3세와 결혼하여 프랑스의 황후가 되었다. 아버지가 사망하자 아르달레스 여후작의 지위와 테바 여백작의 지위를 상속받았다. 나폴레옹 3세와의 사이에서 태어난 유일한 아들 나폴레옹을 베아트리스 공주와 혼인시키려 했지만, 아들이 그녀보다 먼저 사망하면서 이 계획은 무산되었고, 명목상의 제위는 결국 나폴레옹 1세의 동생인 제롬 보나파르트의 후손들에게 넘어갔다.

이 수료증을 받는 데 필요한 시험은 당시 남학생들만이 접근할 수 있었던 대학입학 자격시험과는 아무 관계가 없었습니다. 특히 여학생들은 라틴어와 그리스어를 배울 권리가 없었습니다. 고대 언어는 사상, 법, 철학 등 지식의 보물창고에 들어가는 데 꼭 필요한 열쇠였습니다. 과학과 기술은 상대적으로 저급한 지식으로 여겨졌고, 기술자는 인문학자와 달리 존경의 대상이 될 수 없었습니다. 성직자의 언어인 라틴어는 세속인들에게조차 신성한 영역으로 간주되었죠. 사회주의자 장 조레스[86]는 박사학위 논문을 라틴어로 써서 심사를 받았습니다. 이런 상황에서 어느 날 여성이 라틴어를 배울 수 있게 되었다는 것은 정말 충격적이었죠. 부르주아들만 놀란 것이 아니었습니다. 파리 코뮌의 주요 인물이었고, 사형 선고까지 받았으며, 작가이자 저널리스트로 『인민의 외침』이라는 급진적인 잡지까지 발행했던 쥘 발레스마저도 이렇게 외쳤죠. "말세군! 여자아이들이 라틴어를 배우다니!" 대학입학 자격시험은 1905년에야 여학생들에게 온전히 개방되었고, 남자아이들과 똑같이 시험을 치르게 된 것은 1924년이었습니다. 남녀가 같은 교실에서 함께 공부하는 혼성 학교는 1970년대에야 비로소 성립되었습니다.

바사랑 대학입학 자격시험에 통과한 여학생은 대학에 들어갈 수 있게 되었죠?

페로 그것 역시 아주 천천히 진행되었습니다. 프랑스에서는 1914년 대학생의 7퍼센트가 여자였던 것으로 추산됩니다. 러시아 출신 유대인 망명자들이 프랑

---

86) Auguste Marie Joseph Jean Léon Jaurès(1859~1914): 프랑스 정치가, 국제 사회주의운동 지도자. 고등학교와 대학교에서 철학을 가르치다가 총선에 출마하여 국회에 들어갔다. 사회주의자로서 마르크스주의를 지지하면서도 이상주의, 인도주의의 역할을 중요시하여 '혁명과 개량의 종합'을 제창했다. 일간지 『위마니테』를 창간하여 암살당할 때까지 그 주필을 맡았다. 제1차 세계대전에 앞서 격화된 국제 긴장 속에서 그는 제2인터내셔널 지도자의 한 사람으로 독일, 프랑스의 화해를 호소하며 평화 유지에 노력을 기울였지만, 1914년 파리에서 우익 광신자의 총탄에 쓰러졌다.

스로 들어오면서부터 의학 분야에서 여대생이 늘어나기 시작했죠. 제정 러시아는 여성에게 의과 대학을 개방했습니다. 그리고 다른 사람들보다 성적이 우수했던 많은 유대인 여성이 그곳에서 의학을 전공했죠. 그러나 대학이 폐쇄되고 1880년대 유대인 학살로 많은 유대인이 취리히, 런던, 파리로 도피했습니다. 그리고 이렇게 파리에 도착한 여성 의대생들이 프랑스에서 학업을 계속하게 해달라고 요청했죠. 폴란드의 젊은 여자들 역시 러시아의 점령을 피해 프랑스로 들어왔습니다. 그중에는 마리 퀴리[87]처럼 유대인이 아닌 여자들도 포함되어 있었습니다. 폴란드에서는 여성의 대학 입학을 금지했으니 파리로 오게 되었던 겁니다. 프랑스 공화국 정부는 이처럼 지적이고 향학열에 불타는 젊은 외국 여자들의 열정을 높이 사서 대학 입학을 허용했습니다.

바샤랑 여학생 입학에 대한 학교 측 반응은 어땠나요?

페로 교수보다는 남학생들이 여학생의 입학을 거부했습니다. 그들은 소란을 피우고 집단행동에 나서기도 했죠. 교수들은 여학생들을 지지했고, 대학 교직원들이 질서 유지에 나섰습니다. 그렇게 사태가 진정되었죠. 결국, 1914년까지

---

87) Marie Curie(1867~1934): 폴란드의 바르샤바 출생. 결혼 전 이름은 마리아 스쿼도프스카이다. 당시 폴란드는 분할 지배하에 있었는데, 바르샤바는 러시아령이었기에 어릴 때부터 제정 러시아의 압정을 겪으며 자랐다. 일찍이 어머니를 잃고 가정교사 등을 하며 독학했다. 당시 폴란드와 독일에서는 여자가 대학에 들어갈 수 없었기에 파리로 유학하여 소르본 대학에 입학했다. 수학·물리학을 전공하여 가장 뛰어난 성적으로 졸업했다. 피에르 퀴리와 결혼하여 프랑스 국적을 취득했고 남편과 공동으로 방사능 연구에 착수했다. 특히, 토륨도 우라늄처럼 방사선을 방사한다는 사실을 발견하고, 그것을 '방사능'이라고 명명했다. 또한, 보헤미아의 요아힘스탈에서 산출되는 피치블렌드에서 방사되는 방사능을 바탕으로 화학 분석을 하여 1898년 7월 폴로늄을 발견했다. 이것은 그녀의 조국 폴란드의 이름을 따서 명명한 것이다. 이어 그해 12월 라듐을 발견했다. 이러한 업적으로 1903년 퀴리 부부는 노벨 물리학상을 받았다. 남편 피에르 퀴리가 사망한 뒤에도 단독으로 방사성 물질을 계속 연구하여 1911년 라듐과 폴로늄 발견으로 노벨 화학상을 받았다. 1934년 백혈병으로 사망했다.

의과와 법과 대학에서 몇몇 여대생이 학업을 온전히 마칠 수 있었습니다. 그리고 의과 대학에서 인턴 자격시험을 통과한 최초의 여대생들은 대부분 외국인이었습니다. 프랑스 여성으로는 마들렌 펠티에[88]가 많은 어려움을 겪으며 정신의학과 인턴 자격시험에 처음 응시했습니다. 특히 정신의학 분야는 남성이 독점한 분야였기에 다른 학과보다 훨씬 더 오랫동안 여성의 입문을 거부했죠.

여대생은 남자 대학생의 동거녀

바사랑 자, 이렇게 드디어 여대생의 시대가 왔군요.

페로 그러나 '여대생(étudiante)'이라는 단어 자체가 문제를 제기합니다! 19세기에 출간된 사전을 보면 '여대생'의 정의는 '남자 대학생의 동거녀'라고 나옵니다. 이것은 서민 출신 처녀인 '회색 작업복을 입은 젊은 여공'을 말하는 '그리제트(grisette)'와 같은 뜻입니다. 그런 여성은 남자 대학생과 함께 살고, 그와 함께 자고, 그에게 음식과 빨래와 청소를 해주지만, 그와 결혼할 수 없다는 것을 잘 알고 있었습니다. 1900년부터 인구 통계학에서는 '여대생'을 마치 온전한 여성성이 없는 계층처럼 간주했습니다. 이 단어가 오늘날과 같은 의미로 통용되기

----

88) Madeleine Pelletier(1874~1939): 프랑스의 페미니스트·사회주의자. 프랑스에서 최초로 정신분석학 학위를 받았다. 인류학을 공부했으나 1906년부터 정신분석학을 전공했다. 국립 정신병원에서 일하는 최초의 의사가 되었다. 젊은 시절부터 페미니즘과 무정부주의 활동에 열정을 보였으며 당시에 가장 과격했던 '여성 연대'라는 여성해방운동 조직을 창설했다. 여성 투표권을 위해 투쟁했으며 인터내셔널(국제노동자협회) 프랑스 지부 창설을 도왔다. 사회주의 인터내셔널 위원으로 활동했으며 적십자 활동도 했다. 머리를 짧게 깎고 남자 같은 차림으로 다녔으며 여성의 권리를 주장하는 여러 편의 저작을 남겼다.

시작한 것은 1918년 이후의 일입니다. 양차 대전 사이 기간은 진정한 여대생의 시대였죠. 1939년 대학생의 27퍼센트가 여성이었습니다. 남녀 성비가 동등하지는 않았지만, 큰 진전이 있었던 거죠. 1929년 철학 교수 자격시험에 통과한 시몬 드 보부아르나 1931년 시몬 베유처럼 최초의 교수 자격자가 배출되었고, 나중에 메디시스 상을 받은 작가이자 여성민주주의운동(MDF)의 창립자이기도 한 콜레트 오드리 같은 여성도 문학 교수 자격시험에 통과했습니다. 제르멘 티용[89]도 민속학 박사학위를 받았습니다. 그럼에도, 전통적인 지식 분야인 철학, 문학, 과학은 지극히 남성적인 영역으로 남아 있었죠. 그러나 사회학, 정신분석학, 민속학처럼 일반적으로 덜 알려진 신생 분야는 여자들에게 더욱 쉽게 개방되었습니다. 특히 민속학은 여성이 교회가 장려하는 '전도' 정신에 구애받지 않고 지리학적 지식에 접근하고 다른 나라를 여행할 기회를 제공해주었죠.

바샤랑 그러나 여자들은 가정에 헌신해야 한다는 사회적 의무감에서 벗어나기 어려웠습니다. 비시 정부는 어떻게든 여자들을 가정으로 '돌려보내려고' 했죠.

페로 비시 정부의 노선은 전통주의적이었고 여권 신장에 격렬하게 반대하는 쪽이었습니다. 그들은 '여성주의'가 프랑스를 패전국이 되게 한 원인의 하나라

---

89) Germaine Tillion(1907~2008): 프랑스의 민속학자이며 독일 점령기에는 레지스탕스로 활동했다. 마르셀 모스, 루이 마시뇽 등과 함께 파리의 고등연구원에서 인류학을 공부하여 학위를 받았으며 알제리에서 진행한 바르바르족, 샤우이족 등에 대한 연구로 인류학 박사학위를 받았다. 독일에 점령당한 프랑스로 돌아와 파리의 레지스탕스 조직에서 중심적인 역할을 했으며 동지의 배반으로 체포되어 어머니와 함께 베를린 근처의 수용소에 갇혔다가 어머니가 살해당한 후에 홀로 수용소를 탈출했다. 전쟁 후에 나치와 소련의 범죄를 고발하는 책을 저술하기도 했다. 이후 파리 고등연구원에서 20여 건의 과제를 수행하면서 북아프리카와 중동 지역의 현지 연구를 계속했다. 특히 식민지 알제리와 프랑스 사이 갈등의 원인을 알제리 국민에 대한 프랑스의 '극빈화 정책'에서 찾았으며 알제리 민중을 돕기 위해 다양한 활동을 펼쳤다. 특히 그녀는 특히 알제리전쟁 중에 프랑스 군대가 자행한 가혹 행위를 고발한 최초의 지식인 중 한 사람이었다.

고 주장했습니다. 비시 정부는 여자가 학교에 가는 것을 허락하지 않았지만, 가사 교육과 육아법을 개발했고, 극도로 전통적인 '공민 교육', '도덕 교육'을 강화하면서 교육 과정을 대폭 수정했습니다. 물론 이 과정에서 성별의 차이를 특히 강조했죠. 정치권력이 여성의 교육받을 권리를 다시 회수해간 겁니다. 비시 정부는 여성에게 아내와 어머니 역할을 강조하면서 사회적 권리를 요구하는 여성에게 우회적으로 죄책감을 심어주었습니다. 그리고 프랑스가 전쟁에서 저지른 실패를 여자의 잘못으로 돌렸죠.

바사랑 그런 주장이 실제로 여성에게 어떤 영향을 미쳤나요?

페로 그 점에 대해서는 뭐라고 말하기 어렵습니다. 당시 여학생들에게 이런 조처는 당연히 부담스러웠을 테고, 공부를 계속하려던 계획을 수정했을 수도 있었겠죠. 그러나 비시 정권은 불과 4년밖에 지속하지 않았고, 그 기간에만 여성의 대학 입학이 지연되었을 뿐입니다. 해방 이후 독일 점령 기간에 빈곤해진 부르주아 계층의 여자들이 생계비를 벌어야 했던 상황과 비교하면 그리 대단한 문제는 아니었죠. 그렇지만 전후 사회의 혼란스러운 분위기에서 페미니즘은 다소 위축된 상태였고 베이비붐은 젊은 어머니들을 가정에 붙잡아 놓았습니다. 여대생 수는 계속 증가했습니다만, 학위를 받은 여성은 결혼하고 나면 종종 직업을 포기했죠. 잘 알려진 대로, 오늘날에도 여전히 대학을 졸업한 여자들이 직장과 가정 사이에서 갈팡질팡하거나, 아이가 생기면 곧바로 경력을 포기하고 남편에게 우선권을 넘겨줍니다. 이런 차원에서 남녀평등은 아직 실현되었다고 할 수 없죠.

10장
—
여성의
발언권

염려스러운 섭정

바사랑 여자들은 가정에서 자기 역할이 있었죠. 그리고 밭에서, 작업장에서, 상점에서, 공장에서, 사무실에서도 그들 나름의 역할이 있었습니다. 그러나 공동체의 운명을 결정하는 공적 영역의 일에는 여성이 어떤 역할도 할 수 없었잖습니까?

페로 지난 세기에는 극히 소수를 제외하고는 남자든 여자든 공적인 일에 대해 발언권이 없었죠. 시민권을 처음 언급한 사람들은 고대 그리스인들이었습니다. 하지만 이 민주주의 사회는 오늘날의 관점에서 바라볼 때 매우 예외적입니다. 그리스 도시국가의 시민은 공동 재산, 전쟁, 평화, 세금, 식량 공급, 운동 경기 등의 문제를 스스로 결정했는데, 이들은 모두 자유인으로 구성되어 있습니다. 이방인, 노예, 여자는 시민 계층에서 제외되었습니다. 시민의 아내는 자유롭지만, 시민이 아니었습니다. 정부의 구성, 국가의 의사 결정, 투표권이나 대표권 등 이 모든 것은 남자들만의 것이었죠. 로마 시대에도 상황은 마찬가지였습니다. 시민의 아내는 자유인이었지만, 시민권이 없었습니다. 공적 영역에서 완전히 배제되었던 거죠.

바사랑 그러나 봉건제, 군주제가 유럽에서 자리를 잡으면서 공무를 결정하는 여자들이 등장하죠. 여왕, 섭정, 때로는 여자 성주도 있었잖습니까?

페로 살리카 법전[90]과 관계없는 영국 같은 나라에서는 여자가 왕권을 온전히 행사할 수 있었습니다. 엘리자베스 1세의 경우가 그랬죠. 오늘날 영국 여왕 엘리자베스 2세에게 권력이 거의 없는데, 이것은 그녀가 여성이기 때문이 아니라 제도와 관련이 있습니다. 현재의 국왕이 남성이라고 해도 더 많은 권력이 부여되지는 않았을 겁니다. 이와 반대로 프랑스에서 프랑크족이 도입한 살리카 법전에 따르면 남자 상속자가 없어도 여자는 계승권에서 배제되었습니다. 그러나 처음 몇 세기 동안 이 원칙은 왕위 계승에 적용되기보다는 사적 부문의 계승에 더 많이 적용되었고, 메로빙거 왕조에서는 클로틸드, 브륀노, 프레데공드 같은 여왕들이 실권을 행사했습니다. 그러다가 14세기부터 살리카 법전은 왕궁의 기본법이 되었는데 발루아 왕조의 계승에 영국의 플랜태저넷 왕가가 개입하지 못하게 하려는 것이 목적이었습니다. 그때부터 여왕은 권력에서 제외

---

90) Lex Salica: 서게르만인의 부족법 중에서 가장 오래된 법전이다. 이 법이 제정된 시기는 프랑크 왕국의 건설자 클로드웨히의 만년(508~511)으로 추정되며, 네 명의 고로(古老)가 게르만 시대의 관습법을 채록하여 클로드웨히의 보정을 거쳤다고 한다. 다른 부족법과 마찬가지로 속인적(屬人的) 효력이 있었으며 살리족에게 적용되었다.

되었습니다. 따라서 왕녀는 왕의 아내일 뿐이었죠. 당시의 왕가는 다른 나라와의 동맹 정책에 따라 왕손의 결혼을 결정했기에 왕비는 대부분 외국인이었고, 불신의 대상이 되었습니다. 따라서 정치나 재정에 접근하지 못하게 했고, 왕이 죽으면 유산에 대한 왕비의 권리를 인정해주는 정도였죠. 그러나 왕이 미성년의 왕위계승자를 남기고 죽었을 때에는 왕비가 섭정이 되었습니다. 이 섭정 시기는 늘 정치적으로 불안했죠.

바샤랑 남성 계승자가 뒤를 이을 때까지 기다리면서 '궐석' 권력을 대행했던 셈이군요.

페로 그렇죠. 궁정에서도 백성도 섭정하는 모후를 경계했습니다. 따라서 모후는 자신의 권력을 행사하는 데 많은 어려움을 겪었습니다. 앙리 4세는 마리 드 메디시스[91]를 감시하는 임무를 맡은 섭정위원을 두었죠. 안 도트리슈[92]는 마자랭에게 의지했습니다. 루이 14세의 두 번째 아내 맹트농 부인은 그에게 상당한

---

91) Marie de Médicis(1573~1642): 피렌체의 메디치가(家) 출신으로, 토스카나 대공(大公)의 딸이다. 앙리 4세의 후처로 들어가 루이 13세를 낳았다. 앙리 4세의 암살에 연루되었다는 후문이 있었고, 정치적 야망이 강한 권모술수가였다. 왕이 죽자 곧 섭정이 되었다. 이탈리아 출신의 콘치니와 그의 아내 갈리가이의 힘을 빌려 전왕의 구신(舊臣)을 멀리했고, 삼부회에서 리슐리외의 재능을 발견하여 그를 고문관으로 발탁했다. 그러나 1617년 루이 13세에게 정권을 빼앗겨 그로부터 1633년 11월까지 자기 아들인 왕과 끊임없는 항쟁을 계속했다. 이런 와중에 리슐리외를 적대시하여 그를 추방하려 했으나 오히려 자신이 블루아로 추방되었다. 이 사건이 일어난 날을 '뒤프(속은 사람들)의 날'이라고 한다.

92) Anne d'Autriche(1601~1666): 스페인에서 출생했다. 아버지는 합스부르크 왕가의 스페인 왕 펠리페 3세이며 어머니는 오스트리아의 카를 2세 대공의 딸 오스트리아의 마르가리타이다. 루이 13세와 결혼하여 훗날의 태양왕 루이 14세를 낳았다. 여성의 통치를 불신했던 루이 13세는 사망 직전 안 도트리슈가 아들의 섭정이 되어 프랑스 국정을 운영하지 못하게 하라는 유언을 남겼지만, 이 유언은 파리 고등법원에서 폐기되었고, 그녀는 다섯 살 나이로 즉위한 아들 루이 14세의 섭정이 되었다. 섭정 기간이 끝나자 마자랭 추기경에게 섭정 직위를 이양했다.

영향력을 행사했지만, 그는 권력이 그녀의 손아귀에 들어가는 것을 원치 않았죠. 왕이 죽자 섭정위원은 이미 필리프 도를레앙을 섭정으로 임명하려고 준비하고 있었습니다. 사실상 프랑스의 역사에서 동시대인이 인정한 유일한 섭정은 생 루이의 어머니 블랑슈 드카스티유였습니다. 연대기 작가들은 그녀를 대단히 권위적인 여장부로 묘사했죠.

바샤랑 그러나 권력을 가진 모든 여자가 그렇지 않나요? 스웨덴의 크리스티나 여왕이나 러시아의 예카테리나 대제처럼 '합법적인' 여왕들조차 말입니다.

페로 그렇죠. 사람들은 그들이 남자나 다를 바 없다고 생각했죠. 그리고 그들에게 주저 없이 '남성성'을 부여합니다. 예카테리나 대제나 크리스티나 여왕은 아마도 양성이었을 겁니다. 영국의 엘리자베스 1세는 별명이 '동정녀 여왕'인데 결혼하지 않았고 아이도 없었습니다. 여성성과 권력은 서로 어울리지 않는 걸까요? 여왕 또는 섭정인 이 여자들은 항상 잔인하다는 평판을 받았습니다. 카트린 드메디시스[93]는 사악한 여자의 극치를 대표합니다. 외국 여자, 자식을 과잉보호하는 어머니, 주술과 마술을 하고, 정적을 독살하는 여자라는 평판이

93) Catherine de Médicis(1519~1589): 프랑스의 왕비이자 섭정이다. 아버지 우르비노 공 로렌초 2세 데 메디치와 부르봉 왕가의 후손인 어머니 마들렌 드라투르 도베르뉴 사이에서 태어나 본명은 카테리나 마리아 로물라 디 로렌초 데 메디치이다. 프랑수아 1세는 메디치 가문 출신 교황 클레멘스 7세의 승낙을 받아 둘째 아들 앙리와 그녀의 결혼을 성사시키면서 밀라노 공작령을 손에 넣기를 기대했으나 뜻을 이루지 못했다. 이후 갑작스러운 왕태자 프랑수아의 사망으로 그녀의 남편 앙리 2세가 프랑스의 국왕이 되었다. 그녀는 프랑수아 2세를 시작으로 샤를 9세, 앙리 3세, 그리고 마르그리트 드발루아 등 모두 10명의 자식을 낳았다. 그러나 자식들은 대부분 어린 시절 죽거나 어머니보다 먼저 세상을 떠났다. 남편 앙리 2세가 몽고메리 백작과의 마상 시합에서 사고로 급사하자, 그녀의 장남 프랑수아 2세가 즉위했고, 그마저 일찍이 사망하자 차남 샤를 9세가 10세로 즉위하면서 그녀는 본격적으로 섭정으로 나섰다. 이후 샤를 9세마저 세상을 떠나고 앙리 3세가 즉위하여 섭정에서 물러났지만, 이후로도 정치적인 힘을 발휘했다.

있었죠. 오랫동안 사람들은 성 바르텔레미 학살 사건[94]의 모든 책임을 그녀에게 전가했습니다. 미슐레는 "이것이 바로 여자들이 권력을 쥐었을 때 벌어지는 사건이다."라는 말을 흘리기도 했죠. 그러나 오늘날 역사가들은 그녀의 명예를 회복시켜주었습니다.

바샤랑 여자가 권력 있는 남자에게 행사하는 영향력은 늘 해로운 것으로 인식되는군요.

페로 사람들은 흔히 여성이 지니고 있다고 상상하는 '신비로운 힘'을 과장하고 경계합니다. 어떤 사람들은 '여자들은 왜 불평하는가? 실제 권력은 모두 그들이 쥐고 있으면서!'라고 말하기도 하죠. 그리고 사실상 남자 뒤에 가려진 채 영향력을 행사할 수 있게 된 여자들이 이런 힘을 사용했던 것도 사실입니다. 그러나 그 힘은 합법적일 수 없었고, 모든 것이 오로지 남자의 의지에 달려 있었습니다. 맹트농 부인은 루이 14세의 그늘 속에 남아 있었습니다. 루이는 그녀와의 재혼을 공개적으로 인정하지도 않았고, 교회도 그녀를 미워했습니다. 루이 15세의 총애를 받았던 퐁파두르 부인[95]은 자신의 지적 능력을 발휘해서 문화 발전에 실질적인 도움을 주는 역할을 했습니다. 예술가들과 철학자들을 후원했고 그들을 위해 몇 가지 권리를 확보해주었고 당국의 검열에 맞서 싸우기도 했죠. 하지만 왕의 총애를 받은 첩들은 오로지 그 총애 덕분에 지위를 유지했을 뿐, 왕이 싫증을 느끼면 곧바로 쫓겨났죠.

---

94) Massacre de la Saint-Barthélemy: 1572년 8월 24일 바르텔레미 성인의 축일에 파리에서 시작되어 여러 주 동안 전국 20여 개 도시에서 가톨릭 신자들이 개신교도들을 대량 학살한 사건을 가리킨다. 당시 대비 카트린 드메디시스의 딸이자 국왕 샤를 9세의 여동생 마르그리트 드발루아와 개신교 신자 나바르의 앙리의 결혼식을 축하하기 위해서 모인 개신교 지도자 콜리니를 포함한 약 1만여 명의 신교도가 구교도에게 학살당했다.

바사랑 왕비나 첩이 되지 않고도 여자들은 '대화의 기술'을 통해 권력을 행사하지 않았나요? 프랑스의 살롱 문화에서 여성은 두각을 나타내고 그 나름대로 문화적 권력을 행사하지 않았습니까?

페로 대화의 기술은 궁정보다 오히려 사적 영역에서 발전했죠. 살롱을 운영하거나 그곳에 드나드는 여성은 정교하고 우아한 기교와 재치가 반짝이는 대화를 구사하면서 당시의 새로운 문화적 관습을 주도하고 사람들의 취향을 평가하고 심판하는 역할을 했죠. 살롱의 효시가 되었던 '파란 방'을 연 랑부에 후작부인[96]이 바로 그런 경우였습니다. 그러나 한계는 있었습니다. 그런 여성은 철학자의 중개자는 될 수 있었으나 철학자가 될 수는 없었죠. 그런 여자들은 거기에서 남자들의 생각들을 전파했고 훌륭한 안주인처럼 행세했습니다. 많은 여성이 이런 중개자 역할을 선호했지만, 직접 권력을 휘두를 생각은 없었죠.

....

95) Marquise de Pompadour(1721~1764): 처녀 시절 이름은 잔 앙투아네트 푸아송이다. 부유한 실업가 아버지 덕분에 어린 시절부터 문학과 미술을 애호했고, 미모와 재치를 겸비했다. 1741년 사촌 르 노르망 드티올과 결혼했으나 가끔 사냥하러 오던 루이 15세의 눈에 들어 총애를 받게 되었다. 왕에게서 후작부인의 칭호를 받고, 국왕의 정치에도 참여했으며 약 15년간 권세를 누리면서 왕정의 인사(人事)마저 결정했다. 오스트리아계승전쟁 후에는 프로이센의 프리드리히 2세의 세력을 견제하기 위하여 숙적이던 오스트리아와 제휴하는 등 혁명적으로 외교를 추진하여 사람들을 놀라게 했다. 또한, 당시에 위험한 사상으로 간주하던 계몽철학에도 관심을 보여 디드로와 달랑베르가 공동으로 편찬한 『백과전서』에 보호와 지원을 아끼지 않았다. 그리고 온갖 사치를 다한 자기 저택을 각처에 건립하여, 동양풍으로 장식하고 공예품도 수집했다. 그것이 미술의 발전에 공헌한 바도 있으나, 그녀의 외교 혁명이 7년전쟁의 실패로 물거품이 되었고, 오랜 세월 사치스러운 생활에서 소모한 막대한 국고 낭비 등이 후일 프랑스 혁명이 일어나게 된 원인의 하나가 되었다.

96) Marquise de Rambouillet(1588~1665): 본명은 카트린 비본으로 대사였던 아버지의 근무지 이탈리아의 로마에서 태어났다. 12세 때 후일 랑부에 후작이 될 샤를 당젠과 결혼했다. 건강이 좋지 않았기에 궁정에 출입하기보다는 자기 집에서 살롱을 열고 사교계 인사들을 초대했으며 세련된 대화술로 예술과 문학을 토론했다. 그녀는 역사에도 관심이 있었으며 여러 개의 외국어를 할 줄 알았다. 살롱은 큰 성공을 거두어 당시의 예술가와 유명 인사들이 드나들었으며 그녀는 좋은 집안 출신으로 교양과 매력을 갖춘 젊은 여성들도 합류하게 하여 '파란 방'이라고 불린 그녀의 살롱은 파리 사교계의 명소로 자리 잡았다.

18세기 부르주아와 귀족 엘리트 사회는 남녀 관계에서 매우 특별한 문화를 꽃피웠고, 남자들은 여성에게서 환심을 사려고 하고 매우 예의 바른 태도를 보이기도 했습니다. 그러나 이처럼 세련된 예절은 여성을 선망의 대상으로 삼음으로써 오히려 '권리의 평등'이라는 현실적인 문제에서 제외하는 일종의 문화적 양식이었습니다. 남자들은 여자에게 꽃과 보석을 선물하고 그들을 평등의 문제에서 멀리 떨어뜨려 놓았던 겁니다.

난폭녀들, 악녀들

바샤랑 역사를 돌아보면 때로 여자들이 폭력적으로 돌변하여 공공의 영역으로 침입할 때가 있죠.

페로 심지어 무기를 들고 폭동을 지휘하기도 합니다! 프롱드의 난이 일어났을 때 몽팡시에 공작부인[97]과 롱그빌 공작부인[98]은 남장을 하고, 말을 타고, 총을 쏘기도 했죠. 종교전쟁 기간에 개신교 여인들은 전쟁에 참가하여 가톨릭교도들이 포위한 도시를 지키고자 성벽 위에서 보초를 섰습니다. 또한, 서민의 아내들은 '생계를 위한 폭동'이라는 특권적인 형태의 행동에 나서기도 합니다. 앙시앵 레짐 시기에 곡식, 밀가루, 빵이 부족해지면 여자들은 그렇게 폭도로 돌변했습니다. 17~18세기 생산력과 운송 수단은 오늘날 상상할 수 없을 정도로 열악했기에 물자 부족으로 생계가 위협받으면 대규모 폭동이 일어났습니다. 식량을 확보하는 것은 여자들 몫이었기에 남자들은 심지어 여자들을 앞세우기까지 했죠. 그들은 아이를 기르는 어머니이자, 집안 살림을 맡은 주부였으므로 물가(物價)를 잘 알고 있었죠. 이 시대에 '도덕 경제'라는 말이 나왔고 여자들은 이 가치의 수호자들이었습니다. 그들은 상품의 가격이 일반적으로 인정하는 '정당한 가격', 합리적인 수준을 넘어서면 이를 '부도덕'하다고 판단하여 항의하는 것을 당연하게 여겼습니다. 그들은 상품을 독점하여 가격을 올리고 폭리를 취하는 상인들을 찾아가 고함을 지르고, 진열대를 뒤엎고, 행패를 부렸습니다. 남편들도 아내의 이런 행동을 당연하다고 생각했습니다. 그러나 이런 행동에는 심각한 위험이 따랐습니다. 체포되어 실형을 선고받거나 때로는 교수형을 당할 수도 있었으니까요.

바사랑 프랑스 대혁명 때 빵을 요구하며 베르사유 궁으로 행진하던 여자들의 모습이 떠오르는군요.

....

97) Duchesse de Montpensier(1627~1693): 안 마리 루이즈는 오를레앙 공 가스통과 그의 첫 번째 아내 마리 드 부르봉의 딸로 태어났다. 어머니가 죽자, '몽팡시에 여공작'의 작위를 계승했다. 그녀는 앙리 4세의 손녀이자 막대한 유산을 물려받은 상속녀로서 수많은 구혼을 받았으나 11세 연하의 사촌 동생 루이 14세와 결혼하기를 바랐다. 영국의 왕태자 찰스도 물망에 올랐지만, 결혼이 성사되지 않았다. 1648년 프롱드의 난이 일어났을 때 그녀는 국왕이 아닌 반(反)왕당파 콩데 공의 편을 들었고 이 일로 루이 14세와 사이가 벌어져 10년 가까이 자기 영지에서 칩거해야 했다. 이후 궁정에 복귀할 수 있게 되자 로죈 공작 앙투안 드 코몽과 결혼하려 했지만, 루이 14세의 허락을 받지 못했다. 루이 14세는 그녀가 외국의 왕족과 결혼하기를 원했고 두 사람의 결혼을 방해하고자 앙투안을 10여 년간 감옥에 가두었다. 그리고 앙투안의 몸값으로 그녀의 영지 일부를 받아내고야 그를 풀어주었다. 그러나 두 사람은 곧 헤어졌고 다시는 만나지 않았다. 만년에는 뤽상부르 궁전에 머물며 회고록을 썼다.

98) Duchesse Longueville(1619~1679): 안 주느비에브는 부르봉 가문 앙리 2세와 몽모랑시의 샤를로트 사이에서 태어났다. 그녀의 부모는 루이 13세의 섭정 마리 드메디시스가 총애한 당크르 원수(元帥)에게 반대했다가 뱅센 감옥에 투옥되었으며 그녀는 감옥에서 태어났다. 어린 시절 카르멜 수녀원에서 교육받았고, 이후에 당시 사교계의 중심지였던 랑부예 부인의 살롱에서 인기를 끌었다. 그녀는 나이가 두 배나 많은 롱그빌 공작과 결혼했으나 결혼 생활은 행복하지 못했다. 제1차 프롱드의 난에서 중요한 역할을 했으며 둘째 오빠인 아르망 콩티 공과 남편을 반란 세력으로 끌어들였다. 그러나 큰오빠인 콩데를 포섭하는 데에는 실패했으며 그는 궁정에 충성하여 제1차 프롱드의 난을 진압했다. 제2차 프롱드의 난에서도 크게 활약한 그녀는 콩데와 튀렌 장군을 차례로 반란 세력으로 끌어들였다. 애인이었던 라 로슈푸코에게 버림받고 왕실에도 면목이 없게 되자 얀선주의에 심취해 마침내 그들의 든든한 보호자가 되었다.

페로 만약 남자들이 그 시위를 주도했다면 살아서 돌아올 수 있었을까요? 장담할 수 없는 일이죠. 당시에 빵을 요구했던 여자들은 민중을 대표했고, 공적 공간에 모습을 드러냈습니다. 미슐레는 그의 저서에서 여자들이 의사당을 비롯한 권력 기관에 침입했던 상황을 자세히 묘사했습니다. 여자들이 사적인 영역에 남아 있기를 바랐던 미슐레도 그들이 '어머니'로서 공적인 공간에 등장했다면서 예외적으로 그들의 행동을 인정했습니다.

바샤랑 기근 등으로 생활이 어려워지면 여자들이 폭동을 일으켰다죠?

페로 흉년이 들었던 1846년과 1847년에 다시 폭동이 일어났습니다. 감자도 밀도 씨가 말라버린 상황에서 물가는 서민층이 견디기 어려울 정도로 뛰어올랐습니다. 이어 심각한 산업 위기가 그 뒤를 이었죠. 그러다가 제2제정 때 식량 결핍 문제는 점차 사라졌습니다. 농업이 집약화하고, 대형 선박들이 북아메리카의 곡식과 남아메리카의 육류를 운반했으며, 철도로 유럽 각지에서 식량을 실어 날랐습니다. 그럼에도, 식품의 '고가격' 문제가 제기될 때마다 여자들은 다시 모습을 나타냈죠. 예를 들어 1910년, 버터와 우유 가격이 폭등하자 유럽 곳곳에서 폭동이 일어났습니다. 이런 현상은 생활 수준이 높아지고 적어도 일용할 빵은 확보되었음을 의미하기도 합니다. 이전처럼 상점의 진열대를 뒤엎는 여성 시위대는 이 시대에 와서 더욱 조직화했습니다. 그들은 연맹을 구성하고 시위 때면 플래카드를 휘날렸죠. 상인 조합들은 여자들의 폭력을 경계하면서 그들의 요구 사항을 조정해보려고 노력했습니다. 그러나 위기가 지나가면 폭동을 일으켰던 여자들은 아무런 권력도 쟁취하지 못한 채 다시 일상으로 돌아가 공공 영역에서 배제되었습니다. 1942년 파리에서 여전히 몇몇 여성 폭동자를 볼 수 있었는데 그중 한 사람이 바로 '리즈 롱동'이라는 여성이었습니다. 그녀는 폭동 후에 국외로 추방되었죠. 비시 정부는 그녀를 조롱하는 뜻에서 '다게르 거리의 악녀'라는 별명을 붙였는데, 롱동은 이 별명이 제목이 된 회고록을 쓰기도 했습니다. 물론 나치 독일 점령하에서 생활필수품의 부족으로 일어난 폭동은 온전히 자발적인 행동이라기보다는 공산당이 독일 점령과 비시 정부에 항의할 목적으로 조직한 선동이기도 했습니다. 하지만 이 또한 저항의 한 형태였죠.

단두대에 오를 권리

바샤랑 이들 여성 폭동자 말고도 혁명 기간에 진정한 정치적 역할을 한 여성은 없었나요?

페로 물론 있었죠. 그러나 그녀들은 조직에서, 그리고 모임에서 곧바로 제외되었습니다. 자코뱅[99] 모임에서도 그랬고, 코르들리에[100] 모임에서도 그랬죠. 어

---

99) Jacobins: 프랑스 혁명기 중산층 소부르주아에 기반을 두고 중앙 집권적 공화정을 주장한 급진파. 이들과 대립했던 지롱드파는 부유한 부르주아를 대변하며 지방 분권적인 연방 공화정을 주장한 온건파였다. 자코뱅당과 그 지도자 로베스피에르는 1793년 루이 16세를 반혁명 기도의 죄목으로 단두대에서 처형하고, 지롱드당을 국민공회에서 추방했다. 이후 제정된 새로운 헌법은 보통선거권, 노동권과 생존권 등을 규정한 민주적 헌법이었으나 적용이 보류되었고 자코뱅당은 공포 정치를 펼치면서 공안위원회와 혁명재판소를 두어 반혁명 세력이나 부패 혐의자를 단두대로 보냈다. 그러나 이런 공포 정치는 결과적으로 수많은 반대 세력을 만들었으며 자코뱅당 안에서도 로베스피에르의 반대파가 점차 늘어났다. 결국, 로베스피에르는 고발당하여 단두대의 이슬로 사라졌다. 역사가들은 대체로 이 사건의 성격을 프랑스 혁명 정신을 후퇴시킨 보수 세력의 음모로 규정하여 '테르미도르의 반동'이라고 부르기도 한다. 로베스피에르의 몰락 후 국민공회는 1793년 헌법을 폐기하고 1795년에 양원제 의회와 5명의 총재로 구성된 집행부를 규정하는 헌법을 제정했다. 이에 따라 수립된 총재 정부는 혁명의 여파와 내외에 산적한 어려움을 해결하기에는 너무나 무기력하고 부패했다. 그리하여 위기가 조성되고 결국 나폴레옹에게 집권의 길을 열어주었다.

느 정치 모임에서든 국회의원은 모두 남자였습니다. 프랑스 대혁명 시기에 새로운 정치 체제를 구상했던 시에예스[101]는 시민에게 투표권을 부여할 때 여성을 제외했죠. 그는 대부분 문맹자였던 빈민 역시 공적인 사실에 대한 이해가 없으리라고 판단하여 참정권을 부여하지 않았습니다. 그리고 아이들, 정신병자, 외국인 역시 제외했습니다. 그러니까 여성은 이들처럼 '피동적인 시민'에 속했고 공공 영역에 참여한 활동적인 시민보다 열등한 존재였던 거죠. 하지만 이 '피동적 시민'은 대부분 그 위상이 변할 수 있죠. 예를 들어 아이는 자라서 성인이 되고, 빈민은 재산을 축적하면 글을 배울 수 있죠. 중증 환자는 병이 치유될 수 있고, 외국인은 프랑스에 귀화하면 프랑스 시민이 될 수 있죠. 하지만 여성은? 한번 여성이면 영원히 여성으로 남죠. 그러니까 영원히 정치적 권리가 박탈되는 겁니다.

바샤랑 이런 부조리에 대해 아무도 반발하지 않았나요?

페로 1790년 『여성의 시민권 부여에 관하여』라는 논문을 쓴 콩도르세[102]를 제외하고는 남자 중에서 항의한 사람은 거의 없었습니다. 콩도르세는 자기 논문

100) Cordeliers: 공식 명칭은 "인간과 시민권 친구 모임"으로 프랑스 혁명기의 인민 결사이며, 프란체스코 교파의 코르들리에 수도원에서 처음으로 회의를 열었다. 파리의 유명한 급진 지역인 코르들리에는 조르주 당통의 주도로 바스티유 감옥 습격 사건에서 중요한 역할을 했으며 당통과 데물랭, 마라 등 유명한 혁명 지도자들의 근거지이기도 했다. 이 모임은 온건파인 당통, 데그란틴, 데뮬랭 등이 빠져나가면서 공포 정치의 강화를 요구했던 혁명가들이 장악했고 이들은 극좌파인 에베르파를 형성했다. 이들이 획책한 반란이 실패하자 지도자들이 처형당하면서 모임 역시 해산되었다.

101) Emmanuel Joseph Sieyès(1748~1836): 프랑스의 성직자이자 정치가. 프랑스 혁명과 통령정부, 프랑스 제1제국의 사상적 기반을 마련했다. 그가 1789년 출간한 『제3신분이란 무엇인가?』는 프랑스 권력을 삼부회에서 국회로 옮겨 가는 혁명적 선언이었다. 그는 나폴레옹의 쿠데타를 선동하는 역할을 했으며 "사회학"이라는 용어를 처음으로 사용한 학자였다.

에서 여성이 무능력을 타고났다고 주장하는 모든 논거를 하나하나 반박했습니다. 그는 '여자들이 시민권을 행사할 능력이 없다는 주장은 증명하기 어렵다. 임신하고 주기적으로 월경한다고 해서 시민권도 행사할 수 없다는 말인가? 겨울마다 통풍에 걸리고 감기에 자주 걸리는 사람에게서 시민권을 박탈해야 한다고 생각해본 적은 없지 않은가?'라는 물음을 유머러스하게 덧붙입니다.

바샹 몇몇 혁명가는 여성이 권력에 접근하면 부정적인 영향을 미칠 수 있다는 점을 강조하려고 마리 앙투아네트[103]의 부정적인 이미지를 강하게 부각하지 않았습니까?

페로 이것은 부수적인 논쟁이었습니다! 마리 앙투아네트는 변덕이 심하고, 낭비벽이 있고, 경솔하고, 나쁜 어머니, 나쁜 아내, 조국을 배신한 여자로 낙인 찍혀 프랑스 국민의 미움을 받았습니다. 그녀는 여성이 권력을 잡아서는 안 된다는 사실을 보여주는 살아 있는 증거였습니다. 18세기 말 자유사상이 꽃피던 시기에 혁명가 사이에서는 오히려 도덕성에 대한 강력한 요구가 표출되었습니

---

102) Marquis de Condorcet(1743~1794): 프랑스의 철학자 · 수학자 · 정치가. 어린 시절 수학을 공부했으며 26세에 과학아카데미 회원이 되었다. 달랑베르, 볼테르, A. R. T. 튀르고 등과 교유하면서, 『백과전서』 편찬에 협력하여 경제학 항목을 담당했다. 1789년 철학부장이 되어 18세기 사상가들의 후계자로 지목되었다. 입법의회 · 국민공회의 의원으로 선출되어 문교 조직 계획과 헌법안 등을 제출했다. 그러나 그의 제안은 지지를 얻지 못하고, 지롱드당의 후원자였기에 자코뱅 당원들에게 체포되어 옥중에서 음독자살했으나 일설에는 독살이라고 전해진다.

103) Josèphe-Jeanne-Marie-Antoinette(1755~1793): 프랑스 왕 루이 16세의 왕비. 오스트리아 여왕 마리아 테레지아의 막내딸이다. 베르사유 궁전의 트리아농 관에서 살았으며 아름다운 외모로 '작은 요정'이라 불렸다. 검소한 국왕 루이 16세와는 대조를 이루어 빈축을 사기도 했으며 스웨덴의 미남 무관 페르센을 비롯하여 몇 사람의 정부가 있었다. 프랑스 대혁명이 시작되자 파리의 왕궁으로 연행되어 시민의 감시 아래 생활을 하다가 국고를 낭비한 죄와 반혁명을 시도했다는 죄명으로 처형되었다. 그녀에게는 왕과의 사이에 네 명의 자녀가 있었으나, 장녀 마리 테레즈만이 성인이 되어 훗날 당글렘 공비가 되었다.

다. 왕정이 종말을 고하면서 이제 남자들이 실질적으로 정치적 역할을 하게 될 가능성이 열리자 그들은 이전에 자주 드나들던 살롱을, 그러니까 여성이 운영하고 여자들과 함께 섞이던 공간을 멀리하기 시작했죠. 혁명가들은 고대 로마 공화국의 체제에서 참고할 만한 기준을 찾았고, 그들에게 정치와 웅변은 남성의 영역에 속했습니다. 그리고 자유, 평등, 박애가 조화를 이루는 가치 체계를 구축했습니다. 거의 '동지애'를 뜻하는 '박애(fraternité)'는 매우 남성적인 용어로 남성 사이를 연결하는 긍정적인 가치를 반영합니다. 당시 사람들이 여성을 존중했던 것은 사실이고, 여성을 '여성 시민'이라고 불렀지만, 여성의 권한은 가정의 범주에서만 행사되어야 하고 그들의 의무는 미래 시민을 교육하는 데 있다고 생각했습니다. 그 밖의 일은 모두 남성의 영역이었죠.

바사랑 그런 사고에 대해 여자들은 항의하지 않았나요?

페로 많은 여성이 반발했지요. 그들은 정치적 논쟁에서 자기 자리를 찾으려고 애썼습니다. '뜨개질하는 여자들'[104]은 혁명 의회 방청석에 자리를 잡고 앉아서 의원들에게 호통을 치곤 했습니다. 물론 미슐레 같은 사람들은 몹시 싫어한 행동이었죠. 그리고 여성 단체가 파리와 지방에서 조직되었습니다. 신문을 통해 주장을 펼칠 수 없었던 그들은 여성의 권리를 주장하는 유인물을 인쇄해서 돌리기도 했죠. 여배우이자 작가로 유명했던 올랭프 드 구즈[105]는 프랑스 혁명 당

---

104) Tricoteuses: 1789년 10월 5일, 폭등한 빵 가격과 잦은 품절 사태에 분노한 수천 명의 여성이 빵을 달라고 외치며 베르사유로 행진한 사건은 이후에 들어선 혁명 정부에서도 민중의 자발적 항거와 의사 표현의 상징으로 높이 평가되었다. 이들 여성 중 일부는 의사당의 방청석에 항시적으로 자리를 잡고 예측할 수 없는 행동을 했으며 의사 진행을 방해하기도 했다. 이 여자들은 '뜨개질하는 여자들'이라고 불렸으며 점점 권위적으로 변해가던 혁명 정부에 불편한 장애 요소가 되었다. 1793년 공포 정치가 시작되었을 때 이 '뜨개질하는 여자들'이 의회 방청석을 점유하는 것이 공식적으로 금지되었으며 어떠한 정치 집회에도 참여하지 못하게 되었다.

시 선포된 「인간과 시민의 권리 선언」에 빗대어 1791년 「여성과 여성 시민의 권리 선언」을 썼습니다. 매우 명백한 17가지 조항으로 작성된 훌륭한 글입니다. 그녀는 1789년 인권선언의 본질을 여성에게도 확대했을 뿐 아니라 한 걸음 더 나아가 모든 시민의 평등을 주장한 여성이었죠.

바샤랑 구즈는 '여자가 단두대에 오를 권리가 있다면 당연히 의회 연단에 오를 권리도 있다.'라는 유명한 말을 남겼죠.

페로 그리고 구즈는 특히 루이 16세를 옹호했기에 단두대에 올랐습니다. 어쨌든 이런 희생을 치르고서도 여성은 최소한의 참정권도 얻지 못했죠. 그녀가 처형되고 나서 파리 법원 검사 쇼메트는 신문에 기고한 기사에 이렇게 썼습니다. '파렴치한 올랭프 드 구즈를 떠올리십시오. 그녀는 최초의 여성 단체를 만들고, 공화국 건설에 참여하고자 가정주부의 의무를 저버렸습니다. 그리고 '법'이라는 응징의 칼날이 그녀의 목을 내리쳤습니다.'

바샤랑 정말 서글픈 추도사군요! 구즈 같은 여성 선구자들의 주장은 사회에서

---

105) Olympe de Gouges(1748~1793): 스페인 국경 근처 프랑스 시골 마을에서 귀족과 세탁부 어머니 사이에서 사생아로 태어났다. 열여섯 살에 부유한 늙은 남자와 결혼하여 아들을 낳았으나 남편이 죽고 나서 파리로 가서 사교계 문사들과 재치를 겨루었다. 숱한 남성의 구애를 받았지만, 결혼은 단호히 거부했다. 그는 연인의 재정적 후원을 받으며 세태를 풍자하는 소설과 희곡 등을 발표했다. 흑인 노예제에 반대하는 희곡이나 여성의 이혼권을 옹호하는 글을 통해 약간의 명성을 얻은 그녀는 프랑스 혁명이 일어나자 평등의 권리가 여성에게 적용되지 않는 현실에 환멸을 느껴 「인간과 시민의 권리 선언」에 빗댄 「여성과 여성 시민의 권리 선언」을 썼고, 여성이 '남성에게 복종하도록' 창조되었다고 주장한 루소에 빗대어 성적 평등에 바탕을 둔 결혼을 주장한 「사회계약론」을 썼다. 그러나 '자신의 성별에 적합한 덕성을 잃어버렸다.'라는 이유로 단죄받은 그는 로베스피에르의 공포 정치를 공격했다는 이유로 처형당했다. 단두대에 오른 그녀는 "여자가 단두대에 오를 권리가 있다면 당연히 의회 연단에 오를 권리도 있다."는 유명한 말을 남겼다.

반향을 일으켰나요?

페로 환상을 품어서는 안 됩니다. 대혁명 시기의 프랑스는 농촌 사회였습니다. 여자들은 대부분 시골에서 살고 있었고 올랭프 드 구즈에 관한 이야기를 전혀 듣지 못했습니다. 그러나 도시에서는 달랐죠. 교육받은 여자들이 있었고 신문이 발간되고 있었으니까요. 샤를로트 코르데[106]는 프랑스 북서부 도시 캉에서 살면서도 멀리 떨어진 파리에서 일어나는 대혁명의 사건들을 잘 알고 있었습니다. 그녀는 마라[107]를 암살하여 혁명의 흐름을 바꾸려고 시도할 정도로 상황을 잘 파악하고 있었죠. 반혁명에 가담한 여자들도 있었습니다. 그들은 대부분 가톨릭 신자였죠. 대혁명이 교회의 재산을 국유화하고, 사제들에게 국가에 대한 충성을 강요하고, 거부하는 자들을 박해할 때 스스로 교회와 깊이 관계되어 있다고 믿는 많은 여자가 그들을 보호했습니다. 공화주의자 중에는 이런 사실을 여성에게 투표권을 주지 말아야 한다는 근거로 내세웠던 사람들이 있었죠.

....

106) **Marie-Anne Charlotte de Corday d'Armont**(1768~1793): 프랑스 혁명 당시 정치가인 장 폴 마라를 암살하고 단두대에서 처형되었다. 후세에 그녀의 미모에 주목하여 '암살 천사'라는 별명을 붙였다. 3대 고전 극작가 중 한 사람인 피에르 코르네유의 자손인 가난한 귀족의 딸로 프랑스 노르망디에서 태어났지만, 어머니를 여의고 13세 때 수도원에 들어갔다. 그러나 혁명 정부가 수도원을 폐쇄하자, 고모인 브르트비유 부인에게 몸을 의탁했다. 혁명을 과격하게 추진하는 자코뱅파를 혐오했고, 자코뱅파와의 정쟁에서 패한 지롱드파를 옹호한 그녀는 마라의 암살을 계획했다. 1793년 7월 9일 단신 파리로 간 그녀는 7월 13일 마라를 찾아가 피부병 때문에 욕조에 들어가 있던 그의 심장을 찔러 살해했다. 그녀는 현장에서 체포되어 혁명 재판에서 사형 판결을 받고 그날로 처형되었다.

107) **Jean-Paul Marat**(1743~1793): 스위스의 뇌샤텔 출생. 16세 때 보르도에서 의학을 배우고, 1765~1775년 런던에서 의학을 연구하면서 1774년 『노예 제도의 사슬』을 저술하여 절대주의적 정치 구조를 비판했다. 1789년 7월 프랑스 혁명이 일어나자 9월 잡지 『인민의 벗』을 창간하여 혁명을 인민의 입장에서 감시하면서 민중의 정치 참여를 고취했다. 1792년 8월 16일 민중봉기 때에는 파리 코뮌을 지도하면서 지롱드당에 대항했고, 국민공회의 산악당 출신 의원으로 선출되었다. 그의 정치 강령은 철저하게 인민주의로 일관되어 있었으며, 소농민과 소시민층의 절대생활권 보장과 모든 특권층과 기생 계급의 타파를 주장했다. 1793년 7월 산악당의 독재를 증오하는 반혁명파 여성 샤를로트 코르데에게 살해당했다.

바사랑 여자들은 참정권에서 배제되었지만, 시민권도 얻을 수는 없었나요?

페로 그렇습니다. 프랑스 대혁명은 상속권의 평등, 민법상의 결혼, 이혼할 권리 등을 제정하면서 개인적인 자유를 추구할 돌파구를 열어놓았습니다. 그러나 얼마 후 집권한 나폴레옹은 곧바로 이런 적극적인 제안들을 일부 제한합니다. 그렇게 민법은 예전처럼 남성의 우월한 권위를 복원하고, 공적 영역과 사적 영역 사이의 관계는 다시 조정됩니다. 가정에 바탕을 둔 민간 부문이 건강, 교육, 소유, 구제 등 매우 넓은 영역을 담당하고, 가정은 국가의 중개자가 되고, 가정을 대표하는 남성은 절대적인 권위를 행사합니다. 당시의 모든 정치철학은 이런 가족 단위에 대한 해석을 바탕으로 제시됩니다. 윤리적 사고의 대명사로 불리는 철학자 칸트는 만일 혼외정사로 아이가 태어나서 여자가 그 영아를 살해한다 해도 그녀를 벌해서는 안 된다고 주장했습니다. 왜냐면 그 아이에게는 생존할 '권리'가 없다고 보았기 때문입니다. 이처럼 영아 살해를 저지른 여자의 죄를 사해주는 경향은 가족주의 논리에 바탕을 두고 있는데, 사실 이것은 여성을 하나의 '개인'으로 인정하지 않으려는 태도를 반영합니다. 프랑스에서는 1816년부터 가톨릭교회와 복고왕정이 다시 이혼을 금지하는 등 사회가 지극히 보수화했고, 이런 현상은 1884년까지 이어졌습니다.

바사랑 그렇다면, 프랑스 대혁명은 여성 인권의 확대에는 아무런 도움이 되지 못했다는 말씀인가요?

페로 그런 것은 아니죠. 대혁명은 물론 그 나름대로 흔적을 남겼습니다. 혁명의 혼란기에 탄생한 여성해방운동은 소멸하지 않고 명맥을 유지했죠. 그리고 이것은 정치적 차원이든 법적 차원이든 권리의 평등에 대한 요구였습니다. 하지만 여성의 이런 요구는 보편적 차원의 '인권'에 대한 요구로 수렴되었고, 여성 고유의 변별적 요구로 인정되지 않았습니다.

투표하기엔 너무 경박한

바샤랑 지극히 보수화한 사회에서 숨이 막혔던 19세기에 여자들은 이런 요구를 어떤 식으로 표현했습니까?

페로 선구적인 업적을 남겼던 몇몇 여성은 당시 여자들에게 영웅으로 기억되었습니다. 그들은 시대의 흐름에 역행했고, 위험을 감수했죠. 1830년대 7월 왕정하에서 여성 생시몽주의자들은 평등하고 자유로운 사회에 대한 사고를 옹호했습니다. 그중 한 명인 클레르 데마르[108]는 1832년 「미래의 나의 법」이라는 글에서 불공정한 민법에 맞서 항의하고, 결혼에서 여자의 평등, 이혼할 권리, 사랑을 선택할 자유를 주장했습니다. 심지어 사랑 없는 결혼 생활은 매음과 다

---

108) Claire Démar(1799~1833): 페미니스트 기자·작가·생시몽주의운동가. 사적인 편지에는 '에밀 에이마르'라고 서명하고 저술에는 '클레르 데마르'라는 필명으로 서명했던 것으로 보인다. 독일 출신 피아노 연주자이자 작곡가였던 아버지와 독일인 어머니 사이에서 태어난 것으로 추정된다. 생시몽주의운동에서 투쟁적으로 활동했다. 붉은색 베레모에 붉거나 흰 치마를 입고 가죽 허리띠를 매고 자신의 이름이 크게 새겨진 흰색 가슴 장식이 드러나 보이도록 푸른색 재킷을 입고 다녔다. 당시 대부분 동시대인이 부정하고 후일 '페미니즘'이라고 부르게 될 운동이 주장하고 요구하는 것들을 생시몽주의를 빌려 표현했다. 말년에 그녀는 1830년 혁명과 생시몽주의운동을 계기로 창간된 여성 잡지들에서 일했으며 죽기 얼마 전에 『자유로운 여성』이라는 잡지에 쓴 「여성해방에 대해 한 여인이 인민에게 보내는 호소」에서 「인간과 시민의 권리 선언」에 명시된 내용을 여성에게도 적용해야 한다고 주장했으며 결혼을 '합법적인 매음'으로 규정했다. 그녀는 또한 쉬잔 브왈캥이 발행하는 여성 신문 『새로운 여성』, 『여자들의 선전』, 『여자들의 법정』 등에 글을 기고했다. 그러나 사람들에게 야유받고, 버림받고, 절망과 가난에 몰린 그녀는 결국 자살을 택했다.

를 바 없다고 했죠. 그리고 그녀 자신도 결혼하지 않고 동거 상태로 살았습니다. 하지만 시대에 저항하지 못하고 서른네 살의 젊은 나이로 끝내 자살하고 말았습니다.

바샤랑 클레르 데마르 이야기를 들으니 앞서 언급했던 조르주 상드가 생각나는군요.

페로 조르주 상드는 분명히 여성해방운동의 역사에서 위대한 인물이죠. 자유로운 연애를 즐겼던 그녀는 자신의 독립성을 계발하고 확보하는 수단으로 글을 쓰고자 했습니다. 법에 발목을 잡혀 비록 이혼할 수는 없었지만, 남편과 별거하면서 남장을 하고 돌아다니고, 혼자 여행하고, 필요하다면 출판사와 싸우기도 했습니다. 공화주의자이자 사회주의자였던 그녀는 정치에 적극 참여했고, 1848년에 익명으로 『인민의 입장』과 같은 공화국 임시정부의 소식지를 편집하기도 했습니다. 비록 이 소식지는 3호에 그쳤지만, 당시 대부분 신문이 오래가지 못했습니다. 조르주 상드는 여성 참정권을 주장한 여성은 아니었습니다. 참정권을 요구하기 전에 먼저 민법상으로 평등한 권리를 획득하는 것이 중요하다고 생각했기 때문이었죠. 남편이나 아버지의 허락 없이는 여자가 아무것도 할 수 없는 상황에서 투표권이 무슨 의미가 있습니까? 사회주의자이며 생시몽주의자였던 다른 여성해방운동가들도 있었습니다. 『여자들의 목소리』를 이끌던 외제니 니보예,[109] 나중에 '여자들의 여론'으로 제호를 바꾼 『여자들의 정치』를 창간한 잔 드루앵,[110] 데지레 게이,[111] 플로라 트리스탕,[112] 교사이자 탁월한 신문기자였던 폴린 롤랑[113] 같은 여성이 바로 그들이죠. 이들은 투표권을 우선시했습니다. 만약 여성이 투표할 수 있고, 의원으로 선출될 수 있다면 민

109) Eugénie Niboyet(1796~1883): 프랑스의 작가·언론인·페미니스트. 그녀의 조부 피에르 무송은 스위스 제네바 출신 개신교 목사로 디드로와 달랑베르 등의 『백과전서』 편찬 작업에도 참여한 지식인이었다. 프랑스로 이주한 그녀의 아버지는 프랑스의 대학에서 의학을 전공했다. 그녀의 가족과 마찬가지로 나폴레옹 지지자였던 젊은 변호사 폴 루이 니보예를 만나 결혼하고 개신교 조직인 기독교도덕협회에 소속되어 교도소 개혁, 교육 개혁, 노예 제도 폐지 등의 사회 문제를 개선하고자 노력을 기울였다. 그녀는 또한 생시몽주의자 모임에 합류하여 노동자들을 상대로 설교하고, 그들을 지원하고 교육하는 사업에 참여했다. 프롤레타리아 생시몽주의자들과 함께 그녀는 마리 렌 귄도르프와 데지레 베레가 창간한 『자유로운 여성』에 합류하여 여성에 대한 처우를 진정한 사회 발전의 척도로 간주한 샤를 푸리에 운동에 공감했으며 거기서 플로라 트리스탕을 만났다. 또한, 최초의 여성운동 주간지인 『여자들을 위한 조언』을 창간하고 이어서 『두 세계의 평화』, 『여자들의 아테네』 등의 창간에도 참여했다. 그리고 샤를 프레더릭 에르비노드 모샹의 도움을 받아 『여자들 이야기』의 창간에도 참여하고 이를 중심으로 여성들의 모임을 조직했다. 이 모임에서 편집자들과 정기구독자들은 함께 신문의 발전을 도모하고 여성의 정치적 권리를 획득하는 방법을 토의했다. 매주 진행된 이 모임에는 플로라 트리스탕, 오르탕스 말라르, 아나이스 세갈라스 등 여러 페미니스트가 참가했다. 1848년 혁명은 여성의 권리를 위해 투쟁하는 페미니스트들에게 희망을 안겨주었다. 특히, 집회 금지법이 폐기되면서 이들의 활동은 더욱 활성화되었다. 그녀는 프랑스 최초의 페미니스트 일간지 『여자들의 목소리』를 창간하면서 부제로 '모든 여성의 이익을 위한 기관지, 사회주의 정치 신문'이라는 부제를 달았다. '여자들 이야기' 모임과 마찬가지로 이 신문을 중심으로 여러 페미니스트가 집결했는데 잔 드루앵, 데지레 게이, 쉬잔 브알캥, 엘리사 르모니에, 아나이스 세갈라스, 가브리엘 수메, 아멜리 프래, 아델 에스키로스 등이 참여했다. 이 모임에서는 정치 문제뿐 아니라 일상에서 여성의 권익을 확보할 방법을 토론했다. 이들은 조르주 상드를 여성의 대표로 선출하여 국회로 보내기로 결정했으나 상드 자신은 이들과의 연계를 부인했으며 당시 남성 언론은 외제니 니보예와 『여자들의 목소리』를 신랄하게 비판했다. 이 사건은 사회적으로 큰 반향을 일으켰으며 정부는 이 여성 집회를 금지했다. 큰 타격을 받은 그녀는 『여자들의 목소리』를 폐간했고 페미니스트들은 탄압을 피해 뿔뿔이 흩어졌다. 공적인 활동을 중단하고 잠적한 그녀는 제네바로 가서 번역 일을 하며 어렵게 생계를 꾸려갔다. 그러나 파리 코뮌 이후 수감자들을 옹호하는 글을 쓰고, 1860년 프랑스로 돌아와 1863년에는 『진정한 여자들의 책』을 출간했으며 꾸준히 여성해방운동에 관심을 기울이다가 1883년 세상을 떠났다.

110) Jeanne Deroin(1805~1894): 프랑스의 사회주의자·페미니스트. 가난한 집안에서 태어나 어려서부터 노동하다가 교사 자격증을 획득하고 여성의 종속 상태에 관한 뛰어난 글을 쓰고, 사회주의 사상에 공감하기도 했지만, 40세가 넘을 때까지 세 명의 자녀를 기르며 평범한 주부로 살았다. 그러나 1848년 데지레 게이와 함께 '여성의 권익을 위한 여성 노동자들의' 신문 『여자들의 정치』를 창간했다. 이 신문은 얼마 후 제호를 바꿔 '여자들의 상호 교육을 위한' 『여자들의 여론』이 되었다. 1848년 혁명이 일어났을 때 그녀는 일반에게 자신의 존재를 알리기 시작하여 1849년에는 의원 선거에 출마했다. 이전에는 공식적인 자리에 나타나지는 않았지만, 생시몽주의운동에 참여해왔으며 출생에 따른 특권을 폐지하고, 여성을 해방하고, 노동 계급의 도덕적·지적·신체적 조건의 개선을 위해 꾸준히 노력했다. 그녀는 '일반투표권(suffrage universel)'을 '일반남성투표권(suffrage universel masculin)'이라고 부르면서 남성만이 정치를 할 수 있고 여성의 투표권은 고려의 대상조차 되지 않는 현실을 비판했다. 그녀의 출마는 당시 사회주의자들조차도 '해괴한 행동'으로 여겼고, 조르주 상드나 마리 다구 등 여성해방을 주장하는 여자들마저도 '적절하지 못한 행동'으로 간주했다. 1851년 12월 루이 보나파르트 나폴레옹의 쿠데타가 일어나고 제2제정이 들어서자, 그녀는 탄압을 피해 영국으로 망명하여 가난에 시달리다가 세상을 떠났다.

111) Jeanne-Désirée Véret Gay(1810~1891): 브뤼셀에서 태어난 프랑스의 사회주의자·페미니스트. 노동자 가정에서 태어나 봉제 노동자로 일하다가 생시몽주의자가 되었다. 1832년 생시몽주의자 모임에서 여자들을 제외한 데 대한 저항으로 마리 렌 귄도르프와 함께 『자유로운 여성』을 창간하고 무엇보다도 여성의 자유를 위해 투쟁하기로 맹세했다. 1883년 영국으로 건너가 그곳에서 노동하면서 사회주의자 로버트 오웬의 제자들과 교유하는 과정에서 사회적·성적 평등을 위해 투쟁하는 쥘 게이를 만나 그와 결혼했다. 이 시기에 그녀는 오

웬과 샤를 푸리에와 생시몽의 추종자 사이에서 중개자 역할을 했다. 1848년 혁명이 일어나자 그녀는 정부가 여성에게 이혼의 자유를 보장하고 여성 노동자의 노동 환경을 개선하며 여성이 재정적으로 독립할 수 있도록 지원해달라는 탄원서를 제출했다. 그녀는 만장일치로 노동자 위원회 대표로 선출되었으며 정부가 실업자들을 위해 국영 작업장을 신설하게 했다. 그녀는 또한 잔 드루앵과 외제니 니보예가 창간한 『여자들의 목소리』에 합류했으며 얼마 후 이 신문이 폐간되자 드루앵과 함께 여성 상조 협회를 설립하고 새로운 신문을 창간하기도 했다. 두 사람은 의회에 청원하여 여성·속옷 제조자 협회를 설립하기도 했다. 1849년 말 활동을 중단하고 파리에서 수예점을 개업했고, 남편은 연애소설을 출간하는 인쇄소 겸 서점을 차렸으나 검열을 피해 부부는 브뤼셀로 이주했다. 그곳에서 두 사람은 국제 노동자 협회의 일원이 되었고, 그녀는 여성 지부장을 맡았다. 어린이와 교육 문제에 늘 관심을 보였던 그녀는 1868년 젊은 어머니 독자를 대상으로 『유아의 합리적 교육』이라는 책을 출간하기도 했다.

112) **Flora Tristan**(1803~1844): 프랑스의 사회주의자·여성운동가. 본명은 플로르 셀레스틴 테레즈 앙리에 트 스리스탕 모스코소이다. 그녀가 다섯 살 때 아버지 마리아노 트리스탕이 사망하자 당시 스페인과 전쟁 중이던 프랑스는 그의 재산을 몰수했고, 그녀와 어머니는 형편이 매우 어렵게 되었다. 1821년 결혼했으나 애정 없는 결혼 생활을 견디지 못하고 두 아이를 데리고 집에서 나왔다. 1933년 페루에 있는 아버지의 집안을 찾아가 유산을 받으려 했으나 가족으로 인정받지 못하고 파리야(pariah: 사회적으로 버림받은 천민) 취급을 받았다. 그녀는 1년간 페루에 머물면서 보고 들은 내용을 『파리야의 순례』라는 책으로 남겼다. 이어서 영국을 여행하고 1840년 『런던 산책』을 출간하면서 열악한 환경에서 '노예보다 못한 삶'을 사는 영국의 프롤레타리아의 현실을 묘사했다. 그러면서 자연스럽게 노동자 계급의 자유와 여성의 권리 사이의 관계에 주목하고 노동자 사이의 동맹과 집단행동을 촉구하면서 노동자 계급의 해방을 완성하려면 무엇보다도 여성의 해방이 필요하다는 사실을 주지했다. 그녀는 사회가 온전하지 않고, 노동자 계급 역시 분산되었다면서 이런 균형을 봉합하면 나머지 문제들 역시 해결되리라고 보았다. 다시 말해 여성해방은 다수를 위한 최대의 선(善)이므로 실용적인 차원에서 마음가짐을 바꿔야 한다고 주장했던 것이다. 그러나 그녀는 혁명 이후 프랑스 사회에서 여성에 대해 긍정적인 사고가 퍼져 있다고 해도 여성이 단지 '인간'이라는 이유로 남성과 동등한 지위를 차지하기는 몹시 어렵다는 사실을 잘 알고 있었다. 따라서 남성 다수에게 유익한 제안을 바탕으로 자신의 주장을 전개했으며 여성에 대한 남성의 관심을 유도하여 이전의 어떤 사회주의자도 다가가지 못했던 새로운 소통의 통로를 열어놓았다. 이처럼 남성과 여성 노동자가 공동의 목적을 위해 투쟁하는 방법을 제시함으로써 그녀는 이전 사회주의자들의 주장을 바탕으로 프롤레타리아 계급이 실제로 성취할 수 있는 합리적인 계획을 제시했다. 1843년 그녀는 『노동자 동맹』이라는 잡지를 발간하고, 프랑스 전국을 순회하며 노동자들을 대상으로 연설하고 그들의 결속을 촉구했다. 그리고 '극단적인 착취를 당하면서도 꼼짝할 수 없는' 그들의 현실을 『플로라 트리스탕의 일기: 프랑스 일주기』에서 생생하게 묘사했다. 특히, 여성 노동자의 임금이 남성 노동자 임금의 절반밖에 되지 않는 상황을 두고 남성과 여성 사이의 '동일한 노동, 동일한 임금'이 바로 사회정의라고 주장했다. 강행군 끝에 보르도에 도착한 그녀는 열병이 심해져 뇌수축으로 사망했다. 트리스탕의 딸 알린은 1848년 아들 폴 고갱을 낳았다.

113) **Pauline Roland**(1805~1852): 프랑스의 페미니스트·사회주의자. 일찍이 어머니의 독려로 좋은 교육을 받은 그녀는 생시몽의 주장에 공감하여 그의 열렬한 지지자가 되었다. 당시 파리에서 발간되던 페미니즘 신문과 잡지에 글을 기고했으며 프랑스, 잉글랜드, 스코틀랜드, 아일랜드의 역사를 연재하기도 했다. 조르주 상드, 피에르 르루와 가깝게 지내던 그녀는 부삭에 있던 르루의 공동체에 들어가 학교에서 아이들을 가르치고 지역 신문에도 글을 썼다. 장 아이카르와 자유 결혼 상태로 지냈으며 플로라 트리스탕이 죽자 후일 고갱의 어머니가 된 그녀의 딸 알린을 맡아 길렀다. 파리로 돌아온 그녀는 페미니즘, 사회주의운동에 적극 참여했고, 잔 드루앵, 데지레 게이 등과 함께 잡지 『여자들의 목소리』 발행에도 관여했다. 드루앵, 귀스타브 르프랑세와 '사회주의자 교사 협회'를 창립하여 교육 현장과 노동 현장에서의 남녀평등을 강조했다. 특히, 그녀는 여러 노동자 협회의 결속에 중요한 역할을 했다. 1848년 100여 개 업종의 노동자 대표들이 그녀를 위원회 대표로 선출하자 정부는 그녀를 포함하여 50명을 체포하고 조직을 해산했다. 사회주의, 페미니즘, '풍기 문란'의 죄목으로 신랄하게 비판받은 그녀는 7개월간 투옥되었으며 이후에도 루이 보나파르트 나폴레옹의 12월 쿠데타에 저항했다는 이유로 다시 한 번 알제리에서 투옥되었다. 형기를 마치기 전에 풀려났으나 옥고로 병들어 사망했다.

법을 개정할 수 있다고 믿었기 때문이었죠.

바사랑 1848년 여자들은 '보통선거(suffrage universel)'를 통해 들어선 임시 정부를 어떻게 받아들였나요?

페로 실망이 이만저만이 아니었죠. 왜냐면 1848년 혁명가들에게 '보통'은 '남성'을 의미했습니다. 남성은 '개인'이 아니라 여성을 포함하는 '가정'을 대표했죠. 1848년 선거를 앞두고 『여자들의 목소리』는 조르주 상드를 제헌국회의 입후보자로 내세웠는데, 상드는 이런 시도가 자신의 의도와는 전혀 상관없다면서 상당히 경멸적으로 부정했죠.

바사랑 결국, 상드는 여자들을 좋아하지 않았던 건가요?

페로 상드는 자기처럼 사고가 매우 진취적인 몇몇 여자 친구가 있었습니다. 하지만 그녀는 남자들과 더 잘 통했고 여자들이 너무 경박하고 지루하고 허약하다고 판단했습니다. 그녀는 자기 딸인 솔랑주에게도 몹시 실망했습니다. 솔랑주는 성생활이 자유분방했지만, 일은 하지 않았죠. 자기 어머니처럼 글을 쓰려고 했지만, 실력이 형편없었습니다.

여자 하나에 투표권 하나!

바사랑 1851년 12월 2일, 프랑스 제2공화국 대통령 루이 나폴레옹 보나파르트는 국민의회를 해산하고, 국민투표를 통해 이듬해 프랑스 제2제국을 건설합니다. 반동적인 체제가 들어선 제2제정 때에는 여성의 권리를 위해 투쟁하기가 더욱 어려워졌을 텐데요.

페로　모든 자유가 억압됐고 여성해방운동가들은 이제 의사 표현조차 할 수 없게 되었습니다. 제헌국회에 조르주 상드를 입후보자로 내세우려고 했던 사회주의 여성 운동가들은 대가를 톡톡히 치렀습니다. 잔 드루앵과 외제니 니보예는 추방당했고, 용감무쌍했던 폴린 롤랑은 루이 나폴레옹 보나파르트에 반대했다는 이유로 금고형을 받았습니다. 알제리로 강제 수용된 그녀는 1852년 프랑스에 돌아오자마자 죽었습니다. 그러나 제3공화정 때부터 여성해방운동가들의 움직임은 눈에 띄게 활발해집니다. 앵글로색슨을 본보기로 삼아서 여성 투표권을 주장하는 단체도 늘어나죠. 위베르틴 오클레르[114]는 프랑스에서 최초로 여성 참정권을 주장한 여성의 한 사람이었습니다. 그녀는 『여성 시민』이라는 신문도 발행했죠. 그리고 여성이 투표하지 않는다면 무슨 구실을 대든 간에 여성은 시민이 아니라고 주장합니다. 7월 14일, 그녀는 '여자들은 바스티유

114) Hubertine Auclert(1848~1914): 프랑스의 중산층 가정에서 태어나 부모가 일찍이 사망하여 수녀원과 종교 단체에서 기숙했다. 제3공화정 때 파리로 가서 나폴레옹 법전에 반대하여 여자들이 교육권과 경제적 자립과 이혼권 등을 요구하던 시기에 여성운동에 뛰어들어 여성 참정권을 주장하며 '여성의 권리'라는 조직을 만들고 프랑스에서 자신을 '페미니스트'라고 선언한 최초의 여성이 되었다. 그녀는 참정권이 없는 여성에게 정부는 세금을 부과할 권리도 없다고 주장했다. 1881년 여성해방을 위해 『여성 시민』이라는 신문을 발간하여 페미니즘운동의 주요 인물인 세브린(본명: 카롤린 레미)이나 사교계 여성 마리 바슈키르체프 같은 페미니즘 운동 주도자들의 지지를 받았다. 1884년 여성에게 불리한 이혼법과 여성이 자신의 임금을 소유하지 못하게 한 법을 비판하면서 당시로서는 매우 과격한 주장으로 비쳤던 결혼계약제와 부부별산제(夫婦別産制)의 도입을 주장했다. 재정난으로 『여성 시민』의 발행을 중단했지만, 활동을 계속하여 페미니스트 집단들의 조직인 프랑스 여성전국회의의 창설자 가운데 한 사람이 되었다. 이들은 곧 여성 참정권 획득을 위해 투쟁하여 1908년 드디어 프랑스 여성은 자신의 재산을 임의로 처분할 권리를 획득했으나 이 법은 60세가 넘는 여성에게만 적용되었다. 1910년에는 마르게리트 뒤랑의 도움을 받아 시의원 선거에 출마했다. 여성의 권리 획득을 위한 투쟁에서 중심 인물이 되어 죽을 때까지 싸웠다.

를 점령해야 합니다!'라고 쓰인 커다란 플래카드를 배경으로 시위를 주동했습니다. 그녀는 결혼식을 시청에서 치렀는데 주례를 맡은 시장이 "남편은 아내를 보호하고 아내는 남편에게 복종해야 합니다."라고 했을 때 격분해서 반발했기에 사람들이 그녀를 강제로 끌어내야 했습니다. 이 사건은 그녀의 영웅적인 일화로 남았죠. 하지만 그녀도 당시 부인들의 전형적인 옷차림을 하고 다녔습니다. 그리고 늘 커다란 깃털이 달린 모자를 쓰고 있었죠.

바샤랑 그리고 이 시기에 수많은 여성 신문이 발행되지 않았습니까?

페로 1880~1914년 백여 종의 여성 신문이 창간되었습니다. 그중 가장 유명했던 『라 프롱드』는 배우였던 마르게리트 뒤랑[115]이 창간하여 3년간 발행되었죠. 페미니스트 일간지로는 진정한 성과를 거둔 셈입니다. 미모가 뛰어났던 뒤랑은 명분을 위해 자신의 매력을 아낌없이 활용했습니다. 그녀는 늘 이렇게 말했죠. "페미니즘이 내 금발 덕분에 이득을 보았다는 사실을 아무도 모른다!" 뒤랑은 여러 명의 남편, 연인들, 남자 친구들에게서 도서관 건립을 위한 자금을 마련했습니다. 그렇게 프랑스에서 유일한 페미니스트 도서관이 탄생했으며 창립자의 이름을 딴 이 도서관은 지금도 파리 13구 나시오날 가 79번지에 그대로 남아 있습니다. 마르게리트 뒤랑은 여자끼리 모여서 『라 프롱드』를 발행했습니다. 따라서 인쇄나 식자처럼 지극히 남성적이고 여성 혐오적인 분야에서 일하는 남성 직공들이 그녀의 이런 방침에 항의하는 소동을 빚기도 했죠. 그녀는 역량이 뛰어난 여기자들을 고용했는데, 그중 세브린[116] 같은 여성은 드레퓌스 사건[117]의 재심을 취재했죠. 『라 프롱드』는 확고하게 드레퓌스를 지지했습니다. 마르게리트 뒤랑은 페미니즘과 민주주의를 이념적으로 같은 맥락으로 보았습니다.

바샤랑 여성의 권리와 민주주의에 대한 요구는 늘 짝을 이루어 전개되었나요?

페로 그렇습니다. 그러나 뉘앙스의 차이가 있죠. 제3공화정 시기에 여자들이 자신의 사회적 권리를 자각하고, 나중에 투표소에 나가게 될 때까지 온갖 종류의 페미니즘이 발달했습니다. 특히 훨씬 더 보수적이고 기독교적인 페미니즘이 발달했죠. 이 페미니즘운동 역시 여성의 투표권을 지지했습니다. 가톨릭교가 공화정에 합류하는 시대였으니까요. 하지만 이런 운동은 드레퓌스를 지지

115) Marguerite Durand(1864~1936): 프랑스의 페미니스트. 여성 신문 『라 프롱드』의 창설자. 사생아로 태어나 어린 시절 수녀원에서 자랐다. 국립예능학교를 졸업하고 코메디 프랑세즈에 들어갔다. 변호사이자 의원이었던 극우파 조르주 라게르와 결혼하여 정치가, 기자들과 교유하면서 언론에 입문하고 남편이 운영하던 신문 『라 프레스』에 글을 썼다. 남편과 이혼하고 『르 피가로』에 입사하여 「쿠리에」난을 신설하고 기사를 게재했다. 1896년 국제 페미니스트 대회를 취재할 때 주최 측에서 요구하는 기사 작성을 거부하고 진정으로 여성의 권리를 위해 투쟁하기로 결심하여 이듬해에 『라 프롱드』를 창간했다. 취재와 편집, 식자에 이르기까지 모두 여성이 제작하는 이 신문은 여성 문제만이 아니라 정치·문학·경제·스포츠 등 시의성 있는 주제를 다루었다. 그러나 의회나 증권거래소 등 당시 여성 출입이 금지된 기관을 취재하려면 특별 허가를 받아야 했다. '치마의 시대'라는 별명으로 불렸던 이 신문은 취재 기사로 유명했다. 1903년 일간지로 출발했던 이 신문은 1905년까지 월간으로 발행되었으며 세브린, 마르셀 티메르, 뤼시 들라뤼 마르드뤼스, 클레망스 화예 등의 기사가 실렸다. 1914년 복간되었으며 1926~1928년 새로운 형태로 재출간되기도 했다. 그녀는 『라 프롱드』 외에도 1903년 『행동』, 1909년 『소식』을 발행했다. 의원 선거에 출마했으나 정부로부터 거절당했고 1927년 시의원 선거에 공화민주당 소속으로 입후보했다. 1931년 여성의 역사와 관련하여 자신이 보유하고 있던 모든 자료를 파리 시에 기증하여 최초로 '페미니스트 자료 사무국'을 창설하고 운영했다.

116) Séverine(1855~1929): 프랑스의 작가·자유언론인·페미니스트. 본명은 카롤린 레미이다. 파리 경찰국 하급 관리의 딸로 태어나 열여섯 살에 결혼했으나 곧바로 남편과 헤어졌다. 스위스의 부유한 가문 출신 의대 교수 아드리앵 게하르트를 만나 함께 살다가 1885년 법적으로 이혼되자 그와 결혼하고 아들을 낳았다. 1879년 브뤼셀에서 쥘 발레스를 만나 평생토록 그의 친구이자 비서가 되었다. 발레스의 도움으로 언론과 사회주의에 입문한 그녀는 남편 게하르의 재정적 지원을 받아 발레스와 함께 『인민의 외침』을 발간하고 그가 죽자 발행인이 되어 창간의 정신을 이어갔다. 이렇게 그녀는 프랑스 최초의 일간지 여성 발행인이 되었으나 마르크스주의자 쥘 게드와의 내부 갈등으로 『인민의 외침』을 떠나야 했다. 이후 그녀는 집필에 전념하여 마르게리트 뒤랑의 『라 프롱드』를 포함하여 다양한 매체에 4천 편이 넘는 글을 게재하면서 여성해방을 촉구하고 사회 부조리를 비판했으며 드레퓌스 사건 때 그를 옹호하기도 했다. 평화주의자였던 그녀는 1914년 독일과의 대립에서 전 국민의 '신성한 결속'을 주장한 푸앵카레 대통령의 주장을 비판했으며 사회당에 가입했다가 이어서 공산당에 가입하여 공산당 일간지 『위마니테』에서도 일했다. 1927년에는 지적 독립성과 표현의 자유를 제한하는 '전시(戰時) 국가 일반 조직에 관한 법'에 반대하여 『유럽』을 통해 탄원서를 게재했다.

하지도 않았고, 여성의 피임에 대해 호의적이지도 않았습니다.

바샤랑 투표권을 획득하려는 투쟁은 프랑스뿐만 아니라 전 세계적으로 모든
페미니스트를 집결하게 한 문제였군요. 앵글로색슨 국가에서는 여성 참정권
과 관련해서 어떤 움직임이 있었나요?

페로 영국에서 여성참정권운동이 싹튼 계기는 M. 울스턴크래프트[118]의 『여성
권리의 옹호』라고 할 수 있습니다. 이 책에서 그녀는 여성을 남성의 보조적 역
할을 하는 존재로 인식하는 당시의 통념을 반박하고 여성 스스로 자신이 남성
과 평등한 존재라는 사실을 자각해야 한다고 주장했죠. 따라서 여성 교육의 중
요성을 특히 강조했습니다. 그녀는 책에서 '이성이 열등한 여성이 남성에게 종
속되는 것이 자연법적인 질서'라고 주장한 장 자크 루소를 반박하면서 '여성에

---

117) Affaire Dreyfus: 1894년 10월 프랑스군 참모부에 근무하던 포병 대위 알프레드 드레퓌스가 독일 대사
관에 군사 정보를 팔았다는 혐의로 체포되어 비공개 군법회의에서 종신형 판결을 받았다. 파리 주재 독일 대
사관에서 유출된 기밀 서류의 필적이 드레퓌스의 것과 비슷하다는 점 외에는 증거가 없었으나 그가 유대인
이라는 이유로 혐의를 받았던 것이다. 이후에 군부에서는 드레퓌스가 아니라 다른 사람이 진범이라는 확증
을 얻었으나 군 수뇌부는 사건을 은폐하려고 했다. 드레퓌스의 결백을 믿어 재심(再審)을 요구하던 가족도 진
상을 탐지하고, 1897년 11월 진범인 헝가리 태생의 에스테라지 소령을 고발했지만, 군부는 형식적인 심문과
재판을 거쳐 그를 무죄 석방했다. 그러나 재판 결과가 발표된 직후 소설가 에밀 졸라가 공개한 '나는 고발한
다!(J'Accuse!)'라는 제목의 논설로 사건은 재연되었다. 졸라는 드레퓌스에게 유죄 판결을 내린 군부의 의혹
을 신랄하게 공박하는 논설을 대통령에게 보내는 공개장 형식으로 1898년 1월 13일 자 『오로르』에 발표했다.
이를 계기로 사회 여론이 비등하여 프랑스 전체가 '정의·진실·인권 옹호'를 부르짖는 드레퓌스파, 또는 재심
파(再審派)와 '군의 명예와 국가 질서'를 내세우는 반(反)드레퓌스파 또는 반재심파로 분열되었다. 전자는 당
시 지식인과 사회당·급진당이 가담하여 인권동맹을 조직했고, 후자는 국수주의파·교회·군부가 결집하여 프
랑스 조국동맹을 결성했다. 마침내 이 사건은 한 개인의 석방 문제 차원을 넘어 정치적 쟁점으로 확대되면서
제3공화정을 극도의 위기에 빠뜨렸다. 1898년 여름 군부는 어떤 새로운 증거 서류를 바탕으로 드레퓌스의 유
죄를 확언했으나 날조로 판명되었고, 체포된 증거 서류 제출자는 자살함으로써 반(反)드레퓌스파에 큰 타격을
주었다. 이에 정부도 재심을 결정했으며 특히 반드레퓌스파에 대항하면서 공화정 옹호를 내세운 발데크 루소
내각이 성립하여 사태는 재심파에게 유리하게 돌아갔다. 1899년 9월에 열린 재심 군법회의는 드레퓌스에게
재차 유죄를 선고했으나, 드레퓌스는 대통령의 특사로 석방되었다. 무죄 확인을 위한 법정 투쟁을 계속한 끝에
그는 1906년 최고재판소로부터 무죄 판결을 받고 복직 후 승진도 했다. 자유주의적 재심파의 승리로 끝난 이
사건은 프랑스 공화정의 기반을 다지고 좌파 세력의 결속을 촉진하는 계기가 되었다.

게도 남성과 동등한 이성이 있고, 여성이 복종해야 할 대상은 남성이 아니라 인간의 이성'이라고 주장했죠. 하지만 당시 그녀의 주장은 사회의 조롱거리가 되었을 뿐입니다. 영국에서 여성참정권운동이 현실적으로 전개된 시기는 1865년 런던에서 여성참정권위원회가 결성되어 활동을 시작했을 때였습니다. 경제학자였던 존 스튜어트 밀은 의회에 여성 참정권을 요구하는 법안을 제출하기도 했죠. 그의 제안은 물론 부결되었습니다. 그러자 밀은 『여성의 예속』을 쓰고 거기서 여성 참정권의 이론적 근거를 제시했습니다. 그리고 그해 의회 선거에서 여성 납세자에게 처음으로 선거권이 부여되었습니다. 그러다가 1897년 여성참정권협회 전국동맹이 결성되고 1903년 팽크허스트 모녀[119]가 여성사회정치동맹을 결성하여 활동하는 등 여성 참정권에 대한 요구의 목소리가 점점 높아졌습니다. 1918년에 결국 30세 이상의 여성에게 참정권이 인정되었고 1928년 모든 여성에게 남성과 동등한 참정권이 부여되었죠.

바샤랑 영국에서 여성이 참정권을 획득한 데에는 에밀리 데이비슨[120] 같은 여성의 희생이 결정적인 역할을 하지 않았습니까?

페로 맞습니다. 여성사회정치동맹 소속이었던 에밀리 데이비슨은 열정적인 여성참정권운동가였죠. 1913년 6월 4일, 그녀는 엡섬 더비 경마장에서 달리던 국왕 조지 5세의 말을 향해 뛰어들었습니다. 머리가 깨지는 등 심한 타격을 받은 그녀는 사흘 만에 사망했습니다. 이런 돌발적이고 비극적인 사고가 일어나자, 남자들은 더욱 공포심을 느꼈죠. 옥스퍼드 대학 출신의 지적인 여성이 저렇게 과격하다면 하층민 여자들은 얼마나 폭력적이겠느냐고 치를 떨었던 거죠. 심지어 『더 타임스』는 그녀의 죽음을 두고 "한 여자가 중요한 경기를 망쳤

118) Mary Wollstonecraft(1759~1797): 영국의 작가·철학자·페미니스트. 짧은 생애에 여러 편의 소설과 논문, 여행기, 프랑스 혁명사, 그리고 어린이를 위한 책 한 권을 남겼다. 그러나 무엇보다도 당시 가부장적 사회를 비판한 소책자『여성 권리의 옹호』로 널리 알려졌다. 그녀는 거기서 여성이 남성보다 저열하다는 생각은 옳지 않은 것으로, 그것은 본성의 문제가 아니라 차등 교육의 결과라고 주장했다. 그녀는 남성과 여성이 동등하게 이성적 존재로 취급되어야 하며 그것은 사회 질서가 이성의 바탕 위에 서 있어야 한다는 것을 의미한다고 말했다. 그녀는 결혼에 두 번 실패하고 나서 무정부주의운동의 창시자 가운데 한 사람인 철학자 윌리엄 고드윈과 결혼했다. 그녀는 고드윈과의 사이에서 둘째 딸을 낳고 열흘 만에 산욕열로 사망했다. 후일 작가가 된 이 둘째 딸 메리 셸리는『프랑켄슈타인』의 저자로 유명하다. 20세기 여성해방운동이 새로운 국면을 맞이하고 여성의 평등한 권리에 대한 요구가 확대되면서 그녀의 저작과 사고는 더욱 중요하게 평가되고 있으며 페미니즘 철학의 설립자로서 그녀의 업적 역시 재평가되고 있다.

119) Emmeline Pankhurst(1858~1928): 잉글랜드 맨체스터 출생. 부유한 날염업자 집안에 태어나 파리에 서 교육을 받고 변호사이자 여성참정권론자인 리처드 팽크허스트와 결혼했다. 여성사회정치동맹(WSPU: Women's Social and Political Union)을 결성하여 여성 참정권운동을 전개했다. 투쟁 과정에서 투옥되기도 했다. 제1차 세계대전이 일어나자 전시 체제에 적극 협력했다. 전후 정부는 30세 이상 여성에게 참정권을 부여하는 법안을 제출하여 통과시켰고 1928년에는 21세 이상 여성도 남성과 동일하게 참정권을 획득했다. 그녀는 이 개정법의 시행을 한 달 앞두고 죽었다. 의사인 그녀의 둘째 딸 실비아 팽크허스트는 어머니와 언니 크리스타벨과 함께 여성사회정치동맹 결성에 참여했으며 1905년 자유당 회의실에 침입한 어머니와 언니가 체포되자 당시 영국 법을 이용해 어머니와 언니와 교대로 수감되면서 모금 활동을 펼쳤다. 본격적으로 여성사회정치동맹 활동을 하면서 노동운동에도 관심을 보였으며 1914년 동런던 여성참정권연맹을 창설했다. 이와 함께『여자들의 드레드노트』를 창간하고 공산주의운동에 참여했지만, 이후 공산주의운동에서 이탈해 반파시즘, 반식민주의 운동을 펼쳤다. 제1차 세계대전이 발발하자 어머니와 언니가 영국 정부를 지지하고 일시적으로 여성참정권운동을 자제한 것과 달리, 영국 정부에 반대했으며 노동자 계층과 함께 새로운 여성운동을 펼쳤다.

120) Emily Wilding Davison(1872~1913): 영국의 페미니스트. 여성 참정권을 위해 싸웠다. 1913년 6월 4  일 엡섬 더비 경마장에서 달리던 조지 5세의 말에 달려들어 부상하여 3일 후에 사망했다. 런던에서 태어나 켄싱턴 고등학교를 졸업하고 왕립 할로웨이 대학에서 문학을 전공했다. 그러나 아버지가 사망하자 학비를 충당할 수 없어 학교를 그만두고 가정교사로 일했으며 나중에 고등학교 교사가 되었다. 그렇게 돈을 모아 옥스퍼드 대학교에서 생물학, 화학, 영문학 등을 공부하고 당시에는 옥스퍼드 대학에서 여성에게 학위를 주지 않았지만, 우수한 성적으로 졸업했다. 그녀는 또한 런던 대학에서도 우수한 성적을 받았다. 그녀는 에멀린 팽크허스트가 여성 참정권 획득을 목적으로 설립한 여성사회정치동맹에 가입하면서 교사직을 그만두고 여성참정권운동에 전적으로 몰입했다. 과격한 투쟁을 전개하여 시위대에서 돌을 던지거나 불을 지르기도 했다. 여러 차례 체포되어 아홉 번이나 구금되었고, 감옥에서 단
식 투쟁을 전개하기도 했으며 계단에서 뛰어내려 자살을 기도하기도 했다. 6월 4일 더비 경마장 사건의 동기는 분명히 밝혀지지 않았으나 조지 5세의 경주마 앤머가 결승선을 넘을 때 그녀가 말에게 여성사회정치동맹 깃발을 꽂으려 했다는 설이 있다. 일부 목격자들은 경주마들이 모두 지나간 것으로 착각한 그녀가 단지 트랙을 가로지르려고 했을 뿐이라고 증언하기도 했다.

다.”며 냉소적인 기사를 게재하기도 했습니다. 그러나 그녀의 장례식장에는 수 많은 여성이 모여들었고, 그들은 곧 과격한 시위대로 바뀌었습니다. 그녀의 죽음을 계기로 여성참정권운동은 과격해져서 여자들이 곳곳에 불을 지르고, 하원을 습격하기도 했죠. 물론 그들에 대한 사회의 비판 역시 더욱 드세졌습니다. 그러나 영국 정부는 마침내 여성에게 참정권을 부여해서 1918년에는 30세 이상 여성이 투표하거나 후보로 나설 수 있게 되었고, 1928년에는 참정권이 전 여성에게 확대되었습니다.

바샤랑 신대륙 미국에서도 여성참정권운동이 전개되었겠죠?

페로 물론입니다. 1888년 미국 여자들은 국제여성위원회를 설립했습니다. 프랑스, 캐나다, 영국, 인도, 덴마크, 노르웨이, 핀란드 등 여러 나라의 여성 대표가 이 결정적인 회담에 참석했고 전국적으로 이 조직의 위원회가 설립되었습니다. 프랑스에서는 1901년 국립여성위원회가 설립되었고, 오늘날까지 존속하고 있습니다. 사라 모노,[121] 쥘리 지그프리드[122] 같은 개신교도 여자들이 매우 활동적으로 참여했죠. 제3공화정은 세속화를 개신교에 의지하고 있었는데, 공

---

121) **Sarah Monod(1836~1912):** 프랑스의 페미니스트. 유명한 개신교 목사 집안의 딸로 태어나 보불전쟁 때에는 야전 병원의 간호사로 일했다. 이후 『여성』의 편집자가 되었으며 다양한 박애주의 사업에 참여했고, 세계 평화와 공공의 복지와 건강을 위해 소년 범죄, 알코올 중독, 포르노, 매춘 등을 근절하려는 노력을 기울였다.

122) **Julie Siegfried(1848~1922):** 프랑스의 페미니스트. 노르망디의 공화주의자이며 개신교 부르주아 목사의 집안에서 태어났다. 남편 쥘 지그프리드가 시장으로 있는 아브르에서 소녀들의 교육에 시선을 돌려 중등학교를 세우고, 이어서 고등학교를 세웠다. 남편이 국회의원으로 선출되어 파리로 거처를 옮긴 그녀는 여성의 자유와 권리를 위한 다양한 조직과 협회에서 더욱 적극적으로 활동했으며 특히 사라 모노에 이어 국립 프랑스 여성회의(CNFF)의 회장이 되었다. 이 모임은 세기 초에 가장 규모가 큰 페미니스트 조직이었으며(1901년 회원 수는 2만 1,000명이었으며 1914년에는 10만 명으로 늘어났다) 그녀는 여성을 위한 지원, 위생, 교육, 일자리만이 아니라 투표권을 얻어내고자 노력했다. 여성의 참정권은 남편의 도움으로 하원에서 통과되었으나 상원을 통과하지 못했다.

화주의를 지지했던 그들은 남녀 사이의 평등을 위해 투쟁했습니다. 이런 협회들은 런던, 파리, 빈, 베를린 등지에서 대규모 국제회의를 조직했습니다. 기자들이 몰려들어서 회의 내용을 취재하고 신문에 기사를 내보냈죠. 그때까지 공적 발언이 금지되었던 여자들이 연단에 오르고, 담화를 발표하는 것은 쉬운 일이 아니었겠지만, 그것은 당시 여성에게 강요되었던 교육에 역행하는 놀라운 인문학적 수업이기도 했습니다!

아내의 봉급은 남편에게

바샤랑 이 시기는 최초의 여성 변호사가 등장한 시대이기도 하죠. 변호사는 그때까지 여성의 능력을 벗어난다고 믿었던 논리적 추리와 담론 생산, 웅변의 기술에 바탕을 둔 직업이잖습니까?

페로 1900년 프랑스 국회에서 여성 변호사의 개업을 허용하는 법률이 통과되고 나서 잔 쇼뱅은 최초의 여성 변호사가 되었습니다. 이 직업은 많은 여성에게 선망의 대상이 되었죠. 그중에는 마리아 베론이나 이본느 네테 같은 페미니스트도 포함되어 있었습니다.

바샤랑 하지만 그들은 소송을 제기할 수는 있어도 여전히 투표권은 없었죠!

페로 그랬죠. 그러나 수많은 단체와 협회와 언론과 시위가 여론을 정복하기 시작했습니다. 오스트레일리아에서는 1902년에 여성이 투표권을 획득합니다.

핀란드에서는 1906년에, 노르웨이에서는 1913년에, 벨기에와 네덜란드에서는 1919년에 여성 투표권이 확정됩니다. 영국에서는 1918년에, 미국에서는 1920년에, 그리고 프랑스에서는 1914년 3월 하원에서 투표에 관한 법률 제정안이 상정되었지만, 상원에서 기각되었습니다. 이 시나리오는 양차 대전 사이에 여러 차례 반복됩니다. 페미니스트들의 격렬한 시위도 아무 효과가 없었죠. 그러다가 제2차 세계대전이 끝나고 1944년 4월 21일 전시 중에 알제에 있던 임시 국회에서 마침내 여성의 투표권을 인정했습니다. 그때까지 오로지 급진주의자들만이 당시에 '자명한 일'로 여기던 문제에 계속해서 이의를 제기했습니다. 그들은 좌파였으나 자유사상가였고 항상 여성에 대해 교회가 행사하는 영향력을 경계하고 있었습니다. 이 분야에서는 '대혁명과 인권의 나라' 프랑스가 별로 진보적이지 못했던 거죠.

바샤랑 최초로 시민권을 획득하면서 여성은 가정에서도 '영원한 소수 계층'이라는 처지에서 벗어났나요?

페로 이 문제에서도 프랑스는 법 제정이 늦어졌습니다. 1907년이 되어서야 여자들은 직접 급여를 받을 권리를 확보했습니다. 그때까지는 재산 관리에 전적인 권한이 있는 가장이 여자의 급여를 가져갔습니다. 다시 말해 여자는 자기 노동의 대가로 받은 봉급에 손조차 댈 수 없었던 겁니다. 남편과 사이가 좋다면 급여를 받아서 남편에게 전해줄 수는 있었죠. 여성이 자유롭게 자신의 봉급을 처분할 권리를 옹호한 사람들은 급진 좌파 사회주의자이거나 우파 기독사회주의자들이었습니다. 여성이 노동하고 받은 임금을 자유롭게 사용할 수 없었다는 것은 개인으로서 여성 자신의 존재보다는 남편이 주도하는 가정에 종속된 주부로서 책임을 중시했다는 사실을 말해줍니다. 이렇게 아내의 봉급을 착취하고 가정에 무관심한 남편도 많았습니다.

바샤랑 아내는 남편의 동의 없이 일할 권리가 있었나요?

페로 1920년까지는 여성이 온전한 인격체로서 자신의 일을 결정할 권리가 없었죠. 그러나 독신녀는 예외였습니다. 만약 아내가 생활비를 감당해야 하는 처지라면 남자와 같은 권리가 있다고 인정했습니다. 그러나 일단 결혼하면 여성은 남편의 지배하에 들어가야 했죠. 현실적으로 프랑스 여성이 노동과 재산 관리에 관해 법적으로 남성과 동등해진 시기는 1980년이었습니다. 그나마도 "동일한 노동에 동일한 임금"이라는 원칙이 적용된 노동 현장은 공공 교육 부문이나 연초나 무기 제조와 같은 국영 사업 부문에서 시작되었습니다. 사기업에서는 이런 원칙이 적용되지 않았죠.

세상의 모든 딸이 알아야 하는 것

바샤랑 피임이나 산아 제한은 사적인 영역에 속한다고 볼 수 있겠죠. 그러나 여성이 자유 의지에 따라 피임하거나 자녀의 수를 조절하게 된 것은 국가로서는 대단한 사건이 아니었을까요?

페로 원래 여체의 관리는 국가의 주요 임무 중 하나였습니다. 따라서 20세기에 시작된 여성의 자율적인 피임은 16세기에 지구가 공전한다는 사실을 발견했던 것만큼이나 중대한 사건이었고, 성생활과 출산을 분리한다거나 여성이 자기 몸에 대한 결정권을 갖는다는 것은 사회적, 성적 질서를 완전히 전복했습니다. 그러나 실제로 페미니즘의 선구자들은 이 문제에 대해 적극성을 보이지 못했습니다. 그들은 대부분 여성이 참정권과 교육권 획득에 더 집중하기를 원했기 때문이죠. 육체는 여전히 금기와 은폐의 대상으로 남아 있었고, 누구나 육체의 문제를 입에 올리지 않으려고 했죠. 예외가 있다면 1914년 이전 영국에서 신맬서스주의자들이 벌였던 변혁운동을 들 수 있습니다. 마르크스의 딸 엘리노르도 이 운동을 전개하면서 적극적으로 투쟁했죠. 맬서스는 1798년에 쓴 『인구론에 관한 에세이』에서 인구가 자원보다 더 빠른 속도로 증가하고 있으므로 산아제한을 해야 한다고 경고하면서 그 해결책으로 금욕과 만혼을 제안했습니다. 19세기 신맬서스주의자들은 산아제한만이 아니라 성생활과 출산의 분리를 주장했습니다. 그들은 여자들에게 피임을 독려했는데 특히 영국에서 '두건 달린 외투'라는 별명으로 부르던 콘돔 사용을 권장했죠.

바사랑 앵글로색슨 국가에서는 피임에 대한 금기를 타파하기가 가톨릭 국가에서보다는 상대적으로 수월했나요?

페로 페미니즘 행동가들은 이 문제와 관련해서 매우 앞서 나갔습니다. 뉴욕의 간호사였던 마거릿 생어[123]는 집안에서 열한 명의 자녀 중 여섯째였습니다. 그녀는 열여덟 번이나 임신한 어머니가 늘 배가 부른 상태로 지내다가 마흔여덟 살에 기진맥진하여 죽어가는 모습을 속수무책으로 바라봐야 했습니다. 1914년 '산아제한(birth control)'이라는 용어를 처음 사용한 그녀는 여자들에게 피임 정보를 제공하고, 피임 방법을 의학적·체계적으로 보급하려고 노력했습니다. 런던에서 페미니스트 모임이 열렸을 때 그녀는 식물학자이며 지리학자인 매리 스토프스[124]를 만납니다. 그리고 두 사람은 각자의 경험과 방법을 공유했죠. 매리 스토프스는 『부부애』를 출간했으나 영국 교회는 이 저작을 '부도덕하고 외설적'이라고 비난했습니다. 하지만 이 책은 피임에 관한 최초의 교과서라고 부를 만한 작품으로 수많은 여성이 탐독했습니다. 유럽에서 산아제한의 권리를 주장하는 여성운동의 현장을 돌아보고 뉴욕으로 돌아온 생어는 미국에서 피임의 합법화를 촉구하는 투쟁을 시작합니다. 그녀는 '신도 남성도 여성을 지배할 수 없다.'고 주장하면서 『여성의 반란』이라는 잡지를 발간하고 피임과 관련된 소책자도 만들어 배포합니다. 생어는 이 잡지에서 "여성 자신이 육체의 주인"이라는 유명한 말을 남겼죠. 그러나 미국 정부가 이 잡지에 대해 우송 불가 판정을 내렸기에 곧 폐간해야 했습니다. 생어는 뉴욕 브루클린에 미국 최

---

123) Margaret Sanger(1883~1966): 뉴욕 출생. 초등학교 교사였다가 간호학교를 졸업하고 보건간호사가 되었다. 간호사로서 빈민가에 근무하는 동안 빈곤과 다산이 모자(母子)의 사망률을 높인다는 사실을 확인하고 산아제한의 필요성을 확신했다. 1914년에 기관지 『산아제한평론』을 발간하는 등 활약을 계속하고, 1916년에는 미국 최초로 브루클린에 산아제한 클리닉을 열었으나 공안질서 방해죄로 체포되어 감화원에서 30일간 강제노동형을 치렀다. 또한, 1929년에도 생어 산아제한 클리닉이 검색당하여 서류를 압수당하기도 하였다. 그러나 의사·사회사업가 등의 지지자가 늘어나자 소송은 각하되었다. 1936년 피임 문서와 기구의 사용을 풍속교란죄로 다스리고 있던 1873년의 풍속교란방지법이 개정됨으로써 환자의 생명을 구하고 건강을 지키기 위해 피임을 지시하는 일은 의사의 정당한 권리임을 인정받게 되었고, 1952년에는 국제가족계획연맹도 조직되어 회장으로 취임했다.

124) Marie Carmichael Stopes(1880~1958): 영국의 고생물학자. 여성의 권리와 산아제한 분야의 개척자였다. 런던 대학에서 생물학과 지질학을 공부했고 뮌헨 대학에서 고생물학 박사학위를 받았다. 런던 대학과 맨체스터 대학에서 고생물학을 강의하고 일본, 캐나다, 미국 등지에서 연구를 계속했다. 남편과의 불화로 이혼 소송을 진행하던 중 결혼 생활에 관한 책 『부부애』를 썼으나 당시 사회의 기준으로 볼 때 너무 파격적이었으므로 대부분 출판사가 출간을 거절했다. 그러다가 험프리 버튼 로를 만나 그의 도움으로 책을 출간하게 되었고, 로는 그의 두 번째 남편이 되었다. 책은 출간 후에 대단한 성공을 거두었으며 후속작 『현명한 부모』를 출간했을 때 수많은 독자로부터 조언을 구하는 편지를 받았다. 그녀는 여성 노동자 계급을 상대로 결혼과 성과 산아제한에 관한 강연을 시작했으나 가톨릭교회와 갈등이 끊이지 않았다. 그녀와 남편은 런던에서 가난한 어머니들을 위해 산아제한 클리닉을 개설했고 이후 리즈, 애버딘, 벨파스트, 카디프, 스완지 등 영국 전역에 어머니들을 위한 클리닉을 세워나갔다.

초의 산아제한 클리닉을 열었지만, 역시 열흘 만에 폐쇄되었습니다. 여자들이 이 클리닉에 몰려들어 열흘 만에 464명이나 다녀갈 정도로 인기를 끌자, 경찰이 들이닥쳐 이 장소를 폐쇄하고 생어를 체포하여 감화원으로 보내고 30일간 강제노동을 하게 했습니다. 그러나 생어는 법원에서 "여성에게 피임 기구를 제공할 권한을 의사에게 준다."는 판결을 받아내 산아제한운동의 새로운 전기를 마련했죠. 그녀는 『모든 젊은 여성이 알아야 할 것』이라는 책을 써서 여자들에게 피임의 중요성을 알렸고, '미국산아제한연맹'이라는 조직을 창설하기도 했습니다. 이 기구는 나중에 미 연방 가족계획국이 되었죠. 생어는 인구 증가율을 낮춰야 한다고 줄곧 주장했지만, 강력한 반대에 부딪혔습니다. 그러다가 제2차 세계대전 이후 전 세계가 '인구 폭발'의 위협을 느끼자, 사람들은 그녀의 주장이 옳았다는 사실을 깨닫게 되었죠. 1952년 생어는 국제가족계획연맹의 초대 회장이 되어 활동했고, 여성이 스스로 조절할 수 있는 안전한 피임법을 개발하려고 노력해서 결국 1960년 처음으로 피임약이 제조되었습니다. 생어와 마찬가지로 스토프스도 병원을 여러 곳에 세워 여자들이 분만하고, 입원하여 보살핌을 받고, 산아제한의 방법을 배울 수 있게 했습니다. 그러나 이들 산부인과 병원에서는 낙태를 시술하지 않았습니다. 두 사람 모두 낙태에는 반대했으며 산아제한이야말로 낙태를 막는 가장 좋은 방법이라고 생각했기 때문입니다. 1936년 미국의 연방법원은 의사가 피임약을 처방할 권리를 인정했고, 1937년 미국의학협회는 의과 대학에서 피임에 관한 강의를 신설했습니다.

바샤랑 하지만 미국에서 피임할 권리를 주장하는 사람들이나 피임법을 전수하는 사람들을 '풍속범'으로 검거하거나 투옥했던 현상을 어떻게 봐야 할까요?

페로 물론 피임의 실효성을 주장하기는 쉽지 않았습니다. 당시 사회에서는 피임에 관해 정보를 유포하고 방법을 전파하는 일을 모두 '외설'로 간주했습니다. 마거릿 생어는 여러 차례 체포되었고, 투옥되고, 한동안 유럽에 피신해 있었죠. 그러나 피임운동의 전제는 여성 삶의 질을 개선하고, 여성이 스스로 자신을 관리한다는 데 있었고, 개신교 윤리가 지배하는 나라에서 긍정적인 반향이 일어나기 시작했죠. 그런 나라에서는 '하나님이 주시는 대로 아이를 낳으라.'는 명령이 가톨릭 국가에서와는 달리 큰 힘을 발휘하지 못했죠. 하지만 공화국이며 비종교 국가이지만, 가톨릭 국가이기도 한 프랑스에서는 이런 문제를 제기하기조차 어려웠습니다.

진정으로 원할 때 어머니가 되어라

바샤랑 그래도 위험을 무릅쓴 페미니스트들이 있었잖습니까?

페로 소수였지만, 프랑스의 신맬서스주의자들이 활동했죠. 예를 들어 신문기자였던 넬리 루셀[125]은 여자들에게 피임의 중요성을 알리고자 이런 주제를 담은 희곡 작품을 무대에 올리고 전국을 순회하면서 공연하기도 했습니다. 1903

---

125) Nelly Roussel(1878~1922): 프랑스의 사상가·무정부주의자·페미니스트. 유럽에서 산아제한을 주장한 최초의 페미니스트 대변인이 되었다. 폴 로뱅이 이끄는 신맬서스주의운동의 일원이었던 그녀는 산아제한을 통해 자연재해와 가난과 고통을 예방할 수 있다고 믿었으며 자본주의 체제에서 산아제한과 모성에 관한 여성의 권리를 공개 독서회·언론·연극 등을 통해 끊임없이 주장했다. 그러나 당시 그녀의 급진적인 주장과 정치적 활동은 사회에서 받아들여지지 않았고, 그녀는 제1차 세계대전이 끝나고 3년 후에 결핵으로 사망했다.

년 그녀는 이런 글을 썼습니다. "출산은 그에 대한 의식이 있을 때에만 고귀하다. 그것은 열망할 때에만 아름답다. 본능으로만 이루어지거나 필요 때문에 어쩔 수 없이 견뎌야 한다면, 그런 출산은 동물적 기능일 뿐이거나 두려운 시련에 불과하다." 루셸과 같은 여성 투사들은 대부분 교육받은 계층이었는데 그중에는 특히 여교사가 많았죠. 그들은 자신의 행동이 특히 빈민 계층과 관련 있다는 사실을 잘 알고 있었습니다. 부르주아 여자들은 낳는 자녀의 수를 조절할 줄 알았지만, 노동자 가정에서는 자녀의 수가 상대적으로 많았습니다. 서민 여자들은 산아제한과 관련된 이야기를 거북해했고 그것을 남자가 결정할 일이라고 여겼기 때문입니다. 신맬서스주의자들은 여성이 심지어 '낙태'라는 방법을 사용하면서까지 스스로 문제를 해결해왔다는 점을 남자들에게 각인시키면서 콘돔 사용을 요구했습니다.

바샤랑 노동조합원들도 이 문제에 개입했나요?

페로 마르크스주의 노동조합은 산아제한에 별로 호의적이지 않았습니다. 그들은 노동 계급이 강성해지려면 노동자 수가 많아야 한다고 생각했기에 아이를 더욱 많이 낳기를 원했습니다. 그러나 노동자 사이에서도 사회·경제적 차이가 작용했죠. 예를 들어 광부는 대가족을 거느렸고 아내는 집에 남아 있었습니다. 그러나 '귀족 노동자'라고 불렸던 금속 분야 노동자들은 대부분 신맬서스주의자였기에 금속 노조는 피임법을 설명하는 강연회를 조직하고 조합원들이 산아제한운동에 참여하도록 독려했습니다. 사실, 신맬서스주의는 정치적으로 무정부주의적 경향을 보였죠.

바사랑 신맬서스주의자들은 피임을 홍보하는 연극이나 강연에도 참여하지 않고, 신문이나 잡지도 읽지 않는 부부를 어떻게 설득했을까요?

페로 용기와 헌신이 필요했지요. 그들은 공장 출구에서 노동자들이 일을 마치고 나오기를 기다리다가 영국제 콘돔이나 정자를 죽이는 약을 나눠준다든가 피임법을 소개하는 책자를 배포했습니다. 그리고 건물의 벽이나 마차 정류장에 '여자여, 그대가 원할 때에만 어머니가 되는 법을 배우라!'는 아주 현대적인 메시지가 적힌 전단을 붙여놓기도 했죠. 마들렌 펠티에는 이 격정적인 시기에 한 획을 그었던 인물이었습니다. 서민 출신인 그녀는 의학을 배웠고 인류학에 열정을 보였으며 프랑스 최초의 정신과 의사가 되었죠. 무정부주의자에 가까운 페미니스트였던 그녀는 여성 투표권 획득은 물론이고 여성이 스스로 피임하고 낙태할 권리를 쟁취하는 데 모든 노력을 기울였죠. 이것은 몹시 어려운 일이었습니다. 더구나 프랑스 정부는 1920년부터 출산율 감소를 우려해서 당시에 낙태와 동일시되던 피임을 부추기는 광고를 전면 금지하고, 어떤 형태든 피임에 관한 정보나 방법을 전파하는 사람은 고소당했습니다. 의사로서 낙태를 시술했던 마들렌 펠티에 역시 고발당해 법정에 소환되었습니다. 그녀는 이미 유명 인사가 되어 있어서 쉽사리 유죄 판결을 내리지는 못했지만, 미친 여자로 취급당했습니다. 그녀는 강제로 정신병원에 보내졌고 몇 달 후 그곳에서 죽었습니다. 1939년의 일이었죠.

바사랑 당시에 낙태를 찬성한다는 것은 신변을 위태롭게 하는 투쟁이었군요.

페로 낙태할 권리를 주장한다는 것은 국가와 군대와 교회를 적으로 만드는 행위였죠. 그러나 이런 운동은 면면히 이어졌습니다. 위대한 레지스탕스였던 베르티 알브레히트[126]도 여성의 피임하고 낙태할 권리를 위해 투쟁했고, 이 투쟁에 참여한 의사들은 법망을 피해 여자들에게 피임과 낙태의 의료 서비스를 제공했죠. 그러나 비시 정부가 들어서자 이조차도 거의 불가능해진 거죠.

바샤랑 프랑스가 독일 지배에서 해방되고 나서는 이런 무력한 모습에서 벗어날 수 있었나요?

페로 지극히 보수적이었던 비시 정권이 종식되었으니 모든 것이 달라졌으리라고 상상할 수 있겠지만, 상황은 전혀 그렇지 않았습니다! 제4공화정은 출산을 장려했습니다. 전쟁 이후 국가 재건을 위한 노력의 본보기가 바로 출산이었던 겁니다. 따라서 프랑스 사회에서 피임과 낙태는 여전히 금기였습니다. 시몬 드 보부아르가 1949년에 발표한 『제2의 성』은 이런 구속과 억압에 대한 저항의 외침이었습니다.

---

126) Berty Albrecht(1893~1943): 프랑스의 페미니스트. 중산층 개신교 집안에서 태어나 간호학을 공부했

다. 제1차 세계대전이 일어나자 군인병원에서 적십자 단원으로 활동했다. 1918년 네덜란드
출신 은행가 프레데릭 알브레히트와 결혼하여 네덜란드를 거쳐 영국의 런던에 정착했다.
그곳에서 그녀는 영국 페미니스트들을 만나고 여성해방운동에 관심을 보이기 시작했다. 남
편과 헤어져 파리에 정착한 그녀는 소르본 대학 교수이자 인권 연합회 회장인 빅토르 바슈
와 만나 여성 잡지 『성 문제』를 창간하고 여성이 정치에 참여하고, 피임과 낙태할 권리를 주
장했다. 또한, 나치즘을 피해 프랑스로 망명하는 독일인들에게 거처를 제공했다. 전쟁이 일
어나자 프랑스 해방 운동 조직을 창설하고 레지스탕스에 뛰어들었다. 그리고 프레네와 함께 『회보』, 『프랑스의
작은 날개들』, 『진실』 등의 신문을 발행했으며 그들의 조직은 '전투'라는 이름으로 불렸다. 1942년 국토순찰대
에 체포되었으나 탈출하여 지하로 숨어들었다가 1943년 마콩에서 게슈타포에 체포되어 프렌 감옥으로 이송
되었다. 그리고 그곳에서 목을 매달아 자살했다.

A 이야기

바샤랑 왜냐면 그동안 불법 낙태가 온갖 종류의 극적인 사건들을 일으키며 계속되었기 때문이죠.

페로 그렇죠. 여자들이 활동을 조직하고 정말로 이 문제에 관해 발언하기까지는 1950년대 중반을 기다려야 했습니다. 사회학자 에블린 쉴르로와 여의사 마리 앙드레 라그루아 베유 알레는 여자들이 낙태를 계속해야 하는 상황에 분개해서 1956년에 '행복한 모성'이라는 모임을 설립했습니다. 그들은 정보를 개발하고 외국에서 피임약을 주문하고 낙태를 시술했죠. 1960년 그들은 '프랑스 가족계획운동 본부'를 설치했습니다. 이 모든 것이 비밀리에 진행되었지만, 일부 남성 의사는 이런 운동을 지지했고 여론 쪽에서도 강한 공감대가 형성되었죠. 가족계획 상담은 쉴르로와 베유 알레의 집에서 이루어졌고, 부엌에서 낙태 수술을 했죠. 이처럼 사적인 장소를 벗어나 최초로 공개적인 상담이 이루어진 곳은 1961년 그르노블이었습니다. 진보적이었던 그르노블 지방 정부에서 피임과 낙태에 어느 정도 관용을 베풀었던 거죠.

바샤랑 가족계획의 목적은 낙태보다는 피임에 있지 않았습니까?

페로 물론이죠. 산아제한에 노력을 기울인 사람들의 목적은 여성이 더는 낙태의 고통을 겪지 않게 하는 데 있었습니다. 1950년 말 미국의 생물학자 그레고리 핀커스가 개발한 경구용 피임약은 1956년에는 독일에서, 1960년에는 미국에서 사용 허가가 났습니다. 그리고 1967년 마침내 프랑스에서도 뇌위르트

(Neuwirth) 법이 제정되면서 여자들이 피임약을 복용할 수 있게 되었죠. 피임법에 대한 정보도 그제야 합법적으로 배포할 수 있게 되었습니다. 미성년자들은 부모의 허락을 받아야 했지만, 이것은 대단한 진전이었습니다. 그러나 모든 여성에게 가능한 것은 아니었고, 페미니스트들은 분열되었습니다. 1971년 프랑스의 주간지 『누벨 옵세르바퇴르』에 '343명의 잡년(salopes)'이 서명한 '343 선언문'이 게재되었습니다. 시몬 드 보부아르가 작성한 이 선언문은 이렇게 시작했죠. '프랑스에서는 매년 1백만 명의 여성이 낙태하고 있다. 합법적이라면 의료 통제를 받으며 간단하게 시술할 수 있겠지만, 그들은 어쩔 수 없이 불법으로 위험한 낙태 수술을 받고 있다. 이 수백만 여성에 대해 사람들은 침묵하고 있다. 나도 그들 중 한 사람이다. 나도 낙태한 적이 있다. 우리는 피임 수단에 자유롭게 접근할 수 있기를 요구하며, 자유롭게 낙태할 권리를 요구한다…….' 이 선언문에 서명한 여자들은 그들 중에서 한 사람이라도 기소당하면 모두가 연대해서 투쟁하겠다고 선언하고 변호를 맡을 협회도 창설했습니다. 이렇게 해서 '선택하기(choisir) 운동'[127]이 태어납니다. 343명의 서명자 중에는 시몬 드 보부아르와 같은 지식인들, 프랑수아즈 사강과 같은 작가들, 카트린 드뇌브, 잔 모로, 프랑수아즈 파비엥과 같은 배우들, 지젤 알리미[128] 같은 변호사, 앙투아네트 푸크[129] 등 각계각층의 여성 유명 인사가 포함되어 있었죠. 그 여파는 대단했습니다!

127) Choisir: 1971년 지젤 알리미와 시몬 드 보부아르가 창립한 이 모임은 1972년 보비니 소송 중에 마리 클레르를 옹호하는 매우 적극적인 활동을 펼쳐 재판에 영향을 미쳤고, 일반 대중에게 임신 중절의 중요성을 알리는 계기가 되었다. 1975년에 시몬 베유가 옹호한 임신 중절에 관한 법이 채택될 때까지 '선택하기'는 낙태의 권리를 주장하는 중요한 운동이 되었다. 아울러 지젤이 대표로 있는 이 운동은 강간범의 처벌을 법제화하는 투쟁을 전개하기도 했다.

바사랑 페미니즘이 본격적인 집단 저항운동이 되었군요.

페로 그렇죠. 전통적인 여성해방운동의 제한된 한계를 넘어선 여자들의 투쟁이 시작된 겁니다. 1972년 보비니 소송은 새로운 전환점을 마련했죠. 지젤 알리미는 이 소송에서 '마리 클레르 슈발리에'라는 16세 소녀를 변호했는데 이 소녀는 어머니의 도움을 받아 낙태한 죄로 검거되었습니다. 어머니와 낙태 시술자도 피고인석에 앉았죠. 이 시대착오적인 소송의 어리석음을 고발하기 위해, 그리고 부유한 여자들처럼 중절 수술을 받으러 외국으로 떠날 재력도 없는 가난한 여자들만 처벌하는 법관들의 불공정성을 비판하기 위해 수많은 사회 인

128) Gisèle Halimi(1927~): 튀니지 출신 변호사·페미니스트·정치가. 튀니지와 알제리 독립을 위해 투쟁했으며 베트남전쟁에서 저지른 미군의 범죄를 조사하는 위원회의 회장으로도 활동했다. 1971년 343 선언에 참여하여 여성의 피임과 낙태의 권리를 주장했다. 같은 해 시몬 드 보부아르와 함께 '여자들의 동기를 선택하기'라는 페미니스트 운동을 창설하고 낙태의 합법화를 위해 투쟁했다. 미성년 소녀가 강간당하고 임신하여 낙태했다는 이유로 검거된 사건이었던 '보비니 소송'에서 피의자를 변호했으며 이 소송은 낙태의 합법화를 골자로 한 베유 법 제정의 계기가 되었다. 1981년 사회당 후보로 출마하여 국회의원이 되었으며 일정한 비율의 여성 국회의원 선출을 골자로 한 선거법 개정안을 제출하여 만장일치로 가결되었으나 헌법위원회는 일반투표 원칙에 어긋난다는 이유를 들어 기각했다.

129) Antoinette Fouque(1936~): 프랑스의 여성해방운동가·정신분석가·작가·정치가·출판인. 소르본 대학에서 공부하고, 파리고등연구원에서 롤랑 바르트의 지도를 받으며 전후 문학을 전공했다. 또한, 자크 라캉의 세미나를 듣고 그와 함께 정신분석을 시도하기도 했다. 그녀는 정신분석학이 오로지 남성의 리비도에만 주목하고 여성을 '미완성 상태의 남성'으로 간주한다는 점을 비판하고 '자궁 리비도'의 존재를 주장하면서 여성의 욕망을 남성 성기에 대한 욕망으로 축소해석하는 기존의 정신분석학과 대립했다. 지식인 사이에서도 남성 중심주의가 팽배한 현실을 목격하고 그녀는 '세상에는 두 종류의 성이 있다.'고 말하며 모니크 위티그와 함께 프랑스의 '여성해방운동(MLF)'을 창설했다. 그녀는 MLF의 범주 안에서 특히 정신분석과 정치 분야에 집중하여 "여성해방은 남근 중심 문화의 전능함을 타파하고 파괴하는 데 있다."고 주장했다. 그녀는 쇠유 출판사에서 편집자로 일하면서 지극히 남성 중심적인 프랑스의 지식인 사회에서 여성의 목소리를 전하는 여러 출간물을 기획했으며 누벨 바그 영화들을 제작하고, '여자들의 출판사'를 창립하고, 이어서 오디오북을 출간하는 '목소리의 도서관'을 창립하기도 했다. 또한, 여성학 연구원, 여성학 연구소, 민주주의를 위한 여성 협회 등 다양한 연구·교육 기관을 설립하고 운영했다.

사가 법정 관람석을 가득 메웠습니다. 소녀는 마침내 무죄 석방되었고 그녀의 어머니와 낙태 시술자는 집행유예로 최저형을 선고받았습니다. 그때부터 1920년 법은 무효가 되었죠. 그러나 낙태는 여전히 불법 행위로 남았습니다. 이 사건을 다룬 영화가 바로 1973년에 샤를 벨몽과 마리엘 이사르텔이 공동으로 감독한 「A 이야기」입니다. 이 영화는 영화관 상영이 금지되었지만, 불법 복사본이 암암리에 유포되었죠.

바샤랑 그리고 저항운동은 계속되었나요?

페로 그렇습니다. 보비니 소송 후에 전개된 '선택하기 운동'은 대단한 반향을 일으켰습니다. 이듬해에 창설된 '낙태와 피임의 자유를 위한 운동', '다른 의견', 미국의 '우리 몸, 우리 자신'을 계승한 같은 이름의 운동 역시 '선택하기' 운동에 합류했습니다. 이 운동은 역사적·사회적으로 여성의 삶에 대단히 큰 변화를 불러왔고, 다양한 분야에서 새로운 시각으로 여성을 바라보게 되었습니다. 그리고 특히 인문학, 역사학, 사회학 분야에 중대한 영향을 미쳤습니다. 이런 운동은 현실적으로 1975년의 '베유 법'이라는 결과로 나타났고 낙태는 마침내 합법화되었습니다.

바샤랑 낙태법이 통과되었을 때 사회적 반발이 대단했을 텐데요!

페로 전대미문의 폭력이 분출되었죠. 시몬 베유는 공격당했고, 비판과 조롱과 풍자의 대상이 되었습니다. 그리고 베유가 유대인이라는 이유로 프랑스 사회에서 반유대주의가 격렬하게 고개를 들기도 했습니다. 그러나 그녀는 꿋꿋이 견뎌냈죠. 베유 법은 지스카르 대통령의 프랑스 현대화 야심의 일부였습니다. 변호사였던 시몬 베유는 오래전부터 여성이 처한 상황에 주의를 기울였고 불법 낙태의 현실을 잘 알고 있었습니다. 그래서 그녀는 이 법을 적용할 때 5년간의 관찰 기간을 제시해서 반론의 구실을 주지 않으려고 했습니다. 그러나 그녀는 여성의 사회적 지위가 이전 상태로 돌아가지 않으리라는 확신이 있었죠. 그리고 실제로 이 법은 미테랑 대통령 시절에 확정되었고 낙태 비용도 국민건강 보험에서 지급하게 되었습니다. 그러나 낙태를 원하는 여성은 의사에게 승인을 받아야 한다는 '양심 조항'은 오늘날에도 여전히 여성이 병원에서 낙태하기가 쉽지 않은 현실을 말해줍니다.

여자들의 행진은 끝나지 않았다

바샤랑 오랜 세월 공포와 수치 속에서 은밀하게 시술되던 낙태가 합법화하면서 1970년대에 대부분 서구 국가에서는 여성사의 비극적인 일면은 막을 내렸습니다. 그러나 아직도 다른 여러 나라에서 여성의 현실은 달라지지 않았습니다. 앞으로 여성에게는 어떤 과제가 남아 있다고 보십니까?

페로 1970년대에 낙태 합법화를 위한 투쟁이 있었지만, 페미니스트들은 여전히 여체에 가해지는 모든 종류의 폭력에 맞서 싸웠습니다. 그렇게 그들은 강간을 범죄로 규정하게 했죠. 이전에는 인정한 적이 없었던 부부 사이의 강간 역시 범죄로 규정하게 했습니다. 그리고 여성이 직장에서 당하는 성희롱도 고소할 수 있게 기본 원칙도 얻어냈습니다. 또한, 그들은 남편이나 아버지가 아내나 딸을 구타하고 심지어 살해하는 폭력의 현실을 폭로했습니다. 그렇게 가정 폭력에 대한 조사가 진행되었고, 폭력의 희생자가 된 여자들을 수용하는 기관도 설립되었죠.

바샤랑 여성은 오랜 세월 자기 것이 아니었던 자신의 몸에 대한 권리를 드디어 획득했습니다. 이제 여성은 온전한 시민이 된 것인가요?

페로 여성은 이제 역사의 주인공이 되어가고 있습니다. 그리고 사회는 여성에게 많은 빚을 지고 있죠. 만일 오늘날 개인이 사회에서 더욱 가치 있는 존재가 되었다면 그것은 한편으로 페미니즘 덕분입니다. 페미니즘과 민주주의, 페미니즘과 개인주의는 별개로 생각할 수 없는 가치입니다. 그 발전의 역사는 눈부시죠. 하지만 여전히 법과 현실 사이에는 먼 거리가 있습니다. 이론적으로 여자들은 모든 직업을 가질 수 있습니다. 그러나 여성의 4분의 3이 전체 직업의 3분의 1에 해당하는 자리를 차지하고 있을 뿐입니다. 게다가 사기업에서나 공공 기관에서나 여성이 결정권을 행사하는 직위에 있는 경우를 찾아보기 어렵습니다. 집안일도 잘못 분배되어 있죠. 여성에게는 창조적인 차원에서 정복할 영역이 많이 남아 있습니다. 하지만 그런 분야에 접근한 여성은 턱없이 적습니다. 까마득한 옛날부터 남성과 여성의 차이는 늘 계급으로 구분되어 있었다는 점을 프랑수아 에리티에는 상기시켜줬습니다. 남성은 늘 우월하고 여성은 늘 저열한 존재로 여겨져왔죠. 여성의 역사는 이렇게 끝나는 걸까요? 아니, 절대로 그렇지 않습니다! 아직 가야 할 길이 멀지만, 여성의 역사는 아직 끝나지 않았습니다.

저서 목록

Michelle PERROT

Sylviane AGACINSKI

Françoise HÉRITIER

Nicole BACHARAN

프랑수아즈 에리티에의 대표 저서

Retour aux sources(근원으로의 회귀), Galilée, 2010

La Différence des sexes(성의 차이), Bayard / Les Petites Conférences, 2010

L'Éternel singulier: questions autour du handicap(영원한 특이성: 장애에 관한 질문, 공저),
　　Le Bord de l'eau, 2010

Une pensée en mouvement(움직이는 생각)(Salvatore D'Onofrio 공저), Odile Jacob, 2009

Masculin/Féminin. La pensée de la différence(남성/여성. 차이의 생각), Odile Jacob, 1996,
　　2008

Masculin/Féminin II. Dissoudre la différence(남성/여성 2. 계급 허물기), Odile Jacob,
　　2002, 2008

Le Corps, le Sens(육체, 감각), Jean-Luc Nancy, André Green, Claude Régy(공저), Seuil,
　　2007

De la violence(폭력에 대하여, 공저), Odile Jacob, 제1권 2005, 제2권 2005

Hommes, Femmes: la construction de la différence(남성, 여성. 차이의 구성), Le Pommier,
　　2005, 개정판 2010

Corps et Affects(육체와 질병), Margarita Xanthakou(공저), Odile Jacob, 2004

De l'inceste(근친상간에 대하여), Odile Jacob, 1999, 2000, 2010

Contraception: contrainte ou liberté?(피임: 억압인가 자유인가?), Odile Jacob, Collège de
　　France, 1999

Les deux Sœurs et leur mère(두 자매와 그들의 어머니. 근친상간 인류학), Odile Jacob, 1994

Les Complexités de l'alliance(계약의 복합성), E. Copet-Rougier(공저), 제4권, 현대 기록보관소,
　　1991, 1993, 1994

L'Exercice de la parenté(부모 훈련), Le Seuil-Gallimard, 1981

미셸 페로의 대표 저서

Histoire de chambres(침실의 역사), Seuil, 2009, 2009년 Prix Femina Essai(페미나 평론상)
Mon histoire des femmes(나의 여자들 이야기), Seuil/France Culture, 2006
Les Ombres de l'histoire(역사의 그늘. 19세기의 죄와 벌), Flammarion , 2001, coll. Champ,
    2003
Les Femmes ou les Silence de l'histoire(여성 혹은 역사의 침묵)』, Flammarion, 1998, coll.
    Champs , 2001
Femmes publiques(매춘부), Textuel, 1997
George Sand, Politique et Polémiques(조르주 상드, 정치와 논쟁), Imprimerie nationale, 1996,
Jeunesse de la grève(파업의 초창기), Seuil, 1984
Les Ouvriers en grève(France, 1871~1890)(파업 노동자: 프랑스 1871~1890), Mouton, 1974,
Enquêtes sur la condition ouvrière en France au XIXᵉ siècle(19세기 프랑스 노동 환경 조사),
    Hachette, 1971
Le Socialisme et le Pouvoir(사회주의와 권력), Annie Kriegel(공저), EDI, 1996

공동 연구

Femmes et Histoire(여성과 역사), Georges Duby (공저), Flon, 1993
Histoire des femmes en Occident. De l'Antiquité a nos jours V 5(서양 여성사. 고대에서 현대까지
    제5권), Georges Duby(공저), Plon, 1991~1992
Une histoire de la vie privée V 4(사생활의 역사 제4권), Philippe Ariès, Georges Duby(공저),
De la Révolution à la Grande Guerre(혁명에서 제1차 세계대전까지), Seuil, 1987
Une histoire des femmes est-elle possible?(여성의 역사는 가능한가?), Rivages, 1984
L'Impossible Prison(불가능한 감옥), Seuil, 1980

실비안 아가생스키의 대표 저서

Corps en miettes(조각난 육체), Flammarion, 2009

Drame des sexes. Ibsen, Strindberg, Bergman(성의 드라마. 입센, 스트린드베리, 베리만), Seuil, 2008

Engagement(참여), Seuil, 2007

Métaphysique des sexes. Masculin/Féminin aux sources du christianisme(성의 형이상학. 그리스도교에서 기원한 남성/여성), Seuil, 2005, coll. Points, 2007

Journal interrompu: 24 janvier-25 mai 2002(중단된 일기. 2002년 1월 24일~5월 25일), Seuil, 2002

Le Passeur de temps: modernité et nostalgie(시간의 안내인. 현대성과 향수), Seuil, 2000

Politique des sexes(성의 정치학), Seuil, 1998, coll. Point, 증보판 2009

Critique de l'égocentrisme. L'événement de l'architecture Galilée(자기중심주의의 비판. 타인의 사건), Galilée, 1996

Volume. Philosophies et politiques de l'architecture(볼륨, 건축 철학과 정책)』, Galilée, 1992

『*Aparté. Conceptions et morts de Sören Kierkegaard*(독백. 쇠렌 키르케고르의 임신과 죽음)』, Aubier-Flammarion, 1977

니콜 바샤랑의 대표 저서

Les Noirs américains. Des champs de coton à la Maison Blanche(미국 흑인들. 목화밭에서 백악관까지)』, Perrin, coll. Tempus, 2010

La Plus Belle Histoire de la liberté(가장 아름다운 자유의 역사), André Glucksmann, Abdelwahab Meddeb(공저), Seuil, 2009

Le Petit Livre des élections américaines(미국 선거에 관한 작은 책), Panama, 2008

Pourquoi nous avons besoin de Américains(왜 우리는 미국인이 필요한가), Seuil, 2007

Américains-Arabes, l'affrontement(미국인과 아랍인의 대립)』, Antoine Sfeir(공저), Seuil, 2006

Faut-il avoir peur de l'Amérique?(미국을 두려워해야 하나?), Seuil, 2005
Good Morning America(굿모닝 아메리카), Seuil, 2000
L'Amour expliqué à nos enfants(아이들에게 들려주는 사랑 이야기), Dominique Simonnet(공저),
    Seuil, 2000
Le Piège. Quand la démocratie perd la tête(함정. 민주주의가 분별을 잃을 때), Seuil, 1999

소설

Némo dans les étoiles(별에 있는 네모), Dominique Simonnet(공저), Seuil, 2004
Némo en Égypte(이집트의 네모), Dominique Simonnet(공저), Seuil, 2002
Némo en Amérique(미국의 네모), Dominique Simonnet(공저), Seuil, 2001
Le Livre de Némo(네모의 책), Dominique Simonnet(공저), Seuil, 1998

페미니즘의 역사

개정판 1쇄 발행일 2019년 3월 1일
지은이 | 니콜 바샤랑, 프랑수아즈 에리티에, 실비안 아가생스키, 미셸 페로
옮긴이 | 강금희
편집주간 | 이나무
편집인 | 김문영
교정·교열 | 양은희
펴낸곳 | 이숲
등록 | 2008년 3월 28일 제301-2008-086호
주소 | 서울시 중구 장충단로 8가길 2-1(장충동1가 38-70)
전화 | 2235-5580
팩스 | 6442-5581
홈페이지 | http://www.esoope.com
Email | esoopbook@daum.net
ISBN | 979-11-86921-69-2 03300
저작권 ⓒ 이숲, 2019, printed in Korea.